【第五辑】

KANGZHAN WENHUA YANJIU

抗战文化研究

李建平 张中良 /主编

GUANGXI NORMAL UNIVERSITY PRESS
广西师范大学出版社
·桂林·

图书在版编目（CIP）数据

抗战文化研究．第5辑／李建平，张中良主编．桂林：广西师范大学出版社，2011.10
ISBN 978-7-5495-0867-9

Ⅰ．抗… Ⅱ．①李…②张… Ⅲ．抗日战争—文化史—研究—中国 Ⅳ．K265.03

中国版本图书馆CIP数据核字（2011）第202370号

广西师范大学出版社出版发行
（广西桂林市中华路22号 邮政编码：541001
网址：http://www.bbtpress.com）
出版人：何林夏
全国新华书店经销
衡阳顺地印务有限公司印刷
（湖南省衡阳市雁峰区园艺村9号 邮政编码：421008）
开本：720 mm × 960 mm 1/16
印张：21 字数：350千字
2011年10月第1版 2011年10月第1次印刷
印数：0 001～1 500册 定价：48.00元

主办单位：广西抗战文化研究会
广西社会科学院文史研究所

本刊编委会

本刊承蒙
广西社会科学院和《沿海企业与科技》杂志社资助出版
特此鸣谢

目　录

历史当代性研究

思潮与运动

人物与文本

抗战艺术研究

文化遗产保护与开发

书评与史料

研究档案库

中国共产党与抗战文化的建设[①]

罗存康[②]

(中国人民抗日战争纪念馆,北京　100165)

[摘要]抗日战争时期,中国共产党提出了一系列发展抗战文化的方针、政策,指导了敌后抗日根据地的文艺创作活动,倡导和推动了全国抗日文化统一战线的建立,指明了抗战文化的创作主题和方向。中国共产党发展抗战文化的基本政策,领导抗战文化的实践活动,推动了抗战文化的蓬勃发展,鼓舞和激励了广大军民的抗日斗争,为赢得民族解放战争的最后胜利发挥了巨大的作用。

[关键词]中国共产党;抗战文化;政策;特征

抗日战争时期,文化战线是中国人民进行抗日战争的一个重要方面。中国共产党高度重视文化建设,提出了一系列发展抗战文化的基本方针、政策,指导了敌后抗日根据地的文艺创作活动,倡导和推动了全国抗日文化统一战线的建立,指明了抗战文艺的创作主题和方向。

中国共产党发展抗战文化的基本政策,领导抗战文化的实践活动,推动了抗战文化的蓬勃发展,鼓舞和激励了广大军民的抗日斗争,为赢得民族解放战争的最后胜利发挥了巨大的作用。中国共产党领导抗战文化的基本政策和历史经验,建设民族的、科学的、大众的文化方向,仍然是我们今天进行社会主义先进文化建设的指针。

---

① 收稿日期:2011－06－22。

② 作者简介:罗存康,中国人民抗日战争纪念馆副馆长,副研究员。研究方向为抗日战争及中日关系史。

一、中国共产党发展抗战文化的基本政策

(一)强调大力发展抗战文化的重要性

"一定的文化是一定社会的政治和经济在观念形态上的反映。"[①]中国共产党认为,文化事业是党的"革命总战线中的一条必要和重要的战线"[②]。

1936年11月22日,中国文艺协会在陕北保安召开成立大会。这是陕甘宁边区成立的最早的抗日文艺团体。毛泽东、张闻天、博古等百余人出席了成立大会,丁玲被推选为中国文艺协会主席。毛泽东在大会的讲话中,高度强调了文化抗日的重要作用,第一次提出了"抗日文艺"概念。他说,为了抗日,我们要从过去单搞"武"的一面转到"文武双全","要从文的方面去说服那些不愿停止内战者,从文的方面去宣传教育全国民众团结抗日",并要求文艺工作者"发扬苏维埃的工农大众文艺,发扬民族革命战争的抗日文艺"[③]。博古在讲话中说:"现在在抗日民族革命战争中,中国文艺有了新的倾向,这需要新成立的苏区的文艺协会从基本路线上去影响推动团结起来,成为抗日民族革命战争中的战斗力量,用正确的文艺来反映伟大的英勇斗争的现实,使广大群众更从斗争中来学习。这里,拿笔的比拿枪的更重要了。"[④]

全面抗战爆发后,中国共产党高度重视抗战文化在民族解放战争中的地位和作用,并把开展抗战文化运动作为党的中心工作之一。1937年11月14日,陕甘宁边区文化界救亡协会成立。该协会在《成立宣言》中指出:"一切为着抗日战争,一切服从抗日战争。这既是现在中国基本的国是,也是现在中国文化基本的生路……文化界在现在就首先要用一切的力量为抗战而服务,一切文化界的工作就首先要集中于争取抗战的胜利。"1938年10月,中共六届六中全会上毛泽东作了《论新阶段》的政治报告,其中指出:"在一切为着战争的原则下,一切文化教育事业均应使之适合战争的需要"。

中国共产党要求各级党组织的宣传部门把领导文化运动作为一项极端重要的工作来抓。1939年5月,中共中央发布《关于宣传教育工作的指示》。这一指示虽然不是专门针对文化运动的,但其中也特别强调:"估计到中国文化运动(文艺运动在内)在革命中的重要性,各级宣传部必须经常注意对于文化

---

① 《毛泽东选集》第2卷,第694页,北京:人民出版社,1991年。

② 《毛泽东选集》第2卷,第708页,北京:人民出版社,1991年。

③ 《毛泽东文集》第1卷,第461—462页,北京:人民出版社,1993年。

④ 《博古主席讲演略词》,《红色中华》1936年11月30日第2版。

运动的领导,积极参加各方面的文化运动……在必要时,可吸收一部分文化工作的同志,在区党委、省委以上的宣传部下组织文化工作委员会。”[①]1940 年 9 月,为开展抗战的文化运动,中共中央专门发出了《关于发展文化运动的指示》。《指示》要求各根据地的党组织和军队“应对全部宣传事业、教育事业与出版事业作有组织的计划与推行,用以普及与提高党内外干部的理论水平及政治水平,普及与提高抗日军队抗日人民的政治水平。要使各根据地干部、军队与人民的理论、政治及文化水平高于与广于全国各地”。[②]

1942 年 5 月,毛泽东发表《在延安文艺座谈会上的讲话》,他说:“我们要战胜敌人,首先要依靠手里拿枪的军队。但是仅仅有这种军队是不够的,我们还要有文化的军队,这是团结自己、战胜敌人必不可少的一支军队。”[③]毛泽东在这里将文化的军队看得同拿枪的军队同样重要,可见中国共产党对抗战文化重要地位的高度重视。

抗战时期,在中国共产党的领导下,抗战文艺工作团、文艺界抗战联合会、文艺突击社、山脉诗歌社、战歌社等抗战文艺团体在根据地如雨后春笋般涌现,产生了一大批经典文艺作品。这些文艺作品时刻关注着中华民族的整体命运,为之呐喊,为之高歌,为之吟唱,发出救亡图存的鼙鼓之音。抗日救亡的呼声与炮声,成为诗歌、戏剧、小说、电影、漫画、木刻、报告文学等各种文艺形式表现的主要内容。如文学作品《边区自卫军》、《平汉工人破坏大队》、《铜墙铁壁》等;音乐作品《黄河大合唱》、《八路军进行曲》、《延安颂》等。这些作品无不蕴含着爱国主义的精神,激励着一批批抗日儿女奋起反抗日本侵略者,成为争取抗战胜利的精神力量。

(二)倡导和推动建立抗日文化统一战线

党的文艺工作者将“动员一切文化力量,推动全国人民参加抗战”[④]作为自己的中心任务。中共中央强调:“对于文化运动的进行,应该联合一切不反共的自由资产阶级(即民族资产阶级)与广大小资产阶级的知识分子共同去做,而不应使共产党员尖锐突出与陷于孤立”,也就是要“团结一切抗日不反共的文化力量,建立文化运动上最广泛的统一战线”。[⑤]

---

① 《中共中央文件选集》第 12 册,第 71 页,北京:中共中央党校出版社,1986 年。

② 《中共中央文件选集》第 11 册,第 488 页,北京:中共中央党校出版社,1986 年。

③ 《毛泽东选集》第 3 卷,第 847 页,北京:人民出版社,1991 年。

④ 艾思奇:《两年来延安的文艺运动》,《群众》第 3 卷第 8、9 期,1939 年 7 月 16 日。

⑤ 《中共中央文件选集》第 12 卷,第 468 页,北京:中共中央党校出版社,1991 年。

1938年4月28日,毛泽东在鲁迅艺术学院的讲话中强调:"现在为了共同抗日在艺术界也需要统一战线,正如鲁迅先生所说的那样,不管他是写实主义派或是浪漫主义派,是共产主义派或是其它什么派,大家都应当团结抗日。"[①]他强调:"今天第一条是一切爱国者的抗日民族统一战线,第二条才是我们自己艺术上的政治立场。""我们是站在无产阶级劳苦大众方面的,但在统一战线原则之下,我们并不用马克思主义来排斥别人。排斥别人,那是关门主义,不是统一战线。"[②]这里,毛泽东把抗日统一战线摆到第一条,把政治立场摆为第二条,这就是说,"在团结抗日的大原则下,我们应该容许包含各种各色政治态度的文艺作品的存在"[③]。

1940年1月,张闻天在陕甘宁边区文化界救亡协会第一次代表大会上指出:"一切文化人,只要他们赞成抗日,均应在抗日的目标下团结起来,不论他们在文化上所做的工作同抗日有无直接的关系。"[④]陈毅在《关于文化运动的意见》中专门论述中国共产党文化运动的任务:"我们为了完成抗日建国的革命任务,在抗日高于一切的大前提下,极愿意与一切抗日文化人、文化团体或派别建立抗日的文化统一战线……只要能打击日寇的力量,我们都主张联合。"[⑤]

中国共产党强调,党的文艺工作者要和党外文艺工作者结成统一战线。毛泽东在延安文艺座谈会上更明确地指出:"党的文艺工作者首先应该在抗日这一点上和党外的一切文学家艺术家(从党的同情分子、小资产阶级的文艺家到一切赞成抗日的资产阶级地主阶级的文艺家)团结起来。"[⑥]要完成抗日战争的伟大历史使命,必须组织千千万万的民众、调动浩浩荡荡的革命军。武的方面要集结全国的军事力量与敌人长期浴血奋战,文的方面则必须组织和团结一切抗日的文化人为反抗侵略奔走呼号、宣传鼓动。

中共中央1940年9月10日在《中央关于发展文化运动的指示》中,专门强调了要大力推动国统区的抗日文化运动。中央强调:"在国民党统治区域很可能广泛发展与极应该广泛发展的一项极端重要的工作,是抗日文化运动。……因此,在国民党统治区域的党(敌占大城市亦然)应对发展文化运动特别

---

① 《毛泽东文集》第2卷,第121页,北京:人民出版社,1993年。
② 《毛泽东文集》第2卷,第122页,北京:人民出版社,1993年。
③ 《毛泽东选集》第3卷,第868页,北京:人民出版社,1991年。
④ 《张闻天文集》第3卷,第57页,北京:中央党史出版社,1994年。
⑤ 《江淮日报》1941年2月25日第5版。
⑥ 《毛泽东选集》第3卷,第867页,北京:人民出版社,1991年。

提起注意，应把对文化运动的推动、发展及其策略与方式等问题经常放在自己的日程上。”中央指示国统区党组织“要把一个印(刷)厂的建设看得比建设一万几万军队还重要”,“要把运输文化食粮看得比运输被服弹药还重要”①。

(三)提出了建设抗战文化的基本任务

1941年6月20日，中宣部在《关于党的宣传鼓动工作提纲》中提出了建设抗战文化的四大任务：第一，团结一切抗日不反共的文化力量，建立文化运动最广泛的统一战线，向着一个共同的目标：反对民族敌人——日本帝国主义。第二，发展进步的文化力量，发展民主思想，宣传科学的社会主义，推进中国的文化向前发展。第三，团结文化干部，培养文化干部，爱护干部，尤其在根据地内更应大批吸收知识分子、各种专家学者参加一切抗战的工作。第四，参加国民教育，发展国民教育，这是文化运动最基层的工作。

(四)明确了抗战文化建设的基本方向

党的文化艺术工作者将“建立中华民族自己的新文艺”②作为抗日文艺努力的方向。1939年11月，中共陕甘宁边区第二次代表大会对边区文化教育工作作了如下决议：边区文化教育“必须立足于进步的科学理论基础上，为建立中华民族的新文化而斗争”。③ 周恩来在1939年8月指出：“发展抗战文化与提倡进步思想，是我党文化政策的方向。”文化运动的口号应该是：“民族化、大众化、民主化。”④1940年1月，毛泽东在陕甘宁边区文化协会第一次代表大会上作了题为《新民主主义的政治与新民主主义的文化》(《新民主主义论》)的讲演，系统阐述了新民主主义文化的性质：“这种新民主主义的文化是民族的。它是反对帝国主义压迫，主张中华民族的尊严和独立的。它是我们这个民族的，带有我们民族的特性。……这种新民主主义的文化是科学的。它是反对一切封建思想和迷信思想，主张实事求是，主张客观真理，主张理论和实践一致的。……这种新民主主义的文化是大众的，因而即是民主的。它应为全民族中百分之九十以上的工农劳苦民众服务，并逐渐成为他们的文化。”“民族的科学的大众的文化，就是人民大众反帝反封建的文化，就是新民主主义的文化，就是中华民族的新文化。”这实际上为新民主主义文化的发展指明了方向，具有不可估量的指导意义。

---

① 《中共中央文件选集》第11册，第488页，北京：中共中央党校出版社，1986年。

② 艾思奇：《两年来延安的文艺运动》,《群众》第3卷第8、9期，1939年7月16日。

③ 《中国革命根据地教育纪事》,第161页。北京：教育科学出版社，1989年。

④ 周恩来在中共中央政治局会议上的发言提纲，1939年8月4日。

1942年5月,毛泽东发表《在延安文艺座谈会上的讲话》,阐明了革命文艺为人民群众、首先是为工农兵服务的根本方向,系统地回答了文艺运动中许多有争论的问题,强调革命文艺工作者必须从根本上解决立场态度的问题。这些纲领、政策对于抗日根据地的文化建设产生了重大影响,成为抗日根据地文化建设的指针。

(五)制定适合军队特点的部队文艺政策

中国共产党对部队的文艺工作也专门发布指示,制定政策,从而有力地推动了部队文艺运动的蓬勃开展。1941年1月,八路军总政治部、中央文委发出《关于部队文艺工作的指示》,充分肯定了部队文艺工作的重大意义:"部队文艺工作,是部队政治工作的一个重要部门,因其不仅在于能够帮助部队的政治教育与宣传鼓动,调节部队生活,提高部队战斗情绪,而且是密切部队与群众联系及扩大我军影响的有力工具。"①从这一认识出发,我们党强调指出,军队的政治机关应很好地掌握并利用这一武器,这对于军队战斗力的提高有重要意义。时任一二九师政治委员的邓小平,在《一二九师文化工作的方针任务及其努力方向》的报告中,强调"要同一切轻视文化工作的倾向作斗争,并应克服文化工作不大众化的现象"。

八路军总政治部、中央文委强调了部队文艺工作的方针任务:首先要团结和培养专门文艺工作者,使他们能够用戏剧、音乐、美术、文学等形式,把民族战争中的一切现实生活反映出来,以激发起战士的战斗情绪,提高部队的文艺修养。"要把部队中对文艺工作有专长和特殊兴趣的人,尽可能地选拔出来,专门做文艺工作。……应该经常抽调一些干部到鲁艺或师一级的艺术训练班去受训。"②1941年,晋察冀军区曾发布一项决定,要求在团一级必须有10人以上的专门文艺队伍,在连一级也要建立戏剧和歌咏小组。中国抗战文艺史上著名的"冀中一日"写作运动,就是冀中军区要求该区800万军民用笔来记叙1941年5月27日这一天的战斗、工作、学习和生活感受。这一写作运动共收到稿件5万余篇,经40位编辑4个月的工作,才初定了3500篇作品。实际上,这一写作运动已经成为一场传播、影响很广的群众文化教育运动。

(六)强调知识分子在发展抗战文化中的作用

为了加强抗日根据地的文化建设,"培养大量的边区知识分子"成为"边区

---

① 胡采主编《中国解放区文学书系》(文学运动·理论编一),第9页,重庆:重庆出版社,1992年。

② 胡采主编《中国解放区文学书系》(文学运动·理论编一),第11页,重庆:重庆出版社,1992年。

的头等重要的任务之一”。[①] 对此，以毛泽东为代表的中国共产党人有着十分清醒的认识。1939 年 12 月，毛泽东在《大量吸收知识分子》一文中指出：“在长期的和残酷的民族解放战争中，在建立新中国的伟大斗争中，共产党必须善于吸收知识分子，才能组织伟大的抗战力量，组织千百万农民群众，发展革命的文化运动和发展革命的统一战线。没有知识分子的参加，革命的胜利是不可能的。”1940 年 10 月，中央宣传部、中央文化工作委员会联合发出了《关于各抗日根据地文化人与文化团体的指示》。《指示》明确指出：“为了发展各抗日根据地的文化运动，正确地处理文化人与文化团体的问题，实为当前的重要关键。”为充分调动文化人的积极性，《指示》还规定了对文化人的具体政策。如要求各地党组织重视文化人，纠正党内一部分同志轻视、厌恶、猜疑文化人的落后心态；用一切方法在精神上、物质上保障文化人写作的必要条件，使他们的才力能够充分地使用，使他们写作的积极性能够最大地发挥；党的领导机关，除一般给予他们写作上的任务与方向外，尽量避免对于他们写作上人为的限制与干涉，应在实际上保证他们写作的充分自由；应采取一切方法，如出版刊物、戏曲公演、公开讲演、举办展览会等，来发表他们的作品，等等。对于文化人生活习惯上的特点与不足，《指示》还要求各地应以宽容的态度去对待，应更多地采取同情、诱导、帮助的方式去影响他们进步，那种“对于文化人生活习惯上的过高的苛刻的要求”是不适当的。[②] 1940 年 12 月，毛泽东为中共中央起草的指示《论政策》中，又提出：“应容许资产阶级自由主义的教育家、文化人、记者、学者、技术家来根据地和我们合作，办学、办报、做事。应吸收一切较有抗日积极性的知识分子进我们办的学校，加以短期训练，令其参加军队工作、政府工作和社会工作。”抗日战争时期，以延安为中心的抗日根据地之所以能够成为广大爱国知识分子、青年学生和文化界精英向往的地方，并吸引他们不畏艰险，直奔而来，这与中国共产党的正确政策是分不开的。

二、根据地抗战文化的基本特征

（一）时代性

抗日战争的文化活动紧密结合现实为抗战服务，具有鲜明的时代特征，表现了时代精神。文艺服从于政治。抗战时期，“中国政治的第一个根本问题是

① 《老解放区教育资料选编》，第 27 页，北京：人民教育出版社，1959 年。

② 《中共中央文件选集》第 12 册，第 96－499 页，北京：中共中央党校出版社，1991 年。

抗日”[1]。“新闻纸、出版事业、电影、戏剧、文艺，一切使合于国防的利益。”[2]为此，毛泽东高度重视文艺对抗日的重大作用。他“不赞成把文艺的重要性估计不足”，而认为革命文艺是“对于整个革命事业不可缺少的一部分”[3]。

在战争环境下，压倒一切的是抗战的形势和政权的巩固。抗日救亡成为文艺作品的主题。文艺作品无论小说、戏剧、诗歌、音乐、理论界的创作活动，莫不以宣传抗战为主题，向全国人民呐喊出民族的危机，揭露侵略者的暴行，宣传抗战中的新人新事，歌颂抗日英雄，讨伐汉奸败类，形成了全民族的持久的抗战情绪，以期救亡图存，争取抗战胜利。各种文化活动及其精神产品是否进步，首先要看它的出发点和目的是否配合抗日战争这一最大的政治形势，是否反映了反对帝国主义侵略这一最根本的民族利益。是否承载了爱国主义感情和民族主义立场，是否有益于动员各阶级和各阶层的人们投入抗战的洪流，是否有益于反对一切投降卖国的汉奸文化。

一切为抗战服务，是时代提出的要求，符合中华民族的根本利益，也是中国共产党领导的抗战文化肩负的历史使命。

(二)大众性

抗日战争是民族战争，也是全体人民大众的战争。离开人民大众，是无法取得抗战胜利的。中国共产党发展抗战文化的指导思想从一开始就考虑到大众化问题，主张无论是抗战的文艺，还是其他文化领域，从形式到内容，都要为中国老百姓喜闻乐见，要真正成为宣传人民、教育人民、动员人民的工具。张闻天在陕甘宁边区文化界救亡协会第一次代表大会上讲话指出，抗战文化要成为大众所懂得、所接受的文化，必须适应大众的文化水平。[4]

大众化是当时边区文化建设的一大特色。延安文艺界曾开展过诗歌大众化问题的讨论。艾青发表文章说：“诗人应当毫无间断地关心老百姓”；“应该终结那种专门写给少数几个人看的观念了”；“文学以它所能影响的程度决定它的价值”。萧三也发表文章，主张新诗歌应向民歌和古典诗歌学习，创造民族化大众化的诗歌，紧密为抗战服务。[5]

毛泽东在《延安文艺座谈会上的讲话》中指出：“我们的文艺，第一是为工

---

① 《毛泽东选集》第3卷，第867页，北京：人民出版社，1991年。

② 《毛泽东选集》第2卷，第694页，北京：人民出版社，1991年。

③ 《毛泽东选集》第3卷，第866页，北京：人民出版社，1991年。

④ 《张闻天文集》第3卷，第57页，北京：中央党史出版社，1994年。

⑤ 艾青：《展开街头诗运动》；萧三：《论诗歌的民族形式》，《解放日报》1942年9月22日。

人的，这是领导革命的阶级。第二是为农民的，他们是革命中最广大最坚决的同盟军。第三是为武装起来了的工人农民即八路军、新四军和其他人民武装队伍的，这是革命战争的主力。第四是为城市小资产阶级劳动群众和知识分子的，他们也是革命的同盟者，他们是能够长期地和我们合作的。这四种人，就是中华民族的最大部分，就是最广大的人民大众。”他的讲话揭示了革命文艺为人民群众、首先是为工农兵服务的大众本质。他认为，凡是革命的文学家艺术家，有出息的文学家，必须到群众中去，必须长期地无条件地全心全意地到工农兵群众中去，到火热的斗争中去，到唯一的最广大最丰富的源泉中去，观察、体验、研究、分析一切人，一切阶级，一切群众，一切生动的生活形式和斗争形式，一切文学和艺术的原始材料，然后才有可能进入创作过程。[①] 陕甘宁边区的文化建设很好地实践了这一方针，深入到民众生活的方方面面，以民众喜闻乐见的各种形式，反映边区人民的新思想、新文化、新生活，收到了很好的社会效果。

(三)民族性

抗战时期，中华民族处于生死存亡的紧要关头，民族矛盾上升为主要矛盾，抗击日本帝国主义侵略已成为全民族的呼声。中国共产党领导的抗战文化，不能不体现民族文化的特性：在内容上必须反抗日本帝国主义的侵略，争取中华民族的独立解放；在形式上，注重地方和民族特点，积极采用群众喜闻乐见的表现方式；在队伍构建上，必须团结全民族愿意抗日的知识分子和文化人结成广泛的统一战线。

(四)战斗性

抗日战争是一场关系到中华民族生死存亡的战争，实际上也是一场关系到中国文化存亡的文化战争。反抗日本侵略的文化战争培育了中国共产党抗战文化的战斗精神。抗战文化像投枪和匕首，直刺侵略者的心灵。抗战文化像声声战鼓，为抗战呐喊，为时代歌唱，鼓舞着广大军民保家卫国的豪情壮志。

(五)民主性

中国共产党充分尊重知识分子在抗战文化创作活动中的积极性，反对各种压迫和干涉，具体反映在题材创作的多样性、文艺形式的多样性上，给了广大知识分子充分的创作自由。这为后来中国共产党制定知识分子政策、文艺工作者政策提供了借鉴和启示。

---

① 《毛泽东选集》第3卷，第860－861页，北京：人民出版社，1991年。

(六)创造性

抗战时期,敌后艺术工作者,继承民族传统,运用戏曲、秧歌、小调等群众喜闻乐见的形式,推陈出新,创造了许多成功的新戏曲、新秧歌、新音乐、新绘画木刻,以及包含中国情趣的诗歌、报告文学、短篇小说、长篇小说等。如京韵大鼓《大战平型关》在前方部队演出时,每次都轰动全场,八路军政治部还把它作为教材,印发给连队的每个战士;如新秧歌剧在延安和其他抗战根据地的上演,旧瓶装新酒,既有传承,更有创新,契合了时代的需要。

三、抗战文化给当代文化建设的启示

(一)文化建设要反映时代的主题

真正的文艺不能回避火热的生活真实,必须反映这个时代。抗战时期,团结全民族的力量战胜日本侵略者是时代的主旋律,文化的第一要务就是服务于抗日战争。因此,这一时期,文化的建设和发展,内容多与火热的抗战生活有关,它也成为战胜日寇侵略、实现民族解放的有力武器。新时期的文化建设要与现实生活紧密结合,反映和讴歌时代精神,贴近生活、贴近群众、贴近实际。

(二)文化建设要充分发挥知识分子的作用

党在抗日战争中十分重视知识分子在建设抗战文艺中的作用。抗战时期,中国共产党通过创办延安鲁迅艺术学院等文化和艺术干部培训机构,培养了一大批文艺人才。1938 年 4 月,鲁迅艺术学院在延安正式成立。在毛泽东等人联名发表的《创立缘起》中,明确指出:"艺术——戏剧、音乐、美术等是宣传鼓动与组织群众有力的武器。艺术工作者——这是对于目前抗战不可缺少的力量。因此,培养抗战的艺术工作干部,在目前也是不容稍缓的工作。"[①]抗战时期,在延安和晋察冀等抗日根据地培养了一大批文艺人才,很多人后来成为新中国文艺界的骨干分子。

(三)文艺创作要反映和贴近人民群众

抗战时期,中国共产党提出文艺家走进人民中间,反映人民大众的心声,讴歌人民大众的英勇事迹。中共中央在《关于执行党的文艺政策的决定》[②]中要求,文艺创作在内容上要反映人民的感情和意志,形式上要易演易懂。只有

---

① 《鲁迅艺术学院周年纪念特辑》,《新中华报》,1939 年 5 月 10 日。

② 《解放日报》,1943 年 11 月 8 日。

为人民大众喜闻乐见的文艺，才有生命力、持久力。

(四)充分认识文化建设的战略意义

抗战时期，中国共产党从战略高度认识到建设一支充满战斗力的文化大军是战胜日本帝国主义的不可或缺的条件之一。中国共产党领导的轰轰烈烈的文化实践活动，在鼓舞人民大众、揭露日本侵华罪恶、坚定抗战必胜的信念，砥砺广大人民的抗战意志等方面发挥了重要作用。今天在全面构建社会主义和谐社会的过程中，我们必须从战略高度认识文化建设在社会主义和谐社会建设中的重要作用。只有实现心灵的和谐、文化的和谐，才能真正实现社会的和谐。

“抗战电影”文化价值再认识[①]

周 平[②]

(江汉大学人文学院,湖北武汉 430056)

[摘要]电影史著中对“抗战电影”的界定一直是较为含糊的,由此也带来对其历史文化价值判断的分歧与困扰。本文综合历史的、文化的、地理的多种因素明确抗战电影概念,并将抗战电影放在中国电影发展史的纵向坐标上考察其文化价值。战争一方面对电影生产机制造成了破坏,同时也使得中国电影格局重新分化组合,为战后及新中国成立后中国电影机构分布、新观众群培育和电影人才储备奠定了良好的基础。从内容上看,抗战电影采用现实主义手法反映时代背景,丰富与深化了中国电影的表现主题;在文化功能上,抗战电影脱离之前电影所集中的启蒙、娱乐、教化等多种功能,转为突出以服务“救亡”为目标的政治宣传功能,开创了中国政治电影的传统,极大地影响了建国后的电影走向,在新时期以来的“主旋律”影片中仍有传承;从艺术风格上看,抗战电影借鉴“左翼”电影十年积累的丰硕成果,结合抗战的时代要求,形成了纪实性、大众化、通俗化、民族化的特色,成为日后中国主流电影的宝贵财富。

[关键词]抗战电影;主流电影;文化价值

在电影史著中,有关“抗战电影”的界定较为含混,甚至也不完全一致,分歧主要集中在其中“抗战”指代的是时间意义还是电影的表现主题。若单纯以时间概念来界定“抗战电影”,将特定历史时期里从各个层面、不同角度宽泛取材,直接反映或间接折射战争给中国社会带来种种现实问题的电影,都归于“抗战电影”旗下,这就显得太宽泛了。若以电影所传达的“抗战主题”来界定

---

① 收稿日期:2011—05—11。

② 作者简介:周平,江汉大学人文学院讲师,武汉大学新闻与传播学院博士生。研究方向为媒介文化、跨文化传播等。

"抗战电影",即专指一些直接反映中国军民与日军进行斗争、号召和鼓动民族救亡热情的故事片,又稍显褊狭。抗战电影是有特定所指的,1938 年在第一次大规模电影运动时也被称为"国防电影"。因此,为了避免歧义出现,也为了讨论的方便,本文对"抗战电影"的界定结合了地理因素:所谓抗战电影,是指抗日战争时期(1937—1945),由中国进步的电影工作者在武汉、重庆、太原和成都等大后方开展的鼓动抗战、宣传爱国和民族解放的各类电影实践活动。

之所以不将租界区、沦陷区或人民根据地电影纳入抗战电影的考察范围,是因为租界区和沦陷区在恶劣的外部环境下而无法进行正面抗敌宣传,如在上海"孤岛"时期,因政府和租界当局的压制,租界工部局甚至不允许在影片上出现东北地图和涉及日本的字样。正如后来柯灵先生在纪念民族电影 90 年之际接受采访所言,"……界内居民,还有一点最低限度的活动余地。但租界这把保护伞是非常脆弱的,他们本身就受着日本强大武装的包围和威胁,形势岌岌可危;租界要保护的,首先是自己的利益,而不是中国的利益"①。在租界拍摄爱国抗战影片是不可能的,因此爱国影人运用智慧拍摄了一批以古喻今的古装片和忧时警世的时装片,既不与当局相抵触,又能顺应时代情绪获得观众认可,赢得商业收益。而在日伪沦陷区连这样的影片都不可能存在,如在长春以"满映"为平台控制的电影业出品的都是美化侵华战争或消磨斗志的"娱民"电影。在人民根据地,因地理条件和经济基础所限,技术人员和专门电影工作者极少(仅有一个摄影队和一个放映队),现代设备和各种物质奇缺,虽陆续拍摄了数部有关解放区生产、生活的纪录片,但并没有拍摄公映一部正面表现抗战的故事片。比较而言,无论是物质条件的优势还是人员调配的充裕或是电影政策的灵活,都使得大后方电影成为抗战电影的主脉。

战争给电影带来了破坏,也带来了新生。正是在关乎生死存亡的炮火硝烟里,中国电影人不甘屈服,奏响了反帝反封的双重变奏,将经济困顿和精神创伤化为斗争和前行的动力。摄影机不啻号角,动员起一切可以动员的人投入到抗敌救亡中;直观的影像比其他文艺样式更忠实地记录着侵略者的残暴和中华民族的英勇不屈。中国电影在民族大灾难面前激发起无穷潜力。抗战电影无论是在艺术的探求还是精神的深度方面,都进入了一个文化再造的历史期;尤其重要的,它在继承和超越中开创了中国政治电影的传统,树立了后来中国主流电影主体之方向。本文将抗战电影放在中国电影发展史的纵向坐标上考察其文化价值,以此探讨"抗战与民族复兴"这一宏大主题。

---

① 柯灵:《影事怀旧录》,《新民晚报》1995 年 5 月 3 日。

一、战争对电影生产机制的破坏与重构,使得中国电影格局重新分化组合,为战后及新中国成立后中国电影机构分布、新观众群培育和电影人才储备奠定了良好的基础

从1931年起,日军的军事侵略给中国电影制、发、放各环节带来了破坏。战争给电影市场带来的首要冲击,便是生产格局的变化。抗战全面爆发前的中国电影,基本以上海为中心,上海汇集了中国最多数和最有实力的电影企业、人才和观众。淞沪会战后,各大制片公司纷纷关门歇业。据不完全统计,上海有30家影片公司或摄影场因战火而停业;明星、联华、天一三大电影公司因资金亏损而难以为继;16家电影院全部毁损,剩下的20余家只能靠放映外国影片维持……好不容易建立的国产片市场破坏殆尽。随着大批影人加入救亡演剧队和上海失守,电影人陆续离开上海转入内地,上海作为中国电影基地的中心地位开始动摇,中国电影格局重新分化组合,形成了大后方国统区、上海香港租界区、日伪沦陷区和共产党领导的陕甘宁边区与敌后根据地四个区域。同一时期出现诸多电影制作,形成战时中国复杂多样的电影形态和风貌,这在世界电影史上也是少见的。"中国电影制片企业在武汉、重庆、香港、太原、延安以至东北等地出现,改变了中国影业传统的分布状况,并对战后中国电影及其文化面貌带来较为深远的影响。"①

随着国内形势变化,原来建立在民营企业机制上、完全依赖于市场调节的制片策略和生产机制无法满足抗战需要。在很快实行了电影企业国营化后,中国电影制片厂和中央电影摄影场成为其中最重要的两个制片机构,在其人员构成、影片拍摄、发行放映等方面,都有着不同于战前中国电影生产机制的独特之处。1938年1月,在周恩来的直接领导下,国民政府政治部将原来的汉口摄影场改建为中国电影制片厂("中制"),选址汉口杨森花园新建一座摄影场,大批电影戏剧工作者得以重返工作岗位。仅1938年1月至10月间,就拍摄了《保卫我们的土地》、《热血忠魂》、《八百壮士》等三部正面描写抗战的故事片和46部抗战新闻纪录片和卡通歌集片。"中制"成为抗战时期国营的最大电影生产基地,员工最多时有500余人。1938年10月武汉沦陷后,"中制"全部迁往重庆,与国民党中央宣传部直属的中央电影摄影场("中电"),共同书写着抗日救亡的篇章。"中电"是国民党"党办"电影厂,抗战爆发后,该厂撤离南京,一路西行,先迁到汉口,后迁到宜昌,最后迁至重庆。为谋求振兴,在国共

---

① 李道新:《中国电影文化史》,第119页,北京:北京大学出版社,2005年。

合作的大背景下,它也吸收了不少电影界进步影人参加工作,如孙瑜、白杨、赵丹、魏鹤龄、王人美、顾而已等,摄制了《中华儿女》、《孤城喋血》等故事片、纪录片和歌集片。此外,1935 年由阎锡山为宣传自己而投资创办的"西北电影厂"虽然规模不大(只有 50 多人),抗战爆发后从太原迁往成都,因有沈浮、谢添等进步影人参加,也拍过一些较好的影片,如纪录片《华北是我们的》,故事片《风雪太行山》、《老百姓万岁》,等等。国统区大后方抗战电影形成了以武汉、重庆和成都为主要阵地的格局。

在发行放映方面,由于城镇影院大多遭到炮火轰炸,同时也由于战争的特殊需要,抗战电影大多以巡回放映的形式与观众见面,在国内各城市和乡镇影院放映,引起观影热潮(如从汉口某些图片资料上可看得出当时"中制"出品的受欢迎程度)。正是这种不同于战前的放映形式,使得抗战电影与最广大的观众群体建立了联系。为了配合国际反法西斯宣传,抗战电影还开拓了国际发行路线,在南洋、欧美一些国家宣传和发行。以"中制"为例,1938 年至 1940 年三年间,"中制"共向国外发行 183 个拷贝,有 18 部作品在全世界 92 个城市放映,引起轰动,广获好评①。实际上,正是从抗战开始,中国电影界才第一次有意识地、大规模地注意到出品的"国际宣传"和"海外路线"问题。这是大后方抗战电影对中国电影史作出的一个重要贡献②。

抗战爆发以前,中国电影观众主要是城市居民;因受好莱坞电影影响,电影一般具有市民趣味和欧化倾向。抗战爆发后,随着"电影下乡"和"电影入伍",电影观众扩展到农民和士兵,这两个群体普遍文化水平较低,缺乏观影经验,势必对电影风格和表达方式提出不同要求。影评家凌鹤称:"我亲耳在乡间听见士兵和农民不懂得在有些影片中的一会儿火车、一会儿轮船是什么意思,这在都市中的工人也许会知道那是表现主人公夫妇坐火车轮船到了他们所要到的地方,因为工人到底多有看电影的机会之故,可是士兵和农民大众却需要来清去白地交代清楚。所以为了要收获宣传教育的效果,我们非降低技术不可,先使他们理解了的接受电影,然后逐渐提高鉴赏能力。"③很多电影人和影评家都重视电影大众化、民族化和通俗化问题,并在影片中具体实践着(见下文详述),培育了新的观众群体,并获得他们的认可。

进步的电影工作者在抗战电影这个文化战场上,不仅转战大后方各地,同

---

① 郑用之:《三年来的中国电影制片厂》,《中国电影》第 1 卷第 1 期,1941 年 1 月,重庆。

② 李道新:《中国电影文化史》,第 175 页,北京:北京大学出版社,2005 年。

③ 凌鹤:《建立战时的电影批评》,《扫荡报》(重庆版)1939 年 3 月 5 日。

时也奔赴各战区。据有关资料记载,抗战期间,重庆几家制片厂经常将一百多个摄影师分布在全国各战区,用胶片记录着前线将士英勇的战绩,随时向国内外作忠实的报道与宣传。大量拍摄的电影纪录片涉及政治、军事、生活,不仅保存了珍贵的历史资料,而且培养了一批纪录片创作专业人员。影片创作中所体现的清新朴素的镜头风格,为日后的解放区电影和新中国电影提供了传统之源。尤为重要的是,这些电影工作者通过这场文化战役将电影和抗战的火种撒向全国,为新中国成立后各地电影机构储备了电影创作及管理人才。新中国成立后,电影创作队伍主要由国统区来的电影工作者和解放区来的文艺工作者两部分人组成。两部分力量结合,成为一支强有力的队伍,很快就在全国创作出一批充满时代新气息的电影作品,一段时期内,其电影手法、电影风格及电影政治功能的侧重与抗战电影都一脉相承。

二、从内容主题上看,抗战电影采用现实主义手法,直接表现人民的反帝心声,丰富与深化了中国电影的表现主题;在文化功能上,电影从启蒙、娱乐、教化等多种功能合一转为突出以服务"救亡"为目标的政治宣传功能

作为适应战争环境而又为战争服务的抗战电影,突出品格便是选材和主题的高度现实性。中国电影创作中的现实主义倾向可以上溯到《难夫难妻》和《黑籍冤魂》等描绘社会世态人情的影片。但这种现实主义取向往往因创作者的思想局限而失之偏颇。经过 20 世纪 30 年代左翼电影运动的实践,并在血与火的洗礼下,把现实主义的真实性原则与革命文艺的倾向性原则结合起来的,还是抗战电影。在残酷现实面前,电影不需要再用隐喻、象征等手法隐晦地表现外寇入侵下的社会动荡,而是直接地、正面地表达抗战心声。如《保卫我们的土地》用现实主义手法正面描写抗战,在取材、内容、结构、叙述方式、导演技巧等方面,都积极探索有利于主题传达的尝试,从民族大义的思想高度出发,强调电影的意识形态功能,将电影的使命感和责任感发挥到极致。导演史东山在《一九四〇年中国电影的回顾与前瞻》[①]一文中集中论述了"电影抗战"的思想,他根据描写内容的现实意义和社会作用的不同,将当时的影片分为三类,一类是适合于乡镇宣传的,如《好丈夫》的主题是"提倡兵役",号召广大农民投身到抗敌斗争中去;一类是适合于都市宣传的,如《胜利进行曲》表现"湘北大捷"军民合作,主要以都市观众为对象;还有一类可以用作对外宣传,如表现日本战俘反战情绪的《东亚之光》和揭露日本侵略者罪恶行径的《日本间谍》

① 史东山:《一九四〇年中国电影的回顾与前瞻》,《中国电影》第 1 卷第 1 期,1941 年 1 月,重庆。

更适合于国际间的交流和宣传。

为了完成教育民众、宣传抗战的历史使命，电影界通过“关于国防电影之建立”、“中国电影的路线”等讨论以及抗战电影创作实践，书写着抗日救亡的历史篇章。早在1938年1月，抗战时期大后方第一次较大规模的电影活动——“关于国防电影之建立”的讨论中，刘念渠、袁牧之、阳翰笙、史东山、弃扬等人，从各个角度论证了拍摄国防电影(即抗战电影)的紧迫性及具体措施，呼吁“一切有利于煽动民众，组织民众，教育民众抗战和暴露日寇暴行作为题材的影片，我们都应该予以最高的评价与广大的宣传。对一切于抗战有反意义的电影作品，影评者为着不使纯洁的观众去蒙受到毒害，因而影响到抗战的意志，我们一定要严格地执行它的任务，去指示出这些麻醉的悲观情调的制作者之阴谋与毒计，同时更要在演出与营业上给予最大的打击！……我们要制裁一切胡闹的醉生梦死的与抗战无关的电影作品！我们要扑灭一切于抗战不利的、反战的，会引起人们悲观的电影作品！”[①]1940年在有关“中国电影的路线”问题的讨论中，电影人和影评家们都从各个角度论证电影的功能是“是宣传，是教育”，而不是娱乐。因为多艰的中国所处环境迥异于各国，战时之电影，“是更要把电影去启觉观众，激发观众，更毫无娱乐性可观”[②]。抗战电影抵达了此前中国电影从未抵达过的、大后方的许多偏远城镇乡村，也到过前方军营。选材集中在农民和士兵的生活方面，从民众所普遍关心的社会问题和民族心理出发，使电影成为宣传、教育的斗争武器。电影散场之后，还常常出现伤员立刻要求重返前线和农民积极要求参军的场景。电影的宣传教育和文化普及功能由此可见一斑。

从维护国家利益出发，动员所有力量投入抗战，是一切工作的中心，电影作为一种社会意识，当然不能例外。强调电影的社会功能，无疑是当时主流意识形态的反映和体现，也是中国“文以载道”文化传统的继承，又符合现实斗争需求，充满时代精神，但过分强调电影的宣传教育作用，甚至直接把电影当做政治和军事手段，单纯追求功利和实效，从而忽视或贬低了电影的其他功能和艺术特性，暴露出观念的偏颇和思维方式的简单，对20世纪40年代及其以后的中国电影理论产生深远影响[③]。抗战电影是中国电影与政治意识形态呈现高度相关性的阶段，也是文艺为工农兵服务、为政治服务、为现实斗争服务的

---

① 弃扬:《今后的电检与影评》,《抗战电影》创刊号,1938年3月,武汉。

② 《中国电影的路线问题——座谈会记录》,《中国电影》第1卷第1期,1941年1月,重庆。

③ 郦苏元:《中国现代电影理论史》,第341页,北京:文化艺术出版社,2005年。

先声,开创了中国政治电影的传统。新中国成立初期的十七年间,由于国际环境的严峻和国内政治斗争的影响,新中国电影依然沿袭着战争年代的"斗争思维","工农兵电影"和"重大题材"电影在1959年达到一个高潮。"题材决定论"在新中国电影的发展过程中,一直是一条重要的政治标准。发展到"文革"期间,电影的现实主义取向和政治宣教功能走向扭曲,电影样板戏"主题先行"和"三突出"的创作原则,充满了"左"的教条和模式,丧失了现实主义的基础,电影完全沦为实现政治野心的工具。新时期电影艺术多元化,突破了单一的政治意识形态模式,广受欢迎的谢晋电影和20世纪90年代以来以军事、政治题材影片创作为主的"主旋律电影",既是对抗战电影的一种超越,更有着精神内质上的继承。那就是围绕时代和现实问题,以伦理情感传递政治意义,利用国家、民族意义的重叠,来强化意识形态的统一性和凝聚力,实现服务现实和政治的功能。这正是抗战电影开辟的传统。

三、从艺术风格上看,抗战电影借鉴"左翼"电影十年积累的丰硕成果,结合抗战的时代要求,形成了纪实性、大众化、通俗化、民族化的特色,成为日后中国主流电影的宝贵财富

抗战电影摒弃之前武侠神怪片的虚幻手法和家庭伦理片的苍白生硬,借鉴了"左翼"电影的优秀成果,又形成了不同于后者的文化风格。在电影类型上,从情节剧(包括古装片和时装片)为主转为重视纪实性(有原型的故事片及多部纪录片和卡通资料片等);在受众群体(传播对象)上,从以城市平民为主要传播对象转为主要以农民和士兵为对象;在整体风格上,从流行趣味文化转为大众通俗文化(尽管在文化研究理论中,"流行文化"和"通俗文化"都译自英文 popular culture,但在中文中,二者还是有不小区别)。

作为大众文化的电影在发挥宣传教育作用时,必须为观众提供真实可信的思想和形象,因此抗战故事片大多取材于战争史实和真实事件,如阳翰笙的《八百壮士》取材于上海抗战中我军坚守上海四行仓库的事迹,田汉的《胜利进行曲》取材于湘北会战,徐苏灵的《孤城喋血》取材于姚子青营长死守宝山城的悲壮故事等,这些都成为当时备受观众赞赏、在文艺界也获好评的优秀作品。此其一。其二,战争年代物质匮乏,对抗战电影的要求又非常迫切,新闻片、纪录片得到发展,也将它们的拍摄手法和技巧引入故事片创作中,建立了"走出摄影场"的纪实性美学观。如注意利用战争实景特别是外景拍摄、使用较长的横移镜头、采用日常服装道具来进行电影创作等。据摄影师吴蔚云的回忆录,他们在拍《白云故乡》时常利用轰炸间隙抓空拍戏,一些实拍敌机扫射镜头也用到影片中,取得很好效果。特别是"以真人演实事"的《东亚之光》,题材上选择了反战同盟成员的亲身经历，拍摄场地也在重庆的第二俘虏收容所，除郑君里、张瑞芳等少数专业演员外，演员大多由日本战俘和我方工作人员担任，服装道具等保持原样，并有不少战俘日常生活镜头。抗战电影不是依仗离奇故事情节来取悦观众，而是靠事件本身的魅力和拍摄的真实感来震撼人心。在当时的评论中，《八百壮士》、《胜利进行曲》、《东亚之光》等也被称为"纪录片"。

抗战时期，进步电影家们把眼光转向农村，大众化、通俗化与民族形式问题才真正提上日程。正如当时的影评家们所认为的，战争爆发后，电影观众发生变化，即由原来以都市市民为主转变为以农民、士兵为主，电影必须彻底改变旧有的小市民趣味和知识分子欧化倾向，摆脱革命加恋爱、英雄与美人的老套，坚决走通俗化大众化的道路，努力创造民族形式和风格。只有千千万万普通老百姓喜欢看，他们才会接受影片所表达的思想内容，抗战电影才能发挥其积极宣传教育作用①。"'通俗'不仅是内容的问题，同时也是形式的问题"，要实现宣传教育意图，就"要使大众看得懂，吃得消"②。要专为农民、士兵和内地市民而制作反映他们所熟悉关心的问题，甚至描写他们自己的生活，采用浅显通俗的表现方法，继承民族艺术的优良传统，创造出"中国作风"和"中国气派"的影片③。影评家们如此探讨，电影工作者则身体力行。如史东山，毫不犹豫地扬弃自己战前形成的"唯美派"的编导风格，向电影的大众化、通俗化方向发展。在结构方式和导演技巧上，十分注意叙事的清晰性和情节的合理性，力图使故事明白易懂，他称"剧情要简单而有力，内心表现不能太复杂"，"叙述剧情务须周详，表演的速度务须稍慢"④。他拍摄的《保卫我们的土地》、《好丈夫》等片，都是农民所"喜闻乐见的事物"和"喜闻乐见的制作"。⑤ 这些都成为新中国电影的重要传统。

大后方抗战电影创造了电影艺术的纪录性、平民视角和通俗化、民族化的风格，在时代潮流中完成了其历史使命。尽管在今天看来它的政治目的性过于突出，艺术成就上显得不够多元，但我们应当能理解，毕竟它们拍摄于迫在眉睫的民族救亡呼声压倒了一切，动荡严峻的环境和匮乏的电影器材和其他物质条件都不允许过多探索和实验的烽火岁月里。时过境迁，其历史价值和文化价值依然宝贵，不容忽视。

---

① 《中国电影的路线问题——座谈会记录》，《中国电影》第1卷第1期，1941年1月。

② 宋之的：《略论电影通俗化问题》，《扫荡报》(重庆版)1939年4月10日。

③ 向锦江：《论电影的民族形式》，《国民公报》1941年6月。

④ 《关于〈保卫我们的土地〉》，《抗战电影》创刊号，1938年3月，武汉。

⑤ 杨邨人：《农村影片的制作问题》，《中国电影》第1卷第1期，1941年1月，重庆。

《在延安文艺座谈会上的讲话》在战时首都重庆的传播[①]

熊飞宇[②]

(重庆图书馆中国大后方抗战历史文献中心,重庆　400047)

[摘要]毛泽东在延安文艺座谈会上的讲话问世之后,在战时首都重庆,一方面中共中央南方局通过《新华日报》大力宣传;另一方面,则有何其芳、刘白羽、周而复等人分批前来,组织内部传达。然而,首先,在国统区影响甚大的胡风文学理论与《讲话》精神凿枘难入;其次,"才子集团"的思想启蒙也与之貌合神离。由于周恩来的折冲樽俎,二者之间的冲突并未公开爆发。《讲话》的强势传播,引发了新华日报社的"小整风",也为其后的"主观论"论争埋下伏笔。

[关键词]《讲话》;中共南方局;周恩来;胡风;《新华日报》;整风运动

一、《新华日报》对《讲话》的报道宣传

1942年5月,毛泽东和凯丰联名邀请在延安的作家、艺术家举行座谈会。会议前后开了三次,毛泽东每次都参加,并分几次发言。经记录整理、反复推敲,直到1943年10月19日,鲁迅逝世七周年纪念日,《讲话》全文始发表于延安《解放日报》,包括5月2日的《引言》和5月23日的《结论》两部分。萧军在毛泽东致开幕词后第一个发言,题目是:《对于当前文艺诸问题的我见》,5月15日在《解放日报》刊载[③]。1942年6月12日,《新华日报》通过转载萧军此

① 收稿时间:2011－04－15。

② 作者简介:熊飞宇,文学博士,重庆图书馆抗战文献研究中心研究人员,主要研究方向为重庆抗战文学。

③ 王科、徐塞:《萧军评传》,第189页,重庆:重庆出版社,1993年。

文，最早将毛泽东在延安文艺座谈会上的《讲话》传递到国统区。文章分：一、立场；二、态度；三、给谁看；四、写什么；五、如何搜集材料；六、学习。介绍了《引言》部分的基本内容，是延安文艺座谈会的消息第一次见诸报端。1943年3月24日，《新华日报》刊登一则延安讯：

> 3月13日《解放日报》以首页大部分篇幅报道了中共中央文委及中央组织部召开文艺工作者会议的消息，毛泽东在文艺座谈会上的结语摘要，更在注目地位刊出。其中指示，"文艺应为工农兵服务"，是此次会议的指针，也是文艺运动的总方向。

11月11日，《新华日报》发表《文化建设的先决问题》。这是《新华日报》为宣传、贯彻《讲话》精神而发表的首篇社论。针对国民党喧闹一时的"民族文化建设运动周"，社论对《讲话》的第一个问题，即"我们的文艺是为什么人的"作出回答，指出："我们今天要建设的，不该是专为不满百分之十的人们的文化，而应该是为百分之九十以上的人民大众的文化。""'为人民大众，为中国的人民大众'，这是我们的前提。我们的文化应该以人民大众的利害为利害，以人民大众的好恶为好恶。我们的文化工作者应该熟悉人民大众的生活，贴近人民大众的感情，勇敢地置身于人民大众之中，把自己的思想情绪和人民大众的思想情绪打成一片。一方面耐心地帮助他们摆脱背上'因袭的重担'，他方面积极地从不断成长中的人民大众之中吸取健康丰富的养料，加工整理，而创造出清新泼辣的'中国人民大众化'了的文化。"1944年1月1日，《新华副刊》以第六版整版篇幅发表《讲话》的部分内容。总题为《毛泽东同志对文艺问题的意见》，具体包括三篇文章：《文艺上的为群众和如何为群众的问题》、《文艺的普及和提高》、《文艺和政治》[①]。编者在附言中说明：毛泽东同志在延安文艺界座谈会上的讲话，"有系统地说明了目前文艺和文艺运动上的根本问题。原文不可能全部发表，只好提要介绍一下。在这三篇文章中，关于普及与提高问题的一篇，全部是毛泽东同志的原文；另外两篇中加着引号的部分也都是他的原文。原文全部共二万余字，此地所节录出来的自然只能传达出其中若干基本的论点"。

---

① 由于国统区横暴而严密的报刊检查，《新华日报》采用"化整为零"的战术，由副刊编辑室的三位编者将《讲话》两万余字分而化之，变成三篇独立的论文，各安上不同的作者名字，然后，选几篇文辞激烈的其他论文一起送审，检查官扣下这几篇火气较大的文章之后，害怕再检扣，报纸开"天窗"过多，只好允许这几篇文艺问题的专稿通过。于是，编者就用毛泽东的名字发表出来（郑之东：《回忆〈新华副刊〉》，《新华日报的回忆》，四川人民出版社，第219－220页）。

发表《讲话》的第二天，副刊在《读者与编者》中指出"毛泽东同志在文艺运动上所提出的意见"，"不仅是在文艺运动上，而且也是一般的文化工作上的方针。《新副》在今后也将以这个方针作为它的基本原则"。这段话说明，《新华日报》副刊正是以《讲话》为指导思想，来开展文化宣传活动，并进而登载周扬等介绍延安文艺情况和宣传毛泽东文艺思想的文章，如《论艺术教育的方针》、《马克思主义与文艺》等。在此前后，还发表解放区的文艺作品，如：《兄妹开荒》、《毛泽东》(艾青)、《田保霖》(丁玲)、《红黑点》(吴伯箫)、《记贺龙将军》(何其芳)、《吕梁英雄传》(马烽、西戎)等，同时配发一些评介文章。此外，则寄发了不少油印材料。据朱企霞回忆，1944 年曾在遵义收到何其芳从重庆寄去的《讲话》。1945 年，新华日报社以《文艺问题》为书名，率先在国民党统治区公开出版了全文的《在延安文艺座谈会上的讲话》单行本。

如何响应文艺为工农兵服务的号召，在国统区实践《讲话》精神，重庆的进步文化界还是有许多困惑。首先，活动范围的有限。在国民政府的战时首都，左翼文化人只有几个孤立的据点，如臧云远所说：我们一般"从张家花园全国文协上坡到中苏文协，再到天官府七号文工会"，再"加上曾家岩和红岩的八路军办事处"，"进步文艺活动就集中在这条线上"，"文艺要深入民间，面向工农"，谈何容易。因此，"想到延安同志能按'讲话'精神，整顿思想，深入工农，从而开阔文艺的新生面"，也只能"深夜遐想，心向往之"[①]。其次，服务对象的模糊。徐迟回忆道："我们那时也说：要和人民同甘苦、共命运，要用全副心肠去贴近人民，和他们结下生死不解之缘，爬到他们心里，用心去疼他们。但实际上，也只是这样说说而已，无法去做。而且，人民是谁，概念上并不明确"。1945 年 9 月 16 日，徐迟在乔冠华的陪同下，去红岩拜谒毛泽东，准备请教作家艺术家应该如何进行改造，但毛泽东的谈话却集中于普及与提高的问题，强调我们需要"下里巴人"，也需要与之统一的"阳春白雪"[②]。李欧梵认为，《讲话》的结论是"普及"重于"提高"，而"提高"又包括政治意识和艺术修养两个方面，然而《讲话》注重的是前者，却未能兼重后者[③]。尽管如此，南方局还是做出了以下几个方面的努力：摘要发表后，《新华副刊》进行了栏目改组。一方面，发表《写作讲话》、《新路》等，从技术层面指导群众的写作活动；另一方面，开辟工人和劳动人民的写作园地，固定在星期五刊出，让工农大众用自己的笔来书写

① 臧云远：《在重庆学习毛主席〈讲话〉》，见《作家在重庆》，第 162 页，重庆：重庆出版社，1983 年。

② 徐迟：《重庆回忆》，见《作家在重庆》，第 26、33 页，重庆：重庆出版社，1983 年。

③ 李欧梵：《浪漫之余》，见《中西文学的徊想》，第 31 页，南京：江苏教育出版社，2005 年。

自己的生活和斗争。这一作法,坚持了两年多的时间,深受工人读者的欢迎。经过培养,也的确出现了工人或其他劳动人民出身的作者。1945 年 3 月 25 日,《文哨》召开座谈会,以群主持,主要议题是文艺面向农村。夏衍首先论述其重要性,特别指出要使面向农村成为一种运动,不仅从思想上认识这个问题,还需亲自去实践。茅盾则建议《文哨》多刊登反映农村生活的稿件,注意培养农村文艺青年。周而复还介绍了去农村的经验。至于服务士兵,因其对象为国民党军队,似有缺失。

二、南方局对《讲话》的组织传达及受阻

除了《新华日报》的报纸宣传之外,南方局还组织了内部传达。不过,却遭到胡风的异议。作为鲁迅的学生,胡风一直以传承鲁迅精神为己任;而毛泽东,也始终认定自己"与鲁迅的心是相通的"。毛泽东在陕北公学的演讲记录稿辗转传来,胡风顿生知音之感,立即在他主编的《七月》上(1938 年 3 月第 3 期),以《鲁迅论》为题刊出。该期出版后,胡风照例寄给在延安的朋友刘雪苇,并请他分赠一本给毛泽东。毛收到后即回信表示感谢说,看过了,"很欢喜";还说:"如有新的,请续寄我。"武汉失守后,胡风撤退到重庆。1939 年 6 月,《七月》复刊,第 1 期便发表白危的《毛泽东片段》[①]。作为著名的左翼文化人士,雾都重庆的胡风与红色延安的毛泽东之间,无疑建立起一种深沉的精神联系。然而,具有独立理论个性的胡风,对《讲话》精神提出了不同的看法。他认为:战争已经促使作家深入生活,可事实上,创作却出现了两种不好的倾向:一是冷漠被动地对待生活的"客观主义",一是依据一种理念去造出内容或主题的"主观主义"。克服这两种倾向,就是要发扬"主观精神与客观真理结合或融合"的"现实主义"。1944 年 3 月 18—19 日,由"文工会"党的负责人冯乃超主持,在重庆乡下召开一次小型的座谈会,学习和讨论毛泽东的《在延安文艺座谈会上的讲话》。第一次座谈会,胡风说明当时当地的任务,要从与民主斗争相配合的文化斗争出发,而不能从文化建设的角度来看待;应该根据毛泽东指出的"根据地文艺工作者和国民党统治区文艺工作者的环境和任务的区别",去体会并运用"讲话"的精神。在第二次讨论会上,对于培养工农兵作家的问题,胡风认为,"在国民党统治下面的任务应该是怎样和国民党反动政策和反动文艺以至反动社会实际进行斗争,还不是、也不可能是培养工农兵作家"。

---

① 胡学常:《胡风事件的起源》,载《百年潮》,2004 年第 11 期。

但正在写作《辩证唯物论的美学》的蔡仪却不同意,主张应该培养工农作家,并举例说:文化工作委员会有一个劳务兵李平,现在已被提升为少尉副官[①]。这一事例,无非是作政治上的表态,然而文不对题,实在只能算作《讲话》的一个平庸而滑稽的注脚。座谈会无果而终。

1944 年 4 月,延安选派何其芳和刘白羽赴渝,协助徐冰领导文艺。临行前,周恩来召见二人,告知此行的目的:一是要讲延安文艺座谈会。因为"大后方有些人同意这些意见,但是也有人不理解。另外还有些人有这样那样的误解"。二是讲整风运动。因为"国民党造谣,说我们整风运动整掉多少人,不要知识分子"。最好是现身说法,澄清这个问题[②]。并让他们请郭沫若主持活动。5 月,何其芳、刘白羽随林伯渠率领的中共代表团抵达重庆。何任中共代表团文教组宣传部副部长。刘任《新华日报》编辑,后接替胡绳主编《新华副刊》。按周恩来指示,二人先在郭沫若寓所向他通报延安文艺座谈会和毛泽东讲话及贯彻情况,并一起研究传达的范围、方式。对于这次会见,刘白羽在《雷电颂》中回忆说:郭老"为'讲话'中强烈的真理之光所吸引","对于知识分子到工农兵中改造这一精辟论述,击节称赏"。"脸上时时露出惊奇的沉思和喜悦的笑容"。"谈罢之后,他豪情满怀,喜极若狂"[③]。5 月 27 日下午,由郭沫若主持,在郭寓向重庆文化界一部分党内外骨干进行传达。何、刘传达后,郭沫若、茅盾、夏衍等都发表文章或谈话,表示共鸣。

作为"中华文艺界抗敌协会"的常务理事兼研究部主任,胡风得知何、刘二人来渝的使命后,便以"文协"研究部的名义召开一个欢迎会[④]。报告的内容是延安整风、作家的阶级性和思想改造。何其芳用的是自己的例子,"现身说法"。其口气让人感到似乎他已经过改造,脱胎换骨,变成真正的无产阶级。而大家所熟知的何其芳,则是《画梦录》的作者,唯美、伤感。这种自信的态度和简单的理解,留下很不好的印象。会后梅林讥讽道:"好快!他已经改造好了,就跑来改造我们了!"冯雪峰更是气愤地骂道:"他妈的!我们革命的时候

---

① 李辉:《胡风集团冤案始末》,第 49 页,武汉:湖北人民出版社,2003 年。

② 王科、徐塞:《萧军评传》,第 93 页,重庆:重庆出版社,1993 年。

③ 王科、徐塞:《萧军评传》,第 95 页,重庆:重庆出版社,1993 年。

④ 对胡风在国统区左翼文艺界中的地位和影响,后来大陆的文学史编写存在比较严重的遮蔽。司马长风《中国新文学史》认为,胡风是"30 年代及抗战期间最活跃的左翼文学批评家"。陈纪滢《记胡风》也说:胡风是 30 年代以来"中国共产党文艺工作领导人",是"众所周知的鲁迅门下大将",为鲁迅"传道",并有所发扬的"固执的、耿介的、有深度的左派文艺理论家"(马蹄疾:《胡风传》,四川人民出版社,1989 年版,第 139 页)。此外,当时胡风还有"中国的别林斯基"、"东方的卢卡契"之称。

他在哪里?"[①]胡风自己也有不满,他看重的是那个所谓的"环境与任务的区别"。私下里还将二人称为两个"穿黄马褂"的作家[②]。随后,在"文工会"这边,胡风也曾有几次或被约去闲谈,或由何、刘等来看望,彼此汇报情况,交流看法。

在渝期间,何其芳还积极参加国统区进步的文艺活动,广泛了解重庆文艺界的思想动态和进步作家的创作情况,并不时介绍解放区的文艺情况,特别是延安整风和毛主席的《讲话》发表后,解放区文艺工作取得的可喜成就,例如1944年6月25日的诗人节,重庆诗人在文化工作委员会举行纪念会,何其芳报告了华北敌后诗歌运动。经过对国统区进步文艺界的调查,何其芳发现信奉胡风"主观战斗精神"文艺思想的人数不少,要改变这一状况,要贯彻《讲话》精神,必须在国统区进步文艺界进行整风。据此,何其芳向中共中央宣传部写了一份书面报告,提出整风的建议。

周恩来在重庆驻留不足一月,1944年12月7日,与董必武同返延安。其后,再次选派周而复、林默涵、陈波儿、韦明、汪琦赴重庆,宣讲毛泽东的"讲话"精神。其中周而复经过延安的整风学习,1944年在陕甘宁边区文教大会上,被授予"模范文艺工作者"称号。赴重庆后,分配到《群众》半月刊编辑部。林默涵负责建立新的通讯科,接待读者来访,回答读者来信,建立《新华信箱》,联系通讯员,组织进步青年到中原解放区工作。1945年,任《新华日报》副刊部主任。韦明协助胡绳编辑副刊,汪琦则在采访部当记者。对于这次传达,周而复有过回忆:"重庆文化界知道延安来了几位文艺工作者,纷纷约见,举行座谈、集会、宴请,对延安和敌后文艺工作十分关怀。"当周恩来再次来到重庆的时候,由老舍主持,在张家花园中华文艺界抗敌协会举办欢迎茶会。周而复随同出席,介绍《讲话》发表后边区文艺发展情况。然而,尽管"文艺界旧雨新朋听了十分激动",却"认为只有在民主抗日根据地才可能获得深入生活、创作自由的条件,为人民服务,为伟大的抗日战争服务"[③]。由此可见,国统区作家对于《讲话》精神,更多的还是一种口头上的赞同,并没有深入贯彻到具体的创作

---

① 王培元:《在朝内166号与前辈灵魂相遇》,第22页,北京:人民文学出版社,2007年。

② 1944年5月25日,胡风在致舒芜的信中,称刘白羽和何其芳为"两位从远路来的穿马褂的作家"。1944年7月12日在致舒芜的信中,又说:"因两位马褂在此,豪绅们如迎钦差,我也只好奉陪鞠躬"。所谓"豪绅"即指郭沫若等人。参见《胡风全集》(第九卷),第483、485页,武汉:湖北人民出版社,1999年。

③ 周而复:《往事回首录》(上),第165页,北京:文化艺术出版社,2004年。

中。这种保留态度,在当时的文学界中,具有广泛的民意基础,只不过胡风明确而响亮地表达了异见。

《讲话》的精神和胡风的理论之间,确实存在着一种内在的对立。在顾彬看来,通过整风运动,毛泽东要在艺术领域里实现对"五四"的重新评价,宣称这场学生运动及与之相伴的文学复兴属于中国革命固定的组成部分。鲁迅成为社会主义改造的旗手,而他的学生胡风虽然是马克思主义者,却不想触动作家的主观性。作为"五四"最后的代表者,胡风针对延安的单边性话语团体,维护一个在历史时间中的"积极自我",强调作家应独立于主流意见,主观性地去体认和塑造他所生活于其中的历史性处境。这样的主观精神,并不受延安欢迎,因为它可能使个人获得一个独立和批判性的视角①。李欧梵也曾指出,抗战时期的宣传文学,往往把"读者"放在第一位,作者和"作品"(text)反在其次,与五四时期以"作者"为主的传统恰好相反。延安的文艺运动,甚至彻底颠覆了"作家"的定义,从以个人为本位的"作者"一变而成为以群众为本位的"文艺工作者",其目的是"为人民服务",把人民所需要的写出来,再交还给人民。这种以"读者"或"群众"为本位的文学,就纯文学的立场来看,是不可能优秀的,因为它完全蔑视作者本人的艺术视界(vision),也不重视创作想象(creative imagination)的功能②。《讲话》在重庆的传达受阻,何其芳、刘白羽的工作方式也难辞其咎。1945 年 1 月,何其芳返回延安。临走的前一天晚上,中共重庆工委书记王若飞邀他到房间,再次谈及文化工作,并向何其芳询问几个根本问题,如大后方文艺工作的目的、任务等。但何其芳坦言平日多关注文艺方面的具体问题,对于全局性问题则有欠思索。然而,正是由于着眼于局部,才导致何其芳以至延安对国统区文化运动的否定性评价。乔冠华后来向胡风讲述,周恩来在王若飞、叶挺、博古等的追悼会上,悲恸而深切地缅怀王若飞真诚的党性,称赞他完全服从党,从来不讲价钱。但是,党对他有时不够了解,没有处理得更好。这里所说的"党",就是指"我们这些人"③。置诸当时的语境,可约略品咂出其中深蕴的内涵。

① 顾彬:《二十世纪中国文学史》,范劲等译,第 189－190 页,上海:华东师大出版社,2008 年。

② 李欧梵:《浪漫之余》,见《中西文学的徊想》,第 30－31 页,南京:江苏教育出版社,2005 年。

③ 胡风:《关于乔冠华(乔木)》,见《胡风全集》(第六卷)第 507－508 页,武汉:湖北人民出版社,1999 年。

三、周恩来的指导思想

周恩来的政治意识和指导思想，也是一个需要考量的关键因素。张颖在《夏衍心目中的周公》中有过回忆：《讲话》发表后，文章传到重庆，在周恩来、董必武的领导下，曾进行学习讨论。周恩来等认为，讲话精神一定要好好学习，而且应该结合个人的思想进行学习；但由于环境不同，做法不可能一样。在国统区以学习精神为主，却无法像解放区那样具体实践，因为重庆或其他国统区的大多数民众，难以很快接受秧歌剧这种形式，而要求作家艺术家深入工农兵，在那样的环境下也不可能做到[①]。胡风的观点，似乎也正是南方局的主张。

1943年6月28日，周恩来乘卡车离渝赴延安，参加中共七大的筹备工作和整风学习。8月2日，周恩来出席中共中央办公厅举行的欢迎晚会，并以"戴罪之身"发表演说，宣告："我们党二十二年的历史证明：毛泽东同志的意见，是贯串着整个党的历史时期，发展成为一条马列主义中国化，也就是中国共产主义的路线！""毛泽东同志的方向，就是中国共产党的方向！""毛泽东同志的路线，就是中国的布尔什维克的路线！"[②]在九月的政治局扩大会议上，毛泽东作了关于党内"两个宗派"的主题讲话。其中，教条宗派主义以王明、博古、洛甫为代表，周恩来则被视为"经验主义"、"经验宗派"的总代表。整风运动中，周恩来就抗战时期自己的斗争实践和思想认识，总结了正反两方面的经验教训。首先，在区别对待各种政治力量、执行党的隐蔽方针、开展统一战线等方面，取得显著的成绩。缺点是在初期对游击战争的战略地位认识不足，没有充分坚持统一战线的独立自主原则，"缺乏政权的观念"，对王明抗战中的机会主义和统战中的投降主义也有容忍和退让的地方，主要是武汉时期出现的问题[③]。尽管如此，周恩来还是受到不公正的批评和过火的指责，使周在检查中作出过分的自我谴责。毫无疑问，整风运动对周恩来有过难以言说的冲击。这种影响，又进而体现在对国统区文化界的指导中。1943年冬，据当时在延安任《解放日报》副刊编辑的黎辛回忆，周恩来在边区大礼堂东北角的会议室向延安文化界作报告，其主要内容是有关重庆几个文化人的错误思想，其中就有胡风。周在

---

① 张颖：《走在西花厅的小路上——忆在周恩来同志领导下工作的日子》，第148页，北京：中共党史出版社，2008年。

② 周恩来：《在延安欢迎会上的演说》，见《周恩来选集》（上），第138页，北京：人民出版社，1984年。

③ 金冲及主编：《周恩来传》（二），第692页，北京：中央文献出版社，1998年。

报告中讲到胡风对《讲话》有些不同意见,还强调说:“我们当然不是要求国民党统治区的作家像解放区的作家那样深入生活,但是与人民大众相结合的改造思想与立场的原则是一样的。”[①]1944 年 11 月下旬,周恩来回重庆,召集徐冰、乔冠华、陈家康和夏衍开会,听取他们关于统战、外事、文艺方面情况的汇报,再次传达毛泽东在延安文艺座谈会上的讲话精神,以及文艺整风以后解放区文艺工作的动向[②]。同年冬,周恩来还在渝会见许多编导和演员。这次,周主要是严肃地指出戏剧界所存在的问题。他说:“抗战七八年,我看了你们七八年的戏了。你们总高兴听听我这个观众的意见,我也极愿谈谈个人看法。作为观众,我过去对你们总是表扬肯定多于批评,基本上是表扬的,满意的。可是,我今天应该坦白地说,我对你们演的戏,越来越不够满意,至少没有以前那么满意了。这并不是说你们退步了,今不如昔了;而是形势发展,形势逼人哪。两年来,我每一次看了延安的各种演出,回来再看你们的,一次一次明显地感到不满足了。毛主席《讲话》发表后,边区的文化教育和文艺队伍有了飞跃的变化,从文艺工作者生活、学习、精神面貌的变化,到作品和演出质量的变化,可谓一日千里。你们可不能让我失望啊!”[③]周恩来的这番评价,显然是援用了延安标准。殷殷之情中,虽然有要求,但更多的还是勉励。

1945 年 1 月 18 日,周恩来和董必武联名从延安致电王若飞,就大后方文化人整风的问题,提出切实的意见。整风的范围,当“只限于文委及《新华日报》社两部门”;“如欲扩大到党外文化人,似非其时”。“因目前民主运动正在开展”,整风的目的,是“引导文化界进步分子联合中间分子,向国民党当局作要求学术、言论、出版自由的斗争,向顽固分子作思想斗争,揭露国民党文化统制政策的罪恶”。即便是文委及《新华日报》社的整风,“检讨的中心仍应多从目前实际出发,顾及大后方环境,联系到目前工作,以便引导同志们更加团结,更加积极地进行对国民党的斗争”。需要慎重的是,首先是避免“抽象地争论世界观,人生观”;其次,“历史的反省固需要”,但要防止“引起不必要的对历史问题的争论”,从而导致“同志们相互埋怨、相互猜疑的情绪的增长”。否则,“必致松懈对国民党顽固派的斗争,招致内部的纠纷”。在联系群众方面,主要是“引导其与青年接近,关心劳动人民生活,以便实际上参加和推动群众性的

---

① 黎辛:《关于“胡风反革命集团”案件》,载《新文学史料》,2001 年第 2 期。

② 中共中央文献研究室编:《周恩来年谱(1898—1949)》(修订本),第 602 页,北京:中央文献出版社,1998 年。

③ 于伶:《噙泪忆教诲,深深怀念周总理》,载《人民戏剧》,1978 年第 1 期。

民主运动。这也就是很好的整风”。“至于延安文教大会，只能以其群众观点、实事求是、统一战线、民族化、大众化诸方面的影响，教育大后方的文化人，而不是以它的决议和内容来衡量他们的工作”[①]。这些意见，可以看作对何其芳的报告与建议的回答。

四、《新华日报》的“整风运动”

1943 年 8 月 1 日，国民政府主席林森[②]病逝。和重庆其他各家报纸一样，《新华日报》在 8 月 2、3、4 三天都围上大黑框，表示哀悼。8 月 2 日，在《为元首逝世致哀》的社论中，称林森的逝世“是抗战中全国人民最哀痛的事情，是国父逝世后我国最大的损失”，并称扬林森“毕生尽瘁于中华民族的解放事业”。按规定，中共报刊对林森的悼念只能是一种统战性的礼节，表示团结的希望，但决不能丧失原则。1943 年 7 月 7 日，国民党军炮击陕甘宁关中分区，掀起第三次反共高潮。7 月 20 日，毛泽东致电董必武，要求《新华》、《群众》用迂回的方法揭露中国法西斯的罪恶[③]。8 月 11 日，毛泽东、周恩来再次电告董必武，国民党法西斯统治正在步步加强，应动员大后方民主力量，以多种多样的形式，开展反对中国法西斯化的宣传运动，组织文化界起来反对国民党的法西斯文化专制，但不要暴露隐藏的文化人[④]。11 月 21 日，中共中央宣传部致电南方局，指出《新华日报》、《群众》杂志工作上的错误和缺失：七、八、九月，党对国民党反共高潮严厉反击，《新华》却大捧林森、宋子文、苏州反省院长、“一县一机”与所谓“两年实行宪政”，这是失掉立场的。即在平时，对蒋介石、国民党亦常头条大题，使国共在群众中无所区别。并指出大后方的思想斗争的中心任务，

---

① 周恩来、董必武：《关于大后方文化人整风问题的意见》，见《周恩来选集》(上)，第 188－189 页，北京：人民出版社，1984 年。

② 林森(1868—1943)，自 1932 年 1 月 1 日至 1943 年 8 月 1 日，一直担任中华民国国民政府主席，履行国家元首职责。1937 年“七・七”卢沟桥事变后，号召“全民奋起，全力抵抗”。10 月国民政府西迁重庆，随即只身入蜀。北平、南京成立伪政权后，发表严正声明，并明令通缉汉奸头目。1938 年 3 月，赴武汉主持国民党临时全国代表大会，通过《抗战救国纲领》。7 月，召开国民参政会，致词并手书“抗战必胜”，激励全国军民。12 月，汪精卫叛逃投敌，以国民党中央监察常委身份，力主开除汪精卫党籍并明令通缉。1941 年 12 月 9 日，以国家主席名义，向德、意、日三国宣战。此后致力于废除美、英等不平等条约。1943 年 1 月中美、中英新约签署，不胜欣喜，特邀宋庆龄、于右任等国民党元老合影。1943 年 8 月 1 日因车祸在重庆逝世，终年 75 岁。国民政府为他举行隆重国葬。中共中央致唁电说：“林公领导抗战，功在国家。”《新华日报》发表社论《为元首逝世致哀》。1979 年，中共中央认为林森“是著名的老一辈民主革命家”。

③ 《董必武年谱》，第 182 页，北京：中央文献出版社，2007 年。

④ 《董必武年谱》，第 183 页，北京：中央文献出版社，2007 年。

不是党的自我批评,而是反对大资产阶级反动派。应根据毛泽东《新民主主义论》、《改造学习》、《整顿“三风”》、《文艺座谈会讲话》等文件精神,联系世界、中国的现实与青年立身处世问题,写成有系统的亲切通俗、通得过审查的文章和小册子,来战胜蒋介石、陈立夫、冯友兰、朱光潜、加内基、马儿腾辈的乌烟瘴气。现在《新华》、《群众》未认真研究宣传毛泽东同志思想,而发表许多自作聪明、错误百出的东西,如《群众》“论民族形式”、陈家康“论生命力”、姚雪垠(国特)“论深刻”等,是应该纠正的。中共中央宣传部要求南方局作详细检查与具体改革计划[①]。

整风由董必武主持。在接到中共中央宣传部的指示以前,南方局曾于10月8日、15日两次召开座谈会,用自我批评方式,讨论胡绳、乔木(乔冠华)、陈家康在党报、党刊及郭沫若主编的《中原》上所发表的文章,指出三者的相同点是偏重感情,提倡感性生活,注意感觉,强调心的作用;并认为五四运动之失败,由于没提倡人道主义,主张把人当人。11月26日,董必武在办事处主持座谈会并讲话,阐述思想与感觉、理性与感性、理智与感情的关系问题,指明错误在于观念论和小资产阶级个人主义,而且已成系统,警告并要求他们反省。但是,除陈家康略有表示,乔冠华与胡绳[②]均无响应。12月7日,董必武召集《新华日报》编辑部负责人与“两岩”对外宣传人员,学习讨论上述指示,总结错误发生的原因在于:1.政治警觉性不高;2.整风运动不深入,未深刻研究毛泽东著作和思想;3.编辑工作组织不周密,阅稿与检查皆有漏洞,如《新华日报》四版之稿,事前未经章汉夫过目;《群众》之稿亦只由乔木注意审阅决定。对有问题的文章,如《中原》创刊号于潮(即乔木)《论生活态度与现实主义》、项黎(即胡绳)《感性生活与理性生活》,8月24日《新华日报》四版于怀的《怎样研究时事问题》、7月22日四版《人的发现》,《群众》第12期胡绳《论中国民族新文化的建立》、第16期陈家康的《唯物论与唯物思想》[③],将继续加以关注。

在新华日报社,陈家康、乔冠华和胡绳三人习性相近,来往较多。发展到后来,被命名为“才子集团”。1942年秋,乔冠华到《新华日报》主持《国际专

---

① 《中央宣传部关于〈新华日报〉、〈群众〉杂志的工作问题致董必武电》,存中共重庆市委党史研究室,南853号。一般出版物,多为“××论民族形式,×××论生命力,×××论深刻”等,让研究者费尽猜详。现据抄件补齐。

② 胡绳后来也作了检讨,胡风因而十分鄙视他,私下里称之为“胡四”。胡四是曹禺《日出》里的一个极其猥琐的人物。

③ 《董必武关于检查〈新华日报〉、〈群众〉、〈中原〉刊物错误的问题致周恩来和中央宣传部电》,存中共重庆市委党史研究室,南853号。

栏》，并任《群众》编辑。稍后，在《群众》发表欧阳凡海的小说《没有鼻子的金菩萨》，因其现实主义不够深刻，引起潘梓年、华西园等的不满，在党内发生争议，但并未发展为政治性问题。1943 年 6 月和 1944 年 3 月，乔冠华在郭沫若主办的《中原》杂志发表《论生活态度与现实主义》、《方生未死之间》两篇文章[①]；差不多同时，陈家康也在《群众》周刊发表了《唯物论与唯"唯物的思想"论》，旨在批评教条主义。陈家康以"唯'唯物的思想'论"来形容教条主义的实质，并提出"自然生命力"的论点。这些文章再度引发南方局和《新华日报》社内部的争论，特别是乔冠华的《方生未死之间》，更是激起轩然大波。"大后方的进步作家的出路究竟在哪里？""到处有生活！"而这正是胡风的思想。反对者却认为：这些口号是当时在第三国际解散、国民党反共活动和特务活动更加猖獗的情况下提出来的，他们以歌德在《浮士德》中的名言"理论是灰色的，而生活之树则常青"为论据，形而上学地突出生活，贬低理论；又借用鲁迅的"世上如果还有真要活下去的人们，就先该敢说、敢笑、敢哭、敢怒、敢骂、敢打，在这可诅咒的地方击退这可诅咒的时代"，要求每一个进步分子，甚至每一个处在秘密状态中的党员，都要行动起来，都要无所顾忌地"敢说"、"敢骂"、"敢笑"；并主张不仅要有充分的人性，更需要一些兽性，方能"敢叫"、"敢吼"；还把一些不同观点的人都称为教条主义[②]。潘梓年、华西园认为，这是用唯心主义反对教条主义，并且与南方局"隐蔽精干，长期埋伏，积蓄力量，以待时机"的方针背道而驰。最后由董必武结论，指出：理论同生活（实践）是不能脱节的，理论如果脱离实践，就会变成失去生命力的教条；而离开理论的实践，就一定会迷失方向，会走到"盲人骑瞎马，夜半临深池"的险境[③]。此后据夏衍在《章汉夫文集》的代序中所回忆：《新华日报》的这次"小整风"，其结局是："汉夫作为党报总编辑，就得为我和乔冠华、陈家康等人在副刊上发表的那些有错误的杂文负责。好在当时主持整风的董老坚持了治病救人的原则，所以我们几个人作了检讨，就没有受到处分。"这场由"才子集团"诸人发动的思想启蒙运动，尽管以反教条主义为核心，主观上也是出于呼应延安整风的政治要求，但他们着重强调主观生活态度、情感感性以及自然生命力，并由此出发，继续推进五四对传统文化的不妥协批判，从而在除旧布新的框架中展开新文化建设的种种设计；同时，

---

① 乔冠华在发表两文时均署笔名于潮。其中，《论生活态度和现实主义》，载《中原》创刊号；《方生未死之间》，载《中原》第 1 卷第 3 期。

② 许涤新：《忆董老》，载《历史研究》，1977 年第 3 期。

③ 胡传章、哈经雄：《董必武传记》，第 203 页，武汉：湖北人民出版社，2006 年。

人道主义作为一种理想始终渗透其中。事实证明,这不过是一小群文化政治人心中的学术冲动的一次集中爆发[①]。

《新华日报》的这次整风运动,其动力和压力尽管来自延安,却成为中共南方局在国统区文艺政策和文化工作发生转折的标志。自抗战爆发以来,周恩来在武汉、重庆团结大批文艺界人士,其中既有原属周扬系统的夏衍、田汉,又有与鲁迅关系密切的胡风,还有中立作家老舍、巴金等。对于老舍等非中共作家,周恩来十分尊重;即便对于思想一贯"左倾"的胡风,一般也不干预他的创作活动,相反,在胡风创办刊物遭遇困难时,还曾给予经济上的资助[②]。重庆《新华日报》的副刊,也不时刊载胡风和与胡风关系密切的文艺家有关文艺理论的文章。这一切,在1942年之前均未受到延安的非议。但是到了1943年,毛泽东、胡乔木已完全掌握延安的文宣机构,在延安文艺座谈会召开之后,开始加强对周恩来领导下的重庆"左翼"文化界的干预。在他们看来,《新华日报》等以工作环境特殊为借口,提倡感性生活,强调作家的主体意识,实际上是在宣传与毛泽东"党文化"观截然对立的"资产阶级"文艺主张。对前述几篇烙有胡风"主观战斗精神"的文章更是十分不满,指责空前严厉。为彻底纠正《新华日报》的自由主义倾向,1944—1945年,毛泽东、胡乔木特派几位已经"改造好"的重要干部、何其芳、刘白羽、周而复、林默涵等,从延安前往重庆,宣传毛泽东的《在延安文艺座谈会上的讲话》,对重庆的"左翼"文化界人士进行现身说法式的训导,证明知识分子必须加强思想改造。不过,有趣的是,1945年毛泽东来重庆,受到文化界的热烈欢迎,也曾分批接见戏剧界人士,周恩来向毛泽东说:"这是我替你在重庆结交的朋友。"[③]

---

① 王丽丽:《在文艺与意识形态之间:胡风研究》,第137页,北京:中国人民大学出版社,2003年。

② 1944年,胡风在创办《希望》时,周恩来曾代为设法,为他垫付三万元的保证金(万家骥、赵金钟:《胡风评传》,第279页,重庆:重庆出版社,2001年)。

③ 石曼:《周恩来与重庆雾季公演》,载《新文化史料》,1994年第2期。

《台湾文艺》与《中国文艺》之关联[①]

杨红英 张春歌[②]

(江苏技术师范学院人文学院,江苏常州 213000)

[摘要]《台湾文艺》与《中国文艺》分别是台湾日据时期和北平沦陷时期的重要刊物,因两者都为深具民族意识的台湾文艺家张深切所创办,故它们在办刊宗旨、写作群体与文化政治等方面具有很强的关联性。考察这种关联性将使我们了解在面对日本法西斯的高压统治之下,两岸知识者举起文化的大旗凝聚人心、振奋民气的情形,了解两岸近代的共同历史命运。同时,对这种关联的考察还将使我们在还原历史的过程中反思学界,尤其是台湾学界由于过于强调台湾近代历史的特殊与悲情,刻意区隔两岸历史命运所产生的自我限阈,以便在近代中日乃至东亚关系的历史脉络中寻找到台湾的位置。

[关键词]《台湾文艺》;《中国文艺》;张深切;民族意识

[基金项目]江苏技术师范学院基础研究基金项目(KYY09009)。

《台湾文艺》是20世纪30年代岛内社会运动在日本法西斯集权政治统治下陷入窒息状态,岛内士气一片低迷之下,台湾知识分子所组织的全岛性文艺联盟——台湾文艺联盟的机关刊物,也是日据时期台人所创办的坚持时间最长久的文艺刊物。而《中国文艺》是中国沦陷区文学中刊行时间最长、发表作品数量最多的刊物,也是有识者所创刊的旨在荡涤社会污浊、振奋士气人心,通过振兴文化以振兴国家的文艺刊物。这里所讨论的是在北平沦陷后,大多知名文人作家纷纷离开,导致缺乏优秀健康的文艺作品,日本侵略势力支持下的恶质汉奸文学充斥文坛,文化环境被污染破坏殆尽之际刊行的12期。这两

① 收稿日期:2011-04-27。

② 作者简介:杨红英,江苏技术师范学院人文学院讲师,文学博士,主要研究方向为台湾文学;张春歌,江苏技术师范学院人文学院讲师,文学硕士。

份重要刊物皆是在中国苦难最为深重的时期，为深具民族意识的台湾著名文艺家张深切所创办，且时间相隔不久，这使得它们必然具有内在的关联性。论文将从共同创办人张深切开始，探讨两份刊物在办刊宗旨、写作群体与文化政治意义等方面之关联。考察这种关联性将使我们了解在面对日本法西斯的高压统治之下，两岸知识者举起文化的大旗团结振奋民气的情形，了解两岸在近代的共同历史命运。

一、辗转两岸的顽韧抵抗

作为《台湾文艺》与《中国文艺》两份刊物发起人的张深切，1904 年生于台中南投县，在接受三年汉文私塾教育后，10 岁进入日据时期日人所办的公学校就读。因反抗日本禁止台湾学生在学校讲台语之规定而被公学校开除，被迫负笈东瀛。在东京一时因为本土日人对台湾学生的歧视压迫减轻，学习、生活顺利而渐渐同化于日人，但在六年级遭受日人击剑老师的歧视及差别对待的羞辱，先天注定的血缘切断了他认同日本的进路时，民族意识彻底觉醒。祖国悠久的历史、灿烂的文化让他产生了自豪与认同，也由于对台湾的“议会设置请愿运动”等体制内抗争路线的怀疑，而更倾向于走两岸乃至世界被压迫人民联合抗争的路线。从此，他把自己的人生与台湾的解放、民族的复兴联系在一起，为之呼喊奔走于海峡两岸而不遗余力，成为一个坚定的民族主义者。在台湾，他则先后组建“草屯炎峰青年会”、“炎峰青年会演剧团”、“台湾演剧研究会”等剧团编演剧目进行文化启蒙，灌输民族意识。在大陆，他参加组织了许多宣传抗日的活动，向祖国人民揭露日本在台的残酷殖民统治，号召两岸人民联合起来反抗日本对台湾的占领，如“台湾自治协会”的演讲和“广东台湾革命青年团”的组建，因为后者他被总督府关押近三年。1930 年，张深切刑满出狱，正赶上日本为应对经济危机而走向法西斯道路的时期，对内疯狂镇压社会主义等左翼运动，以“国体论”整合统一国内思想精神资源为帝国的对外扩张服务。政治空间被极度地压缩后，张深切遂从激进的政治活动转入文化领域继续抵抗。1934 年和友人赖明弘等发起“台湾文艺联盟”，创刊机关杂志《台湾文艺》，各地也纷纷建立分会，文联因成功联合了台北的台湾文艺协会作家群、台南盐分地带作家群、东京台湾艺术研究会作家群而盛极一时。1936 年 8 月，文联在内忧外患之下解体。从《台湾文艺》的创刊到文联团结的护持，张深切呕心沥血。佳里会员著名盐分地带新文学家吴新荣即对张深切的组织联络之功非常赞许："他是人所公认的政治家，使文联获得今天的地位全靠他的政治手腕。"[①]这一评论是正确的。

1937年卢沟桥事件爆发，全面抗战的枪声打响，一方面台湾知识分子在"皇民化运动"的推进之下被编入战时体制，在这如民族运动精英叶荣钟所说的"暴风雨时代"，台湾人民所经受的不仅是物质的被掠夺，较之大陆人民还有更多一层的精神的苦闷："国人（大陆人民）对于日人，壁垒分明，同仇敌忾，精神上并无苦闷。但台胞则身心相克，情理矛盾。包羞忍辱、草间偷活的心情，和装聋做痴、委曲求全的苦衷，若非身历其境的人，不容易体会得到。"[②]空前强化的战时体制使台湾人民的自由意志与现实生存的矛盾无从释放，从而趋入内心，形成强烈的精神苦闷与磨折，这对民族主义者来说尤其如此。另一方面，眼看日军占领区日日扩大，祖国的局势让"殊难忍看江山沦陷"的张深切坐卧难安，张深切遂决心离开这苦闷闭锁桎梏的台湾，到祖国寻找自己的活动空间，贡献自己的力量。就像在早年前往革命摇篮的广州一样，张深切一直以为台湾的解放单靠自身的力量是难以实现的，所以不能自力更生，而需靠他力本愿，借助外在的尤其是祖国的力量方能成功。在此祖国危急存亡之秋，台湾自不该置身事外，更不能成为日本帝国的支持者。1938年3月张深切抵达沦陷的北平。作为一个颇有组织能力的文化人，创刊文艺杂志，用文艺作品作为精神食粮，呼唤民族精神，振奋人心，是身处沦陷时期的北平的张深切想做而能做的最好事业。从激进的革命活动，到隐忍的文化抵抗，从台中的《台湾文艺》到北平的《中国文艺》，昭示在近代日本的帝国军事扩张之下两岸人民被侵略的苦难历史，也显示着作为深具民族意识的台湾知识分子的张深切坚强顽韧的抵抗。这种抵抗我们还可以在台湾新文学运动奠基人张我军，两位台胞抗日队伍领导人台湾义勇队的李友邦、东区服务队的丘念台，在抗战中翻译介绍大量日本政经情报的谢南光、宋斐如等台湾知识分子身上看到。

二、团结振作的文化政治

《台湾文艺》和《中国文艺》的创刊背景及宗旨都是有着明显的政治意义的，以两刊物为基础所进行的一系列活动也显示着其潜藏的文化政治意义。

1929年，空前的经济危机在美国爆发后迅速在资本主义世界蔓延，为应对

① 吴史明：《第二届文联大会的回忆——文联的人们》，载《日治时期台湾文艺评论集(2)》，台南：台湾文学馆筹备处，2006年。

② 叶荣钟：《台湾人物群像》，第337页，台北：时报文化出版社，1994年。

此一危机,日本逐步建立起法西斯集权政治,军国主义势力在继九一八侵占我东北后积极为全面侵华作准备,对内强力镇压左翼组织,对外积极建设我东北,台湾社会运动因此几陷窒息状态,岛内情绪一片低迷。20年代轰轰烈烈的三大民族运动——台湾文化协会、台湾民众党、台湾自治联盟——担负起启蒙大众、唤醒民族意识、批判殖民统治的使命,成功地为台湾开拓出一片公共空间,其遭到镇压瓦解后,公共空间自然开始萎缩。面对此一危机,台湾文艺联盟的发起人如张深切和时任《新高新报》汉文编辑主任的赖明弘都有深刻清醒的认识。前者在自己的自传中这样写道:"民国二十三年,赖明弘和几位朋友劝我组织一个文艺团体来代替政治活动。我看左翼组织已经被摧毁,自治联盟也陷于生死浮沉的田地,生怕台湾民众意气消沉,不得不决意承担这个带有政治性的文艺运动。"[①]后者也深有同感:"回忆当时台湾的客观情形,有着使台湾文学运动发生的各种因素存在,盖当时反对异民族统治的政治运动受了最严重的威胁和打击,乃由于合法而趋入地下活动,表面上看来,进步的台湾政治运动被摧残,被压迫得零落无声,呈现着一片萧条景象,这使台湾知识分子必然的要找出路一方面,自由主义思潮的澎湃是控制不住的,由于这客观情势的要求,台湾的知识分子自然而然的对建立新文学这一条路认真的站起来;大家并且认为有组织文学团体的必要,所以才很快的就能成立台湾文艺联盟。在那时的台湾,看上去有如文学运动替代了政治运动之概,所以当时的台湾文化与政治界受文学运动的影响,是非常深刻而重大的。"[②]由此我们不难看出,文联的发起一开始就具有了强烈的政治色彩,其目的是为台湾知识分子保住一块公共领域,以文艺之名行政治活动之实。而在哈贝马斯那里,文学自能成为一种公共领域,政治公共领域就是从文学公共领域中发展而来的。"通过阅读小说,也培养了公众;而公众在早期咖啡馆、沙龙、宴会等机制中已经出现了很长时间,报纸杂志及其职业批评等中介机制使公众紧紧团结在一起。他们组成了以文学讨论为主的公共领域,通过文学讨论,源自私人领域的主体性对自身有了清楚的认识。"[③]考察中国五四新文化运动,新文学在传播科学民主新思想、掀起启蒙救亡的高潮中所产生的巨大力量,在中国、乃至世界近代史中所具有的重要影响力也是无可置疑的。

1934年5月6日的第一回全岛文艺大会在经过讨论商议后通过了文艺团

① 张深切:《张深切全集(2)》,第609-619页,台北:文经出版社,1998年。

② 赖明弘:《台湾文艺联盟创立的断片回忆》,载《台北文物》,1954年第3期,第57-64页。

③ (德)哈贝马斯:《公共领域的结构转型》,第32页,北京:学林出版社,1999年。

体组织案，宣告台湾文艺联盟的成立。文联在其创立时就依循社团模式来操作运营，制定了文艺联盟章程，并选举了执行委员黄纯青、黄得时、林克夫、廖毓文、郭水潭、赵枥马、徐琼二、吴希圣、吴逸生、赖和、赖明弘、赖庆、何集璧、张深切等15名，后5位为常务委员。执行委员会议选举深孚众望的赖和担任委员长，但赖和固辞，遂由张深切担此重任。张深切早年参加广东台湾革命青年团，组织演剧会，左右派皆多有熟识，并且精通中、日文，这是他当选的重要原因。"联络台湾文艺同志互相图谋亲睦以振兴台湾文艺"，是文联的宗旨。发刊杂志、刊行书册、开文艺座谈会、开文艺讲演会是文联的主要事业。

在机关刊物《台湾文艺》上曾分四次刊载了文艺同好者的名单及其住所，第一次183人，第二次83人，第三次72人，第四次54人，除去几位个人信息变动导致的重复外总计396人左右，正式的联盟成员也达101人。从这份名单来看，同好者遍布台湾各个领域，如律师、医生、商人、金融家、企业家、教师、文艺家等。其中不乏台湾民族运动的著名领导人物如林献堂、蔡培火、林幼春、杨肇嘉、彭华英等；台湾精英阶层的人物如医生赖和、蔡阿信等，律师杨基先、陈逸松等，金融家陈炘等，新闻人如吴三连、刘捷、叶荣钟等，教师如林茂生、江璨琳等。他们不一定都从事文艺创作或批评，但他们都是社会使命感非常强的知识分子，都是台湾历史上的著名人物，在正常的政治社会运动受到极大打压后，文艺成为其新的战场。这一行为充分显示了文联同仁为贯彻其"联络台湾文艺同志互相图谋亲睦以振兴台湾文艺"的宗旨所作的努力。台湾知识分子一度在文联号召下一扫此前的沉闷之气，出现空前团结、情绪高涨的大好局面。文联以自己的会员为依托，曾在1935年4月组织了台中地震的灾后救援活动，在1936年7月延请朝鲜舞蹈家崔承喜赴台演出，前者充分显示了文联积极融入台湾自身乡土与社会，为展示自救自治能力，增强命运共同体意识所作的殷殷努力，及其鲜明的知识分子立场。而崔承喜的到来，为专注于艺术活动的台湾新一代知识分子树立了最好的榜样，提供了一个在艺术领域里可以发展并保留民族文化的成功典范，更为那些在殖民统治下失去民族自信，在民族身份认同中苦苦挣扎的殖民地人民带来了希望的曙光。

1938年到达北平的张深切，文化界的现状让他颇为揪心：

初到北平的时候，文化界已陷于极端纷乱，满目尽是淫书、桃色新闻，和颓唐悲观的论调；所有言论若不是谄媚日本，便是赞扬新民主义的八股文章。汉奸、流氓、地痞借着日本势力乘机打劫，横行无忌；下流的政客跳梁跋扈，卖身

> 卖国,恬不知耻;陷害忠良,压迫百姓,习以为常。恐怖空气笼罩着故都,这是内地后方所不能想象的悲惨情形。[①]

正是观察到北平沦陷后大多知名文人作家纷纷离开,导致缺乏优秀健康的文艺作品,而在日本侵略势力支持下的恶质汉奸文学则充斥文坛,文化环境被污染破坏殆尽,社会风气败坏、道德沦丧,所以张深切迫切地意识到创办刊物,建设优秀健康的新文艺以感染振奋人心,引导社会气氛积极向上的重要性。

由日本著名美术评论家一氏义良介绍,张深切认识了堂胁中校。堂胁是日本侵略军华北最高指挥部的高级参谋,不但有良好的背景,也有相当的势力,他计划出版一种文艺杂志,正在寻找合适的人选。而张深切精通中日两种语言、丰富的办刊经验使他成为堂胁的最佳合作人选。因此张深切在堂胁的支助下,创刊了北平沦陷区最具有影响力的刊物之一《中国文艺》。《中国文艺》在1940年8月被山家亨执掌的武德报社接收后持续发行到1943年,共发行9卷51期。前两卷12期除第1卷第3期因父丧回台由好友张我军代编、2卷1期有林栖和葛藤参与编辑外,都是由张深切主编。

创刊词中即透露了张深切远大的文化抱负。首先他分析了中国文化在近代落后的原因:

> 本来这世界上,原无有非常发明能力的民族和人物,其大部分的文化形式都是转相模仿而成功的。欧洲环居各国民族,因接触繁密的关系,互相模仿互相传播,又互相创造,所以文化的发展很容易而敏速。反之,我国屹立于亚东,且其环居的民族,因文化较为低劣,虽有接触的机会,却未得有利于模仿的条件,遂造成中国文化落伍的最大原因。[②]

在欧洲的参照之下,张深切把中国文化落后的原因归之于邻居民族文化低劣,使中国文化缺乏借鉴、激发的对手,而不是中国文化的自身原因,这样大胆的言论对于在甲午战争后就益发鄙视中国、自认文化先进并保持战胜者的优越感的日本人来说应不是一件很愉快的事吧。所以张深切认为,曾经创造了灿烂时代的中华文化,因为时潮的淤塞与壅闭而像黄河般泛滥,使整个的民族都

---

① 张深切:《张深切全集(2)》,第660页,台北:文经出版社,1998年。

② 张深切:《创刊词》,《中国文艺》1939年第1卷第1期。

沦溺于其狂流之间，迷蒙而不能离脱，对此“应该施以像治水的方法；审其水势，筑其堤防，造其水路，缺之疏之通之流之然后方有出路。换言之：即研究、整理、批评、淘汰、拔萃并将其系统结合于新文化，夫如是，中国的旧文化才能展开其新生面，同时也才能保持其绵远的生命。”[①]而在张深切看来，“振兴国家与振作文化”是“二而一，一而二”的事情，因为“唯有自己的文化，中国才能独立，中国人才能做真正的中国国民”[②]，所以振兴了文化就可以振兴国家。在党灭国亡之时，文化作为国家的命脉的意义更加凸显。在文末的编辑后记里他更是大声疾呼：“吾人不怕国家的变革，只怕人心的死灭，苟人心不死，何愁国家的命脉会至于危险，民族会至于沦亡？”“伟大的人物是在其能决然起于失败或危难的当中，而伟大的民族是在其能复兴国家于危急存亡之秋的，此时何时，此难何难！这正是吾人应奋斗努力兴邦定国的时候。”[③]其急欲用文化振奋民心以赴国难之情呼之欲出。正如史密斯所言：“典型的民族主义通常不是起始于抗议集会、独立宣言或武装反抗，而是源自文学社团、历史研究、音乐汇演或文化期刊的诞生。在殖民时期的非洲和亚洲，许多随之兴起的民族主义也是如此，结果，‘人文’知识分子——历史学家和语言学家，画家和作曲家，诗人、小说家和导演——不成比例地在民族主义运动及复兴中扮演着代言人角色。”[④]

有过台湾文艺联盟的经验，明白文化大旗的凝聚作用，有了《中国文艺》这一阵地，张深切便试图在沦陷的北平组织“中国文艺联盟”以图振作士气。《中国文艺》曾在1卷2期发布社告：本社拟组“中国文艺联盟”，凡爱好文艺者不分性别均可参加，本联盟成员另有优待办法，简章下期发表。[⑤] 但因本月张深切父亲去世，他回台奔丧一月，1卷3期由张我军代编，等到其回来编1卷4期(12月1日，奔完丧回到北京)时却公告“文艺联盟之组织一事也因有些事情决定展期，并此奉告”[⑥]，1卷5期更宣布“文艺联盟组织案，因事决复保留”[⑦]，后终无下文。虽然何故保留最终不了了之现已不可考，但不难推理的是，在日人看来，军事占领不出四年的北平是要比已被殖民近四十年的台湾更需严格管

---

① 张深切：《创刊词》，《中国文艺》1939年第1卷第1期。

② 张深切：《张深切全集(3)》，第149页，台北：文经出版社，1998年。

③ 张深切：《编后记》，《中国文艺》1939年第1卷第1期。

④ (英)安东尼·史密斯：《民族主义——理论，意识形态，历史》，上海：上海人民出版社，2006年。

⑤ 张深切：《社告》，《中国文艺》1939年第1卷第2期。

⑥ 张深切：《编后记》，《中国文艺》1939年第1卷第1期。

⑦ 张深切《社告》，《中国文艺》1940年第1卷第5期。

制的,《中国文艺》也在创刊一周年后被日本情报头目山家亨所执掌的武德报社强行接收。

由此我们可以看出,《台湾文艺》和《中国文艺》的创刊背景都是在日本加紧对外侵略扩张步伐、实施政治高压之际,两岸知识分子祭出似乎无关政治的文化大旗相号召,以图凝聚民心,振作士气以继续抵抗。从《台湾文艺》所开始的抵抗思想与策略,在《中国文艺》中得到延续。当北平也被日寇占领之时,国土沦丧的悲哀成为两岸人民共同的屈辱记忆。

三、宏阔视界下的两岸文学与文化

奔走于两岸各地,力主两岸乃至全世界人民联合抗争路线的张深切,眼界开阔,在其所创刊的两本刊物中即体现为对台湾的中国文学文化、大陆的中国文学文化乃至世界的文学文化的广泛关注。正是在这种宏阔的视界下,两岸文学文化与文人的交流得到维系。

在《台湾文艺》创刊后不久,发起人之一、也是五常务委员之一的赖明弘,趁赴东京养病之时,联络了 1932 年在东京成立的"台湾艺术研究会",使该会于 1935 年 3 月 28 日正式宣布与文联合流,并誓以一切力量支援《台湾文艺》,共谋台湾文化之提升①。由于东京支部负责人吴坤煌是一个活动能力极强的人,与中国左翼联盟东京支部、朝鲜文艺界人士多有联系,台湾文联的活动得以和中国左联和朝鲜进步文艺家相互沟通交流、促进提高,文联成功拓展了其域外影响。东京的发展又刺激了上海和厦门,侨生也到处举行座谈会响应台湾,大大拓展了文联活动的范围②。留日的左翼诗人雷石榆就是在 1934 年与吴坤煌、赖明弘结识,并在《台湾文艺》上发表《我所切望的诗歌》、《诗的创作问题》、《和一个异国妇人的对话及其他》、《磨碎可怜的灵魂》等文章,从此结下台湾之缘③。

赖明弘的东京之行还有一个重要的愿望,即拜访中国新文学的重要作家

---

① 东京台湾艺术研究会:《フオルモサと台湾文联合流》,《台湾文艺》,1935 年第 2 卷第 5 期。

② 张深切:《张深切全集(2)》,第 619 页,台北:文经出版社,1998 年。

③ 雷石榆(1911—1996),广东台山县人。1933 年赴日本留学,在东京中央大学修习经济系,期间参加中国左翼作家联盟东京分盟,主编盟刊《东流》、《诗歌》。1946 年应邀赴台任《国声报》主笔兼副主编。1947 年在台大法学院任副教授,教授国文。1947 年 5 月与台湾舞蹈家蔡瑞月结婚,定居台北。因政治因素遭台大解聘,1949 年 6 月被捕,转监基隆港务局,被驱逐出境,寓居广东,后任河北大学教授。蔡瑞月后来入狱三年,1990 年在中国河北保定与雷石榆重聚,雷石榆赋诗曰:"蓬莱恩爱两春秋,先后无辜作楚囚",时雷已再婚。1996 年病逝。

郭沫若。时郭沫若正因写下揭发蒋介石反革命真实面目的讨蒋檄文《试看今日之蒋介石》而被国民党缉拿,被迫亡命日本。赖明弘将自己与郭沫若的往来书信及拜访情形发表在《台湾文艺》的第2卷第2号上。他在信中写道:"台湾之新文学运动,是跟随着中国新文学革命而抬头起来"的,在台湾文艺联盟成立之际,因"痛感缺乏优秀之指导者,我们委员学识未宏、经验又少,是以此后很盼望先辈诸公之指导和鞭挞。尤其是对素为我们崇仰之先生,我们很伏望多指示开拓台湾新文学处女地的法子和出路,使我们同一民族之文学能够伸展而且能尽够历史的任务"[①]。赖明弘并就大陆文坛正讨论的"大众语文"的建设问题,表达了自己的看法,即中国方言众多,"大众语文"建设有碍于统一、优美之中国现代文学的建设。对此,郭沫若高度肯定了赖明弘的主张,并对《台湾文艺》的创刊表示了祝贺,并在《鲁迅传中的谬误》一文中寄望台湾文学能"用新鲜的感觉、新鲜的笔致、把台湾的自然、风俗、社会、要求等等,如实地写出来"[②]。

《台湾文艺》引发的一场关于鲁迅的争议也颇为值得关注。《台湾文艺》在2卷2期上曾发表郭沫若的《鲁迅传中的谬误》一文,该文是针对《台湾文艺》刊载的增田涉的《鲁迅传》而写的。日本的中国文学研究者、鲁迅的学生增田涉根据鲁迅先生的口述,写下经鲁迅本人检校认可的传记《鲁迅传》发表在东京《改造》杂志的1934年4月号上,由顽锳译成中文分四次连载在《台湾文艺》上(1934年12月18日—1935年4月1日《台湾文艺》第2卷第1号—第2卷第4号)。文中提到罗曼·卢兰(今译罗曼·罗兰)曾有一篇对鲁迅《阿Q正传》作出的历史的批评文字,因落入正与鲁迅论争的创造社之手而被毁弃一事,郭沫若对此作出辩解:"创造社决不曾接受过卢兰的'那篇历史的批评文字'。"虽然增田涉在紧接的2卷3期作出回应,但郭沫若并没有再反驳,论争中断,罗兰批评文字下落一案最终悬而未决。

《台湾文艺》还曾刊载许多研究中国文化、关注大陆的中国文学现状的文章,如黄得时的《孔子的文学观及其影响》、《读郭沫若先生著〈屈原〉》,梦湘的《读儒林外史》,张煦的《梁任公提诉老子时代问题一案判决书》,赖明弘翻译自森次勋的《中国文坛的近况》,蔡嵩林的《中国文学的近况》,魏晋的《最近中国文坛上的大众语》,施学习的《中国韵文发达及变迁概观》,郭一舟的《北京杂

---

① 赖明弘:《郭沫若先生的信》,《台湾文艺》1935年第2卷第2期。

② 郭沫若:《鲁迅传中的谬误》,《台湾文艺》1935年第2卷第2期。

话》等。

可以说,《台湾文艺》在其组织者开阔的视界及强大的组织联络能力之下使文联走出台湾,与中国左联东京支盟、朝鲜进步文艺家沟通交流,也使被殖民者刻意阻隔的台湾文学与祖国文学的沟通与维系得到实现。这种开阔的视界在《中国文艺》上则主要体现在对传统文学文化的倡导、对世界优秀文艺的翻译介绍及两岸文人的交流之上。

在《中国文艺》的杂志上登载了多篇探讨中国传统文学艺术文化的文章,如张鸣琦的《戏曲底本质论》、《文学在演剧中的位置》、《论旧剧的美》,傅惜华的《"三国"故事与元明清三代之杂剧》(上、中、下)、《日本现存中国善本之戏曲》(上、中、下),予向(黄宾虹)的《壁画偶谈》、《画学南北宗之辨似》、《水墨黄金》、《谈挂画之位置》,柏精的《六法论研究》(分 7 次连载)、务诚的《旧剧的艺术观》、方言的《国剧"板眼"之研究》、《国剧极应彻底改革》,啸仓的《昆曲盛衰史略》、谛听的《唐宋两朝之"人物画"》(上、下)、桥川时雄的《谈"双陆"》(分 3 次连载)、傅芸子的《"挂枝儿"与"劈破玉"》,金受申的《清代诗人论诗之主张及其总成绩》,王岑的《论衡中的文学观》、《战国策在中国文学上的评价》,陈一平的《中国文艺与民族性》等,这些,对于保存整理传统文化皆有一定之功。

而张深切在主编《中国文艺》之时也在北平艺专任副训育主任和日语教授,多有艺术方面的同事,加之自己本来对艺术颇有兴趣,《中国文艺》上因而刊载有优秀的艺术作品、电影画报、漫画、笑话。这成为它的一大特色,如 1 卷 1 期的立体派两位代表人物毕加索和雷哥尔,1 卷 2 期的法国现代艺术,1 卷 4 期的蒋兆和、林坤明、李石樵、陈志浓的作品,1 卷 5 期的世界名漫画家瓦索夫·叟克埃夫笔下的世界文坛四巨人、意大利文艺复兴时期名作、日本绘画,1 卷 6 期的世界著名的摄影家斯提森及其艺术,2 卷 3 期有对圣桑音乐的介绍,2 卷 4 期的毕加索在美国的画展,2 卷 5 期的野兽派马谛斯,2 卷 6 期的超现实主义大师达利的名作,这些世界艺坛名作及动态的介绍多由谛听主持,艺术水准一流,使《中国文艺》保持了相当高的艺术性、趣味性。文学方面,还在 2 卷 2 期的世界文学家群像介绍了莱因哈特、辛克莱、赛珍珠、韦尔斯、陶马斯曼,从 2 卷 1 期开始到 6 期刊载林栖翻译自爱密黎·勃朗特的《咆哮山庄》(今译艾米莉·勃朗特《呼啸山庄》),2 卷 1 到 3 期刊载张剑锷翻译的《莎士比亚传》、2 卷 5 期刊载谨铭翻译自莫泊桑的《论小说》等。这与主编者在创刊词中所声称的主张一致,要在中国固有文化的基础上,在与世界优秀的艺术文化的交流与模仿中,创造出中国自己的新文化。

由于在北平的台湾人多兼通日语和中文两种语言和文化，其“大日本帝国国民”的国籍也使得他们在沦陷区的北平很容易找到工作。据林海音回忆，“民国三十至三十六年，那时本省人去北平的非常非常之多”[①]。这些七七事变前后才来到北平的台湾文化人自然多成为张深切《中国文艺》的撰稿人员，包括刘捷、江文也、张我军、洪炎秋等，其中尤以洪炎秋的散文创作的成就为高。

沦陷期间，在张深切的一再催稿之下，洪炎秋写下散文十篇：《偷书》（创刊号）、《健忘症礼赞》（第1卷第2期）、《闲话鲍鱼》（第1卷第3期）、《关于“死”》（第1卷第4期）、《赋得长生》（第1卷第5期）、《就“河豚”而言》（第1卷第6期）、《我父与我》（第2卷第1期）、《驭夫术》（第2卷第3期）、《辫发茶话》（第2卷第4期）、《貌美论》（第2卷第5期）。这些发表在日本军警监视之下的文章，在通达的人情事理之外，隐含着关于民族文化认同的微言大义，有些甚至不乏批判的锋芒。如《我父与我》追述父亲当年为抵抗日人的同化，亲自传授自己传统文化，但少不更事的自己难以明了父亲的苦心，偷学日语，更“偷渡日本”留学，父子一度失和。多年以后，自己身处沦陷的北平，痛感家国沦丧的悲哀，也深深体会了个人在大时代大社会中的渺小与无奈，终于明白了父亲当初的偏执，即这种偏执具有的深刻意义：“当时有一班不自重的投机分子，学得几句外国话，可以奔走权贵，便狐假虎威，忘却本来面目，大有古人所谓‘汉儿学得胡儿语，高踞城头骂汉儿’的气概，我父恨之入骨，所以不令我们入学校，而亲自督责我们在家中诵读经史。”[②]在文中，作者高度赞扬父亲以传统文化作为自己的精神家园，择善固执、不随波逐流的坚贞的气节，这对于那些媚敌忘祖之流来说，父亲的言行成为一面照见他们不堪嘴脸的明镜。而这对于自己，对于过着悲哀晦暗的生活的沦陷区人民、抗战的军民而言都不能不说是一个很好的榜样和鼓舞。文学史家这样评价道：“这暗藏机锋的直接记载，表明沦陷区坚持民族气节，固守中国传统文化的知识分子大有人在。同时，也说明了编者和作者的立场和勇气。”[③]《就“河豚”而言》在发抒自己浓郁的乡梓之思外，认为利用日本的河豚料理技术开发我国视为废物的河豚，对于双方来说是相益而不相损的，果真如此，中日两国之前途可待，但文末的感叹却又暴露出现实与口号之间的巨大差异，揭示日中友好、经济提携政策的虚伪性！[④]《赋得长

---

① 夏祖丽：《她从城南来——林海音传》，第148页，北京：三联书店，2003年。

② 洪炎秋：《我父与我》，《中国文艺》1940年第2卷第1期。

③ 张泉：《抗战时期的华北文学》，第283页，贵阳：贵州教育出版社，2005年。

④ 洪炎秋：《就“河豚”而言》，《中国文艺》1940年第1卷第6期。

生》"既要长生,就要活的得体,否则不如短命,省却在人间丢丑也!"展示国人对尊严而得体的生活的向往,否则毋宁死的气节[①]。《辫发茶话》以父亲为例,反驳了下村海南"留辫时死了那些人,剪辫时竟找不出一个殉节者,颇致怪异"中关于台湾缺少殉节的志士的暗示,并警告日人:"盖人与人之间,多了一道裂痕,就要多生一层隔膜;多生一层隔膜,就要多惹一番冲突。所以莫说区区辫发,关系浅显也。"[②]可以说《中国文艺》也为近代台湾知识分子传达内心的伤痛与隐曲提供了一个窗口。

因此我们不难看出,《台湾文艺》与《中国文艺》是带着同一创办人张深切的鲜明强烈的文化政治理念的两份刊物,而其相似的创刊背景、宗旨与活动组织,显示其凝聚民心、振作士气的文化政治意涵。而其宏阔的视界也为两岸的文学文化的沟通与交流创造了良好的机会,使日本殖民者着意阻隔的两岸关系得到拉近与维系。从台湾到大陆,在日本帝国主义的进逼之下,江山逐步沦陷,而《台湾文艺》、《中国文艺》所承载的文化抵抗精神即是两岸在近代的共同屈辱历史中留给我们的宝贵财富,对这种关联的考察将使我们在还原历史的过程中反思学界,尤其是台湾学界由于过于强调台湾近代历史的特殊与悲情,刻意区隔两岸历史命运所产生的自我限阈,以便在近代中日乃至东亚关系的历史脉络中寻找到台湾的位置。

---

① 洪炎秋:《赋得长生》,《中国文艺》1940 年第 1 卷第 5 期。

② 洪炎秋:《辫发茶话》,《中国文艺》1940 年第 2 卷第 4 期。

九一八事变在诗坛的反响①

——以《民国日报·觉悟》、《申报·青年园地》为窗口

赵 伟②

(中国社会科学院研究生院,北京 102488)

[摘要]九一八事变发生后,面对日本侵略,中国民族主义高涨,《民国日报·觉悟》、《申报·青年园地》刊发了大量热血青年的爱国诗歌。以此为代表的九一八诗歌,记录了我国丧失土地的屈辱与同胞的苦难,抨击了当局的对日妥协政策,也揭露了部分民众的麻木不仁,更唱响了舍身报国、团结抗日的铁血战歌。九一八诗歌虽在艺术上有待成熟,但却真实地反映了热血青年的爱国赤诚并保留了大量的历史信息,应该得到重新审视。

[关键词]民族主义文艺;九一八诗歌;苏凤

20世纪20年代末至30年代初,中国夹在列强中艰难求生的形势并没有因国民党政府在南京定都而焕然一新。东亚近邻日本在1915年就提出了企图吞噬中国的"二十一条",此后济南惨案、皇姑屯事件、关东军在中国东北地区的战地踏查、万宝山惨案等一系列事件都表明日本吞并中国的险恶用心日趋明显,笼罩在中国上空的危机阴云愈积愈厚,风暴随时降临。

孱弱的民国政府外部杀机四伏,国内更是同室操戈,不仅国共反目,国民党自身也祸起萧墙,刀兵相向。"三民"之中民生、民权渐成画饼,"唯有民族主义,才既易于争取民心,又正切合南京政府欲以民族意识冲淡阶级意识、以权威意识压倒个体意识、以统一意识取代地方意识的功利目的。"③

---

① 收稿日期:2011-05-12。

② 作者简介:赵伟,中国社会科学院研究生院2009级博士研究生,研究方向为中国现代文学。

③ 秦弓:《鲁迅对20世纪30年代民族主义文学的评价问题》,《南都学坛》,第28卷第3期,2008年5月。

面对“九一八”、“一·二八”日军的破门而入,无论新文学阵营或是通俗文学阵营的作家都发出抵抗的声音。通俗文学作家张恨水高唱“一腔热血沙场洒,要洗关东万里图”。他的《太平花》、《满城风雨》、《九月十八》、《弯弓集》等一系列作品以不同的体裁表现了同样的国家话语。爱国并非阶级专利,“通俗文学作家纷纷创作‘国难小说’,譬如程瞻庐的《疑云》,徐卓呆的《往哪里逃》和《不栉的女进士》,顾明道的《为谁牺牲》,黄南丁的《肥大佐》,汪仲贤的《恐怖之窟》”[①]等。关注国难的还有同样被新文学阵营鄙弃的旧体诗词,在“九一八”“这一家国巨劫的大事变之后,旧体诗词出现了20世纪以来第二个创作高峰,作者来自社会各阶层,有世家文人、教师、军人、学生等等”。[②]“旌回旆转指红螺,力尽难挥落日戈。星月敛芒笳鼓咽,踏冰夜渡白狼河。”李鹤这首《退义县》传达出爱国军人奉令退却的无可奈何。陈家庆在辽、吉失陷后作《如此江山》哀叹同胞苦难,“辽宁片土,正豕突狼奔哀音难诉。月黑天高,夜阑应有鬼私语”。钱仲联的《哀锦州》则讽刺了当局的退却政策,“奔车一夜辚辚声,我军尽向关中行。锦城高高天五尺,有城不守奈何许”。大敌当前我军却有城不守退向关中,致使我无辜百姓悉数为奴,潘式的“谁令拱手事虾夷,十万为奴食残烬”道尽生民悲愤。[③] 通俗作品与旧体诗词表现抢眼,受惠于五四文学革命、秉承爱国激情的现代诗歌对家国巨变又岂会等闲视之。通俗作家群、旧体诗人群与创作现代诗歌的青年群体在战火面前争相举起爱国旗帜,承载国家话语之作一时迸发。

苏凤、邵冠华等一批鼓吹民族主义的文学青年“愤激和绝望”的集中爆发主要出现在九一八事变之后,代表性作品有:苏凤《战歌》、甘豫庆《去战场上去》、邵冠华《醒起来吧,同胞》、沙珊《学生军》、徐之津《伟大的死》等。苏凤《战歌》见于上海《民国日报·觉悟》,其他四首均为《申报·青年园地》刊载。诗歌所写无论是呼吁政府、国民拿起武器团结御侮,还是作者立志舍身抗敌、从容赴死,体现的首先是热血青年的爱国激情,唤醒民众救亡图存才是最后指归。

一、悲歌中的故土沦丧与同胞苦难

“我的家在东北松花江上”,九一八事变的发生彻底打乱了东北人民的生

---

① 秦弓:《现代通俗文学的生态、价值及评价问题》,《南都学坛》,第30卷第3期,2010年5月。

② 薛勤:《“九一八”文学旧体诗词初评》,《辽宁大学学报》(哲学社会科学版),第35卷第6期,2007年11月。

③ 对李鹤、陈家庆、钱仲联、潘式等人所作旧体诗词的解读详见薛勤《“九一八”文学旧体诗词初评》。

活秩序，使无数人失去了财产、故乡、亲人，耻辱的流亡生活揭开序幕，毁灭的阴云吞噬了东三省。

九一八事变后，中华儿女开展各种形式的抗日救亡活动，爱国青年血脉贲张写下诗篇，记录了侵略者带来的巨大灾难。“日本兵在关外暴吼，抢劫，奸淫，惨杀。”[①]日军占领沈阳后，“在城内四处劫掠，惨杀市民”，[②]民众宝贵的生命沦为草芥。“同胞的血迹，洒过了沈阳城垣，又洒过了松花江畔；但见血红的火光烛天，日兵在到处焚劫屠宰。”[③]“看同胞们的血喷出来了，看同胞们的肉割开了，看同胞们的尸体挂起来了。”[④]沦陷区“尸体是遍野横陈”，[⑤]“同胞的热血满涂着辽东三土，同胞们的尸骨铺遍了锦绘江山”[⑥]。灭绝人性的侵略者把我们的家园变成废墟，“东北起了火，红透半天云”，“一群群火牛，野蛮的舍着命冲刺”，“现在那角落白天冷静的像黑夜，烟囱都漏不出半丝气息；村庄里已经没有处女与贞妇了”[⑦]。

季琳《黄帝的子孙》[⑧]更是直接记录了日军残害我国民众的历史现场：

九月二十九报载：日军蓄意破坏北宁交通，使用国际所禁用毒弹，飞机连续轰击列车，死伤累累，且多为避难人民。

（一）

啊，我们真倒霉做黄帝的子孙，到今天才算出虎口死里逃生；回想那时候不死，真算是万幸！朋友，你别问那惨酷的情形，想着也叫人寒心！

你不看见日军的弹雨枪林，刀光闪闪地照耀灰惨的黄昏，随时你得提防黑衣的死神光临。朋友，这哪里还是人的生命，路旁的野草一根！

秋风里常夹着一阵阵的血腥，碰着了那恶鬼你可真是倒运，你生命早就被握在他的手心。朋友，枪尖在你的胸头刺进，他们还毒笑狰狞！

黑夜的火光烛起满天红云，大野漫漫到处都有火在烧焚，耳膜上整夜震荡着杀声哭声。朋友，荒郊上蠕动幢幢黑影，那正是华夏之民！

---

① 子凡：《奋斗啊坚持到底》，《申报·青年园地》，1931年10月15日。
② 张宪文等著：《中华民国史》第二卷，南京大学出版社，2006年，第252页。
③ 潘寿恒：《赴敌去》，《民国日报·觉悟》，1931年9月24日。
④ 邵冠华：《醒起来吧同胞》，《申报·青年园地》，1931年10月2日。
⑤ 徐之津：《伟大的死》，《申报·青年园地》，1931年10月15日。
⑥ 萧寿煌：《起来呀同胞们》，《申报·青年园地》，1931年9月29日。
⑦ 结青：《东北起了火》，《民国日报·觉悟》，1931年11月25日。
⑧ 季琳：《黄帝的子孙》，《民国日报·觉悟》，1931年11月1日。

（二）

火车上满是这一批虎口残生，拥拥挤挤地被驮着向前飞奔，大家的心里交织着喜愤忧惊。朋友，西风无情的飒飒逼人，肚子又饿的难忍！

啊，头上又响起了隆隆的声音，鹰隼似的飞机跟着回绕巡行，枪弹射似疾风里骤雨倾盆；朋友，受弹的纷纷滚落车顶，惨厉的呼声沸腾。

每一颗枪弹击着了谁的人身，血花便蓦地开满四座的衣襟；许多妇女跳下铁轨做了轮吻。朋友，我们只好紧闭着双睛，悲愤似毒箭穿心。

日军自九月十九日占领沈阳城就控制、破坏交通，北宁路乃平、沈要道，因而成为日军攻击的主要目标。日军飞机对北宁路列车几次三番“追逐枪击，伤亡旅客多人”[①]。与此间事实对应，《黄帝的子孙》揭露了日军在东三省所犯罪行一角，开头小序(实为九月二十九日《申报·要闻》)记录历史现场，同时交代创作缘起，诗歌真实地再现了历史场景，惨烈的屠杀如在眼前，滔天罪恶令人发指。“那惨酷的情形，想着也叫人寒心”，这一切只是噩梦的序曲。入侵的铁蹄没有休止，“悲风扫着数不清的枪，看，敌人是前进了，前进了，践踏着关东的高粱”。“敌军已经占领了我们神圣的土地”，“从鸭绿江到山海关，从鸭绿江到山海关，二千里的河流在痛哭哟，摩天巅在摇颤”。[②]

九一八事变只不过是更大灾难的序幕，日军杀我父老乡亲夺我兵马粮秣，暴行的背后正是其以东北为跳板鲸吞华夏的险恶用心。沈阳陷落后，“仅官方统计，损失即超过17亿元。奉系军阀经营多年、耗资巨大的军工企业及军工产品皆完好无损地落入日军之手，成为日后日军发动全面侵华战争的‘军火库’”[③]。九一八诗歌记录了日军强夺我战略物资的丑行：“日人夺了我土地”，我们用汗水浇灌的“东三省的大麦小麦，东三省的大豆小豆”[④]更无从幸免。侵略迫使乡人逃离故土，入侵者却坐收其成，“粮食满仓满屋的任它堆着，为了什么没有人看守?”[⑤]家园沦丧的悲愤溢于言表：“东北的兵工厂没有了，东北的飞机没有了，东北的迫击炮厂没有了，东北的村落焚毁了，东北的田园荡平了。”[⑥]

---

① 《申报》国内要电二(二十六日专电)，1931年9月27日。《申报》9月20日、24日、26日均有关于日军蓄意破坏北宁路交通伤我旅客的报道。

② 黄震遐：《哭辽宁救辽宁》，《申报·青年园地》，1931年9月28日。

③ 张宪文等：《中华民国史》第二卷，第257页，南京：南京大学出版社，2005年。

④ 贾冠群：《战歌集》，《民国日报·觉悟》，1931年10月17日、29日。

⑤ 结青：《东北起了火》，《民国日报·觉悟》，1931年11月25日。

⑥ 黄震遐：《哭辽宁救辽宁》，《申报·青年园地》，1931年9月28日。

敌人不仅用我们的粮食喂饱了自己，还要用我们的武器屠杀我们的手足从而霸占整个中国，富饶的东北完全沦为日本全面侵华的战略基地。

在中华大地上蔓延的灭我种族之"瘟疫"绝非始于"九一八"，日人处心积虑亡我中华早已有迹可循，此次集中爆发的九一八诗歌对昨日累累血债刻骨铭心："济案的血痕，鲜案的痛创，岂已从我们的脑海、心头一起消亡?"[①]"济南的血迹未干，万宝山案离今不远。"[②]"二十一条约的奇耻未雪，五卅烈士的英魂未散，五三惨案的流血未干，万宝山的交涉未完。"[③]"记得么，汉城屠杀，民四的二十一条，还有东三省和济南，种种洋仇未报。"[④]侵略者早有预谋，不断试探、挑衅，刺刀早已鲜血淋淋。九一八事变使得旧恨新仇一起爆发，面对同胞的亡灵、沦丧的国土，"人民忍痛望恢复"，当局的应对又是怎样?

二、抨击政府妥协，暴露民众麻木

九一八事变后，南京国民政府反应"迅速"，九月二十日外长"王正廷报告外交方针，电请国联主持公道希望国人力持镇静"[⑤]。"蒋介石在事变几天后，也即9月22日在国民党南京市党部举行的党员大会上的外交政策演说中有明白的宣示，即所谓：'此刻必须上下一致，先以公理对强权，以和平对野蛮，忍痛含愤，暂取逆来顺受态度，以待国际公理之判断。'次日，南京政府又正式发表《告全国国民书》，称：'政府现时既以此案件诉之于国联行政会，以待公理之解决，故已严格命令全国军队，对日军避免冲突，对于国民亦一致告诫，务必维持严肃镇静之态度。'"[⑥]就在最高当局呼吁民众"镇静"的最初几天，"自九月十九日至二十五日，短短几天时间，辽宁、吉林两省的千里河山，主要城镇和交通枢纽都落入日本侵略者之手"。[⑦] 杨锡龄《从军乐》抨击了当局这种葬送国家的鸵鸟政策：

引言：遥望东北，白骨与赤血很鲜明地交映着，秋风带给我们一阵阵的腥味，报纸告诉我们一件件的警讯；然而我们的哭丧着脸的外交家，还正在扭扭

---

① 萧寿煌：《起来呀同胞们》，《申报·青年园地》，1931年9月29日。

② 王一心：《救国之歌》，《申报·青年园地》，1931年10月12日。

③ 子凡：《奋斗啊坚持到底》，《申报·青年园地》，1931年10月15日。

④ 《东方的巨人醒来》，《申报·青年园地》，1931年11月1日。

⑤ 《申报》国内要电(二十日专电)，1931年9月21日。

⑥ 张宪文等：《中华民国史》第二卷，第400页，南京：南京大学出版社，2005年。

⑦ 张宪文等：《中华民国史》第二卷，第254页，南京：南京大学出版社，2005年。

捏捏地向国联会诉苦,拉列强出来评判曲直。才博得欧美的一声空泛的同情,便喜得手舞足蹈,可怜啊,目下的中国!

从军乐,男儿有志赴东北。嗟我政府太无能,忍听吾民遭屠戮!镇静退避安足恃?豕突狼奔日相迫。

从军乐,男儿有志赴东北。嗟我政府有若无,外交人员多庸碌!匐伏苟且容一身,只图个人势与禄![①]

日后的事实证明,退让只能助长敌人气焰,而"镇静"的王外长被爱国学生痛殴后在同年10月黯然下台。

"逆来顺受"挡不住侵略者的铁蹄,九一八诗人要撕碎虚假和平的面纱,他们敲响"血钟"奋力唤醒沉睡的灵魂。在强权世界,"弱者的伤亡原是天演的公理"。面对带刀的入侵者,"人们梦想着和平",但"和平之神早已背转了我们"。诗人振臂高呼"紧挝我们的鼓,醒来罢!沉醉了,麻木了的人啊!别忘却了你们的东邻,是何等无厌地占侵。醒起了罢,醒起了罢,一切的人们!别仍梦想着公理,公理是样晨雾一般的依稀,唯有我们的热血是可依赖的武器。"[②]第一次世界大战后,凡尔赛—华盛顿体系划定了新的政治格局,日本因列强分赃不均对此早有不满,打破既定秩序对日本军国主义对外扩张的束缚只在早晚。九一八事变爆发,中国最高当局误判为局部冲突,企图利用列强之间的"均势"迫日退兵。然而华盛顿体系下的国联早已被日本弃之如敝屣,希望国联挡住军刀无异于缘木求鱼,九一八诗歌一针见血地戳破了梦呓中的和平:

起来哟,同胞们,觉悟起来。日本帝国主义的阴谋毒计正如电网一般的设施布摆。还要漠然吗?还要置若不闻不见?

我们举国便将坠入茫茫的陷阱,不要希望国际的公道,不要希望世界的同情。如今,公道是握在强权的手里,同情不种在人类的心田。

不要相信凯洛格的非战公约,不要妄想国际联盟的调停。如今,公约徒是纸上的虚文,调停徒是缓和我民气的美名。

强国侵略弱国,众民残杀寡民。强权就是公理,公理也是强权。还有什么公道,还有什么同情,更还顾什么公约,更还容什么调停。——弱者灭亡,强者

---

① 杨锡龄:《从军乐》,《民国日报·觉悟》,1931年10月2日。

② 叶撲材:《醒来罢》,《民国日报·觉悟》,1931年9月27日。

生存。

我们不要索性的镇静、镇静，我们不要索性的无抵抗、无抵抗。

不听见吗？人家的话儿，三十六小时要把中国灭亡。今天到了明天晚上，唉，我们便要做了亡国的羔羊。同胞们呀，对着惨黯的前途，你们的心灵可感到何等的痛创？

到了手铐、脚镣、枷在肩上，是的，那时候，我们只有镇静、镇静。那时候，我们只有无抵抗、无抵抗。①

生存要靠实力争取，公约哪能制止屠杀，“世上一切公理，只是强权战胜。弱者向人家乞怜，人家只有讪笑欺凌”②。弱肉强食早已不是秘密，“什么非战公约国际联盟，也无非是强国的假面具，弱国的画饼。弱者何曾因此而得了利益，强者又何曾因此而稍敛了野心。天演论的优胜劣败并没有错，依仗他人何能得些益处。你如要求生存于这世界就当努力抵挡外侮——寻求生路”③。屠刀下的“镇静”换来更多宰割，枪口前的无抵抗只能加速灭亡，这就是“公理”，诗歌对国际政治丛林生态的言说切中要害。九一八诗歌及国内媒体对当局的抨击形成强大的舆论压力，日本在华媒体别有用心企图渲染这种不满情绪以制造混乱，《盛京时报》“连篇累牍地批评蒋介石和张学良‘丧城失地’‘不负责任’。该报指出蒋介石‘拱手无抵抗断送东三省’，是‘政府失职’‘让国人蒙羞’，‘对国家无责任，无办法，对民族无半点抱歉之意’”。九一八诗歌旨在呼吁政府积极抵抗，“而《盛京时报》批评蒋、张是旨在搅乱国内政局，利用舆论压力迫使政府改弦更张，与日本进行所谓‘直接谈判’”。④《盛京时报》的举动正折射出九一八诗歌对当局的批评声音的民族立场。

祖国危亡，儿女被注入“不抵抗”的麻醉剂。“风云紧急时，为何不见我们的壮士们迈步前进？”“镇静，镇静，耳听着风云紧急，仍不见我们救国的战士们，奋勇迈步前进！”⑤“镇静”的冠冕束缚了干城的手脚，剥下“镇静”的外衣更可怕的是国民不堪的灵魂。大厦将倾有人却沉浸在“肉的享受酒的陶醉”中，

① 萧寿煌：《起来呀同胞们》，《申报·青年园地》，1931年9月29日。
② 路德：《前进》，《申报·青年园地》，1931年10月12日。
③ 徐戴士：《静默》，《申报·青年园地》，1931年10月9日。
④ 齐辉：《〈盛京时报〉与九一八事变》，《民国档案》，2009年第3期。
⑤ 蔚然：《前进》，《民国日报·觉悟》，1931年10月6日。

“繁华的都市是沉沦的捷径,他们忘却了四方的紧邻是何等的无厌地占侵”①。沈阳沦陷前夕依然是夜夜笙歌,“白昼般的灯光突然消失了,淡绿色的光亮刹那间呈现在我们的眼前。梵哑林的琴声徐徐地,梦一般的在舞台上交响起来”,“舞客们沉醉,舞星儿婀娜。色的诱惑,肉的蠕动,台下观众们雷一般的掌声”②。灭亡黑云压城,城内醉生梦死,东三省惨遭屠戮之际,通日奸商、助日匪帮的消息时常见诸报端,国人昏聩自相残杀,面对此景诗人忧心忡忡,“慨我民气太消沉,大好河山几倾覆!志士豪杰今何在?追念先烈泪陆续”。“慨我同胞心死久,国之犹是耽逸乐!朝朝歌舞夜夜饮,朝鲜印度堪怵目。”③亡国的朝鲜、印度既是前车,殷鉴不远,我们却消沉、逸乐,自私、散漫、懦弱的国民性是全民族的耻辱:

当我们再睁开眼睛,满地早已不是人群;谄媚蒙着男人的脸,无耻才是女人的心!

当我们再睁开眼睛,晴空早已没有了光明;诡诈在黑暗云边探望,迷雾里挤满着奸淫。

这是什么世界哟,是懦弱,是不忠不孝,是我们这一代将山河送掉,只是短短的五分钟,不错,还是五分钟,人们早已又谄媚的笑了。

关山的秋云、白雪,应记得这是谁家的山河。才是一刹那,一切都变了颜色,是懦弱不争气的主人,我们这可羞的民族!④

怒其不争的背后是诗人对国家、民族无限的热爱与担忧。因对故土爱得深沉,诗人们奋力挣扎冲破迷雾,在铁屋之中向民众高唱救国之歌:

朋友,请不要再继续你太平的美梦,你留心着我们最后的一次丧钟。帝国主义不住的向我们张牙舞爪,要是我们不再清醒太平的梦,太阳怕将不再向中华照耀。永永是一个黑夜,若天黑暗,届时我们的梦要醒也醒不过来。黑夜会剥夺去我们的自由,黑夜会剥夺去我们的财产,黑夜会剥夺去我们的幸福,黑夜会剥夺去我们的利权,黑夜会剥夺去我们的一切……

---

① 叶揆材:《醒来罢》,《民国日报·觉悟》,1931年9月27日。

② 朱复钧:《沈阳被占前后》,《申报·青年园地》,1931年10月9日。

③ 杨锡龄:《从军乐》,《民国日报·觉悟》,1931年10月2日。

④ 末枫:《可羞的民族》,《民国日报·闲话》,1932年1月1日。

中华是一只猛大的狮子，如今却还在树林里做梦。你睁眼，狮子的身旁尽是毒蛇。它咬断狮子的尾巴，狮子却还在继续安睡，安睡。它咬破了狮子的耳朵，狮子却仍在梦里高歌……唉，唉，猛大的狮子哟，还不快醒。再迟了毒蛇会咬去你的眼睛。天地会跟着昏黑，到那时你再也不能看到一丝丝光明。

朋友，请留心着我中华的前程。快趁这天地没有昏黑的时候觉醒。国耻不雪尽了我们永不干休。要雪国耻呀，正是这个时候。[①]

狮子猛大却安睡不醒，只有吹散酣睡的云雾划破昏黑的暗夜，丝丝光明才会重现。诗人力振丧钟啼血叫吼："醒来，醒来，东方的巨人哟，莫再睡了，它们正在那里磨牙砺齿、跳踉咆哮。看，你周围，已还伺着无数恶魔丑妖，想把你的一切的一切，都减除毁掉。""它们早就暗地缔结了个丑恶同盟，准备着将你的巍巍神州活剥生吞。听呀，还说这是军人私斗，无关行政，谈不到违反誓约公理和东亚和平。""巨人哟，别人不是说你已心死无用，便道你是万劫不复，遍身都染创痛。创痛是暂时的，所以我见解着不同，你有你自己的伟大，又岂能永久牺牲。""嘿，巨人，你从前的灵魂呢，今朝何在。记得么，汉唐时代威风，竟一往难再，还不赶快醒来，既往莫咎，来者可为，急去追寻你同族成吉思汗的英伟。"[②]恶魔要将"巍巍神州活剥生吞"，列强只是分赃的丑恶同盟，中华此时"遍身都染创痛"，但"我见解着不同"，华夏毕竟有汉唐与蒙元的血脉，我们不会"永久牺牲"！在外敌亡我种族的风口浪尖，追述往昔并非"我先前比你阔多了"的自欺欺人，追寻成吉思汗也不是"主子"、"奴才"征伐红色苏联的寓言，草原雄鹰毕竟为中华一员，消沉的民气更需鼓动，诗歌对华夏历史文化的认同是非常时期爱国热情的涌现。亡国之日，"修我戈矛，与子同仇"，抗击外敌才是当务之急，讲同志爱阶级仇也要先保住我们可爱的祖国。

九一八诗歌抨击政府对日妥协退让，暴露部分民众麻木不仁。无论是痛诋当局还是揭示国民弱点，九一八诗歌的目的均指向卫国保民，体现了爱国青年唤醒民众拯救国家的良苦用心，救亡与启蒙缠绕共生。

三、抗战旗帜下的铁血战歌

高喊杀敌与牺牲的"小勇士们"在大作家眼中未免幼稚，诚然，爱国青年血

---

① 王一心：《救国之歌》，《申报·青年园地》，1931 年 10 月 12 日。

② 《东方的巨人醒来》，《申报·青年园地》，1931 年 11 月 1 日。

气方刚在民族危亡的关头跳喊呼号愤激冲动势所难免,万丈豪情也不足以摧毁战争的绞肉机,但在强敌压境、当局束手、民众冷漠的历史境遇下,需要有人首先吹响抗战的号角,九一八诗歌无疑是冲锋号中声音响亮的一把,振聋发聩的呼声折射出爱国青年投身抗日运动的高涨热情。

爱国青年竖起抗战大旗高唱铁血战歌:“谁个青年没有血性,谁个青年没有沸般的热情!我们要奋臂奔赴疆场,纵然死也须死得光明!四面洪洪的撞着警钟,快举起武器向敌人进攻,我们誓死不做亡国的奴隶,甘为国家牺牲做赴敌的先锋!”①我们珍视生命,但“四千年中华的光荣”不知“沾上了多少倭奴的耻辱”,到如今“国将亡”,“家将破”,“生存毁灭决在今日,谁还不该拼命奋斗?”“勇敢呦!快快走上战场上。”②我们为何放下书本直面战火?敌骑咆哮于前,“我们需要一个保住祖国的战争”,“我们需要一个民族不灭的战争”,我要“用右手高举着国旗,用左手握着空拳。他斩了我的右手,我把国旗拿在左手;他斩了我左手,我把国旗咬在两唇间;他割去我两唇我把鲜血向他直吐过去;我要把我宝贵的鲜血涂在他的胸膛前,染出一面灿烂尊严光荣的国旗”③。“我们要撕碎东北的那招魂的太阳丧旗,重换我们鲜艳绚烂的青天白日!”④国旗滴血展我赤诚,对祖国的热爱使我们甘愿“把我们的尸体尽铺遍我们的地面,把我们的鲜血尽填满我们的河流”⑤。“我们的头颅要建筑堤防于东北!”⑥“我们要用热血来浇灌自由的鲜花,我们要用性命来救出危急的中华。”⑦九一八事变后不久,各高校学生纷纷组织学生义勇军进行训练,南京中央大学的学生组织了反日救国十人团,其誓词为“以照我之白日为誓,以祖国之河山为誓,以祖宗之坟墓为誓,誓以热血,誓以赤心,誓以至诚,牺牲身家,牺牲一切,以扑灭侵略我祖国之敌人,以复兴我光华灿烂之祖国。我誓以亲爱精诚之精神,与我同胞同生存共患难,如有悔心,或生二志,人天共戮之”。⑧ 九一八诗歌正如这划破长夜的誓词,以嘹亮的战歌激励无数稚嫩的生命前仆后继义无反顾地加入抗战的行列。

---

① 潘寿恒:《赴敌去》,《民国日报·觉悟》,1931年9月24日。

② 江德奎:《战歌》,《民国日报·觉悟》,1931年9月25日。

③ 冰愤:《我们需要战争》,《民国日报·觉悟》,1931年9月29日。

④ 白衣:《准备》,《民国日报·觉悟》,1931年11月4日。

⑤ 冰愤:《我们需要战争》,《民国日报·觉悟》,1931年9月29日。

⑥ 白衣:《准备》,《民国日报·觉悟》,1931年11月4日。

⑦ 墨卿:《振着精神》,《申报·青年园地》,1931年10月15日。

⑧ 《中大学生组织救国义勇军》,《申报》,1931年9月28日。

抗战是全民族的使命,各阶层团结抗日才能浴火重生,鼓动全民族携手抗敌构成九一八诗歌的又一重要内容。同仇敌忾,“我先来和你这样约定”,“我你一致团结起来去杀呀”,即使战至一兵一卒仍要“去杀退日本兵”①。宁为战死鬼不为亡国奴,热血男儿要血洒疆场。“风雨中集合的号音是凶猛的,是悲凉的,中华的男儿哟,告别你的闺房,中华的女儿哟,送他们到营房。”②“中华的好男儿啊,危急的战鼓催动,岂容你停留,快挥起你的利剑,跨上你的貔貅,为祖国雪耻,为同胞展忧。”大敌当前,红颜又岂逊须眉,“女子也有沸腾的热血和大好的头颅。我们能宣传和激励,我们能救护和运输”,“我们也愿做战死的鬼,不愿做亡国之奴”。③ “在灰苍苍的天幕下”,务本女中的学生军高喊着:“亲爱的同胞们,快起来准备出战,快起来奋斗,战死是我们的生路。”④战鼓声声,催促着昔日柔弱的姑娘“画直了眉毛,涂黑了唇。脱掉绮罗的衫儿,飘洒的裙”,为抗战“扛起沉重的大枪,换上灰色的军装”⑤。奋起自救何论性别,保家卫国不分职业。“中华的民众哟,鼓动你伟大的心房,离开你的田野,揭起你的旗竿,抛弃你的书本,捣碎你的亭子间。”⑥“抛了斧头、镰刀与笔杆,拿起雪亮的利刃,明晃的长枪。出了学校、田陇与工厂,跑上黄沙滚滚、杀气腾腾的战场。”⑦山河破碎,农民、工人、学生都成为家园的卫士,战火蔓延,社会各个阶层均应为抗敌贡献力量,“二十万市民大会的激昂,八千学生军请愿的义勇”,各阶层对日经济绝交使“日本惊惶恐惧”。战争残酷,并非所有民众都适合在火线拼杀,但只有全民一心各尽所能才可击败凶残的敌人,九一八诗人群用愤怒的叫吼鼓动着中华民族宁为玉碎不为瓦全的抗战决心。

四、“合唱团”中的“歌手”

这群鼓吹抗战的年轻“歌手”其歌声总体趋向粗犷,但这并不意味着他们只能作为面目模糊、性格统一的时代群像出现,作为鲜活的生命他们都如流星划过历史的天空。“民族主义文艺运动虽然是由国民党内的文艺干才发动的,但也不能否认它确实拥有一定的社会基础,构成其群众基础的就是以青年学

---

① 黄曙霞:《到前线去》,《民国日报·觉悟》,1931 年 12 月 12 日。

② 黄震遐:《哭辽宁救辽宁》,《申报·青年园地》,1931 年 9 月 28 日。

③ 李广政:《悲痛》,《申报·青年园地》,1931 年 10 月 7 日。

④ 沙珊:《学生军》,《申报·青年园地》,1931 年 10 月 15 日。

⑤ 郭德浩:《给姑娘们》,《民国日报·觉悟》,1931 年 12 月 27 日。

⑥ 黄震遐:《哭辽宁救辽宁》,《申报·青年园地》,1931 年 9 月 28 日。

⑦ 萧寿煌:《起来呀同胞们》,《申报·青年园地》,1931 年 9 月 29 日。

生为主体的'受教育阶层'"[①]。李广政[②]、徐之津[③]均为复旦学子,李广政日后成为上海学生运动的积极分子,徐之津也曾因学生运动遭当局逮捕,日后他还加入了左联。萧寿煌曾在上海中共中央工作,复旦校友杨锡龄为上海美术专门学校的教师。朱复钧在话剧与小说领域均有所贡献,邵冠华、甘豫庆、王一心、黄曙霞为民族主义文艺增砖添瓦。与左翼作家关系颇密[④]的苏凤为《民国日报》副刊《觉悟》、《闲话》[⑤]编辑,对九一八诗歌贡献颇多。上海《民国日报》系老牌国民党机关报,九一八事变后苏凤并未保持"镇静"而是坚持抗战立场,创作、编发了大量抗战诗文。1932 年 1 月 26 日,《民国日报》被迫停刊,直至此时仍有苏凤创作的抗日诗歌,个人立场可见一斑。针对政府"逆来顺受"的姿态,苏凤发出了"诅咒":

我诅咒刀和枪,诅咒战争,诅咒科学,诅咒聪明的人,
我更诅咒公理,诅咒和平,诅咒一切,那骗人的文明。
愿世界早一天复归于混沌,权和利都成为遗忘的烟云,
强和弱一同受自然的极刑,剩层层的岩石永永地相亲。
然而梦想终于还是个梦想,战争真像了不可缺的粮食,
哪一块钢铁不能铸造刀枪?哪一页历史没有血染沙场?
迷信和平像迷信神圣一样,和平只是一座颓废的堵墙,
倒不如把战争替自己取偿,你杀我和我杀你一样平常。
我称颂刀和枪,称颂战争,称颂科学,称颂勇敢的人!
但我依然诅咒公理与和平,和平只是一些自杀的毒鸩。
愿世界永远这样杀气腾腾,没有一个人能够侥幸生存,

---

① 倪伟:《"民族"想象与国家统治——1928—1948 年南京政府的文艺政策及文学运动》,第 110 页。

② 李广政事参见《复旦大学百年纪事 1905—2005》,《复旦大学百年纪事》编纂委员会编,2005 年,第 90 页。啸弩《复旦学生晋京请愿始末》,《上海青运史资料》,1983 年,第 4 期。

③ 徐之津事参见《复旦大学百年纪事 1905—2005》,第 81 页。郭维城《话"左联"往事》,《"左联"纪念集 1930—1990》,中国左翼作家联盟成立大会会址纪念馆、上海鲁迅纪念馆编辑,1990 年,第 85 页。强苏生《一九三三年复旦大学地下斗争回忆片断》,《党史资料丛刊》1984 年第 2 辑总第 19 辑,第 78 页。

④ 1930 年代苏凤编辑《晨报·每日电影》时团结左翼作家,与夏衍交情颇好。参见舒湮《悼怀老报人姚苏凤》,《世纪》1994 年第 6 期、王尔龄《夏衍和姚苏凤的一段往事》,《新闻记者》,1989 年第 8 期。

⑤ 1932 年 1 月 1 日起,迫于压力,抗日色彩较浓的《觉悟》为《闲话》取代,编辑苏凤继续刊载抗日诗文。《民国日报》变迁情况参见袁义勤《上海〈民国日报〉简介》,《新闻研究资料》,1989 年第 1 期。

只剩一些走兽,一些飞禽,在断头台之旁守候着光明。[①]

“聪明人”利用“科学”制造了杀人的“刀和枪”发动战争。同胞惨遭屠戮,政府却寄希望于同样看重“权和利”的“文明人”给我们送来公理与和平,这一切不过是一厢情愿。历史充塞着血淋淋的杀戮,乞讨来的和平“只是一座颓废的堵墙”,安宁的生活要用战争捍卫。勇敢的人靠刀枪对付豺狼,空许的和平只是民族沦亡的“毒鸩”。为了抵抗无耻的侵略,诗人宁愿与敌人同归于尽,因为这样的宇宙早已“天也不像一个天”“人也不像一个人”,哭泣的万籁唤不醒酣睡的人群。如此宇宙“还存希望么?”[②]愤激的“诅咒”反映出你死我活的残酷生态,屠杀面前不能迷信公理,我们要推掉“颓废的堵墙”,“把战争替自己取偿”。等待宰割不如奋起反抗,背水一战只为保家守土。“雷电在头上咆哮,浪涛在脚下吼叫”,山河变色之际中华儿女“热血在心头燃烧”,我们齐唱“战歌”“向前线奔跑”。这首《战歌》“真实地表达出年轻一代救亡图存的慷慨激情”,其中“战啊,下个最后的决心,杀尽我们的敌人,你看敌人的枪炮都响了,快上前,把我们的肉体筑一座长城”。与 1935 年 4 月,田汉作词、聂耳谱曲的电影《风云儿女》主题歌《义勇军进行曲》中“起来,不愿做奴隶的人们!/ 把我们的血肉,/ 筑成我们新的长城!/ 中华民族到了最危险的时候,/ 每个人被迫着发出最后的吼声。/ 起来! 起来! 起来! 我们万众一心,/ 冒着敌人的炮火前进!/ 冒着敌人的炮火前进! 前进! 前进! 进”两相比较,意趣甚至包括句子是何等相像![③]

苏凤的诗歌不仅表达了爱国青年的愤懑与抗争,也存留了英雄儿女在东北血战强敌的历史图景:

仿佛有千乘万乘铁骑,踹破了敌人的营垒,拼着志士的头颅和热血,把碎缺的山河补缀。

马背上据说是一个“强盗”,鼓动着雄奇的呐喊,尽满眼是凄凉的意味,掩不住悲壮的气概。

可怜他平时埋没在山林,也流过忧时的热泪,只是这世界遗弃了他,没有

---

① 苏凤:《平常》,《民国日报·觉悟》,1931 年 10 月 3 日。

② 苏凤:《不像》,《民国日报·觉悟》,1931 年 11 月 4 日。

③ 秦弓:《鲁迅对 20 世纪 30 年代民族主义文学的评价问题》,《南都学坛》,第 28 卷第 3 期,2008 年 5 月。

展发他的雄才,忧伤的情绪转为愤激,才流浪于世界之外;他依然有圣洁的灵魂,依然有侠义的肝胆。

民国二十年九月十九,倭寇攻破了沈阳城。像一群虎狼肆无忌惮,张牙舞爪地到处横行。松花江流不尽无限的侮辱,长白山压不住群众的悲愤。可怜数十万赳赳的武夫,忘了自己是国家的干城。大好的河山任人蹂躏,受尽了欺侮还是忍气吞声。

一刹那国破家亡,敌人的凶焰更见嚣张,怎禁得新仇旧恨,数不清无限的创伤!但四围依然是一片镇静,如何听不见抗争的声音?空有雄师百万,似乎都不关痛痒。

雷电在顶上咆哮,浪涛在脚下呼号,亡国的奴隶谁甘心做,偏恼怒了一位"强盗"。

"好!起来吧!好!好!有耻必雪,有仇必报!"慷慨的呼声震动了天地,冲破了死一般的寂寥。

"弟兄们!杀敌人去!有耻必雪!有仇必报!"

三千个"强盗"胜过千万甲兵,豪情掩日,壮气凌云,民族的热血已经沸腾,强暴的倭寇也大吃一惊。仿佛有千乘万乘铁骑,踹破了坚固的敌营,拼着头颅和热血,为我们保持些不屈服的民族之魂。[①]

"不抵抗"的命令不能冷却沸腾的热血,复仇的呼声"冲破死一般的寂寥",不屈的民族之魂踹破敌营誓以生命雪耻!诗歌记录了抗日英雄白乙化[②]在东北浴血奋战的事迹,沈阳城破,金瓯残缺,东北军奉令克制致使日寇肆无忌惮步步紧逼,白乙化揭竿而起以少数武装与敌周旋、激战,羁绊日军,但由于其共产党员的身份在当时只被目为"义匪"[③]、"胡匪"[④]。苏凤抛开党派分歧,热情颂扬"小白龙"的抗日事迹并将其誉为纯洁、侠义、顽强不屈的民族之魂以鼓荡民气,同时把"拼着头颅与热血"的"强盗小白龙"与"忍气吞声的百万雄师"相对比,抨击"不抵抗"政策使"将军不战空临边"以致国土沦丧,笔锋何其犀利!诗

① 苏凤:《梦中仿佛遇小白龙》,《民国日报·觉悟》,1931年10月23日。

② 白乙化(1911—1941),字野鹤,满族人。1911年6月11日出生于辽宁省辽阳县石场峪村,1928年考入沈阳东北军教导队,旋入东北讲武堂步兵本科,1930年加入中国共产党,1935年毕业于北平中国大学。九一八事变后,白乙化在辽西组建了"抗日义勇军",因机智勇敢,又乳名"小龙"而被誉为"小白龙"。参见刘卫东、霍冬梅《平北"小白龙"——记抗日民族英雄白乙化》,《北京档案》,2006年第8期。

③ 《民国日报》1931年11月4日、12月8日均有关于"小白龙"与日军作战的报道。

④ 《申报》1931年10月17日有关于"小白龙"与日军作战报道,其中称"小白龙"为"胡匪"。

人意图显然在维护国家、民族利益，而非掩饰“城下之盟、断送土地这些勾当”，以维持政党统治。当时报刊对“小白龙”抗日消息报道有限，苏凤在副刊以诗文[①]的形式为英雄立此存照，将历史细节巧妙地嵌套于诗歌之中，体现了诗人的智慧与良心。

苏凤在创作中褒扬的抗日志士不止小白龙。1932 年 1 月 9 日，《民国日报》对日皇遇刺事件进行报道，其标题“韩人刺日皇未中 日皇阅兵毕返京突遭狙击 不幸仅炸副车凶手即被逮 犬养毅内阁全体引咎辞职”中“不幸”二字意味深长，日本以“触犯天皇”为由向租界当局施压，强烈要求封闭带有抗日倾向的《民国日报》。面对重压苏凤义无反顾，把诗歌的投枪刺向猖狂的敌人：

伤义士荆轲——献给邻国一位英雄

“风萧萧兮易水寒，壮士一去兮不复还。”弱者的一把匕首，寒了秦王的胆，事情虽然没有成功，壮志永垂于千载。

仿佛想起“箕踞以骂”的时候，那种粗暴的雄壮的呐喊；仿佛还想起秦王殿上的铜柱，留着不可磨灭的愤慨。

太史公曰：“……此其义……或不成，皎然不欺其志。……”

义士荆轲呵！我又何必为你流泪！瞧着吧！一朝，终有一把匕首报了深仇如海。[②]

作者用荆轲刺秦王的故事表达了他对壮志未酬、浩气长存的抗日英雄的崇高敬意，我们的怒火早将泪水烧干，不屈的反抗必会化作无数的利刃投向残暴的入侵者。正如此诗，苏凤在九一八事变后的一段时期内所做诗歌，在鼓舞抗日精神的同时记录了历史事件。九一八事变后日军荼毒上海、压制言论的斑斑劣迹亦如鲜活的历史场景在诗歌中展现。1932 年 1 月 21 日《民国日报》以“日浪人籍陆战队掩护 昨日在沪肆意横行 焚烧三友工厂”为题，报道了日本浪人在上海寻衅滋事蓄意制造事端的消息，第二天日海军陆战队即以此为口实发出“通牒”，威胁《民国日报》放弃反日立场并向日方道歉，以“明日二十三日午前五时为限要求答复”，否则“若不承认，莫怪也”[③]。苏凤记录了《民国日报》在

---

① 除《梦中仿佛遇小白龙》外，1931 年 12 月 19 日苏凤还刊发了署名“唐”的散文《忆小白龙边塞的一夜》，文章主旨同样为讴歌小白龙的抗日业绩。

② 苏凤：《伤义士荆轲——献给邻国一位英雄》，《民国日报·闲话》，1932 年 1 月 15 日。

③ 《日海军陆战队突向本报提出四项要求》，《民国日报》，1932 年 1 月 23 日。

日军监视之下朝不保夕的命运。“这个人走过惊奇地看看,那个人走过也惊奇地看看,正是一个稀罕的事情!”[①]顾盼之间见出形势紧张,黑暗在迫使正义屈服,“我好像一个罪犯等待死刑的裁判,眼前浮动着无量的黑暗”。敌人会得逞吗?“不!我好像一个君王领受群众的朝参,眼前飞腾着无量的狂欢。”我鄙视这“眼前的黑暗”,“关住了吧!怯弱的心愿”,追求自由的灵魂不会投降,“我将开启在自由神像之前!再给你们看”。死亡的黑暗变成朝参的狂欢,作者无惧灾难,以坚毅的心直面“天翻地覆”:

欢迎变异的到临,像一团热火,烧熟了生硬的果:绽开了皮,绽开了肉,受着神奇的刑戮,虽然在伟大中失去了渺小,这时候已经破晓,晨光照着显露的核心,不愿受暴力的拘禁。

欢迎变异的到临,像一阵洪水,把平凡的营垒冲溃:流去生命,流去尸骸,受着严肃的检查,虽然在伟大中失去了渺小,这时候已经破晓,晨光照着清新的草原,不愿受暴力的纠缠。

欢迎变异的到临,不变异的是追求正义的心。世界绝不就此沉沦,努力吧!我们的国人。[②]

侵略的暴行将我们拖进水深火热的地狱,“变异”中我们惨遭刑戮、失去生命,但炼狱中失去的只是渺小,追求正义的心不会因压迫而沉沦,破晓的晨光终会扫除黑暗。此时,高唱《战歌》的激昂与大叫《不像》的愤懑都汇入更加沉着自信的声浪中。“世界不会就此沉沦”,作者坚定地向国人传递着在战争中持久抵挡的坚强意志,沉郁、豪迈之气充塞心胸,“努力吧!国人”的呼声充满信心与期待。国难当头,“发扬踔厉”与“慷慨悲歌”的九一八诗歌带有民族主义色彩也是时事使然,爱国青年的呼喊充满强烈的民族情感但也并非丧失理性。面对残酷的战争他们也会茫然,“但弱者还是弱者,虽然我的愤怒不是完全没有意义的,又究竟有过什么实际作用呢?于是我必然的感觉到空虚,我再也把握不住我周遭的一切。这样,形成了弱者之所以为弱者”。[③] 在现实中,诗人意识到自己力量的弱小却依然选择抗争:“不!弱者虽然是弱者,我自己终在冀求着一个奇迹:像火开了花,血灌溉它,力量终于结成硕大的果。”“所以,我与

---

① 苏凤:《大门之歌》,《民国日报·闲话》,1932年1月25日。

② 苏凤:《变异 给我们大门外的窥探者》,《民国日报·闲话》,1932年1月26日。

③ 苏凤:《弱者之言》,《民国日报·闲话》,1932年1月24日。

其默然的像一只熟睡的牛，还是做挣扎在刑场上的羔羊吧！况且，你看吧！弱者未始不能用一星的火热发了一个巨大的炸弹。"苏凤的言说勾勒出爱国青年的心路历程："山海关外那些野兽的踪迹和被噬者的血"让我们悲愤，个体能量的有限让人感到空虚，但有抗争才有希望，九一八诗歌是挣扎的羔羊，是一星的火热，是青年们血液的沸腾。挣扎能惊醒大众，热血可浇灌自由，全民抗战的无穷力量正由这微弱但执著的呼声引爆。

九一八诗歌在艺术上并不成熟，却也并非一无是处，她对源远流长的爱国主义诗歌有继承也有发展。先秦《无衣》、《黍离》、《国殇》，唐代李益"伏波惟愿裹尸还"、李贺"男儿何不带吴钩"，南宋岳飞"怒发冲冠"、陆游"诸公可叹善谋身"，清季魏源"城上旌旗城下盟"、康有为"抚剑长号"等无数诗词莫不是在国家危亡之际的发扬踔厉与慷慨悲歌。诗人们或是希望上阵杀敌舍身报效国家，或是担忧民族前途痛斥当局无能，"在国势衰落、民族危机的历史时期，爱国诗歌的思想内容主要表现为抗击外辱、维护统一、抨击投降势力、抒发报国立功的雄心壮志，风格面貌一般呈现慷慨激昂、苍凉悲壮的特点"[①]。九一八诗歌与这些爱国诗篇明显有血缘关系。除了思想内容与抒情特点上的传承，杨锡龄《从军乐》、王寰选录《军中歌及旋军歌》等还化用了旧体爱国诗歌的形式，《伤义士荆轲》有易水送别的悲壮，《战歌》中"肉体饥饿了我们需要吃，那边有敌人的粮秣；灵魂枯燥了我们需要慰，那边有敌人的鲜血"与《血钟响了》中"我们要直捣东京，我们要痛饮长崎"等词句显现武穆气魄，以昆仑、长江、黄河、山海关等山川河岳象征国家、民众的意象系统也是古已有之，沉睡不醒的东方巨人、猛狮，痴人们泡影般的和平抑或驰骋疆场的小白龙都与梦境相连，这未尝不是对苏轼、陆游等宋代诗人笔下希望与失望之梦[②]的接续。

梦接千古，文化传承不息，又有更新创造。在意象上，九一八诗歌中，往昔诗篇中的祖国山河意象群依旧，日后成为中华民族坚强不屈象征的"长城"同样闪现。思想内容方面，古代爱国诗篇不少体现为忠君观念，辛亥革命后中华民国诞生，"君主帝国转变为现代民族国家，政体虽易，但中国作为多民族统一的国家形态则没有改变，反而得到更为坚定的确认"[③]。爱国情怀永恒，追慕明主则一变为对"神明之华胄"、"汉唐时代威风"、"成吉思汗的英伟"，与"灿烂尊

① 赵子平、李玉珂编选《爱国诗歌三百首》，石家庄：花山文艺出版社，序言第13页，1987年。

② 参见耿蕊《论陆游爱国诗词中的"梦"意象——兼论宋代文人心态》，贵州工业大学学报（社会科学版），2004年12月，第6卷第6期。

③ 秦弓：《关于五四文学的"国家"话语问题》，《天津社会科学》2010年第4期。

严光荣的国旗"、"鲜艳绚烂的青天白日"等"中国历史文化与现代国体的认同"①。九一八诗歌并非无本之木，绵长的传统根脉在现实的土壤上生出新枝，而且从异域汲取养分，柏华杰的《战歌》就借鉴于法国马赛革命曲，显示出开阔的视野。九一八诗歌也非死水一潭，报国热情传递不灭，苏凤《战歌》与《义勇军进行曲》意趣相似，左翼阵营作于九一八事变后的另一首抗日救亡歌曲《毕业歌》同样有一颗年轻火热的心："同学们，大家起来 / 担负起天下的兴亡！/ 听吧，满耳是大众的嗟伤！看吧，一年年国土的沦丧！/ 我们是要选择'战'还是'降'？/ 我们要做主人去拼死在疆场，/ 我们不愿做奴隶而青云直上！"这与九一八诗歌中的"四面洪洪的撞着警钟"，"我们要奋臂奔赴疆场，纵然死也须死得光明"，"我们誓死不做亡国的奴隶，甘为国家牺牲做赴敌的先锋"，又何尝不是精神上的兄弟？热血青年的咏唱，前有源头活水，后有流脉蜿蜒，爱国激情浩浩荡荡、奔腾不息。

九一八诗歌记录了中华民族惨遭屠戮的一刻，血肉横飞的故土上，"小勇士们"吹起了抵抗的号角，他们饱蘸血泪书写了同胞们的苦难，将侵略铁蹄的印迹刻在自己滴血的心上并以此呼吁当局、唤醒民众，救亡与启蒙的交响曲久久回荡。

---

① 秦弓:《关于五四文学的"国家"话语问题》,《天津社会科学》2010 年第 4 期。

西南联大校训的文化内涵[①]

杨立德[②]

（云南师范大学，云南昆明，650092）

[摘要]一个大学的办学思想，用简洁的文字表述出来，去指导师生的治学及做人，就是校训。西南联大与抗日战争相始终，筚路蓝缕，艰苦奋斗，在昆明办学达八年之久，为国家和民族培养了数以千计德才兼备的人才，被西方大学惊呼"中邦三十载，西土一千年"！这不能不与校训相关联。

[关键词]西南联大；校训；文化内涵

校训，是一个学校办学思想的重要组成部分，也是学校办学理念的高度概括。如美国西点军校的校训是"责任、荣誉、国家"；哈佛大学的校训是"与柏拉图为友，与亚里士多德为友，更要与真理为友"；苏州大学和台湾东吴大学的校训都是"养天地正气，法古今完人"。校训的制定，受到各国传统文化、各大学自身特点和时代精神的制约。它首先是学校领导精神面貌的体现，同时也是学校对校风、学风、教风的具体要求。一个学校良好的校风、教风和学风，是一个学校发展的重要软件，它必须在明确的校训指导之下，经过长期艰苦努力才可能树立起来。

西南联大是在抗日战争的特殊环境中由京津地区的三个学校组成，三个大学历史不同、传统不同，学风、教风、校风也不同，经费来源不同；教师水平参差，学术派别复杂，师生又来自全国各地。面对这种情况，必须用一种思想来统一大家的思想，使师生员工在抗日战争的烽火中，能团结一心，共度时艰，奋发努力，造就人才。对于这种起统一作用的思想，还必须用简洁的文字加以概

① 收稿日期：2011－02－13。

② 作者简介：杨立德，云南师范大学编审，研究方向为中国现代文学及西南联大教育。

括,使之明白清晰、易懂易记,成为师生言行的准绳和座右铭。因此,西南联大的校训仅有四个字:“刚毅坚卓”。在这个校训的指导之下,西南联大在昆明办学八年,八年之中,三校之间,教师之间,师生之间,学生之间,亲密合作,“同无妨异,异不害同,五色交辉,相得益彰”[①],为国家和抗战培养了大批人才。

西南联大制定校训的过程,本身就体现着“刚毅坚卓”精神。

1938年6月,教育部发布训令,令各国立大学呈报校歌校训。西南联大常委会因学校刚刚创立,头绪繁多,来不及制定校歌校训,遂复函教育部:“校歌校训俟编制后再行呈部”。不久,教育部再次发出训令,限一个月内将办理情形及校歌校训呈部。10月6日,西南联大第89次常委会议决定成立“校歌校训编制委员会”,并聘请冯友兰、朱自清、罗常培、罗庸、闻一多为该会委员,请冯友兰为该会主席。校歌校训编制委员会经过紧张的工作,于11月24日将情况呈报常委会,呈文中谈道:“前承命编制校歌校训,兹拟定校训为‘刚健笃实’四字,校歌词谱如另纸,是否可用,谨请公决。”26日,常委会开会,决定校训为“刚毅坚卓”四字。对于常委会为何仅取一“刚”字,对于“刚毅坚卓”四字作何诠释,因无完备史料,不便妄作揣测。但据笔者的理解,如同三校的校训出自中国传统文化一样,“刚毅坚卓”的校训,也离不开中国传统文化。“刚”,见《左传》,“刚能立事”,即刚强,不为恶劣环境所压倒。“毅”,见《左传》,“杀敌为果,致果为毅”,即毅力,志决之后绝不动摇。“坚”,见《汉书》,“穷当益坚”,或团结必坚。“卓”,即“卓尔不群”,高而直曰卓,即超出常人。“刚毅”二字连用,最早见于《礼记·儒行》:“儒有可亲而不可劫也,可近而不可迫也,可杀而不可辱也,其居处不淫,其过失可微辩而不可面数也,其刚毅有如此者。”也见于《中庸》:“发掘刚毅是以有执也。”至于“坚卓”二字连用,在典籍中尚未找到,唯见“坚苦卓绝”这一成语。

就在教育部发出限一月呈报校歌校训训令的时候,教育部还同时发出另一个训令。训令中说,查全国各级学校,各有其不同之历史环境及一贯之精神,每校应依其所有之特征,制定校歌校训,昭示诸生以必遵之准绳,各校一律以“忠孝仁爱信义和平”为共同之国训,制定匾额悬挂各校礼堂。这两个训令都发布于10月3日,其用意是十分明显的。一是要各校尽快制定校歌校训,二是校训的基调必须以国训为母本,不得离谱越轨。西南联大没有听命于后

---

① 《国立西南联合大学纪念碑碑文》,见清华大学、北京大学、南开大学、云南师范大学编《国立西南联合大学史料》第一卷第285页,昆明:云南教育出版社,1998年。

一个训令，而是根据自身的特点制定了校训，并于 11 月 30 日以布告的形式晓谕全校师生员工。布告说，兹经第 95 次常委会议决，本校以“刚毅坚卓”为校训。与此同时，学校将所制定的校训呈报教育部。

然而，“刚毅坚卓”的校训为教育部所不准。1939 年 5 月 25 日，教育部发出电文，其中谈到：查各级学校校训，前经总裁在第三次全国教育会议中建议规定为“礼义廉耻”四字，当经会议全体代表一致接受，并经总裁手书检发，本部印刷颁发。这个电文，实际上否定了去年 6 月发出的训令，要将“礼义廉耻”作为“各级学校”的共同校训。这样做，既抹杀了各级学校的不同历史和一贯精神，又忽视了“校训”与“国训”的区别。就是在上面谈到的全国教育会议上，蒋介石是这样谈“共同校训”的。他说：“这四个字既简单又通行，包含了我国固有的国民行为基准，也包含了近代国民必具的品格。”他还具体解释说：礼，就是要教训国民互助合作，守纪律，重秩序；义，就是要教训国民任侠果敢，负责任，敢牺牲；廉，就是要教训国民刻苦节约辨别公私，守职分，戒侵越；耻，就是要教训国民自强自立，能奋斗，知进取。[①] 这个共同校训由于不能体现各校的传统和一贯精神，包括所谓“国训”在内，许多学校并没有立为校训，更没有悬挂于学校礼堂。西南联大是在特定历史条件下诞生的特殊学校，三校合组并远离平津在昆明办学，只有从自身实际情况出发制定校训，才能激励师生为抗战建国贡献力量。所以，西南联大既没有把“国训”作为校训，也没有把“共同校训”作为校训，仍然以“刚毅坚卓”作为校训。为了不至于与“国训”、“共同校训”明显抗礼，1939 年下半年后，西南联大不再行文张扬“刚毅坚卓”的校训，但仍然恪守校训，使之伴随西南联大结束。

“刚毅坚卓”校训的制定和实施，使西南联大办出自己的特色有了保证。

然而，学校要办出特色，就必须“走自己的路”，在必要的时候还必须“反潮流”，这就需要勇气。西南联大教务长潘光旦曾发表过一篇文章，题目叫《刊物与潮流风尚》，其中就说：顺应潮流是一个极普通的概念，我却到现在还没有能接受这个观念。第一，我怀疑文化生活或思想生活里有没有像潮流一般的东西。第二，如果有，我常问，是不是必须顺应？一味顺应的结果，会不会把我冲向东洋大海里去？第三，我继续的自问，不顺应的结果，对人对己，难道是一定有害？如果一定有害，又何以以前有人说过“中流砥柱”一类的话，甚至真有做过中流砥柱一般的人？他说自己是学生物学的人，不禁想到水中逆流而上的

---

① 根据北京大学校史馆郭建荣教授撰文，北京大学原没有校训，此校训是临时写后呈教育部的。

鱼。如果有潮流的话,潮流也有好坏,好潮流应该顺应;对于不关痛痒的潮流,顺应与否,也是不关痛痒;对于坏潮流,江河日下的潮流,则非抵抗不可。"我认为人而不如鱼,是万万不可以的。"①

抗战开始以后,蒋介石在实施消极抗战方针的同时,把党政军财大权全部揽入手中,实行独裁统治。1939年,在第三次全国教育会议上,他公开向教育独立和学术自由宣战,说:"今天我们再不能附和过去误解了许久的教育独立的口号","应该使教育和军事、政治、社会、经济一切事业贯通",他要求教育界要"齐一趋向、集中目标"。据此,教育部连续发布命令、训令,用行政手段强制推行一系列部颁规定,要求课程设置、教科书、教学内容、教授资格审查、教师聘任和待遇、考试内容和方法,一直到行政组织机构,都要按部颁标准行事。针对西南联大,还规定成立"国民党直属联大支部"、"三青团直属分团部",成立"训导处",规定"院长以上行政负责人必须加入国民党",并且在联大推行"党义"(即宣传"一个政党、一个领袖")课程。所有这些,激起了西南联大师生的强烈不满,他们指责"功课表成为法令",认为如此办理,"学校教育不但成为统治教育,简直是特务教育"。而且如果按"整齐划一"办理,必然忽视教育的特殊规律,也必然抹杀各校自身的特点及长期形成的传统,并且扼杀了教师的治学热情和学生学习的积极性,必将大学教育置于死地。特别是像西南联大这样的学校,情况较为特殊,由三个大学组成,数百教授云集,有的课程由一个教授教,却年年有新观点新内容;有的同一门课程由几个教授同时开设,但讲的方法和侧重点不同,能尽力拓展学生的知识面。一旦按部颁训令行事,许多教授必然闲置失业,于培养人才不利,民主与科学的风气也会丧失殆尽。对此,学校教务会议曾呈文学校常委会,对部颁训令进行了理直气壮的批驳,比较精彩的有五条:第一,世界各大学的课程从不千篇一律,如此才能推陈出新,学术才能日臻进步。第二,教育部为最高教育行政机关,大学为最高学术机关,应当权能分开。第三,教育部是政府机关,当局时有进退,而大学百年树人,设施宜常不宜变。第四,师严而后道尊,如果课程听命教育部,则教授在学生心目中只是教育部的一科员,与部中提倡的导师制恰恰相反。第五,教育部今日之员司多为过去之教授,在校不准其自展,在部中则智周于万物,人非圣贤,何能如此?在西南联大,始终把学术及学术自由作为学校的中心工作。梅

---

① 《刊物与潮流风尚》,见《潘光旦选集》第97页,潘乃穆、潘乃和编,北京:光明日报出版社,1999年。

贻琦就多次强调,“在学术落后之吾国,盖为更不可缓之工作”。[①] 陈寅恪关于“独立之精神,自由之思想”的名言成为师生的共识,他还提出学术研究要“不甘随队逐人,而为牛后”,在这方面他是学术研究的一面旗帜。许多教授都把最新的研究成果,或者叫“新心得”奉献给学生,帮助学生成才。这不能不说是西南联大出人才的一个重要原因。

关于成立“训导处”,西南联大改变了教育部设立训导处的初衷,没有把它作为控制师生思想的部门。根据《国立西南联合大学训导处廿八年度工作大纲》,此大纲经第117次常委会修正通过。其原则是本着政教合一的精神,注重教育价值,力求教务、总务、训导密切合作。训导的责任是由训导长、教务长、总务长、各学院院长、各学系主任及各导师共同负担。训导的方法是注重积极的引导。同时,还注重三校优良学风和传统在西南联大的发扬。从实践来看,训导处日常大量的工作,是发放贷金,其次是社团、壁报的登记管理。针对国民政府颁布的《抗战建国纲领》中提倡的“通专并重”教育(实际上是主张“专才教育”)、提倡理工抑制文法,西南联大的教师认为是一种“目光短视”的做法,如同“跛足”之人不能远行一样,这样的教育也是不能长久的。在具体做法上,西南联大实行“通才教育”,力求让学生做到两个“三通”,即德智体兼通,自然科学、社会科学、人文科学汇通,尽力使学生增强自身素质。

也就在第三次全国教育会议之后,为着进一步控制大学,国民政府给西南联大下达了“逐步迁川”的命令。此时西南联大在昆明办学才刚刚两年,如果再度、也就是第三次搬迁,劳民伤财不说,图书、仪器再也经不住折腾了。然而,国民政府的命令又不能不遵。学校的领导和师生也知道,迁川的后果是十分严重的:学校“爱国、科学、民主”之精神将受到束缚和扼杀,学校难以独立办学,部分教师将遭到解聘,学生的自我教育也将不能开展;此外,学校学术的规模必将缩小,无法跻身于世界著名大学之林。于是,学校便在“逐步”二字上做文章,只将当年一年级新生及先修班学生迁到四川叙永,设立“西南联大叙永分校”,表示已经将学校迁四川了。一个学期后,西南联大以远离校本部办学不便为由,将一年级学生撤回昆明;又一个学期后,又以同样的理由将先修班学生撤回昆明。“逐步迁川”的命令遂成为一纸空文。如果没有“刚毅坚卓”的精神,凡是“上面”来的命令都照办,那么西南联大也就不能成其为西南联大了。要使师生按照“刚毅坚卓”的校训办事,学校领导就必须带头按照这个校

---

① 刘述礼、黄延复编:《梅贻琦教育论著选》,第71页,北京:人民教育出版社,1993年。

训办事,给师生做出一个样子。他们不是不知道,不按"上面"的命令办事,是要付出代价的。但是,一个大学不坚持大学制度,不坚持大学独立,这个大学就不可能有自己的特色,也就无法跻身于世界一流大学之林。

在抗战的艰苦条件下,最重要的就是团结。卢沟桥事变后,教育部设立的"联合大学"不止西南联大,但真正联合到底的却只有这一家。为什么其他几个大学却"联而不合"?究其原因,就是团结问题。西南联大之所以能联合到底,除了"通家之好"(即三校的教师你中有我、我中有你),更重要的是梅贻琦有宁可清华吃亏的思想,故能够团结人。当然,还有一个重要原因,就是三校都把学术当成大学的生命。在抗战的艰难环境中,物价飞涨,教师生活每况愈下,先是典卖书籍,后是付出健康。但没有一个教师"跳槽"去当官或经商,即便是闻一多刻图章补贴家用,也与他治学的古文字有关。学校也多次向教育部反映教师的困难。教育部不得已,拨了一部分款,只给学校兼任行政工作的25位教师。这些教师都是系主任以上的"领导",即训令中所说的"大学主管人员和各部分主管人员"。在给教育部的呈文中,他们谈到拒领"特别办公费"的原因:"同仁等献身教育,原以研究学术、启迪后进为天职,于教课之外并兼负一部分行政责任,亦视为当然之义务,并不希冀任何权利。""且际兹非常时期,从事教育者无不艰苦备尝,而以昆明一隅尤甚,九儒十丐……虽啼饥号寒,尚不致因不均兹怨。当局尊师重道,应一视同仁,统筹维持,倘只顾行政人员,恐失平均之谊,且令受之者无以对其同事。"由于以上两点,他们请常委会将此文呈报教育部。不久,教育部再次发文,叫造册领取。对此,这些教师坚决不领取。从中可以看出,他们愿意与其他教师同甘共苦,绝不破坏团结。①

此外,"刚毅坚卓"的校训,使西南联大成为一地方的文化中心。

大学的生命是学术,其中心任务是搞好教学和科研。西南联大的办学宗旨,是为抗战培养有用之才,因此,学校的校训,更主要是体现在教学和科学研究之上。由于学校由三校合组而成,无论教学和科研,都需要有一股高度凝聚的力量,把师生拧成一股绳,才能把教学和科研搞上去,使学生成为有用之才。西南联大在教育目标上,一般也遵循国民政府的规定,把培养学生"为国家社会服务之健全品格"作为教育目标。但在教育思想上,从"兼容并包"、"学术自由"出发,提倡"通才教育",认为"造就通才为大学之任务"。这十分切合中国

---

① 北京大学、清华大学、南开大学、云南师范大学编:《国立西南联合大学史料·教职员卷》,第547页,昆明:云南教育出版社,1998年。

抗日战争的实际，在抗战时期，要求一人多能，而不是仅有一技之长的人。“通才”比“专才”更为有用。

一个学校要办出特色，就必须自己闯出一条路来。西南联大是在抗战的艰苦条件下开展教学和科研工作的。从教学来说，师生们克服了种种困难，如经费困难、校舍不敷应用、图书资料不足、仪器设备缺乏等，根据国防军事的需要，结合云南经济发展的要求，开设了一批新课程。这里以几个系的新课程为例：数学系华罗庚开设了“解释数论”、“连续群论”、“行列式”“方阵”，这是他自己的研究成果。陈省身开设了“高等几何（二）”、“影射微分几何”、“罗网几何”、“黎曼几何”等新课。地质地理气象学系地质组开设了“光性矿物学”、“岩石发生史”、“脊椎化石”、“新生代地质”、“地质测量”。地理气象组开设了“海洋学”、“海洋气候”、“地球物理”、“大气物理”、“高空气”、“中国天气”等。航空工程学系于1938年在昆明成立后，动力学方面开设了秦大钧的“理论空气动力学”、程本藩的“流体力学”、吕凤章的“空气动力学”和“应用空气动力学”、金希武的“发动机动力学”。还新开了“发动机制造方法”、“飞机材料及实验”、“高等飞机结构”、“航空仪器”、“领航学”、“飞机构造及修理”、“飞机修造实习”等。机械工程学系新开了一些技术性的课程，有金希武的“制造方法”，周惠久的“金相热炼”、“工程冶金学”，吴学兰的“高等铸工学”，孟广喆的“焊接学”，宁幌的“农业机械”，殷祖澜的“纺织工程”，庄前鼎的“兵器学”，贝季瑶的“工具机械”、“工具设计”等。从以上新课程，可以看出是西南联大根据抗战和云南发展需要尽力开设的，而这仅是西南联大新开课程的极小部分，管中窥豹，可见一斑。在教学方面，西南联大诞生后，因工作千头万绪，没有招收研究生。一旦稍微稳定，便于1939年开始招收研究生。此外，还根据需要，增设了航空研究所、无线电研究所、国情普查研究所等五个研究所，一方面招收研究生，一方面有针对性地开展研究工作。以国情普查研究所而言，它的成立，是为政府战时及战后制定所谓“适合国情，通盘周密的统治计划与整个国策”提供社会情报，并提供理论根据与实验技术，为政府实行“全国总动员”和制定建国基本方针服务。它进行的工作有：（一）进行人口、户籍调查。其中包括：①呈贡县人口普查，出版了油印本《云南呈贡人口普查初步报告》；②根据国民政府内政部及云南省政府的要求，进行昆明市、昆明县、昆阳县、晋宁县等四个环湖市县的“户籍示范实验”工作，根据工作结果铅印了《云南省户籍示范工作报告》；③对呈贡县、昆阳县的一镇三乡进行户籍及人事登记，油印出版了《云南省呈贡县、昆阳县户籍及人事登记初步报告》。（二）开办训练班，对全国各省市户籍主管人员进行培训,还为昆明市全体"警官与警士"讲"警政与户籍";给云南地方保甲长、地方行政官员办户政班。(三)进行工农业调查农业方面,对呈贡县进行农业普查,出版了油印本《农业普查报告》;对昆阳县农业进行普查,出版了油印本《昆阳农民经济之研究》;对个旧锡业进行调查,出版了铅印本《云南个旧锡业调查》。

无论是开设新课程,还是开展教学工作,西南联大都是在极其艰苦的条件下进行的。所谓艰苦,其包含了以下几个方面。其一,校舍不敷应用。在"新校舍"内有土墙草顶的学生宿舍,四十个学生一间;有土墙铁皮顶的教室,夏天极热,冬天极冷,下雨还漏雨水。就这样,安排了理学院、文学院、法商学院,这样的校舍已经是简陋得不能再简陋了,但还不能满足需要。工学院不得不放在较远的拓东路,借盐仓、货栈和三个会馆为校舍;师范学院也只能借用昆华工校作为校舍。至于教师的住宿,条件更差,当时流传着的一句话说:"昆明有多大,西南联大就有多大。"这话也对也不对,说它对,因为它的工学院远在东边的拓东路,师范学院又在龙翔街,五个学院基本上都在昆明市。说它不对,有两个方面。一是在昆明的北郊形成了一个文化"三角带",即"大普吉(西南联大的一部分研究所在此)——龙泉镇(联大的另一部分研究所所在地)——岗头村(北大教师宿舍)",三地都不在市区。二是教师因为防止空袭,住得极为分散,远的住在呈贡、西山脚下以及龙头街。如果算上蒙自分校、叙永分校,那范围就更大了。而且家还得经常搬迁,仅闻一多一家就搬了八次之多。其二,收入赶不上物价的飞涨,入不敷出,生活如江河日下。学生因来自沦陷区和战区,断了经济来源,贷金又少,不得不靠四处兼差来维持学业。教师与学生相比,还要养家糊口,有的教师无法养活自己的小孩,只有送给人家抚养;有的教师因添了小孩而请保姆,但一下增加两张口,只有自己吃稀饭。其三,日本飞机轰炸。在长沙临大,11月1日上课,才20余天,长沙就被轰炸。在昆明5月4日上课,9月就遭空袭。西南联大新校舍和教师住所,多次被炸。在这种情况下,学校要维持正常的教学,教师要进行教学和科研,学生要完成学业,没有"刚毅坚卓"的精神是不行的。

"刚毅坚卓"校训的贯彻一直至西南联大结束。八年艰苦备尝,喜日月重光,终于迎来了抗战的胜利,师生们"漫卷诗书喜欲狂"。说老实话,西南联大的成功,除了内部的起决定作用的因素外,离不开"天时、地利、人和"三个条件。说到天时,没有抗日战争,三校就不会离开平津,也就不会有西南联大。说到地利,云南地处祖国西南边陲,仅有一条铁路通往国外,而且远离战区,崇山峻岭与外界隔绝，适宜办学。说到人和，云南人民质朴好客仅是其次，首要的是云南人民有着光荣的传统，近代的辛亥革命、护国运动、片马抗英、河口起义等都是这一传统的体现。

然而，云南教育落后，仅有一所大学，全省因为教学水平低，每年能考取省内省外大学的人数极少，这些人回到省内执教的人更少，反过来又加剧了教育的落后。所以，能有三所全国知名的大学到云南办学，云南怎么能不欢迎呢？"十·三"政变使西南联大师生认识到内战即将开始，也使他们感到应当承担起唤醒民众反内战的责任。于是，他们顶着反动当局制造的阻力和白色恐怖形成的压力，在西南联大民主草坪上召开了"反内战时事晚会"。但晚会遭到反动当局的骚扰和镇压，这更引起师生们的极大愤怒，他们上街揭露事件的真相，反动派黔驴技穷，恼羞成怒地举起了屠刀，由此酿成震惊中外的"一二·一"惨案及长达百日的"一二·一"运动。这个运动在中国近代史、中国革命史、中国青年运动史、中国学生运动史上都占有极其重要的地位，它揭开了中国解放战争第二条战线的序幕，戳穿了国民党反动派发动内战的真面目，而且所取得的胜利是以往学生运动所不及的。

"一二·一"运动尚未结束，新上任的云南省政府主席卢汉，惧怕以西南联大师生为主体的爱国民主力量影响自己的统治，也惧怕蒋介石找借口将自己"吃掉"，因此致函教育部，要教育部下令让西南联大提前于四月底结束，实际上是在驱赶西南联大了。这与当初三校师生到昆明受到的热烈欢迎相对比，已经是天壤之别。然而，由于国民政府忙于内战，交通问题无法解决。直至1946年5月4日，西南联大才举行结业典礼，宣布西南联大结束，并于当日安排第一批师生踏上了北返的路程。西南联大的师生共分十一批才走完。也就在昆明爱国民主力量受到削弱之时，又值大中学校放暑假，反动当局趁隙制造了"李闻惨案"，残酷地杀害了李公朴、闻一多两位先生。人们闻讯，在全国又掀起了抗议反动当局的斗争。西南联大虽然宣告结束，但它把"爱国、民主、科学"的传统和"刚毅坚卓"的校训，留在云南，也带到了北方。这里可以举一个例子，西南联大经济系的毕业生刘国志，在重庆被反动派逮捕后，上上下下都为他讲情，两次营救都告失败。他的五哥与特务头子徐远举谈妥，只要他在"退党声明"上签字，由报纸刊登，就"既往不咎"。刘国志却说："不行，我死了，有共产党，我等于没有死；如果我退出共产党，我活着也等于死了。"他还说："我有我的信念、意志和决心，这是谁也动摇不了的。"在就义之前，他留下了一首诗，其中说道："我们没有玷污党的荣誉，我们死而无愧！"这就是西南联大人的崇高气节!

西南联大虽然结束了,但它留下了师范学院独立设置,更名为"国立昆明师范学院",继续为云南培养中等学校的师资。"刚毅坚卓"的校训,也并没有因西南联大的结束而消失,它仍然在发挥着作用。例如,昆明师范学院根据需要,为解决因西南联大北返后师资力量不足的问题,并便于北大、清华、南开三校的教师能利用暑假来师范学院上课,遂实行"学季制"。但此"学季制"没有被教育部批准,由于各种原因,师范学院也没有贯彻下去。又如在国统区的昆明,开展了声援北京的"反美抗暴运动"、"反饥饿反迫害运动"及"反美扶日运动",为新中国的诞生和云南的解放贡献了力量。

"为抗战呐喊
——中国共产党与抗战文艺"专题展览开展

2011年6月19日,为纪念中国共产党成立90周年,中国人民抗日战争纪念馆与中国延安文艺学会共同主办了"为抗战呐喊——中国共产党与抗战文艺"专题展览,同时举行了《为抗战呐喊——中国共产党与抗战文艺》画册首发式。画册由北京出版社2011年6月正式出版。

展览共分六个部分:第一部分:抗日民主根据地的文艺机构及出版的刊物;第二部分:抗日民主根据地的戏剧、电影和摄影;第三部分:抗日民主根据地的抗战歌曲;第四部分:抗日民主根据地的诗歌、小说、散文和报告文学;第五部分:抗日民主根据地的美术作品;第六部分:倡导和推动文艺界的抗战。

本次展览共展出照片270余幅,展出文物约250件,是抗战馆建馆以来历次专题展览中展出文物最多的一次。展览从各个角度表现了抗战对文艺的需要及文艺作品带给大众的精神支柱与鼓舞。本次展览首次在京展出了美国著名黑人歌唱家保罗·罗伯逊演唱的义勇军进行曲唱盘、毛泽东为《自由中国》的题词、八路军第120师《战斗报》社记者丁基的日记、晋察冀画报社记者蔡尚雄保存的相册等珍贵文物和手迹。

(罗存康)

试论南湖诗社的创作成就[①]

宣淑君[②]

(西南民族大学图书馆,四川成都 610041)

[摘要]南湖诗社的文学成就主要表现在新诗创作和民歌收集两个方面。新诗创作约百首,其中穆旦的《我看》、《园》,周定一的《南湖短歌》,刘重德的《太平在咖啡馆里》等可以列入中国现代优秀诗歌之列。民歌收集以刘兆吉收集蒙自民歌近百首为主要成就,并编定《西南采风录》一书。

[关键词]南湖诗社;新诗;民歌

南湖诗社与西南联大蒙自分校相始终,1938 年 5 月诞生,8 月结束。作为一个独立的文学社团,南湖诗社仅有三个多月的历史。三个多月,实在太短暂了。社员的创作尚未从容展开,才华还没充分显示,就戛然而止了,它给历史留下一个感叹。由于存在时间短,许多理论问题未及深入,譬如新诗的种类与形式问题,继承与创新问题;创作也未形成风格,社员只是凭着个人的兴趣与爱好进行创作,没有形成团体的优势。虽然迁到昆明仍以"高原文艺社"的名字继续着南湖诗社的文学活动,但它们毕竟是两个社团。

在三个多月的时间里,由 20 多人组成的南湖诗社写出了百首诗歌,数量并不算大,而质量却令我们刮目相看。穆旦的《我看》、《园》,赵瑞蕻的《永嘉籀园之梦》,林蒲的《怀远(二章)》、《忘题》,刘重德的《太平在咖啡馆里》,周定一的《南湖短歌》都各具特点,称得上中国新诗的上乘之作。其中,《我看》、《园》、《忘题》、《太平在咖啡馆里》、《南湖短歌》等,把它们放在中国 20 世纪的优秀诗歌行列里也不为逊色。因此,高水平的诗歌作品是南湖诗社对历史的基本贡

① 收稿日期:2011－04－28。

② 作者简介:宣淑君,西南民族大学图书馆副研究馆员,研究方向为图书馆文献学及西南联大。

献。下面将对其创作成就作具体论析。

穆旦写于蒙自的诗,现在留存并可以确认的有两首:《我看》和《园》。这两首诗,照我们的考察和分析,前一首写的是南湖及其周边的景象,而且作者是在南湖公园中写成的;后一首写的是海关大院即西南联大蒙自分校的景象,是穆旦向分校告别的诗。

著名诗人赵瑞蕻在《南岳山中,蒙自湖畔》一文中说:"有多少次,在课余,在南湖边堤岸上,穆旦独自漫步,或者与同学们一起走走,边走边愉快地聊天,时不时地发出笑声;或者一天早晨,某个傍晚,他拿着一本英文书——惠特曼《草叶集》或者欧文《见闻录》,或别的什么书到湖上静静地朗读。",他说,这些就是穆旦写作《我看》一诗的背景,他认为这首诗"那么巧妙地描绘了南湖景色"。[1] 这是知情者的解释,目击者的"证词"。赵瑞蕻当年曾跟穆旦一起在南湖散步、读书、写诗,熟悉南湖的景象,这些话与其说是回忆,毋宁说是记录。就是在20多年前的80年代,笔者所见的南湖景象还和穆旦描绘的几乎一样:

我看一阵向晚的春风/悄悄揉过丰润的青草,/我看它们低首又低首,/也许远水荡起了一片绿潮。//我看飞鸟平展着翅翼/静静地吸入深远的晴空里,/我看流云慢慢地红晕/无意沉醉了凝望它的大地。

这是诗的前两节,写的全是"看"。"看"的地点应该在湖中的三山。南湖是一个雨水湖,天干时,多数地方露出湖底,春雨过后,湖底长出青草。穆旦写这首诗的6月初,湖水尚未积满,第一节"看湖景"所见的正是这种情况。不过,"春风"、"青草"、"远水"那样温馨多情,自在舒适,则是诗人的特殊感受。我们从中可以感受到南湖给予这些枪炮声仍响在耳际的远方游子的心灵慰藉。第二节"看天空"。蒙自的晴天,永远是那么湛蓝幽深,空中彩云多变,飞鸟悠闲。诗中把"飞鸟"、"晴空"、"流云"、"大地"表现得那样和谐优美,富有感情,让人陶醉。面对这样的景致,诗人抑制不住向往之情,高声喊道:

去吧,去吧,O,生命的飞奔,/叫天风挽你坦荡地漫游,/像鸟的歌唱,云的流盼,树的摇曳;/O,让我的呼吸与自然合流!/让欢笑和哀愁洒向我心里,/像季节燃起花朵又把它吹熄。

---

① 赵瑞蕻:《南岳山中,蒙自湖畔》,《离乱弦歌忆旧游》,上海:文汇出版社,2000年。

在这里，诗人融入自然，和自然同悲共喜了。联想到诗人离乡背井，流转数千里的苦难生活，这种感情是自然而又深沉的。整首诗的写景绘意，感情流变，结构起伏，语言运用乃至押韵技巧等，都达到了较完美的程度，尤其是情景交融和妙语达意，可谓技艺高超。诗人赵瑞蕻称这首诗为“五四以来中国新诗中的精品”①，殊为恰当。

《园》写于1938年8月，时蒙自分校已准备迁往昆明。穆旦怀着依依不舍的感情写下这首诗以为纪念。蒙自分校租用的海关大院，是一座美丽的花园。教授浦薛凤记道：“一进大门，松柏夹道，殊有些清华工字厅一带情景。”②作家宗璞的印象是：“园中林木幽深，植物品种繁多，都长得极茂盛而热烈，使我们这些北方孩子瞠目结舌。记得有一段路全为蔷薇花遮蔽，大学生坐在花丛里看书。花丛暂时隔开了战火。”③穆旦在这座“隔开了战火”的花园里获取知识，度过了初次远离家乡、心灵痛苦的三个月，并且得到了慰藉与收获。现在要离开而去，确实有些难舍难分，于是诗人把花园的美丽留在文字之中：

从温馨的泥土里伸出来的 / 举在高空中的树丛，/ 沐浴着移转的金色阳光。// 水彩未干的深蓝的天穹 / 紧接着蔓绿的低矮的石墙，/ 静静兜住了一个凉夏的清晨。

多美的景致和多美的诗句！如今，海关大院变了模样，可它原先的景象被穆旦“画”了下来。全诗共五节，这是前两节，在诗的末尾，诗人写道：

当我踏出这芜杂的门径，/ 关在里面的是过去的日子，/ 青草样的忧郁，红花样的青春。

多么准确的概括，多么恰当的比喻，多么精美的语言！在海关的三个多月，正是诗人的青春岁月，美丽中充斥着青春期的忧郁与战乱的忧伤，诗人把它们全都“关在里面”，希望将来过上与此不同的新生活。这节诗精彩无比，意味深

---

① 赵瑞蕻：《南岳山中，蒙自湖畔》，《离乱弦歌忆旧游》，上海：文汇出版社，2000年。

② 浦薛凤语，转引自宗璞：《梦回蒙自》，《三千里地九霄云——宗璞与云南》，昆明：云南教育出版社，2000年。

③ 宗璞：《梦回蒙自》，《三千里地九霄云——宗璞与云南》，昆明：云南教育出版社，2000年。

长。由此诗可以看出,穆旦写景状物、抒情表意的工夫已相当高妙了。

赵瑞蕻在南湖诗社时期的代表作是《永嘉籀园之梦》。这是一首长诗,约一二百行,也是南湖诗社最长的一首诗。诗歌是诗人"思念亲人,怀念故乡之作,结合着爱国救亡的感触"①,是在一种特殊的背景和强烈的感情中写成的。"怀念故乡"的缘由自然与南湖有关,南湖使他想起了故乡的籀园。面对南湖,诗人触景生情,思乡心切,而此时硝烟弥漫的故乡又激发了诗人对旧时风景的深切怀念,于是,思绪泉涌,下笔成章。作者对此诗较为满意,可谓得意之作。诗的中间两节是这样写的:

> 踏过石桥,在秋天某个傍晚,/ 松台山上丛丛树木掩映,/ 倒影潭中,描绘了美丽的梦幻;/ 还有那雪白的芦苇丛中,/ 一群野鸭游荡,那样安闲;/ 忽然,从潭中跳出几条鱼儿,/ 金闪闪的,又钻入水里边…… // 当夕阳在雪山寺后渐渐消隐,/ 晚风吹拂过城头的衰草,/ 满天彩霞把明净的潭水 / 渲染成一片灿烂的仙境,/ 水波轻轻荡漾,那么宁静;/ 我靠着桥上石栏沉思,/ 天色慢慢儿暗淡,抬头忽见 / 西天闪烁着一颗明亮的星……

诗歌描绘落霞潭的"仙境",细腻生动,美丽迷人。上一节写水中之景,下一节写空中之象,层次分明,色彩艳丽,动静有致,活脱有灵,难怪诗人会反复咏叹"我怎能遗忘,我的爱恋"。诗歌写成后曾请朱自清指正。朱自清 1923 年曾在温州十中任教,籀园一带的风光他熟悉,所以对此诗有较深体会。一天,南湖诗社在一间教室里开会,朱自清前来参加。开会前,朱自清把诗稿发还赵瑞蕻,并向大家夸赞道:"这是一首力作。"著名诗人、评论家朱自清都如此赞扬,可见这首诗具有相当的水平了。青年学生得到老师这样的褒奖,激动不已,对自己的才能更加充满了信心。可惜长诗稿子遗失,只保存着开头描写温州落霞潭的二三十句,因此改名为《温州落霞潭之梦》,后又改为《梦回落霞潭》。由此诗可以见出诗人踏实的步伐,诗人的艺术才华将在昆明时期充分显示出来。

林蒲,原名林振述,后用笔名艾山,时为外文系毕业班学生。他在南湖诗社时期的诗应该有多首,但林蒲的诗很少标明写作日期,1956 年香港出版的《暗草集》中收了他许多三四十年代的作品,但未按写作时间排列,所以没法判断哪些诗歌写于蒙自。在《暗草集》中,只有最后一首《怀远(二章)》标明"一九

---

① 赵瑞蕻:《梅雨潭的新绿》,《离乱弦歌忆旧游》,上海:文汇出版社,2000 年。

三八年冬，蒙自”。1994年澳门出版的《艾山诗选》选了这首诗，并在诗末标明了同样的时间地点。但我怀疑这个“冬”有误，因为没有材料表明林蒲是年冬天在蒙自。“冬”应为“春”或“夏”，也就是说，这首诗应该写于蒙自分校的南湖诗社时期。这首诗题下有序言：“寄北平心舟兼赠海外人李宁”，可知，这首诗有明确的读者对象，写作内容自然也是作者和具体读者之间的事了。由于不知他们之间的“事”的秘密，读来有些费解，但大意还是清楚的。诗歌紧扣一个“怀”字着笔。第一章起于一个故事，因“长城缺了口”，北方的骆驼队来了，胡沙来了，白雪来了，北平没有了春天，没有了蓝天的鸽铃声。这是用了象征和暗示的写法，那个年代的人一看就知其意，今人若了解战争背景，也就知道“骆驼队”、“胡沙”、“白雪”象征什么，“春天”、“鸽铃”又意味什么。这诗在表现方法上是现代的，值得称赞。第二章头一句是“晨起，接来书”，下面的诗行全在引号里，说明诗歌是引述“来书”的内容。“来书”从梦写起，梦中两人在一起逛西长安街，接着说从他处知道“你”跨越了祖国南方的河山，令人敬佩，并预知必有“丰收”。这首诗的表达极为新鲜，也许作者真的收到了友人的来书，也许只是假托来书的形式告诉友人自己的近况，这样的表达的确新鲜别致，十分简练，不同于传统诗歌，所以是现代的。二章诗都有一些共同的特点，除现代性而外，还有构思的特别、表达的新颖、文词的简练、感情的隐藏等特点，而诗句的散文化亦值得注意，总之，这些特点都可以归结到现代派诗歌中来。如此，林蒲的诗就值得我们格外注意了。

历史学家张寄谦的《中国教育史上的一次创举——西南联合大学湘黔滇旅行团记实》选录了林蒲的一首诗《忘题》，这诗首先收录在1960年台湾出版的《埋沙集》中，没有注明写作日期，张寄谦也没考证写作日期，但把它放在反映湘黔滇旅行的文章中，所以在这里谈一谈。诗歌写旅行的实际和感想，下笔以换草鞋表明旅途长远，但旅人的步履是轻快的，他们“朝随烟霞，暮从归鸦”，征服了一重重山水；后一部分以一个奇妙的比喻收束：“旅行人已是一颗 / 离枝果实”。你尽可由此想到春天的花香或者秋天的成熟，但这样的分辨似乎没有意义，旅人只相信现实，因为旅行认可的是行走的力量，就像“足底已习惯途路的沉默”一样。这首诗前一部分表现旅行者的艰辛与豪情，后一部分表达对于旅行的理解，虽然带有一些浪漫主义的色彩，但总体上是现代主义的：

总共换上第几只草鞋了 / 沉着的行脚仍然 / 和云彩一样轻快 / 眼底是几重山水 / 无从问朝随烟霞 / 暮从归鸦 / 旅行人已是一颗 / 离枝的果实 / 管

它曾否有花香/蜜蜂细脚的蠕动/成熟的意义代表/春天呢或是秋天/足底已习惯途路的沉默

林蒲在《从我学习写诗说起》一文中说:"……后随学校组织的'湘黔滇三千里徒步旅行团',徒步抵昆明,费时七十余日,辗转迂回西南天地间,习作诗篇有'天心阁'、'古屋三章'、'老舟子'、'天马图'、'石榴篇'等。"[①]因未说明写于旅途、蒙自、还是昆明,从上下文也无从判断,只好留待论述高原文艺社的文字中去谈。这里只想说明,林蒲写于南湖诗社的诗歌具有浓厚的现代主义色彩,开启了西南联大诗歌现代主义的先河。

刘重德写于蒙自的诗有7首流传下来,是南湖诗社社员中能够确认的蒙自诗存留最多的一位。这些诗名为《理想》、《毕业生的群相》、《萤》、《家乡的怀念》、《灯蛾》、《题赠林蒲》和《太平在咖啡馆里》等。这些诗基本上是速写性质的,是刹那间的思想的记录,例如《题赠林蒲》写的是生活,表达了诗人对于生活的理解,是在毕业分别之际赠与林蒲的。诗歌把生活说成"幻想",又将幻想比作"草",荣枯交替,不绝于大地,而诗歌的重心也就落在了"希望"上:"生活/是成串的幻想/希望联着希望"。诗人希望学友满怀"希望"地生活,像青草一样生生不息。在抗战的艰苦年代,这种生活态度尤其可贵。这首诗的思想和艺术都是清新的。而《太平在咖啡馆里》则是流行一时的诗歌。诗歌针对"一些纨绔子弟、浪荡青年,不知发奋读书,终日嬉戏,把宝贵光阴消磨在安南少女做招待的咖啡馆里"[②]的现象而作。由于现实针对性强,又有深刻的讽刺意味,音调铿锵,易于记诵,在《南湖诗刊》上一发表,很快就流传开了。由于此诗不易查找,兹录于下:

太平在咖啡馆里!//谁说/中国充满了炮声?/充满了呻吟?/充满了血腥?//看——/南湖鸬鹚鸟/正在痛饮,/徐徐清风/在平静的水面上/划起无数/休闲的纹。//看——/世外咖啡馆/正在宴会/谈笑风生,/在酸涩的柠檬里/浸透无数/空白的心。//谁说/中国失去了太平?/失去了舒服?/失去了欢欣?//太平在咖啡馆里!

---

① 艾山:《从我学习写诗说起》,[美国]《华风》(杂志)第2期,《艾山散文纪念专集》,1996年12月31日。

② 刘重德:《跋山涉水赴联大 读书写诗为中华》,蒙自师范高等专科学校等编《西南联大在蒙自》,昆明:云南民族出版社,1994年。

诗歌就地取材，却又字字得当，因此对现实的讽刺透彻惊人。对比手法的运用很好地表现了主题，一边是“炮声”、“呻吟”、“血腥”，一边是“太平”、“舒服”、“欢欣”，然而，“宴会”、“谈笑”显示出的是“空白的心”，这种“心”只能引“另类”的鸬鹚、清风、波纹为同调，而不能有益社会人生。这首诗无论在思想和艺术上都堪称中国现代诗歌的上乘。作者说：“《南湖诗社》虽系手写壁报，但不乏脍炙人口的佳作……我曾以笔名刘一士在壁报上写了一首讽刺诗，也受到不少同学的欣赏，传诵一时。”[①]信然。

周定一写于蒙自的诗，保存下来的有《南湖短歌》、《雨》、《赠林蒲（并序）》等几首。后来作者对每一首都作了“说明”，附在其后。《雨》的说明是：“1938年5月某日，独坐蒙自海关屋檐下，大雨滂沱，写此。时与友人组南湖诗社初成，出《南湖壁报》第一期，乃刊出。”这首诗取眼前之景而写之，像一篇速写，生动地描绘了作者当时所见所闻的情景，很是生活化。《赠林蒲（并序）》，注明：“1938年7月写在将离蒙自的林蒲纪念册上。”这首诗重点写林蒲步行三千里的壮举及文学创作成果，表达深厚的友情。《南湖短歌》尾注：“1938年6月作于蒙自南湖。曾在南湖诗社所办的《南湖壁报》上载过，大约是在第二期。”这是一首非常优美的诗，赵瑞蕻回忆当时的情况说：“《南湖短歌》大家很夸奖，实在是难得的创作。”[②]《南湖短歌》全诗如下：

我远来是为的这一园花。/ 你问我的家吗？/ 我的家在辽远的蓝天下。// 我远来是为的这一湖水。/ 我走得有点累，/ 让我枕着湖水睡一睡。// 让湖风吹散我的梦，/ 让落花堆满我的胸，/ 让梦里听一声故国的钟。// 我梦里沿着湖堤走，/ 影子伴着湖堤柳，/ 向晚霞挥动我的手。// 我梦见江南的三月天，/ 我梦见塞上的风如剪，/ 我梦见旅途听雨眠。// 我爱梦里的牛铃响，/ 隐隐地响过小城旁，/ 带走我梦里多少惆怅！// 我爱远山的野火，/ 烧赤暮色里一湖波，/ 在暮色里我放声高歌。// 我唱出远山一段愁，/ 我唱出满天星斗，/ 我月下傍着小城走。// 我在小城里学着异乡话，/ 你问我的家吗？/ 我的家在辽远的战云下。

---

① 刘重德：《跋山涉水赴联大 读书写诗为中华》，蒙自师范高等专科学校等编《西南联大在蒙自》，昆明：云南民族出版社，1994年。

② 赵瑞蕻：《南岳山中，蒙自湖畔》，《离乱弦歌忆旧游》，上海：文汇出版社，2000年。

诗歌名曰“南湖短歌”,实为“南湖颂歌”。面对南湖美景,诗人产生了错觉:“我”远来为的似乎不是读书,而是为的“这一园花”、“这一湖水”。因此,“我”要好好地享受这花、这水的赐予:诗人“枕着”湖水睡,湖风吹散落花,堆满诗人的胸,诗人的感觉似真似梦,在湖堤上,影子和柳枝一块儿舞动,情不自禁地挥手作别晚霞,还有牛铃声,还有山火,还有满天星斗……诗人激动得放声高歌。但是,“我”却总不能尽兴徜徉,故国的钟声,江南、塞上的景象不时跳跃在“梦里”,幸好有牛铃声把惆怅带走,“我”才能高歌,但无奈的是唱出的歌声也是“一段愁”,因为,“我的家在辽远的战云下”。这首诗的第一层意思是描绘出优美的意境:蓝天下的一园花、一堤柳、一湖水,湖水的柔波映照着晚霞、野火、星斗、月光,还有音乐般隐隐约约的牛铃声,这样的景象真令人陶醉!诗歌的第二层意思是表达诗人的陶醉与享受,如梦似幻,以至放声高歌。但诗歌却一而再,再而三地表达出另一层意思:挥不去的战争愁绪。所以,这首诗非常准确而深刻地表达了从战云下远道而来的西南联大师生置身南湖美景中的心情。这首诗一共9节,每节3行,每行6至10字,基本上是1、3句长,第2句短,具有“建筑的美”;这首诗所写的蓝天、落花、湖水、堤柳、晚霞、野火、暮色、星斗、月光等都是有颜色的,而且颜色丰富,美丽如画,诗歌用词讲究,语言精炼,表情达意准确,具有“绘画的美”;这首诗每句3至4顿,节奏鲜明,每节一韵,句句同韵,读起来朗朗上口,具有“音乐的美”。所以,这首诗在艺术上深得新月派诗歌之精髓。笔者曾问周定一先生:“《雨》和《南湖短歌》艺术上不是一路,是有意为之,还是偶然形成?”他答道:“初学写诗,尚未定型,无所谓艺术追求。读过一些诗,脑子里有印象,知道诗怎么写,但写时并没想去模仿,根据当时的心情,自然地写出来,以能充分地表达思想和感情为宜。”[①]也许确实是这样,这首诗并不是刻意雕琢的一类,自然流畅,行止自如。总之,这首诗融情于景,具有中国古诗的意境美,又具备新月派诗歌的“三美”特点,所以,它进入中国现代优秀诗歌之列是当之无愧的。

以上分析了南湖诗社的代表作。写诗固然是诗社的主要任务,但南湖诗社的工作不仅是诗歌创作,还有其他,如散文创作和民歌收集。由于散文的形式离诗较远,南湖诗社并未提倡,在此不作论述。收集民歌则是南湖诗社的工作内容,虽然收集工作只是少数社员进行,但作为口头创作之诗的民歌,曾在《南湖诗刊》上登载过,所以在此略作评介。

---

① 李光荣访周定一笔记,2004年10月9日,北京周寓。

南湖诗社的发起人之一刘兆吉当时沉浸在民歌的收集与整理之中。西南联大迁徙开始，闻一多先生指导他进行采风。一路上，他克服长途跋涉的艰辛和遭遇强梁土匪的危险，独自走村串寨，访老问幼，收集民歌。到蒙自后，他主要做了两方面的工作：编辑所得民歌为书，继续收集蒙自民歌。他从 2000 多首民歌中，选出 771 首，编成《西南采风录》一书。在《西南采风录》中，有蒙自民歌 17 首，其中情歌 12 首，儿歌 5 首。这些民歌反映了人民群众真实的感情和朴素的愿望。如：

隔河看见甘蔗黄，/ 可怜甘蔗可怜郎；/ 可怜甘蔗空长大，/ 可怜小郎未成双。(《情歌》第 619 首)

洋烟开花口朝天，/ 我劝小郎莫吹烟；/ 吹上洋烟非小事，/ 黄皮瘦脸在人间。(《情歌》第 628 首)

豌豆菜，绿茵茵，/ 隔河隔水来说亲。/ 爹爹哭声路又远，/ 妈妈哭声水又深，/ 哥哥哭声亲妹妹，/ 嫂嫂哭声小妖精。(《儿童歌谣》第 25 首)

这几首民歌极富“蒙自意味”：甘蔗是蒙自最普遍的经济作物，“吹烟”即抽鸦片，边疆一带有许多人由于无知抽上了鸦片，豌豆是云南较为普遍的农作物。民歌就地取材，取喻成譬，十分得体又具有地方特色。比兴手法是中国民歌的传统艺术，这几首民歌中运用自如。在内容上，第一首传达爱情信息，第二首劝戒恶习，第三首巧妙地用哭诉的内容刻画出家人的心理。《南湖诗刊》曾刊登刘兆吉采集的蒙自民歌，可见诗社对民歌的重视。收集并保留了蒙自民歌和编辑民歌集《西南采风录》是刘兆吉和南湖诗社对文学史的一个独特贡献。

艺术大师与抗日将军的知交[①]
——抗战时期徐悲鸿、李宗仁交往关系述评

韦 芳[②]

(桂林市李宗仁文物管理处,广西桂林 541001)

[摘要]抗战时期,面对日本侵略者,有着强烈爱国情怀的中国人都表现出自己的担当,付出自己的力量,徐悲鸿、李宗仁是其中杰出的代表,而他们因抗战御侮结交成为挚友,鸾翔凤集,揖让往返,互为倾慕,成就一段珍贵的情缘佳话。但这一历史片段多年来沉寂得了无踪影,鲜为人知,本文试从他们的交往细节以及历史证物评述他们在追求中华民族独立解放背景下的相知共鸣、相助互勉关系及其对于抗战的贡献,从中寻觅到他们的真性情。

[关键词]徐悲鸿;李宗仁;知交

徐悲鸿是个爱憎分明的人,正如徐志摩评价所说:“你爱,你就热热地爱;你恨,你也热热地恨。崇拜时你纳头,愤慨时你破口。”的确,徐悲鸿以“人不可有傲气,但不能无傲骨”为人生准则,追求“特立独行”人生境界。在他的身上,具有鲜明的不畏强暴、不媚世俗而注重气节操守的中国知识分子性格。但长期以来,他与国民党要人李宗仁结为友人,不得不让人疑惑其为人处世的原则。鉴于李宗仁的特殊身份,亲历者、徐悲鸿研究者都在避讳这段历史。徐悲鸿终年58岁,其中就有从1935年到1949年共计14年,与李宗仁先生保持着亲密往来关系,是什么因素促成如此长久的友谊?笔者认为两者尽管一为画

---

① 收稿日期:2011－05－29。

② 作者简介:韦芳,桂林市李宗仁文物管理处副主任,副研究馆员。研究方向为李宗仁及其新桂系史、桂林抗战文化。

坛巨擘、一为政要显贵，但他们有许多共同之处，譬如少小家境贫寒、奋发进取、性格诚实笃敬，最重要的是他们都是爱国者，有着强烈的国家民族观念，在抗战御侮的时代中，他们旗帜鲜明地主张抗战，言行一致，投入其中，贡献自己的力量。在这样一个历史背景下，徐悲鸿、李宗仁成为那种双方内心中都占有位置的朋友，精神愉悦、心灵慰藉，之间的给予和接纳自然就淳朴无华了。

一、“模范省”迎来艺术大师

徐悲鸿先生、李宗仁将军都是同时代的人，李宗仁年长徐悲鸿四岁，他们的初识据载是在1927年李宗仁北伐至南京之时。当时画家与军政大员之交，只是敷衍之类交往，并未留下深刻印象，之后几年无甚交往。他们真正的友谊应该从1935年开始。

李宗仁素有儒将之誉，自小出身耕读世家，由父启蒙教导，濡染中国文化，对文人贤者素来推崇敬仰，“昔日在桂，对桂中名流一律折节对待，以后辈谦居”。李宗仁向来“对人处世，诚恳笃实”[①]，在他的官宦生涯中，有许多文人学者名流相伴，其中不乏挚友，这在国民党高级将领中比较少见。与文化人结交时，李宗仁毫无长官习气，谈吐谦恭有礼，做派平易近人，皆发自心底，毫无虚伪、附庸风雅之嫌。时人徐子先生评价说：“李宗仁相貌和易，虽有善战之名，但无彪悍之气，复善于言谈，与人交谈，既不矜持，亦不标榜，娓娓道来，主客两忘。”[②]李宗仁有着体育家的风范，深谙竞技原则，尊重强者，善待强者。在他统兵治政之时，十分注重倚靠高士能人来实现各种抱负。他主张“要谦虚自认不够，始有进步，并须不断求知，方能跟时代进化而不落伍，切忌骄满”，认为“择友要交老成有修养者，俾观摹借镜，有所改进，宜对新交多来往，形成密切而收了解互助之效”。[③] 因此李宗仁身居高位，却有谦谦君子、礼贤下士的风度，为内心渴望伯乐情节的文人学者所喜爱，乐于依附、相交。无疑，李宗仁为人诚笃是吸引徐悲鸿的一个重要因素，但强烈的抗日爱国情怀和令人钦佩的抗战作为才是徐悲鸿最为敬重李宗仁之处。

20世纪30年代初的蒋桂大战，李宗仁败北回到广西。为日后重振雄风与蒋介石较量和“作抗日的准备”[④]，李宗仁“致力于在桂省建立一个强有力的进

---

① 李宗仁口述，唐德刚撰写：《李宗仁回忆录》，第33页，桂林：广西师范大学出版社，2005年。

② 徐子：《掌故漫谈》（上册），第69页，香港：大华出版社，1970年。

③ 2003年李崑光先生提供李扬手稿复印件。

④ 李宗仁口述，唐德刚撰写：《李宗仁回忆录》，第481页，桂林：广西师大出版社，2005年。

步政府”,提出“建设广西,复兴中国”的口号,推行“三自三寓”政策,以民团组织将整治广西各项工作纳入军事轨道,实现广西社会总改造。从九一八始,经过历年经营,广西出现了所谓“模范省”的社会景象。就广西“模范省”的意义而言,最大不过为抗日的发动及准备。“自从‘九·一八’事变之后,我们即认定必须和日本拼一拼才可以解决中国民族之生存问题,故对一切建设的精神,都不离开这一点。”[1]大办民团,全省皆兵,注重民众的国家观念、民族忧患意识、征兵义务和军事知识技能等方面的教化,抗战热潮极其高昂。广西轰轰烈烈的抗日救亡运动与蒋介石“攘外必先安内”的不抵抗政策形成鲜明的对比。

1935 年,徐悲鸿遭遇人生最为晦涩、痛楚的时光。由于他蔑视蒋介石对日不抵抗政策,断然拒绝为蒋介石五十寿辰画像,受到权势排挤。恰逢家庭出现危机,夫妻不和,徐悲鸿陷入内外交困的痛苦焦虑中。时广西提出“建设广西,复兴中国”口号,极力推行政治、军事、经济、文化四大建设,欲借重国内政治军事精英人才和科技文化领军人物来推进广西四大建设,李宗仁等广西当局亲自邀请他们,优礼待之。徐悲鸿对广西旖旎风光早已倾慕,李宗仁热忱邀请,促成他与八桂的珍贵情缘。1935 年 9、10 月间,徐悲鸿第一次来到广西,此时的广西正面临着重重的危机,蒋介石欲利用两广所倚重的国民党元老胡汉民之死一举解决两广的半独立状态。徐悲鸿的到来,受到李宗仁、白崇禧等广西政要的热情款待。徐、李在彼此的交谈中,内容不仅涉及时局问题,而且还说到如何发展广西美术事业、在广西省筹办第一届美术展览、筹办桂林美术学院等事宜。这些对于既是画家又是美术教育家的徐悲鸿来说是有相当的吸引力,他欣然应允到广西。

1936 年 5 月,徐悲鸿被聘为广西省政府顾问来到广西,正是“两广事变”的前夜。当时,广西、广东爆发了要求抗日的“两广事变”,陈济棠、李宗仁以抗日为名,向全国发出通电,讨伐蒋介石。“广西此时已全省动员,大军十余万义愤填膺,皆勒缰以待号令。全省军民,尤其是热血青年,都激昂万分,大家认为中央向日寇妥协投降,丧地辱国,我广西军民请缨抗日,反招致‘围剿’的后果,中央方面怯于御侮而勇于内战,是可忍,孰不可忍!”[2]徐悲鸿也为之感同身受,为声援李宗仁,他于 6 月 2 日在《广西日报》发表文章公开斥责蒋介石:“何谓蒋先生的礼义廉耻?礼者,来而不往非礼也,日本既来,奉送东三省;义者,不抗

① 亢真化《广西乡村三位一体制之检讨》,《建设研究》1939 年第 2 卷第 1 期。

② 李宗仁口述,唐德刚撰写:《李宗仁回忆录》,第 505 页,桂林:广西师大出版社,2005 年。

日;廉者,捐‘廉’(上海方言‘廉’与‘钱’同音),买飞机平西南;耻者,阿拉不抗日,你抗日,你就是可耻。”声援李宗仁等人的行动。徐悲鸿是冒着危险这样做的,反映了他在抗日问题上的鲜明态度:谁抗日,他就支持谁,谁不抗日他就反对谁。

6月,徐悲鸿毅然将其视为“悲鸿生命”的书画珍品数十只大箱,经上海取道香港、广州准备运抵南宁,岂料在途经广州时遭到当地军人的扣押,李宗仁获悉此事之后,立即饬令驻粤办事处负责人王逊志出面,就此事与各方周旋,经多方努力,得以放行。徐悲鸿担任广西省画会名誉会长,在南宁积极筹备“广西省第一届美术展览”,广西方面也给予认真的配合,成立筹委会、编委会等机构,徐悲鸿担任筹委、评委和编委等职。1936年7月5日,美展开幕,大约5000余件书画作品参加展出,以徐悲鸿自画和珍藏的作品居多,也不乏一些诸如齐白石、张大千、张若凡、马万里等人的佳作。画展规模宏大,盛况空前,徐悲鸿在开幕式上赞扬广西各民族致力于文化运动的精神,表示愿意牺牲一切,尽力帮助推动广西的美术事业。

李宗仁亲自陪同徐悲鸿视察南宁初中的图画科教学,出席草地会,对广西全省中学美术教师和美术界人士宣传美术教育改革。徐悲鸿在广西的活动,李宗仁、白崇禧、黄旭初等人都恭敬地陪同在场,可谓殷勤款待,礼数周致。徐悲鸿弟子张安治回忆道:“当我应徐先生之命到桂林后,他还热情对我叙述此间如何待他亲如兄弟,食共桌,寒送衣,提倡美术。”[①]徐悲鸿在南宁、柳州、桂林等地辟有画室。值得一提的是在桂林,李宗仁赠送阳朔一座四合院给徐悲鸿休养作画,成为徐先生1936年到1938年避居广西的家,自封“阳朔天民”的徐悲鸿激情恣意,萌发许多创作的灵感,创作绘制了《漓江烟雨》、《青厄渡》、《风雨思君子》、《晨曲》、《逆风》等一批传世名作。徐悲鸿为抗战的广西创办广西省中学艺术教员讲习会,倡办广西省会国民基础学校艺术师资训练班、广西省立艺术师资训练班,竭尽全力地推动广西美术事业发展。时《珠江日报》社长黎蒙(李宗仁义子)说道:“至于徐悲鸿,更是我们广西的热心支持者,他替我们广西出很大气力呢。”[②]很难想象,如果没有李宗仁如此款款情意,徐悲鸿能否在抗战时期前后六次在广西逗留,并把自己全部的作品和藏品运到广西,藏于桂林八年?

---

① 张安治:《一代画师——忆吾师徐悲鸿在桂林》,《抗战时期桂林美术运动》,第647页,桂林:漓江出版社,1995年。

② 任真汉:《三论徐悲鸿艺术》,载香港《七十年代》,1978年。

二、创作《广西三雄骑马图》

“士为知己者死”是中国知识分子固守的品节,反映在徐悲鸿身上实不为过。对于李宗仁的友情,徐悲鸿用其画作和行动来回报,倾注了心血和汗水,更赋予抗战的民族精神,让他们的友谊闪烁着抵御外侮的光辉,传递出他们对于国家和民族的拳拳赤子之诚。

国难当头,徐悲鸿认为艺术家不应仅仅局限于艺术的自我陶醉中,而要投入火热的生活中去,与国家同呼吸共命运,表现中华民族坚忍不拔的进取精神和爱国热情。众所周知,徐悲鸿最擅长画马,以马喻人,托物抒怀。马在徐悲鸿的笔下,有立马、饮马、奔马、群马,飘逸洒脱而奔腾不羁,生发出朝气蓬勃、奋发向上的力量,真是“一洗万古凡马空”。但徐悲鸿笔下却少见有缰绳、马鞍的马,更罕见人骑的马。然而,1936 年夏天徐悲鸿到广西,几乎用了一个半年来完成一幅巨幅油画《眺望》(又名《广西三雄骑马图》、《广西三杰》、《广西三领袖》等),张安治先生回忆说:“徐先生这时着力最多的创作是大幅油画李、白、黄的骑马像。”[①]此画横 4 米、纵 3 米,画面的人物就是当时号称“广西三杰”的李宗仁、白崇禧和黄旭初,画中以桂林山水为背景,人物身着戎装,骑着骏马,坚毅的目光眺望北方,画面寄托画家对抗战名将的期望和敬重,堪称传世佳作。有人问《九方皋》中何故独独黑色雌马戴有缰辔,徐悲鸿解答说:“马也和人一样,愿为知己者用,不愿为昏庸者制。”由此,不难理解为何徐悲鸿断然拒绝为蒋介石五十大寿画像,而倾注深情为广西三杰画像,他是在强调人物的社会属性和主题的目的性,徐悲鸿指出:“画之艺术所贵,在满足社会的需要,人物活动则最能满足此一需要,而山水则否。因人物活动,其范围可以扩大到英雄、豪杰、民众,乃至敌人等。”[②]以李宗仁为代表的广西当局给予徐悲鸿的印象是“明耻教战”、“焦土抗战”,是中国现实社会和民族危亡急切需要的抗战精神,而始终坚持主战到底的他们,其实的作为与影响在全国具有登高一呼、应者景从的作用。徐悲鸿正是在当时国家遭受外侮的历史背景下创作这一巨幅油画的。他的人物注重写实,传达精神,画面把李、白、黄的形象及其关系刻画得入木三分,李宗仁居中,左膀右臂是白崇禧、黄旭初,白崇禧坐骑是白驹,与李宗仁并肩而行,而黄旭初则策马朝向李、白,似乎在表示一种承诺,李、白则

---

① 张安治:《一代画师——忆吾师徐悲鸿在桂林》,《抗战时期桂林美术运动》,第 648 页,桂林:漓江出版社,1995 年。

② 王震、徐伯阳编:《徐悲鸿艺术文集》第 422 页,银川:宁夏人民出版社,1994 年。

徐悲鸿在广西创作的油画《广西三雄骑马图》(1936 年)

似担负神圣使命紧拽马缰欲飞奔而去。非常奇怪,居然与八年抗战中李、白、黄各自的担当和作用一致吻合,也可见徐、李交往不是一般,已经触及到广西政局安排。徐悲鸿是在展示中国人民抗战的精神,启发民众对抗日战争前途充满信心。像如此宏幅的油画,在徐悲鸿先生一生作品中极为稀少,马作为军马,为军人所驾驭,更是难得一见。徐悲鸿对此画十分厚爱和得意,告竣后恰逢全国第二届美展在南京举行,命张安治带此画前去参展,"因为徐先生这幅油画是全场罕见的大画,起初被悬挂在大厅中央最主要的壁面。画展开幕前夕,张道藩到场大发雷霆(因为还没有人为蒋介石画这样大的油画像),布置人员不得不把这幅画改悬在另一次要的壁面"。[①] 此后的徐悲鸿美展,《广西三雄骑马图》都是不可缺少的展品,伴随徐先生的足迹到过广州、香港、南洋、印度等地。以宏大的现实主题为题材,将传递抗战精神的广西人物作为画面主角,使他们的形象定格在艺术殿堂之上,书画传情,凝聚着徐悲鸿与李宗仁的绵绵情谊,包含着对国家和民族的忧患意识和对友人的忠信之情。然而 1949 年后却不再见到这幅油画的踪迹,有猜测说在中国军事博物馆,抑或在徐悲鸿纪念馆,如此杰作不能公之于众,实在遗憾之至呀!

---

① 张安治:《一代画师——忆吾师徐悲鸿在桂林》,《抗战时期桂林美术运动》,第 650 页,桂林:漓江出版社,1995 年。

三、抗战友谊的见证

徐悲鸿说:“身居后方者,无论怎么努力,总比不上前方将士兵器悬殊、无间寒暑之苦战;出钱者,无论数量如何之大,必不能比得为民族而牺牲性命者之贡献。”面对烽火遍地的祖国,徐悲鸿有着舍我其谁的责任感和使命感,不能投笔从戎,就拿起手中的画笔,以一个艺术家的方式进行抗战。看到流离失所的难民难童,想到浴血奋战的前方将士,1939 年至 1941 年,徐悲鸿前往南洋、印度等地办画展义赈。1939 年 3 月 14 日徐悲鸿作品展览在新加坡开幕,义举引起强烈反响,据说当时新加坡二十个人中就有一个人参观过徐悲鸿的画展,主要筹赈对象是华侨,他们踊跃购买。徐悲鸿之子徐庆平说:“当时,贴了红条的作品就是已被买家订购了的,我父亲的一幅画常常一贴就是好几个红条,结果父亲就当场再画四五张。”可以想见对徐悲鸿来说是多么巨大的劳累,但他都尽量满足,因为多画几张就可以多筹些钱帮助抗战。短短的一个月,就筹集到国币三万金。

在李宗仁官邸的文物展柜里陈列着一封信,是徐悲鸿在新加坡画展义卖活动后写给李宗仁的。信件原文如下:

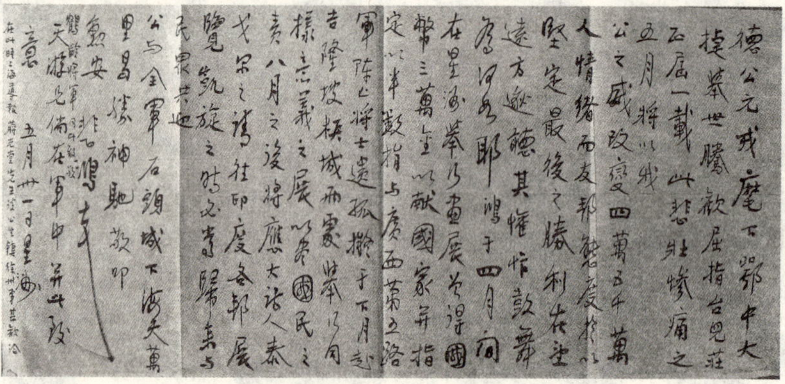

徐悲鸿《致李宗仁书》①

德公元戎麾下:

鄂中大捷,举世腾欢,屈指台儿庄,正届一载,此悲壮惨痛之五月,将以我公之威,改变四万五千万人情绪,而友邦态度于以坚定,最后之胜利在望,远方遂听,其欢忭鼓舞为何如耶。鸿于四月间,在星洲举行画展,曾得国币三万金

① 收藏于李宗仁文物陈列馆,为李宗仁秘书李扬之子李崑光先生捐献。

以献国家，并指定以半数捐与广西第五路军阵亡将士遗孤，拟于下月赴吉隆坡、槟城两处举行同样意义之展，以尽国民之责。八月之后，将应大诗人泰戈尔之请，往印度各邦展览。凯旋之时，必当归来与民众共迎公与全军。石头城下，海天万里，曷胜神驰。敬叩勋安。悲鸿顿首。鹤龄将军同此致敬，天游兄倘在军中，并此致意。五月卅一日，星洲（在此晤上海导报蒋光堂先生谈公坐镇徐州事甚欢洽）

在繁忙的义卖活动中，身处异乡的徐悲鸿难忘在前线浴血奋战的李宗仁和八桂子弟兵，1939 年 5 月正值台儿庄大捷一周年，徐悲鸿特写下这封洋溢着爱国情怀的信给李宗仁，信中徐先生盛誉李宗仁的抗战功绩，表示要用手中的画笔尽到国民职责，提到要将义卖所得款项的半数作为第五路军阵亡将士遗孤抚养之用，足见徐悲鸿对李宗仁及八桂子弟兵的深情厚谊。同时也显露出徐悲鸿对抗战前途的乐观精神和对抗战必胜的信心，昂扬中国人大无畏的英雄气概，真实写照徐悲鸿先生一片赤子之心。这封书信短短数言，却把徐悲鸿在南洋、印度诸地的画展义卖、访问等活动一一反映出来，使人们看到在抗战烽火下一位爱国画家的奋起和担当，无疑成为徐悲鸿爱国以及徐悲鸿与李宗仁之间友谊的见证。

抗日战争后，李宗仁调任北平行辕主任，徐悲鸿担任北平国立艺专校长，两人相聚一城，聚首为常事。李宗仁不满蒋介石给予一个“责重权轻”的职务，取韬光养晦之态，利用行辕每两周举行学者沙龙，邀请北平文化名儒、各高校著名教授前来品茗，畅谈时弊，徐悲鸿自然在邀请之列。李宗仁倾其能力解决他们请求之事，如徐悲鸿需要借礼堂集会让李宗仁帮忙。1947 年 5 月 20 日，北平学生举行反饥饿、反迫害、反内战的游行运动，国立艺专的部分师生参加这次大游行，徐悲鸿听说国民党宪兵要到校园来逮捕参加游行的师生，就打电话给李宗仁说：“国立艺专没有共产党，叫他们不要来这里下手。”他请李宗仁保证艺专师生的安全。李宗仁一一应允。因李宗仁庇护，艺专的师生躲过了国民党的一次大逮捕。

四、结语

徐悲鸿与李宗仁是大师与将军的知交，自有他们的特有方式：互相敬重，互相仰慕；有心灵的感知，也有行为的自觉。无论如何说，没有权势、媚俗等附加成分，都是那么的光明坦荡、磊落大方！为着国家和民族的解放，他们的知交是隽永而美丽的。

“鲜花”激昂唱烽烟[①]

——光未然在武汉的抗战文化活动

章绍嗣[②]

(中南民族大学,湖北武汉 430074)

[摘要]音乐家光未然1937—1938年在武汉期间积极投入抗日救亡音乐活动,创作了大量抗日救亡音乐作品,并从事演奏、指挥、群众宣传等活动,有着广泛的影响,本文记述光未然这一时期从事抗战音乐工作的经历。

[关键词]光未然;武汉;抗战文化活动

五月的鲜花,开遍了原野,
鲜花掩盖着志士的鲜血。
为了挽救这垂危的民族,
他们曾顽强地战斗不歇。

1935年8月,抗日救亡歌曲《五月的鲜花》在汉口创作问世,就像长出了激情的翅膀,这支歌从扬子江畔飞向长城内外,飞到白山黑水,在全国不胫而走,广为传唱。在“一二·九”运动中,成为斗争的旗帜和号角,鼓舞着人民参加战斗。

这首著名歌曲的词作者,是当时年仅22岁的湖北青年光未然。

一、“一二·九”运动时期光未然的抗日文艺活动

光未然,原名张文光、张文亮,又名张光年。1913年出生在湖北光化县一

---

① 收稿日期:2011—03—11。

② 作者简介:章绍嗣,中南民族大学教授,武汉市文史研究馆馆员;研究方向为抗战文化、中国现代文学、地方文化。

个旧式钱庄职员的家庭里。大革命时期，他就参加了党领导的地下活动。1929 年，16 岁的张光年加入了中国共产党，担任地下县委的联络员。1931 年秋，党组织安排他到武汉中华大学求学。他当时正在一家小书店当伙计，酷爱读书的他对文艺兴趣甚浓，立志学习创作并投身于革命文艺运动。在到中华大学之前，他写了这样一首诗："少年涉江去，四海为家乡，更名改习惯，江海两相忘。汉江一掬水，注入长江水。长江一朵浪，汇入黄河黄。"诗歌中表达了自己与国家、民族同甘共苦的愿望与决心。他来到武汉后，那时的江城文坛却是一片荒芜寂寞的沙漠，他决心冲破沉闷，亮起炬火，但又觉得任重道远，自己年少气盛，"尚未燃烧发光"，便起了个"光未然"的笔名来策励自己。他和几个志同道合的朋友一起讨论国家大事，阅读进步书籍，并深入到工厂、学校进行社会调查，探求拯救中国的道路和办法。为了广泛地进行民众宣传，发起组织秋声剧社，为武汉的话剧做拓荒工作。他既编写剧本，又临场执导，还登台献演。光未然领导的剧团多次进行义务宣传公演。一次，在汉口维多利亚纪念堂公演洪深的话剧《洪水》，他在剧中饰演主角，表演惟妙惟肖，获得成功，观众赞不绝口。他还主编《鄂北青年》和《艺术周刊》，写作和发表了许多讴歌真理的诗歌、反映现实的剧本和针砭时弊的批评文章。其中《一年来之中国出版界》、《在沙湖》和《戏剧的原始形态》等曾产生过较大的社会影响。

日寇进犯华北后，举国震怒，群情激昂，光未然更是义愤填膺，为了激励民气，扩大宣传，他亲自到汉口十余所中学痛说国耻。"一二·九"运动爆发后，在中共湖北省委何伟等人的帮助下，他出面组织了汉口数千人参加的全市第一次抗日大游行。数十所学校青年学生组成的庞大队伍，唱着歌曲，高呼口号，从大智门出发，浩浩荡荡穿过江汉路。当游行队伍来到三民路口时，光未然跳上孙中山铜像台座，发表讲演，他大声疾呼："从今以后，青年需团结起来，做民众的先锋，指导民众迈进抗日，同时我们将进行第二次、第三次大游行，唤起全国爱国青年的抗日意志和决心。"声势浩大的游行，显示了武汉青年的觉醒和力量，三镇为之震动。在斗争的余暇，光未然从未停下手中的笔，这段时间，他创作了揭露出版界黑暗的《诗人的受骗》，歌颂东北人民抗日锄奸斗争的《胜利的微笑》和描写东北人民苦难生活的《阿银姑娘》等剧本。

他的《胜利的微笑》、《阿银姑娘》和田汉的《水银灯下》，被武汉文艺界称为"国防戏剧三部曲"。

光未然的进步文艺活动引起国民党顽固势力的极大震怒，当局下令予以缉捕。1936 年冬天，在地下党组织的精心安排下，他巧妙地躲过盘查，坐船向左翼文艺运动的中心上海进发。当一群打手和密探气急败坏地赶到汉口安徽中学搜捕时,已经人去楼空。

二、“七七”事变爆发后光未然在武汉的抗战文艺活动

1937年7月7日,伟大的抗日民族解放战争全面爆发。9月,光未然由上海回到武汉,此时的江城已是另一番景象。中国共产党在卢沟桥事变的次日,向全国同胞发布《中共中央为日军进攻卢沟桥通电》,努力倡导并坚决实行抗日民族统一战线政策,举国上下,抗日救亡的声浪日益高涨。9月23日,蒋介石正式发表《对中国共产党宣言的谈话》,承认共产党的合法地位。9月24日,光未然在汉口寓所写成《新的形势与新的任务》一文,分析了抗战后的政治形势和文艺界的状况,论述抗日民族统一战线问题。文中他突出地强调了动员民众的重要意义,指出“把广大的中国大众组织起来,教育起来,使成为这一战线的基本支柱才是万分必要的”。在对这场将是旷日持久的战争作了分析与估量之后,他清醒地写道:“日本帝国主义不是一年半载可以打倒的,所以这个联合也不是一年半载的事……可以说,联合统一是永久的事业。”他积极参加武汉文化界抗敌协会的筹备,曾是这个较早成立的文化团体的领导者之一。他和中华大学校长陈时一起出席抗战教育座谈会,为战时的中国教育发展出谋划策。对于文学青年在抗战中的任务,他也提出了自己的意见。在抗战初期的惶惑忙乱中,他清醒明晰的认识是难能可贵的。不久,他投身于实际的抗战工作,为文艺界统一战线的建立奔走呼吁,倡导并组织街头剧运动和朗诵诗运动,为动员民众而奔忙。

作为全国性文艺界统一战线组织“中华全国文艺界抗敌协会”的发起人之一,他在《全国文协发起趣旨》上签名。他参加发起“中华全国戏剧界抗敌协会”并担任常务理事和编译组组长。

1937年10月,“拓荒剧团”经过整顿后,他担任团长,又一次打出抗战戏剧火红的旗帜,领导剧团参加劳军慰问,举行募捐公演,组织街头宣传,演出过《沦亡以后》、《最后胜利》、《亲善》等一大批锄奸抗日的剧目,被人们称为抗战初期“一枝迎着硝烟烈火怒放的抗战戏剧之花”。在拓荒剧团的基础上,他又从集中到武汉的热血青年中吸收了从上海、北京等地流亡来汉的学生,组织了更为庞大的“中华全国戏剧界抗敌协会话剧移动第七队”,其实当时协会中仅有这一支戏剧演出队伍,他们有意将第一队称为第七队,以显示抗日力量的壮大。在1938年1月1日,他们28人整齐列队,打着队旗,高喊着“到农村去!”

的口号从武汉出发，先后到湖北应城、天门、钟祥等地，演出了《放下你的鞭子》、《九一八以来》、《打鬼子去》、《东北一角》、《八杯茶》、《小英雄》、《抗敌演剧队的家乡》等众多剧目，受到群众极大的欢迎。在应城时，由于剧本《从军记》是从当地民歌曲调改编创作而成，观众十分亲切，一些青年受到鼓舞，当场要求参军入伍。在钟祥时，他们演出了《三江好》、《自卫》等剧目，观众反响热烈。一次在给县里的地方武装进行慰问演出时，一支近三百人的地方武装竟提出要求将自己改编为抗日队伍的意愿，使演员们深受感动。从湖北辗转到延安后，他带领抗敌救亡演剧第三队辗转于晋西一带，从事抗日宣传活动。

在担任"文协"一个诗歌朗诵队的队长时，他还致力于朗诵诗的创作和倡导，推行"诗歌的语言，主要地不是诉诸于视觉，而是诸于听觉的主张"，他在武汉的群众大会上朗诵富有鼓动性的短诗。到重庆后，他发起建立中国诗人节，并在第一届诗人节上朗诵自己的长篇叙事诗《屈原》，为朗诵运动的开展架桥铺路，鸣锣开道。

在火热的斗争生活中，光未然找到了自己的亲密伙伴和事业的知音。在第三厅工作的日子里，居住在武昌昙华林，他和冼星海同居一室，朝夕相处，写词谱曲，珠联璧合，配合默契，共同创作了《新时代的歌手》、《戏剧抗战》、《新中国》、《纪念五一节》、《赞美新中国》、《拓荒歌》等深受群众欢迎的歌曲。后来在延安，他们再度合作，完成了伟大民族精神的颂歌《黄河大合唱》的创作。光未然和冼星海，成为闪烁在中国音乐史上耀眼的双星。

在伟大的民族解放斗争中，光未然取得了创作生涯中最丰厚的果实。他写了剧本《火把》、《沦亡之路》、《难民曲》、《亲善》，短诗《为独立自由的新中国而奋斗》、《拓荒之歌》、《战时的歌手》、《烦躁》、《眼睛》、《细菌》、《去你的》，组诗《黄河大合唱》，长篇叙事诗《屈原》，长诗《绿色的伊拉瓦底》，讽刺诗《市侩颂》、《我嘲笑》等，出版过《街头剧创作集》和诗集《雷》。

在全民抗战的宏大背景下，光未然的家乡老河口是第五战区司令部所在地，也是抗战文化宣传最活跃的地区之一，这与光未然的积极促成是分不开的。他与老舍、臧克家、姚雪垠等人组织了抗日文化工作队，常常带领大批文艺工作者深入群众中去开展宣传活动，这一时期是老河口文化活动最繁忙最活跃的时期。

三、光未然的文艺思想和评论活动

在抗战文坛上，光未然是诗人、剧作家，也是一位活跃的文艺批评家和文艺活动家。针对抗战时期剧坛上一度出现过脱离现实的软性戏剧和剧业人的某些恶习,他写了《庸俗的戏剧运动批判》,批评了存在于戏剧运动中的庸俗化现象,号召广大戏剧工作者认清形势,摒弃旧习,投身于民族解放的伟大斗争。他的《论战时文艺总动员》和《战时戏剧引论》两文,对正在兴起的抗战文艺运动提出了自己的看法和较完整的主张,他认为,文艺应该成为抗战中的一种武器,担负起动员民众、宣传抗战的时代使命。而要做到这一点,首先是要缩短文艺与人民大众的距离。他呼吁战时的文艺到街头上去、到广场上去、到群众中去,提出建立"文艺轻骑队"的主张,并以创作歌词、街头剧和朗诵诗的实践身体力行。

对街头剧的创作和演出,光未然进行了较系统的研究,提出了一系列的理论主张。在《论街头剧》、《街头剧和朗诵方法》、《街头剧创作集前记》等文中对街头剧的产生、性质、特质、创作方法和演出实践作了全面的探讨,他认为街头剧是一种大众剧,是"能以最便捷的方式;用最简单的设备,传达最通俗的剧情,而能在街头或旷野上实地演出"的戏剧形式。

强调街头剧的本质特征是简便、自然、真实,提出这类剧应充分考虑在演出时"没有布景"、"打破幕限"、"不用灯光"、"避免化装"、"不用音响效果"的特殊要求,剧情应单纯、明了,情节集中。对话应通俗,口语化。打破了既往戏剧中演员和观众、台上和台下、布景与自然不可逾越的三大界限,以"能流动演出"和"实地演出"为原则。这种理论适应了急剧变化的战争形势对文艺的要求,很快被运用和推广开来。光未然街头剧理论在实践中的成功,使话剧在形式上突破了大舞台和现代化设备的束缚,使戏剧在一定程度上走向了通俗化和大众化。光未然以他的街头剧创作和他所领导的"拓荒剧团"和"抗敌救亡演剧第三队"的演出,实践着上述主张。著名的抗战街头剧《难民曲》是他根据自己在上海难民收容所工作的真实感受创作的。剧本描写上海遭到日军炮轰后,两个失业的纱厂女工唐阿英和李阿珍,在工厂胡老板的带领下踏上流亡之路,成了沿途卖唱度日的难民。某日来到一地,在卖唱时,被当地劣绅赵大爷看中,欲纳为妾,老板和赵大爷串通一气,将二人出卖,但遭到拒绝,引起争执,在大街上激起民愤。来处理纠纷的警察,恰巧是战乱中失散了三年的李阿珍的大哥,兄妹相见,悲喜交集,各自讲述自己的遭遇,诉说他们家破人亡、亲人离散的痛苦,控诉日寇犯下的罪行,围观的群众气愤填膺,高呼打倒日本帝国主义的口号,胡、赵二恶,受到人们的鄙视与惩罚。剧作独具慧眼,既描绘了民族矛盾,又反映了阶级斗争,给悲剧以喜剧的结尾,惩恶扬善,大快人心。该剧剧情集中，人物较少，穿插着小曲和口号，活泼多趣，富于变化。故事就发生在大街上，群众演员隐藏在观众中推波助澜，很自然地引起观众感情的交流和共鸣。全剧无幕限，不用化装，不设布景，实感强，演出效果很好。他的另一个街头剧《亲善》以演剧车作为舞台，移动灵活，适于街头、前线、农村等各种场合演出。他的这些剧本被各剧团竞相上演，成为抗战初期很受欢迎的群众剧目。曾经刊载《难民曲》的《大公报》给予该剧很高评价，在一则《编者的话》中，编辑高兴地写道："普及一月，编者陈纪滢先生接到各地演出报告的信已达二三十封，同时来函催问单行本的，日必数起。"剧本受到欢迎的情况，由此可见一斑。

《抗战时期的戏剧运动》是一篇代表了他对一个时期戏剧总体看法的论文。文章从戏剧与时代的关系着眼展开论述："中国的戏剧运动自来便和民族解放运动有着不可分解的关系，可以说，戏剧运动是整个民族解放运动中之一环。中国戏剧界一开始便在这个运动中担负了神圣的战斗任务。"从这里出发，文章分析了抗战戏剧运动的几个特征，即戏剧运动在抗战中路线统一；戏剧运动战时的移动方式，"戏剧从都市移到内地及乡村"；新的更大的戏剧队伍在抗战中产生，"戏剧不再为戏剧界所私有"；街头剧成为战时戏剧的主要形式。这四个特点较准确地概括了抗战戏剧运动所显现的外部特征，对话剧的突变与演进作了乐观的估量。对于抗战戏剧运动的进一步展开，光未然提出了"目前戏剧界应该进行的工作"，这些意见的提出是适合当时戏剧运动现状的，对抗战戏剧的进一步发展起了推动和促进作用。

1938 年 8 月，光未然随一支抗敌宣传队奔赴吕梁山区，又一次离开故乡，此后一直辗转于延安、重庆等地从事抗战文化活动。

他在从事文学创作时，多用"光未然"的笔名，撰写文学评论时大都署名"张光年"，以致常常被人误为两人。

台湾作家许地山抗日爱国思想与活动述论[①]

李　鑫[②]

(中国人民抗日战争纪念馆,北京　100165)

[摘要]许地山是无论在大陆和台湾都享有盛誉的作家、学者。抗战期间,他的小说、散文、杂文等作品,表现出强烈的抗日爱国精神;他积极参加抗日救亡活动,为推动香港抗战文艺运动、保护赴港人士、保存珍贵文物作出了重要贡献;其爱国精神深深植根于台南抗日世家的熏陶、五四新文化运动的沐浴和悠久的中国文化传统的滋养。

[关键词]许地山;抗日爱国;“文协”香港分会

2010年是中国人民抗日战争胜利65周年,中国人民抗日战争纪念馆对展览进行了全面改造,在“台胞抗战”这部分展厅里,陈列了抗战时期台湾作家许地山佩戴过的一条围巾,这条围巾是由许地山的女儿许燕吉捐赠给我馆的,我们将它作为重点文物进行展示。许地山作为中国现代文学史上的重要人物,不仅在文学、宗教学上有着深厚的造诣,抗战时期,他还是一位坚定的抗战救亡战士,以知识分子特有的方式在文化战线上参与抗战,他的抗日爱国思想及活动值得我们研究、纪念。

一、许地山生平

许地山(1893—1941),原名赞堃,号地山,小名叔丑,笔名落华生。许地山出生于台南的一个爱国志士家庭,后因台湾被割让,全家舍家弃产,迁回大陆,定居福建龙溪(今漳州市),过着贫困的生活。中学毕业后,迫于生计,许地山

---

① 收稿日期:2011－05－16。

② 作者简介:李鑫,历史学硕士,中国人民抗日战争纪念馆编辑研究部助理研究员。研究方向为中国近代史。

不得不较早地进入社会，19 岁时，他到福建漳州省立师范学校做教员，翌年离家远赴缅甸仰光中学任教，在那里工作三年。1916 年回到漳州的省立二师附小教书。

1917 年许地山考入燕京大学。五四运动期间，作为学生代表之一，他积极参加反帝反封建的斗争。1919 年 11 月，许地山与瞿秋白、郑振铎等人联合主办进步刊物——《新社会》旬刊。1920 年，许地山从燕京大学文学院毕业，获得文学学士学位后，入燕京大学神学院研读。1921 年，与郑振铎、沈雁冰、叶圣陶等 12 人在北京发起成立"文学研究会"。1922 年从燕京大学神学院毕业，留校任教。1923 年与冰心、吴文藻、梁实秋等一同赴美国留学，入哥伦比亚大学哲学系，获得硕士学位后赴英国牛津大学研读宗教史、哲学、民俗学等。1926 年取道印度回国时，在罗奈城印度大学曾作短期逗留，继续佛学和梵文的研究。回国后，许地山在燕京大学执教，并在北京大学、清华大学、北京师范大学兼课，同时致力于文学创作。1930 年升为燕京大学教授。① 1935 年"一二·九"运动后，许地山与当时的燕京大学教务长司徒雷登意见不合，被辞退。② 后经胡适等友人举荐，任香港大学教授，举家迁往香港。全面抗战爆发后，许地山任中华全国文艺界抗敌协会香港分会常务理事，为抗日救国事业奔走呼号，后因劳累过度而病逝，终年 48 岁。

许地山的著述大致分为文学和学术两大类。其文学作品风格独树一帜。1921 年文学研究会成立后许地山用"落华生"笔名在《小说月报》发表第一篇小说《命命鸟》，此后又发表小说《商人妇》、《换巢鸾凤》、《黄昏后》等，很快享誉文坛。早年作品集《缀网劳蛛》取材独特，充满异域情调和宗教色彩，散文集《空山灵雨》充满哲学、宗教和浪漫的气息，其中《落花生》一文脍炙人口，明确表达了作者的人生态度："人要做有用的人，不要作伟大、体面的人。"③20 年代末以后，许地山所创作的文学作品转向了现实主义，短篇小说集《危巢坠简》尖锐讽刺腐恶官吏，同情被压迫民众，《春桃》等堪称杰作。《杂感集》、《国学与国粹》等作品深切关注国家民族的命运和文化发展情况，展现出作者深厚的学术修养和强烈的社会责任感。其学术著作主要有：《印度文学》、《道学史》(上)、《达衷集》等；译著有《二十夜问》、《太阳底下降》、《孟加拉民间故事》等。

---

① 许地山生平参考周俟松《许地山年表》，《台港与海外华文文学评论和研究》1992 年第 2 期。

② 参考周俟松、边一吉：《许地山传略及作品》，《新文学史料》1980 年第 5 期。

③ 《落花生》，《许地山散文》，第 78 页，杭州：浙江文艺出版社，2007 年。

二、抗战时期作品的爱国思想

抗日战争时期,许地山撰写了大量小说、杂文及学术文章。其中小说《铁鱼底鳃》、剧本《女国士》,热烈深沉地歌颂了爱国主义精神,塑造了理想中的正面人物形象,杂文《七七感言》、《中国思想中对战争的态度》等,宣传抗战、民主,反对投降、独裁,这些作品最能反映出许地山的抗日爱国思想。

小说《铁鱼底鳃》是许地山表达知识分子崇高的爱国主义精神的代表作。这篇小说以抗日战争中的逃难生活作为背景,刻画了一个爱国科学家的悲剧形象。主人公姓雷,是中国最早到外国学制大炮的留学生,回国以后,他决心把自己的技术贡献给祖国,希望我国有自己的兵舰、潜水艇,不受外国的欺侮。由于国内没有铸炮的兵工厂,他学无所用,只得另谋职业,当过教员、织袜厂经理……可是,他始终怀着用自己专长报效祖国的热忱,他的家就像一间工作室,布满设计图纸和各式工具、模型,他没有别的嗜好,烟不抽,茶也不常喝,始终醉心于研制先进武器"铁鱼底鳃",殚精竭虑地设计一张御敌的"铁鱼"图,为此,他不计地位和收入,隐瞒自己学历考进外国海军船坞当工人,以便到潜艇上去工作,学习有关的知识,积累有关的资料。终于,他的研究有所成就,他四处奔走吁求当局、工厂来制造"铁鱼"去抗战。可是,虽然军备落后到处挨打的中国急需大量先进武器装备,但是,"从来他所画的图样,献给军事当局,就没有一样被采用过"。为了防止"铁鱼底鳃"的图纸落入洋人之手,他连忙辞掉船坞工作,失去了只差一年就能得到的养老金,只依靠海外的一个寡妇儿媳的微薄供给,继续研究。付出了这样的代价,他并不后悔——"没有把我自己的画的图样献给他们的理由,自己民族的利益得放在头里"。这位"性格板直",人称"戆雷"的发明家,只能寄希望于自己"能活到国家感觉需要而信得过我的那一天来到"。在日本侵略者的炮火威胁下,这位年过七旬的老人仍然不肯出国投奔亲人,而要向内地逃难,他痴心地盼望着有一天他的发明得以为祖国效力。在不断地躲空袭和艰难的逃难途中,他只随身带着那铁鱼的设计图和一小箱模型,视它们如生命一般。就在逃难的途中,他失手把自己制作的铁鳃模型掉落海里,心中痛苦万分,便也纵身跳进了大海。小说以动人心魄的艺术力量,表现了知识分子报国无门、科研成果横遭扼杀的悲剧。作者正是要通过塑造这样一个悲剧形象,来揭露和抨击当时政治的腐败,抒发自己的爱国义愤。作品在动员全民抗战方面起到了积极的作用。郁达夫在悼念许地山的文章中称赞道:"像这样坚实细致的小说,不但是在中国的小说界不可多得,就是求之于一九四〇年的英美短篇小说界，也很少有可以和他比并的作品。”[①]

《女国士》是许地山在《大公报》上发表的独幕剧本。抗战爆发后，香港大学女生同学会为了募捐赈济灾民，准备排演一些戏剧，作巡回义演。她们没有剧本，恳请许地山帮助编写剧本，许地山为同学们的爱国热情所感动，立刻抽出时间，赶写出一篇《女国士》，采用唐朝薛仁贵从军的故事，老调翻新，着重写“柳氏劝夫投军”，塑造了一个深明大义、劝夫上战场杀敌的妇女形象。这是与当时抗日战争的政治形势直接相关的作品，演出后，极大地鼓舞了群众的抗战决心。[②]

全面抗战爆发两年后，许地山发表的《七七感言》，可以说是针砭时弊、揭露政治黑暗的一篇檄文，体现了许地山的抗日爱国思想。在许地山看来，“抗战两年来的御日工作可以说对得人住，对得祖宗天地住”，但是“对于打狗轰猫这种清理家内的工作却令人有点不满意”，国内的“人狗、人猫，多如牛毛”，他将这些民族败类归类，“在御敌工作吃紧的期间……发出类乎向敌乞怜的狺声，或不站在自己的岗位，而去指东摘西的，是吠家狗”，“甘心引狼入宅，吞噬家人的是引盗狗”，投机钻营、大发国难财，“只求个人富裕的”是“饕餮猫”，具有特殊才干却不为国出力的是“懒惰猫”。许地山认为在战场上御敌固然重要，但清理内部的工作同样重要：“虽有英勇的国士在疆场上与狼奋斗着”，若不把这些民族败类除掉就“不能脱离畜道在家里横行”，“我们要加紧做打狗轰猫的工作”，“一方面要摧毁拜群的猫狗，一方面要扶植有为的男女，使他们成为优越的人类”，“此后我们一部分的精神应贯注在整理内部，使我们的威力更加充实”。许地山认为如果做到了这些，“就是那些比狼百倍厉害的野兽来侵犯我们，我们也可以应付得来”，“我们应当在各方面加紧工作，才不辜负两年来为这共同理想而牺牲的将士和民众”[③]。

1941 年 5 月许地山去世前发表于《大公报》的《青年节对青年讲话》，站在民族存亡的高度对青年在抗日救国、拯救民族危亡中应承担的责任提出了殷切的希望，他总结了“亡国民族的特征”以警示国人，同时提醒青年“不要想着亡了国是和古时换了一个朝代一样，现代的亡国现象，决不是换朝代，是种族

---

① 郁达夫：《敬悼许地山先生》，1941 年 11 月 8 日香港《星岛日报·星座》。

② 宋益乔：《追求终极的灵魂——许地山传》，第 177 页，厦门：海峡文艺出版社，1989 年。

③ 《七七感言》，《许地山散文》，第 204、205 页，杭州：浙江文艺出版社，2007 年。

上被烙上奴隶的铁印,子子孙孙永远挣扎不起来”[①]。

作为一名知识分子,以笔为枪是许地山参与抗战的重要方式,他对祖国危难和人民疾苦的关心和对丑恶社会现象的痛恨通过文学作品表达出来,他的小说、剧本、杂文都体现了他的抗日爱国思想:反对当局的投降路线、提倡动员全民抗战;揭露政治的腐败与黑暗,认为清理民族败类的工作与战场御敌一样重要;站在民族存亡的高度,认为只有克服了民族性格中的劣根性,才能防止被异族消灭、奴役。

三、抗战时期的爱国活动

全面抗战爆发时,许地山在香港大学任教授,他深深意识到在祖国危难之际自己肩负的责任,遂“毅然闯出书斋,投入抗日救亡运动”,日夜奔忙,把整个身心、全部热情,无保留地贡献给民族解放大业,最终为之献身。据他的夫人周俟松回忆,抗战时期许地山“除去在香港大学授课外,还主持香港文协,在群众集会上做主席,演讲,甚至黑夜里还要去深水埗的小破楼上偷偷地给几个十七八岁的流亡青年补课;另外,还要从事写作,一天到晚忙个不歇”[②],“差不多的人都认识他、了解他,并且尊敬他,因为在当时他是一个主张抗日救国的人物。”[③]

1938 年 3 月 27 日,中华全国文艺界抗敌协会在武汉成立,许地山被选为理事。《中华全国文艺界抗敌协会发起旨趣》称:“我们应该把分散的各个战友的力量,团结起来,像前线将士用他们的枪一样,用我们的笔,来发动民众,捍卫祖国,粉碎寇敌,争取胜利。”在成立大会上通过的《中华全国文艺界抗敌协会宣言》则明确提出其任务是:“对国内,我们必须喊出民族的危亡,宣布暴日的罪状,造成全民族严肃的抗战情绪生活,以求持久的抵抗,争取最后胜利。对世界,我们必须揭露日本的野心与暴行,引起全人类的正义感,以共同制裁侵略者。”[④]为了团结在港文艺界工作者从事抗战救亡工作和抗日文艺运动,1939 年 3 月,许地山与楼适夷、戴望舒等人组织了中华全国文艺界抗敌协会香

---

① 《青年节对青年讲话》,《中国现代文学百家——许地山代表作》,第 297 页,北京:华夏出版社,2008 年。

② 周俟松、边一吉:《许地山传略及作品》,《新文学史料》1980 年第 5 期。

③ 周俟松:《回忆许地山》,《新文学史料》1980 年第 5 期。

④ 文天行等编:《中华全国文艺界抗敌协会史料选编》,第 17 页、12 页,成都:四川省社会科学院出版社,1983 年。

港分会，许地山任理事兼总务。“文协”香港分会作为香港文艺界抗日民族统一战线组织，从成立之时开始，就带领香港文艺界开展一系列活动，呼应祖国内地的抗战文艺主潮，发挥了团结全港文艺界工作者从事抗战救亡工作和抗日文艺运动的核心作用。该分会通过其活动将祖国内地抗战文艺运动延伸到香港，进而使得香港抗战文艺运动完全汇入中国抗战文学的主潮中。另外，其会刊之一《中国作家》把中国抗战时期的文学作品，翻译成英文发表、出版，使海外同情中国抗战的朋友更能了解中国当时的情况，使战时的香港文坛成为中国抗战文学通往世界的桥梁。这些成绩的获得，许地山作为“文协”香港分会的重要发起人之一，功不可没，据回忆：“那时候，文协周围的青年团体有四五个……刊行的副刊及其他刊物不下十余种……所有这些工作，地山先生除了生病几乎无不参加。”[①]

许地山的爱国行为几乎无处不在。为了“启发昏蒙和摧灭奴性”，他曾不辞劳苦地考察、研究香港和九龙的历史，证明香港自古以来便是中国的领土。他深情地写道：“太平山上有蟾蜍石，土人相信那石向着山顶进行。若石蟾蜍上到山顶，香港便要归还中国了。我们都希望有那一天！”[②]还在卢沟桥事变发生不久，中国福利会曾在香港筹措了一批药物，准备送往延安。许地山闻讯后极为兴奋，同香港大学一位名叫法兰斯的外国教授相约，共同往延安送药，借此机会进行实地考察。可惜的是，他们向学校请假时，因故未能获准。[③] 皖南事变发生后，他还与张一麐“联名致电蒋介石，呼吁息争共同御敌”[④]，并在香港文化界关于皖南事变的宣言书上签名抗议。

抗战爆发以后，国内一大批在内地公开或秘密地从事抗战宣传工作的文化人士辗转来到香港，许地山尽自己所能保护来香港的抗日人士。许地山夫妇为他们提供尽可能的帮助，让他们住在家中，或以钱财周济相助，或帮助他们解决各种困难。据许夫人周俟松回忆，当时作为中国共产党地下工作者的女作家杨刚同志经常住在许家，他们亲如家人。生活书店的邹韬奋先生也常到许家落脚。邹在港一方面主持上海各界救国会的工作，一方面主编《大众生

① 周俟枯：《许地山传略》，转引自鲍霁《台湾作家许地山的创作道路》，《云南师范大学学报》（哲学社会科学版）1981 年第 1 期。

② 许地山：《史地探略》，转引自王盛《许地山先生的三种精神》，《世界华文文学论坛》2004 年第 3 期。

③ 宋益乔：《追求终极的灵魂——许地山传》，第 183 页，厦门：海峡文艺出版社，1989 年。

④ 周俟松、边一吉：《许地山传略及作品》，《新文学史料》1980 年第 5 期。

活周刊》和《生活周刊》,许地山为其提供生活上的方便,保证其工作安全,使其全力以赴地投身于民族抗战的宣传中。梁漱溟先生当时只身一人,在香港办中国民主同盟的《光明报》,生活不便,许让梁住在他们家中。[①]

许地山还为保存民族文化尽心尽力。1937 年,著名画家徐悲鸿来到香港为募捐抗日经费而举办画展,并拟定从香港转赴新加坡等地再行此举。许地山深受感动,不遗余力地支持徐悲鸿的义举,徐悲鸿就是在许夫人的鼎力相助下,才得以从一位外国人手中高价买回一幅珍贵的中国名画,保护了民族的宝贵文物。那几年,王济远、高剑父、关良、林风眠等著名画家,都在困难时刻得到过许地山的无私帮助。[②] 我国著名文学史家、藏书家郑振铎先生抗战爆发后留居上海从事进步文化活动,"八一三"的战火使他几十年苦心收藏的各种版本的书籍大半焚毁,为保存那些幸存下来的三千多部元、明善本书,他打算将这些书暂时找人保管。可是在战乱年代,许多人都不敢担当此事,许地山得知此事后,一口答应,欣然表示:想尽千方百计也要保护好祖国的这批文化遗产。后来郑振铎在《悼许地山先生》一文中写道:"这些书,是国家的无价之宝……这种勇敢负责的行为,保存民族文化的功绩,不仅我个人感激他不已。"[③]

许地山还曾协助宋庆龄等人组织抗日后援中国同盟会,积极投身战时儿童福利事业。他常劝妻子"不要只顾教育自己的孩子,应当到社会上去教育大家的孩子"[④],并亲自为孩子们写童话,如《萤灯》、《桃金娘》。1941 年 8 月 4 日,许地山由于积劳成疾,猝然病逝。第一个送来鲜花花圈的是宋庆龄。[⑤] 郑振铎在悼念文章中痛切地指出:"大家都认为他的死乃是抗日救国运动的一个大损失,乃是中国现代文学的一个大损失。"[⑥]

四、许地山成为抗日爱国战士的原因

许地山成为坚定的抗日爱国战士,与父亲的影响是分不开的。其父许南英为晚清进士,人称"窥园先生",是人们所爱戴的抗日民族英雄。许地山诞生的第二年,爆发了甲午战争,许南英担任"团练局"统领,与丘逢甲、刘永福等一

---

① 倪占贤:《许地山与香港》,《新文学史料》2001 年第 4 期。
② 倪占贤:《许地山与香港》,《新文学史料》2001 年第 4 期。
③ 倪占贤:《许地山与香港》,《新文学史料》2001 年第 4 期。
④ 周俟松:《回忆许地山》,《新文学史料》1980 年第 5 期。
⑤ 周俟松:《回忆许地山》,《新文学史料》1980 年第 5 期。
⑥ 郑振铎:《许地山选集 · 序》,北京:人民文学出版社,1958 年。

起投入抗日斗争，扼守台南。1895年，清政府同日本签订丧权辱国的《马关条约》，将台湾割让日本。许南英激于民族大义，宁死不愿当遗民，率部奋力抵抗日寇的入侵，但由于寡不敌众，又无救援，终于失败。许南英舍弃了在台湾300年的家产，将私蓄现金悉数散给部下，1896年6月携全家，在当地渔民的保护下迁徙大陆。这一段饱含血泪、充满屈辱的历史，使许南英悲愤无比，抒写了大量诗词来寄托他的爱国思乡之情。辛亥革命后，日本帝国主义为了巩固其永久统治，对出走的台湾士绅，多方拉拢，他们宣称只要许南英回台，就给官做，并发还私产。面对敌人的诱降，许南英断然拒绝，并以诗作答。诗曰："他生或去来观化，今生不愿作遗民。"[①]后来许南英流亡苏门答腊，1918年含恨而逝。许南英把这种不甘当亡国奴的爱国思想以实际行动灌输给了幼小的许地山，是影响他一生的精神导师。幼年在随父逃难途中，许地山在轮船上爬绳跌下，左臂脱臼，接骨不正，以至长期活动不自如，留下了难以磨灭的印记。稍长，他将这一切来龙去脉弄得十分清楚，经常给同伴们讲述日寇侵略中国的罪行，讲述自己的父亲如何因抗日而被日寇追捕，台湾渔民又怎样以一叶竹筏帮他全家逃离虎口的往事……[②]1933年，许地山自费印刷了父亲的诗集《窥园留草》，并且亲自为此书撰写了《窥园先生诗传》，不久，他带着《窥园留草》印本，冒险来到日本统治下的台湾。他将这些诗集分送故乡亲友，以激励人们不忘国耻。但由于此书有强烈的反日爱国思想，几遭日寇抄没，后经托人交涉，才免遭灾祸。由此可见许地山对父亲的感情至深，受父亲的影响之大。

青年时代的环境熏陶也是促使许地山日后成为抗日爱国战士的原因。许地山在国仇家恨中度过了青少年时代。1917年他到北京考入燕京大学，俄国十月革命爆发，新知识风起云涌，许地山接触了进步思想，进一步提升了精神境界。五四运动时，他参加游行示威，高呼"外争国权，内惩国贼"、"取消二十一条"等口号[③]，参加了火烧赵家楼的义举，被推选为几所学校的学生代表[④]，经常组织会议，讨论社会问题。这一期间，许地山接触了瞿秋白、郑振铎、耿济之等进步青年，他们志趣相投、互相影响，常聚在一起彻夜交谈[⑤]。1919年，许地山与郑振铎、瞿秋白等人合编《新社会》旬刊，这个刊物除了介绍科学知识、

① 周俟松：《随地山台湾行》，《许地山选集》，第713页，厦门：海峡文艺出版社，1985年。

② 周俟松、王盛：《许地山与他的父亲》，《新文学史料》1985年第11期。

③ 周俟松、王盛：《许地山与他的父亲》，《新文学史料》1985年第11期。

④ 周俟松：《许地山年表》，《台港与海外华文文学评论和研究》1992年第2期。

⑤ 周俟松：《许地山年表》，《台港与海外华文文学评论和研究》1992年第2期。

提高青年修养之外,重点讨论社会革命和宣传反帝反封建思想。五四精神对许地山影响深远,他始终忠于五四精神,永葆爱国精神和是非观念,因此在抗日救亡的高潮中,他能够走出书斋,走上街头,以百倍热情宣传抗日,并创作小说表达知识分子的爱国情感。

知识分子忧国忧民的爱国情结和社会责任感也是促使许地山走上抗日道路的内在原因。中国的知识分子历来都有爱国主义的光荣传统,这种爱国情结和社会责任感已逐渐地积淀为影响知识分子思想及行为的内在因素,成了许多中国知识分子根植心底的一种价值取向。近代以来,内忧外患使得一批中国知识分子敢于反抗强权与专制,有走出象牙塔的勇敢决心,有拯救民族危亡的强烈愿望,能够自愿地担负起拯救民族、振兴中华的重担。他们为了拯救中国,不懈努力,在革命中常常起到先锋和桥梁的作用,辛亥革命、五四运动都明显地表现了这一点。正如毛泽东所说:“在中国的民主革命运动中,知识分子是首先觉悟的成分。”[①]当日寇侵华,大片国土沦丧,中华民族面临亡国灭种的危险时,广大不愿做亡国奴的中国知识分子“忧国忧民”的爱国主义情感,上升为一种自觉的行动,更加认清了自己对于国家民族的神圣使命,国家兴亡,匹夫有责,必须拿起文化武器,开辟文化战场以配合军事战场。许地山正是知识分子的一个典型。对祖国危难和人民疾苦的关怀,对丑恶社会现象的痛恨,使他不可能只躲在书斋里去做一个静默的学者。爱国主义促使他既能够积极参与抗日救亡活动,又能够以笔为枪直指民族败类。许地山作为一位坚定的抗日爱国战士,值得后人永远纪念。

---

① 《毛泽东选集》第2卷,第559页,北京:人民出版社,1991年。

诗人吴奔星抗战期间广西文教活动综述[①]

吴心海[②]

(新华日报社,江苏南京　210092)

[摘要]抗战期间,诗人吴奔星曾在广西工作、生活长达6个年头,创作了大量艺术性和思想性皆堪称上乘的诗歌作品,撰写了多篇对今天诗坛仍有参考意义的诗学论文。与此同时,他还把在大、中学从事国文教学的经验加以理论升华,写成论文,至今对语文教学仍有参考意义。吴奔星抗战期间在诗歌创作、国文教学研究方面的贡献,虽因意识形态的原因湮没半个多世纪,但作为中国抗战文化的组成部分,值得加以重视和总结。

[关键词]吴奔星;抗战时期;广西;新诗;诗论;国文教学

诗人吴奔星1937年7月从北平师范大学国文系毕业时,适逢日本侵略者发动“卢沟桥事变”。因为和母校——湖南长沙修业学校有约,他婉拒了同学周怀球(即1949年后任湖南省委第一书记的周小舟)邀他同去山西抗日大学的请求,返回湖南长沙当了一名教师[③]。

随着日寇日益南侵,吴奔星不得不离开危如累卵的长沙,于1938年春首次踏上广西的土地,担任广西南宁中学国文教师。不过,他这次在南宁待的时间不长,就应时任浙赣铁路理事会主任秘书的堂舅张自立的邀请,返回湖南浏阳担任浙赣铁路职工巡回教育队队长,在铁路沿线宣传抗日救国。吴奔星这次在南宁的情况,留下的正式文字记录仅有一条,但十分权威:1938年7月30日,广西省政府公报发表“人字第328号”“人事委任状”,有“委任吴奔星为广西省立南宁初级中学教员”之字样。

---

① 收稿日期:2011－05－10。

② 作者简介:吴心海,新华日报社主任编辑。研究方向:新闻学、中国新诗史料研究。

③ 可参阅全国政协主管杂志《纵横》2009年第7期拙文《吴奔星与长沙修业学校》。

一、诗歌创作的丰收期

待吴奔星再度回到广西,已是1939年。按照吴奔星在《缅怀老友孙望教授》一文[①]中的叙述,他当年是从湖南衡阳乘汽车前往桂林的,同行者有当地诗人吕亮耕及其母亲和两个孩子。到了桂林,他和吕亮耕看望了在《广西日报》编辑"南方"副刊的诗人艾青,并一起吃了早茶。这是吴奔星和艾青的初会。这次到桂林,是由诗人吕亮耕陪伴,又见到诗人艾青,吴奔星难免诗兴勃发,他的新诗选集《都市是死海》[②]中,《过桂中》、《答客问》、《涧之歌》和《沿海》等几首诗作,正是这个时期的作品。其中《过桂中》一诗1939年6月2日写于桂林环湖大酒店,还曾以《过桂林》为题发表在1939年9月3日戴望舒主编的香港《星岛日报》"星座"副刊上。不过,由于抗战期间邮路不畅,吴奔星生前并不知道此诗曾在《星岛日报》发表过,笔者也是2009年在香港文学资料库中搜寻相关资料时无意发现的。刊登在《星岛日报》上的《过桂林》除了和收入《都市是死海》中的诗歌题目不同外,文字也略有不同,因资料珍贵,为便于研究者对照,兹照录如下:

两旁的山,/ 两旁的鸟音,/ 虽则是离奇的,/ 我并不感觉陌生!

车行愈远,/ 鸟语是愈加亲切了,/(迎我呢? 送我呢?)/ 我虽不懂鸟语,/ 可是,我爱这鸟音,/ 眉睫交织悲欢之网!

在我的记忆里,/ 涌现 / 北方,中州,江南…… / 的山,的鸟音 / 它们于我是熟悉的,亲昵的。

车子拉我更远了,/ 一座混合的山,/ 一种混合的鸟音 / 钉住着我的记忆,/ 离奇而亲切的!

我愿各地的山永在,/ 亲切的鸟音永在;/ 最怕听到熟悉的鸟音,/ 应和流亡的步子。

廿八年六月二日于桂林

这是目前所知吴奔星发表的第一首和广西有关的诗作,抒发了一个流亡青年对大自然的热爱,和希望祖国"山永在"、"鸟音永在"的爱国情怀。静听自

---

① 《温故》17期,桂林:广西师范大学出版社,2010年。

② 吴奔星:《都市是死海》,桂林:漓江出版社,1988年。

然界的鸟音，追求的是人与自然的亲近，突出的却是诗人辗转于北方、中州与江南各地引发的内心深处的孤独。最后一节中，诗人的思绪由桂林拓展到祖国辽阔的土地，升华了主题，既突出了对亲切的鸟儿的祝福和对祖国自然风光的热爱，显示出一份特有的诗人气质与人文关怀，也彰显出诗人“眉睫交织悲欢”的神往自然而又惆怅漂泊的复杂情愫。这不免让人油然想起杜甫的诗句“国破山河在，城春草木深。感时花溅泪，恨别鸟惊心”。从时间跨度来说，两位诗人相差了1200多年，但从爱国情怀来说，两人堪称近在咫尺！

这次吴奔星在桂林短暂逗留后即前往贵阳，由诗人孙望的父亲孙逸园介绍到贵州图云关联合国救济总署设立的红十字会运输队工作，担任英国华人林可胜少将和运输股长胡威廉的中英文秘书。由于贵阳当时地处偏僻，生活单调，知识界的朋友很少，能够谈诗的朋友更是凤毛麟角，吴奔星只待了几个月时间，又返回桂林，旋去湖南新宁，担任湖南省立衡山师范学校国文教师。到了1940年下半年，才折返广西，先后担任桂林医学院国文讲师、广西省立桂林师范语文教师、广西教育研究所研究员、桂林师范学院副教授兼桂林师范学院附属中学语文教师，直到1943年9月再次告别广西①。

自1937年七七事变后到1945年抗战胜利的流亡生活期间，吴奔星在广西桂林逗留时间最长，也相对安定，教书之余，能够静下心来从事诗歌创作以及语文教学研究，并取得相当的成绩。1940年9月，吴奔星发表在桂林出版的《诗》月刊2卷1期的《流浪人的日子》，可谓这段生活的写照：

风之手推开流浪人的窗，/ 飞蛾遂鱼贯而入：/ 一只，两只，三只……/ 回环于植物油灯的周遭：/ 一个圈，两个圈，三个圈…… / 一夜，两夜，三夜…… / 寂寞的圈子，/ 日月的圈子，/ 交织起来，/ 重叠起来。

记忆插上翅膀，/ 共飞蛾而起舞，/（在寂寞的圈子内，/ 在日月的圈子外。）/ 一个圈，两个圈，三个圈，/ 一夜，两夜，三夜……/ 矫健的翅膀疲惫了，/ 折落于梦之阴影下。/ 而飞蛾加速度的凯旋舞，/ 乃共灯花而暗笑！/ 无数的圈子，/ 无数的夜，/ 交织起来，/ 重叠起来。

流浪人的寂寞，/ 流浪人的悲哀，/ 是交织着的，/ 是重叠着的。

二十九年六月八日于融县

① 吴奔星辞去广西工作，是应谢六逸之聘担任贵阳师范学院中文系副教授，主讲《杜诗选讲》和《古代文选》。可参阅吴奔星《缅怀谢六逸先生》，见1994年《山花》第10期。

1943年9月桂林师范学院附中高三班同学欢送吴奔星老师(前排右六)留影。

流浪对诗人的生活而言是麻烦和困顿,对于诗歌而言却是火花与灵感。本诗即景生情,以细数飞蛾的数量,玩味飞蛾的“凯旋舞”来凸显诗人的寂寞与善感。飞蛾“回环于植物油灯的周遭”虽有几分盲目,然而目标与方向却是明确的;而诗人却只能感慨于日子在流浪中不经意间的流逝:“一夜,两夜,三夜……”那份寂寞、那份悲哀对于有才有志的青年而言无疑是种精神的折磨。

吴奔星抗战时期写于广西的诗歌发表过很多,半个多世纪过去,散佚不少,残留下来的一些剪报多半也没有标明发表的报刊和日期。笔者近几年来多方搜寻、核对,弄清了一些出处,但还有为数不少仍待查明。除上述几首诗歌外,吴奔星抗战期间在广西写作并发表的重要诗作尚有以下一些:

1.《风之歌》:

风,歌颂朝雾,/ 歌颂晚霞,/ 歌颂阴晦的秋,/ 歌颂严寒的冬,/ 尤喜歌颂漆黑的子夜,/ 暨雷暴雨降临前的一刹那。/ 总之,它喜欢歌颂 / 一切多变化的活泼的时节 / 而厌弃平凡的日子。

它的歌声,/ 如虎吼,如狼嚎,/ 像波浪掀天,/ 像雷霆动地,/ 似杜鹃啼血，/ 似猿猴哀鸣。/ 愤怒，悲壮，/ 潇洒，飘逸，/ 流畅，嘹亮，/ 清脆，凄凉，/ 多变的，活泼的，/ 配合一切多变的活泼的时节，/ 打击了所不坚强的，/ 动摇的，庸弱的人们，/ 而赞美那些 / 已经 / 正在 / 将要 / 签名于史页上的风云儿。

诗人笔下的风是摧毁旧世界、追求新生活的的象征，作者以多重意象的叠加展现了风的正义、风的勇敢与风的坚韧，殷切呼唤与期盼那些“已经 / 正在 / 将要 / 签名于史页上的风云儿”的出现。

此诗 1940 年 5 月 6 日写于桂林，同年 9 月 11 日发表于香港《国民日报》副刊，其时吴奔星的诗友路易士在该报编辑副刊。此诗和收入《都市是死海》中的同题诗《风之歌》文字上也有区别。

2.《答客问》：

我么？/ 来自那燃烧起第一把烽火的 / 常年笼罩着黄沙网的 / 地下长眠着祖先的木乃伊的 / 古城的行客。/ 虽说初踏入南国的瘴疠地 / 但我们是不用惊讶的。/ 不是吗？/ 我们的头发，的皮肤，的耳目口鼻、的颜色和形态，/ 不是同一的吗！我们，惟有我们，/ 是欧罗巴人所曾慑服的“黄祸”！

你我的口音隔膜么？/ 我不是鴂舌 / 你也并非鸟言，/ 那都是山河的表象。/ 你无须问祖国的广大，/ 祖国的地图，/ 如今绘在各式各样的语音中。/ 你珍惜我的语音吧，/ 你是河山的爱护者！

猗欤！你我的视线是如此亲切的，/ 虽含孕着几分痴憨，/ 却具有无上的凝聚之力呀！/ 我们该以同一的眼色，/ 掠过各色各样的音区！/ 堆积起来眼色来吧，/ 这才是虾夷种所不能突破的长城！

此诗发表于 1940 年 9 月桂林《诗》月刊 2 卷 1 期，总题目为《民国诗两首》，另外一首即前面提到的《流浪人的日子》。《答客问》原诗末标注“二十八年六月写于经桂赴黔途中”，表现了一个从北国流亡南国的爱国青年的心声，他希望操着不同乡音却拥有同样发色、肤色的同胞团结起来，筑起日寇所“不能突破的长城”！

3.《汗之颂歌》：

七月——/ 是汗之季节，/ 三万六千个毛孔 / 汗在争流：/ 额角，耳根，/ 鼻尖，下巴，/ 背脊，胸膛，/ 以至大腿脚掌，/ 汹涌着，横行着，/ 织成一个无边的网，/ 有活力在交流。

(不在月下流！/ 不在花间流！) / 它是成串的珍珠，/ 一颗要换一粒谷子，/ 它是连编的炮弹，/ 一颗要拼掉一个敌人！

我们披着汗之网，/ 走向广大的田间，/ 踏上腥臊的火线，/ 网罗丰穰的收成，/ 打尽无耻的仇敌！

汗之网密布在高原，/ 汗之网密布在平地，/ 它有蒸腾的热力，/ 它有药性的咸味，/ 使祖国的英雄跋山涉水，出死入生，/ 为祖国的江山消毒，防腐，灭菌，杀虫，/ 它是奔腾澎湃的！/ 它是根深蒂固的！

尽管强暴者以秋风残忍的姿态 / 扫荡它如落叶萧萧而下，/ 它必然用春潮陡涨的面貌 / 回答它以怒潮滚滚而来！

它是祖国无穷的资源，/ 它是祖国活泼的脉搏，/ 谁能根绝我们的热汗？/ 谁能毁灭我们的国家？

听呀，/ 祖国的英雄，/ 挺直脊梁，/ 在当空的烈日下，/ 以骄傲而沉着的旋律，/ 高唱汗之颂歌！

卅，五，八，寄自桂林

此诗发表在《中国诗艺》1941 年第 3 卷第 7 期(复刊第 2 期)上。以汗入诗，古而有之，如唐代李绅的《悯农》之一曰："锄禾日当午，汗滴禾下土；谁知盘中餐，粒粒皆辛苦。"至于现代新诗中，和"汗"有关的诗作也有一些，但多半像《悯农》一样，多和劳作有关，只限于正常的人体新陈代谢，如臧克家《三代》中"孩子，在土里洗澡；/ 爸爸在土里流汗；/ 爷爷，在土里埋葬"，刘半农《敲冰》中"头上的汗，/ 涔涔的向冰冷的冰上滴，/ 背上的汗，/ 被冷风从袖管中钻进去，/ 吹得快要结成冰冷的冰"，洛夫《边界望乡》中"雾正升起，我们在茫然中勒马四顾 / 手掌开始出汗"，等等。像吴奔星这首以汗作为意象，雄浑奇崛，汗是炮弹，汗是怒潮，汗是活泼的脉搏，汗，奔腾澎湃，无穷无尽，捍卫着祖国，可以说是别出机杼，未必后无来者，但确实是前无古人，具有独特的艺术魅力！

4.《怀两江》：

当春天快要来的时候 / 我悄然地离开了两江，/ ——带着亲爱的书、孩子，/ 当然，还有老婆！/ 我虽然投入了更大的春天，/ 但也不能忘怀于那一块小小的土地！

第一：我怀念那儿一个古老的村子，/ 名字怪奇特的，/ 叫什么"树头村"。

/ 奇特的村子，/ 产生了一个奇特的人：/ 那便是打救同胞的 / XX战区司令长官 / 李宗仁将军！/ 我从未慑于他的威名，/ 我只敬慕他的面孔，/ 满铺着诚恳，/ 还有几条英勇的皱纹！

第二：我怀念那儿的一座桥，/ 名字怪顺耳的，/ 桥下流过一条水，/ 叫凤凰的凤水：/ 那个 / 印有我壮年的足迹的 / 投有我豪放的眼色的 / 流着我爱与恨的 / 小小的 / 地方！/ 桥上遗留着 / 我那送别黄昏的足印 / 桥下翻腾着 / 我那迎接老年的颓影；/ 还有我那一股股对人类的憎恨 / 喷射在 / 桥上！/ 水上！

第三：我怀念一群年青的人，/ 他们常跑树头村，/ 他们常走凤桥，/ 他们常在凤水里游泳。/ 他们学会了如何安排自己：/ 他们像凤桥一般美丽，/ 他们像凤水一般活跃，/ 他们并默契着树头村的精神传统！/ 更值得怀念的是 / 他们都知道自己还年青得可爱，/ 他们不屑去假装“少年老成”。

第四：我怀念那儿一些狰狞的面貌。

第五：我怀念那儿一些阴险的心肝，/ 为了它们 / 我在春天快要来的时候，/ 我便离开了两江，/ 庆幸我没有为它们所同化、所损伤，/ 我还是我，/ 一颗赤子之心，/ 投向另一个充满春意的地方！/ 总而言之，/ 我怀念两江。

这首诗歌发表于1942年6月15日《广西日报·桂林版》第4版“漓水”副刊。十分奇怪，诗的第四段仅一行文字，不知道是当年排版时候的失误还是新闻检查时被删削！诗人所出的几部诗集里也没有此诗，无从对照，留下遗憾。

5.《**山居杂诗**》1组3首：

其一：水之颂

水呵——/ 水呵——/ 跳跃于带伤的土地上，/ 谁不热爱着水呢？

从黎明到黄昏，/ 太阳躺在水的怀抱里：/ 水呵——/ 跳跃于带伤的土地上，/ 是“无限的光明”的摇篮呀！

其二：农夫

农夫凝视着 / 春风上的水田的波纹 / 他想到——/ 南风下的碧绿的秧纹 / 秋风下的金黄的稻纹 / 仓库旁的地主的笑纹 / 冷灶旁的妻儿的泪纹 / 他木然了 / 怕开始他那慢性自杀的工作。

其三：记所见

肥肚皮、双下巴的人，/ 是不惯于山居的！/ 他怕一泓清泉诅咒他那污秽的脚，/ 他怕一轮明月映入他那黑色的心，/ 他怕数声村鸡嘲骂他那麻木的耳，/ 他怕几片绿叶晃入他那罪恶的眼，/ 总之，他怕一切，/ 清白的，警惕的，新生的，/ 事物和性态，/ 尤其怕那些无量数的粗黑的 / 脸部、臂部、腿部……/ 所鼓出来的青色而忿怒的筋！/ 所以在一场大轰炸之后，/ 那些肥肚皮、双下巴的人，/ 仍然回到了城市…… / 那是他们的“长生”呢！

诗人以爱憎分明的强烈情感表达了对下层人民群众的同情和对尸位素餐者的抨击。此组诗发表于1942年6月22日《广西日报·桂林版》第4版“漓水”副刊。

6.《楼》：

太阳也常来散步 / 月亮也常来散步 / 我的光明的楼呀 / 现在，裸露着胸脯 / 只等待你的脚步

风是嫌恶楼之冷清么 / 路过一下 / 掉头便走了 / 它为我低唱召唤之歌 / 悠远……悠远

楼内什么都还年青 / 桌子红红的 / 椅子红红的 / 镜子睁大磁性的眼 / 屋梁也还魁梧得可观

但为了你的脚步 / 桌椅镜子等得皱了额 / 屋梁也快长满灰白的鬌 / 老了——我的年青的楼呀

我曾数度 / 赶走了太阳 / 赶走了月亮 / 硬把一座美丽的楼 / 装潢得格外幽深 / 而且秘密 / 因为我的梦告诉我呀 / 你的圆溜的眼 / 比太阳还亮 / 比月亮还光

可是 / 据说你的那双眼呀 / 像翻□的蝴蝶 / 正飞舞于另一个广场 / 我枉然于 / 开罪了太阳月亮

而我的年青的楼呀 / 格外幽深 / 而且秘密哟 / 黑色的四壁 / 锁住一颗红色的心 / 风，路过一下 / 掉头便走了

此诗发表于1942年7月6日《广西日报·桂林版》第4版“漓水”副刊。倒数第二节中“翻”后缺了一字，估计是“飞”字。本诗以象征主义的写法刻画出对爱情与理想的追求，将诗人等待的执著与坚守、失望却不失意的豁达从容表现得含蓄空灵，灵动而活泼。

7.《近作3首》:

其一:?

什么是季节的制造者?

它使人们陷落于秋之深坑,/人们的脸/是溃裂的黄叶!

它使城市浸润于春之乐土,/城市的屋宇/是雨后的春笋!

春天吞噬了秋天,/满城一片春色,/繁荣——再繁荣,/从这个城到那个城!

祖传:死尸被殓于坚美的棺椁,/出殡要伴奏悲壮的音乐。/今天的城镇呵/秋天被包裹于春天!

什么是季节的制造者?

三十一,十二,二十九

其二:生活

壁虎,蜘蛛,/是生活的注解者。

徘徊地面的两只脚,/一如春耕的犁铧。

将所有的"寂寞"犁转来,/任它们在房间里开花。

把"花朵"插满周身,/我是一幅古老的油画。

壁虎,蜘蛛,/是欣赏古画的行家。

其三:声音

响在窗外的,/是或人的脚步声,/或人是不知名的,/而他的脚步声,/却是耳觉的朋友。

或人的后面,/追随阵阵鸟声,/不知动物学者给的什么名字,/而她们的鸣声,/却是耳觉的朋友。

不知睽违了几多寒暑,/那些亲切的声音,/他们往何处去?/是否惦念曾经耳熟的歌声?

天这么阔,/山这么高,/水这么长,/这么伟大的家,/走吧,飞,/那儿都洋溢着贴肉的招呼!

这组诗发表于1943年1月30日《扫荡报》(桂林版)第4版,注重自然的人化,在对自然事物的审美移情中融入了诗人对自然、人生、社会的感悟,有对虚假繁荣的反思,有对众生平等、万物有灵的礼赞,也有对滚滚红尘中的缘起缘落的情分的追忆。

8.《小鸟辞》。

此诗曾选入《中国新文学大系 1937—1949 · 诗卷》[①]、《中国新文艺大系 1937—1949 · 诗集》[②],以及《古今中外朦胧诗鉴赏辞典》[③]、《20 世纪汉语诗选 第 2 卷 1900—1949》[④]、《现代诗歌在作文中的应用》[⑤]、《中国悲情诗选》[⑥]等,比较常见,全文不赘。不过,要指出的是,《小鸟辞》并非如《中国新文学大系 1937—1949 · 诗卷》所说的原载于"1943 年 3 月 20 日《广西日报》",而是与《芭蕉叶》一起以《诗两章》为总题刊载于 1943 年 3 月 20 日《扫荡报》。

对于《小鸟辞》,黄修已曾如此评论说:"《小鸟辞》一诗,其思想和艺术上的个性,也是比较鲜明的。诗人自喻小鸟,这实可视为他的自画像。至于他为何选择小鸟,这里就有个性的问题了。郭沫若写过《天狗》,那形象是狂暴的,但却敢于宣告要吞食日月以至全宇宙。吴奔星的小鸟,自然没有这样的非凡气势,或者说缺少一点阳刚之气。臧克家写过《老马》,那形象略为柔弱。但老马忍辱负重,逆来顺受,却也有一股坚韧的劲头。只有受旧式农民性格较深浸染的知识分子,才可能具有这样的品格。这与吴奔星的小鸟,也大为异趣。从吴奔星的小鸟身上,更多地表现出来的,还是历来中国知识分子的洒脱、超然、孤傲之气。"[⑦]

至于和《小鸟辞》同时发表的《芭蕉叶》,作者则"幻化"为一尾鱼,享受芭蕉叶带来的绿色,其表现的"绿色"意识,至今仍属先进:

海涛样翻腾的芭蕉叶,/ 使得屋子变成了暗礁,/ 我——一尾破浪的鱼哟,/ 竟雌伏于阴凉的海底!

芭蕉叶是令人艳羡的:/ 它长而且阔,/ 诱致特多的阳光的爱抚,/ 摇落骄矜的春色!/ 它会利用丑恶的雨点,/ 敲弹它那不倦的琴键;/ ——南风中的催眠曲,/ 能不梦幻生命的绿叶长而且阔么?

假如不幸而短命以死,/ 我的遗嘱:必须葬身芭蕉根畔,/ 听它播送绿色的挽歌:/ ——在春天,竟倒下一条绿色的生命!

---

① 《中国新文学大系 1937—1949 · 诗卷》,上海:上海文艺出版社,1994 年。
② 公木主编:《中国新文艺大系 1937—1949 · 诗集》,北京:中国文联出版公司,1996 年。
③ 徐荣街、徐瑞岳主编:《古今中外朦胧诗鉴赏辞典》,郑州:中州古籍出版社,1990 年。
④ 姜耕玉选编:《20 世纪汉语诗选 第 2 卷 1900—1949》,上海:上海教育出版社,1999 年。
⑤ 赵国惠:《现代诗歌在作文中的应用》,沈阳:辽宁人民出版社,2002 年。
⑥ 高洪波主编:《中国悲情诗选》,厦门:鹭江出版社,2004 年。
⑦ 徐荣街、徐瑞岳主编:《古今中外朦胧诗鉴赏辞典》,第 288 页,郑州:中州古籍出版社,1990 年。

因此，我爱芭蕉叶，/ 爱它是“叶中之王”，/ 我雌伏于暗礁之下，/ 做一个绿色的梦。

9.《都市是死海》、《漓江夜色》。

这两首诗以《诗两篇》总题发表于 1943 年 8 月 30 日《扫荡报》第 4 版。《都市是死海》一诗，选入 1988 年漓江出版社出版的同名诗集以及同年江苏文艺出版社出版的《中国新诗鉴赏大辞典》，同样毋庸赘录。不过，由于意识形态的对立，包括《扫荡报》在内的诸多国民党党营报刊在 1949 年后的半个多世纪里基本处于被雪藏的禁区状态，副刊目录迄今鲜见坊间工具书[①]，而《漓江夜色》未见结集或选本，有必要全文照录如下：

中正桥在梦着，/ 船只，在梦着。
舟尾有船娘还在洗着衣——/ 哗啦啦地响！
桥上有流浪人还在望着天，/ 哼哼唧唧——“举头望明月……”
那是漓水的鼾声、呓语么？/ 那是中正桥的鼾声、呓语么？

卅二，四，十二

诗作从不同视角描写了夜色下漓江的人文活动，以动写静，赞美了生活艰辛的劳动人民，抒写了乡愁——这一穿越时空的人类共同的情感体验，将民歌式的直白酣畅和文人的缠绵咏叹融为一体，衬托出一位独立苍茫的无眠诗人形象，颇有文化内涵。

对于《都市是死海》一诗，胡良桂这样评论：

创作于 1943 年的《都市是死海》是吴奔星已经出版的诗歌创作中较长的一篇。在这首自由体诗中，作者采用了意象叠加的方式，将都市所存在的各种各样的丑恶的社会现象，以一组组的意象和象征的手法展示出来，在对丑恶社会现象的揭示中表现作者的审美理想。然而，仔细品读全诗，则又会发现在这首诗人的艺术想象力得以自由驰骋的自由体诗中，有着内在的节奏和旋律，不但段与段的排列有着内在的规律性，而且句与句之间的排列也整饬自然，而且

① 可参阅刘增杰在《抗战文化研究》第 3 辑(桂林：广西师范大学出版社，2010 年 3 月)的《论抗战文艺报刊研究的发展路向及其理论缺失》一文。

不同意象所展示出的是一种韵律的美。①

钱志富则认为这是一首"现实主义的诗歌杰作":

吴奔星的《都市是死海》是一首写得非常奔放的、壮烈的、悲怆的而又慷慨激昂的现实主义的诗歌杰作,让人读后有透不过气来的感觉,这首诗在《扫荡报》刊发后引起巨大反响是理所当然的,我们今天读来都还回肠荡气。这首诗的确是吴奔星诗中不可多得的珍品。这首诗虽然写于1943年的桂林,然而结合中国当前的现实,觉得在某些方面(比如腐败、欺瞒、构陷、压迫,等等)它又仿佛是为当前的现实而写,可见诗歌虽然有其时代性,然而它对时代的穿透性却也是很强的。这也可见出真正的现实主义诗歌作品的艺术魅力和魔力。这首诗在诗歌艺术上有不凡的表现,他使用了象征、比喻、夸张、讽刺和排比等加强诗歌的艺术效果的修辞手法,并且运用得十分纯熟和成功,单说大量的排比句的使用就让人觉得这是迫击炮似地射出了昂扬的悲愤和诅咒。此外,该诗在音调上十分激越铿锵,既是长歌当哭,又是与假丑恶抗争取胜的凯歌。当然,此诗的主要价值在于诗人无以复加地写出了现实的真实和历史的真相。应该说,诗人在这首诗上的成就是不亚于当时成绩斐然的七月诗派和后来出现的九叶诗派的成就的。②

除了上述诗作以外,吴奔星尚有《宣传》、《湘桂车中》、《诉》,《题最新抗敌形势图》、《威胁》、《春思》、《涧之歌》、《三月之街》等多首抗战期间写作并发表的诗作尚难确定出处。希望拙文发表后,有关研究者和知情人能够提供有益的线索。

陆耀东为宋剑华的《文学的觉醒与选择》③一书作序时说:"本书第四辑中的文字,《论吴奔星早期的现代派诗歌创作》是前人极少涉足的一个研究课题。吴先生解放前的诗散见各报刊,虽曾自编两本诗集,但其中一本由于战争波及诗稿散失而未面世,另一本似也未发行,因此搜集不易,影响人们对它的研究(1988年漓江出版社出版了吴先生的诗选集《都市是死海》,收入了《暮霭》、《春焰》两个诗集中的部分作品)。作为中国为数不多的现代派诗人之一,吴先生

---

① 胡良桂:《新湖南文学史稿》,长沙:湖南人民出版社,2008年。

② 钱志富:《中外诗歌研究》,北京:人民文学出版社,2007年。

③ 宋剑华:《文学的觉醒与选择》,香港:中华文化出版社,1992年。

早期诗作还是不应被人们忘记的。”①

陆耀东称前人极少涉足吴奔星早期的现代派诗歌创作研究，大体不错，但毕竟还有宋剑华等人的研究文章，而吴奔星抗战期间诗歌创作的整体研究，则迄今仍是空白，应该是很有开发价值的处女地。

二、国文教学研究出硕果

1938 年到 1943 年，吴奔星在广西从事中等和高等教育工作，断断续续长达 6 个年头。相比诗歌创作来说，做教师是他的主业。不过，与他客居广西阶段留下大量诗作相比较而言，吴奔星谈及抗战期间广西教书生涯的文字寥寥可数。或许，对广西的感情和记忆，都已经镌刻到大量的诗句里去了吧。

不过，从广西出版的一些文史类的书刊中，还是可以找到吴奔星的点点滴滴。如士文在《桂北革命干部的摇篮——桂师》②一文中谈及桂林师范创办人、首任校长唐现之时说：“他趁大批进步学者、文化人云集桂林的大好时机，先后聘请了不少知名学者、从沦陷区撤退到桂林的中共地下党员来校任教。如杨晦、丰子恺、傅彬然、王星贤、贾祖璋、林举岱、陈润泉、朱荫龙、何思贤、戴自俺、吴奔星、张毕来、吴幼之，等等，都是曾在国内各大学任过教的教授或有著述的学者”。

莫柏秀在一篇谈及桂林师范的文章③中，提到来桂师任教的多位文化名流，其中包括吴奔星在内：“这个学校是在抗日战争初期办起来的，距离桂林市区约三十公里，校旁松林浓阴蔽天，风景宜人，没有受到敌机空袭的骚扰，所以由京沪撤退到桂林的文化名流大都乐意应聘来校任教。如丰子恺、傅彬然、贾祖璋、叶苍芩、林举岱、吴奔星、戴自俺等，都先后到过桂师任教。”

韦剑辉在《我们曾在这里学习和战斗——国立桂林师范学院附中建校育人简述》④一文中，则叙述附中的师资质量很高：“由于院校的重视和妥善安排，附中师资队伍水平很高，还请师院教授和社会名流来兼课。如由师院化学教授靳为藩兼任化学课，请知名作家孟超、安娥、吴奔星等上语文课。”

杜金济在《桂师的回忆》⑤一文中，具体写到了对老师吴奔星的印象：“在文

---

① 该序亦收入陆耀东所著、文化艺术出版社 2009 年出版的《八十初度》一书。

② 《桂海春秋》1989 年第 1 期。

③ 《桂林文史资料》第 13 辑，桂林：漓江出版社，1988 年。

④ 《国立桂林师范学院实录》，桂林：漓江出版社，1997 年。

⑤ 政协广西临桂县委员会办公室编：《临桂文史 · 第 6 辑》，1993 年。

学修养方面,还有几位老师也值得一提。吴奔星老师,诗文并茂,潇洒飘逸。他是湖南安化县人,30年代在北京创办过《小雅》诗刊,抗战时到桂师教语文。他对鲁迅文学很有研究,在桂师很有名气。1941年李宗仁母殁,广西省政府指定学校要列队前往李府吊唁,校长当场要吴奔星撰一联,吴老师不假思索,片刻联成。"

遗憾的是,杜金济并未在文中写出吴奔星所撰的对联。笔者2004年曾和杜金济联系,他回信表示年老体衰,记忆力也差,仅记得有"八桂云山皆失色,两江风木已含悲"的残句。

1942年3月,吴奔星撰写的《中学国文教学的"分工合作制"》发表于国立西南联合大学师范学院国文月刊社编、开明书店印行的《国文月刊》第11期。文末"作者介绍"一栏说:吴奔星"富有国文教学经验","曾在中学及大学任教15年,现卜居桂林,从事著述"。

这是吴奔星抗战期间撰写的一篇有分量的关于中学国文教学的论文,半个世纪之后,还被收入权威的《二十世纪前期中国语文教育论集》[①],可见其影响力。

王柏勋在《二十世纪前期先进教育家语文素质教育观简论》[②]一文中,认为《中学国文教学的"分工合作制"》是"富有发展眼光的见解":

> 身处战火纷飞的1942年,吴奔星在《国文月刊》上发表文章,呼吁要重视学生的未来发展,他说:"中学和师范学校的青年,正是试探天才发展的路线的时候,各种知识都应平均了解:或为将来深入的门径,或为他日应世的南针,故不宜拘于一门,限于一隅……"这是多么富有发展眼光的见解。

陆哨林在《抗战时期大后方的三种语文刊物》[③]一文中谈到《国文月刊》时,把吴奔星的文章和朱自清、浦江清、叶圣陶等人的文章并列在一起,予以高度评价:

> 从刊物发表的文章看,它与一般中学语文杂志相比较,内容要深一些,层次要高一些,它在重视语文教学实践性的同时也兼顾一定的学术性。如朱自

---

① 顾黄初、李杏保编:《二十世纪前期中国语文教育论集》,成都:四川教育出版社,1991年。
② 《首都师范大学学报》1998年第3期。
③ 《出版史料》2005年第3期。

清的《中学生的国文程度》(第1、2期连载)和《论教本与写作》(第10期)、浦江清的《论中学国文》(第3期)、吴有容的《中学国文教科书革新刍议》(第8期)、吴奔星的《中学国文教学的"分工合作制"》(第11期)、叶圣陶的《论中学国文程度的改订》(第15期)、罗莘田的《我的中学国文教学经验》(第20期)。这些文章对中学语文教育理论的研究与教学实践具有深刻的建设意义和鲜明的指导作用。

至于《中学国文教学法的出路》一文[①],则是吴奔星抗战期间发表的有关国文教学的第二篇重要论文,被选入《二十世纪前期中国语文教育论集》。

潘新和在《中国现代写作教育史》[②]第三章"国统区写作学研究概要"中,谈到吴奔星的《中学国文教学法的出路》时指出:

吴奔星在这方面的研究则别开蹊径,采用"打油诗"对学生进行诱导和鞭策。他诱导"习作"的诗是:自动作文是人才,/ 被动作文是奴才,/ 愈作愈通,/ 不作不通!他说"学生看了,自然警惕自己,平日喜欢写作的将更加起劲,即不大写作的,也不甘作奴才,会自动地提起笔来。比你千言万语苦口婆心的劝告,来的一定有效!"他还作了"作文三部曲":

1. 学生作,/ 先生批,/ 批我好,/ 不得意,/ 批我坏,/ 不泄气,/ 钝铁磨成绣花针,哪怕文章是狗屁!

2. 用自己的笔,/ 写自己的话,/ 伟大的作品,/ 产生在自己的笔下,/ 他人的文章,/ 贵食而能化,/"抄袭"是灵魂的强奸者,/ 丢那妈!

3. 不贵长,/ 只要通,/ 通者一字值千金,/ 否则寒窗白用功。/ 君不见黄河不通常混浊,/ 清泉滚滚畅无穷,/ 中学青年宜勉励,/ 慎勿当作耳旁风!

用"打油诗"帮助学生树立正确的写作观念和写作态度,这种方式较易为学生接受并留下深刻的印象,这种教改上的独创性,是值得教师们借鉴的。

至于语言学家张世禄,当时读到此文后,很快写成《读了〈中学国文教学法的出路〉以后》一文,发表于《国文月刊》第24期,对文章观点表示认同之余,又补充了自己的意见。张世禄在文章最后,还对吴奔星在国文教学方面的成绩

---

① 该文1943年3月5日、6日、9日分别以一个整版和2个1/4版的篇幅连载于《扫荡报》第四版,首发时配有"编者按",后于当年8月刊载于《国文月刊》第23期。

② 潘新和:《中国现代写作教育史》,第406至407页,福州,福建人民出版社,1997年。

表示了更大的期待:

吴先生对中国语言文学有很深刻的研究,原文所谓“头脑有条理,谈吐很晓畅,又能百学不厌的”理想中的国文教师,他本人自己就是一个完全的榜样;他现在正从事教育的研究,同时又注意其他国家社会的问题;我想吴先生在国文教学的许多方面,必定还有很宝贵的指示。

的确,吴奔星后来在语文教学方面有所成就,在1949年后出版了中国大陆第一本研究语文教学的专著《语文教学新论》以及《阅读与写作的基本问题》[①],因不在本文范畴之内,不再赘述。

需要指出的是,上述两篇有关国文教学的重要论文均为吴奔星客居桂林,在桂林师范、桂林师范学院及附中教书期间撰写的,可谓其教书经验的结晶。

三、交往与友情

吴奔星卜居广西期间,和不少诗人、作家、教授有过交往。除文中曾提到的吕亮耕、艾青外,交往较多的还有张世禄、吴世昌、汪铭竹、张大旗、黎锦明、李白凤、柳无忌等文化名人。比如黎锦明抗战期间曾赴南宁中学任教,就是吴奔星介绍的[②]。至于李白凤,30年代写诗时就和吴奔星有过书信往来,他1940年从广东前往广西的旅费,也是后者提供的[③]。

作为诗人,吴奔星很重视友情,但他青年时代甚少赠诗给友朋。与他形成鲜明对照的是,李白凤写过很多此类诗歌,如《赠英诞》[④]、《寄任侠》[⑤]、《五月柬路易士》[⑥]等。

抗战期间,李白凤写给吴奔星的诗作有案可查的为两首,一为新诗,一为旧诗。其中新诗《寄奔星》发表于1940年桂林《诗》月刊1卷1期,可惜目前只

---

① 《语文教学新论》1950年10月由察哈尔文教社出版,《阅读和写作的基本问题》1954年3月由上海东方书店出版。

② 黎锦明:《黎锦明小说选》,北京:人民文学出版社,1983年。第298页“黎锦明年表”1939年部分记载:九月,受友人吴奔星之托,代为前往桂林师范任教。

③ 周良沛:《中国现代新诗序集·下》,第845页,深圳:海天出版社,2006年。

④ 1940年4月1日出版《中国文艺》2卷2期。

⑤ 收录于《南行小草》,重庆,独立出版社,1939年。

⑥ 收录于《南行小草》,重庆,独立出版社,1939年。

能查到目录[①],包括广西、重庆在内的多家图书馆都找不到这本刊物的踪迹[②]。至于写给吴奔星的旧诗,则是刊载于《大千》[③]杂志1944年5、6期合刊《拟古十七首(并序)》中的一首,题为《安化吴奔星》[④],诗云:

结交将十载,中怀应未知。飞文伤朋侣,流言术更奇。落日厌迈岫,明月忆南池。飒飒叶惊心,冥冥鸟坠时。丛山眺襟带,远水发遥枝。巉岩犹极目,谁能窥鼎食?

从字面意思分析,李白凤和吴奔星结交近10年,却因流言蜚语导致误会,使得后者认为他汲汲于功名,不是同辈中人,所以说对方并不了解自己。李白凤在黄昏时候远望山川,思念吴奔星,并表明心迹。

不过,河南大学张如法教授曾告诉笔者:"我与培基[⑤]交换了意见,误会之事似不是李、吴二老之间的事,而与抗战后期国统区文艺界的意见分歧有关。培基说,他听李老说过,还牵涉到柳亚子等人,不过他不熟悉现代文学,当时没听懂。"

究竟其中有什么玄机,只有寄希望有心者来弄清楚了。

至于看到李白凤的两首赠诗后,吴奔星有无回赠,眼下也是一个悬念。不过,在李白凤1978年去世后,吴奔星接到讣闻后即作诗一首,以示哀悼:

白也诗无敌,凤兮命可哀。丹心照明月,浩气没尘埃。
几度惊风雨,一生付劫灰。双眉从未展,能不赋归来?[⑥]

2011年3月1日—5月6日于南京

(本文写作得到淮阴师范学院中文系苗珍虎老师的帮助和指教,特此致谢。)

---

① 杨益群等编选:《文艺期刊索引》,第166页,桂林:广西人民出版社,1986年。

② 笔者曾联系桂林图书馆、广西图书馆、重庆图书馆,《诗》月刊均没有完整的馆藏,新一卷二期前的刊物无从寻觅。

③ 陈迩冬主编。

④ 吴奔星为湖南安化人。

⑤ 指佟培基,河南大学古典文学教授,青年时代曾和晚年的李白凤过从甚密。

⑥ 见《忆诗人李白凤》,1980年《奔流》第8期。

臧克家抗战诗歌的艺术特征[①]

秦　弓[②]

(中国社会科学院文学研究所,北京　100732)

[摘要]随着视野的扩大与艺术的探究,臧克家的抗战诗歌在发扬战前诗歌优长的基础上又有新的发展。抒情诗借助对话与意象抒情更为圆润;叙事诗有的描写战事,犹如诗性速写,有的刻画人物,好似肖像素描;更为突出的是长篇叙事诗,其基本类型可分为英雄史诗、心曲长调与连环叙事诗;手法有质朴无华的白描,夹叙夹议的铺展,也有叙事与抒情的融合,自然或超拔的象征。臧克家抗战诗歌的创新性表明诗人没有因为思想前进而导致艺术退步,也说明抗战文学并非只见抗战、少有文学。

[关键词]臧克家;抗战诗歌;艺术特征

在迄今为止的中国现代文学历史叙述中,抗战文学是一个薄弱环节,不仅与五四时期和30年代相比显得分量不够,而且对于关乎国家与民族命运的抗日战争来说,尤其难以匹配。个中原因相当复杂,诸如:战争期间,报刊书籍出版困难,发行阻隔重重,纸张质量粗劣,不易保存,研究者难以看到第一手资料;抗战期间,历史叙述、学术研究很难与行进中的历史同步,抗战胜利后不久即爆发内战,昔日并肩御侮的兄弟变成刀兵相见的敌手,几年后政权更迭,联合抗战的历史一时间难以客观呈现,只能默默地退向远方;还有一种似乎无须证明的习见——抗战文学有抗战氛围、而少文学建树。在这种背景下,对臧克家的抗战文学评价便大打折扣。譬如,蓝海早在1947年初版的《中国抗战文艺史》中就曾认为"臧克家,战前已独成一种风格,而且在新诗运动上起过相当

---

① 收稿日期:2011－06－30。

② 作者简介:秦弓,博士,中国社会科学院文学研究所研究员,博士生导师,中国现代文学研究会副会长。研究方向为中国现代文学、比较文学。

作用的诗人"，战争爆发后，他"勉力向时代的浪潮浮游，努力想冲破过去的风格"，"战争中他曾在前线工作数年，也写出了许多诗篇"，但是，由于"对改变过来的一切新事物没有发自内心的感情"，"想突破自己旧有的风格而更向前迈一步的企图是失败了"[①]。时隔37年，《中国抗战文艺史》修订本[②]的判断有所改变："尽管在诗的艺术风格上没有完全突破自己原来的风格而向前迈步，然而在诗的结构和字句的锤炼上还是下过一番精雕细琢的功夫，表现手腕也是相当巧妙的，《泥土的歌》尤为突出。"在笔者看来，这种评价相对于臧克家抗战诗歌而言，还是过于保守、模糊，本文拟对臧克家抗战诗歌的创新性予以考察，并借以说明抗战文学并非只见抗战、少有文学。

一、借助对话与意象抒情

臧克家从1933年的《烙印》到1949年10月共出版了27种作品集子，除去两种战后重版之外，25种集子中有15种为抗战时期出版，其中散文类4种：《津浦北线血战记》（报告文学，生活书店1938年5月初版）、《乱莠集》（散文集，良友复兴图书印刷公司1939年5月初版）、《随枣行》（散文通讯集，前线出版社1939年10月初版）、《我的诗生活》（回忆录，读书出版社1943年1月初版）；诗集11种：《从军行》（诗集，生活书店1938年6月初版）、《泥淖集》（诗集，生活书店1939年3月初版）、《淮上吟》（报告长诗集，上海杂志公司1940年5月初版）、《呜咽的云烟》（诗集，创作出版社1940年7月初版）、《古树的花朵》（长诗，东方书社1942年12月初版）、《向祖国》（诗集，三户图书社1943年4月初版）、《泥土的歌》（诗集，今日文艺社1943年6月初版）、《感情的野马》（长诗，当今出版社1943年11月初版）、《国旗飘在鸦雀尖》（诗集，中西书局1943年11月初版）、《十年诗选》（诗集，现代出版社1944年12月初版）、《生命的秋天》（诗集，建国书店1945年5月初版）等。

抗战八年，臧克家在正面战场坚持长达四年半之久，即使到重庆以后，也密切关注着抗战前线。战争改变了诗人的生活方式，对正面战场的切身体验与血脉联系更是丰富了诗人的心灵世界，视野开阔了，对国家与民族命运的关注加深了，而这样的变化不能不给他的诗歌创作打上深刻的烙印。有的作家创作生涯中曾经出现过思想进步而艺术停滞不前甚或退步的现象，自己为之

---

① 蓝海：《中国抗战文艺史》，现代出版社1947年9月初版，收《田仲济文集》第3卷，江苏文艺出版社2007年版，第86—88页。

② 蓝海：《中国抗战文艺史》修订本，朱德发执笔，山东文艺出版社1984年版。

感到“难过”:“当我的生活或我的思想发生了大的变化,而且是一种向前迈进的变化的时候,我写的所谓散文或杂文却好像在艺术上并没有什么进步,而且有时甚至还有些退步的样子。”[①]抗战时期,臧克家的创作中,急就章诚然有之,但总体上来看,诗歌艺术并未停滞不前甚或退步,而是真正意义上的“与时俱进”,创作个性走向成熟,表现空间大为拓展,艺术境界呈现上升态势,艺术手段趋于多样,诗歌文体丰富多彩。臧克家不仅在自身创作道路上有所突破,而且对抗战诗歌乃至中国现代诗歌史作出了独特的贡献。

臧克家以别具一格的抒情诗登上诗坛,其抒情诗少有空洞的呼喊与极端的表达,而是善于设计对话——抒情主人公与诗中人物对话,与赋予性灵的景物对话,抒情主人公内心世界的自我对话,诗中人物之间的对话。全面抗战爆发之后,虽然也有激情的直接宣泄,但并未因战争而变成清一色的粗砺与直白,而是基本保持了原有抒情风格,对话特征得到发扬光大。并且在沉实、遒劲、凝练之外,又增添了一点轻灵、清朗与舒展。如《我们要抗战》,是抒情主人公的自我对话。一方面欢呼期待已久的抗战终于到来,因为它可以雪洗多年来国土被鲸吞蚕食的耻辱;另一方面吟唱“谁不喜欢乡村的静景? / 谁不爱自己温暖的家庭? / 春天,绿树张伞到处迎人, / 绿水绕起青山, / 一片平原像贞静的处女, / 专等农夫来撒下种子; / 长夏,树阴下一晌午觉, / 孩子们闲看蚂蚁上树, / 一群苍蝇逗着黄牛, / 它一劲乱摇尾巴的刷子; / 秋日的峰头挂起白云, / 冬天炕头上那点温存, / 是美,是静,是一潭深水, / 我们的家,我们的乡村!”欢呼战争的到来与留恋和憧憬和平生活,是诗人心灵的两种话语,二者相依相生,欢呼战争的到来正是为了结束以丧权辱国的屈辱为代价的虚假和平,换取人民安居乐业的真正和平。正是在如此强烈的对比中,战歌才显得高亢而深沉。《别长安》把长安城作为倾诉的对象,情感的溪流中折射出“天上的黄河”、古老的潼关、挺立的华山、“黑暗在那里扎不住根”的陕北、“太白的醉卧处”、“贞妇的寒窑”、“挂满了别绪的古灞桥”与“黄帝的墓陵”,对古都长安的无限深情尽在心中的景物之中,也正是因为热爱这历史悠久的文化,热爱承载着灿烂文化的国家,才要与长安匆匆作别,“要去从军,到铜山, / 因为那里最接近敌人。”《回来吧,我的弟兄! ——召伪军》则通篇以同伪军群体的对话来结构。对于为生计所迫,或被长官胁迫,或受骗上当误入歧途的伪军,诗人没有

---

① 何其芳:《〈何其芳散文选集〉序》,人民文学出版社 1957 年版,收《何其芳全集》第 7 卷,第 29 页,石家庄:河北人民出版社,2005 年。

一般性的道德贬抑或政治批判，而是待之以热切的劝慰。对话体赋予这一题材以特有的亲切感与感召力，拓展了抗战抒情诗的表现空间。

臧克家长于刻画意象、营造意境，因而表现出质实、凝练与充满张力的艺术特征，给人以深刻的烙印。《大别山》描写山势的险峻出之以奇崛的意象："一脚踏进大别山，/ 远近岗峦的锯齿，/ 把一面青天 / 锯裂得破烂不堪，/ 眼光投出去，/ 山头又给碰回来，/ 使人追念起 / 一眼横扫千里的平川。/ 日月从石头上出没，/ 天地把人心挤得放不宽，/ 青峰随意乱排起阵势，/ 峭壁要耸耸身子飞上天。""豺狼雄踞在当路，/ 公然怒目向着客子，/ 它号叫带着骄傲，/ 人的发尖根根竖起。""暗夜星光下，/ 峰头像鬼怪扑来，/ 湍流助着它的声势，/ 使你的灵魂无法不战栗。"赞美大别山的美丽借助于清秀的景物与飘逸的联想："水色不让山光姣好，/ 把媚眼的瀑布挂在山腰，/ 流泉到处卖弄清响，/ 把石子冲洗得光滑剔亮。""千百种颜色的花草，/ 向你的眼睛争宠，/ 你却叫不出 / 它们的名，/ 翡翠有意 / 显她的美丽，/ 天鹅守着清流 / 在做超逸的幽思。/ 风前听松涛 / 看眉月山间照，/ 拿破仑的雄心，/ 这时也会作片刻的动摇。"交织着险峻与美丽的大别山，养育出坚忍和勇武的人民，历史闪烁着土地革命的"红光"，现实布下了侵略者的陷阱，大别山在诗人笔下显出了英姿，见出了性格。"大别山的石永不会烂，/ 看看谁能够熬得时间。"诗的结尾传达出持久战的意蕴。这首 114 行的抒情诗 1938 年 8 月于商城写起，1939 年 4 月于樊城完成，历时八个月，大别山的战地体验奠定了生活基础，诗人的古典诗词造诣、富于提炼、构象与联想的艺术创造性与坚韧的炼字炼句功夫，使之成为一篇抒情诗力作。诗人在受到重重压迫而不得不离开战区之前，写下了《春鸟》。诗篇中，声音与画面交相辉映，春鸟的歌声"像煞黑天上的星星，/ 越听越灿烂，/ 像若干只女神的手，/ 一齐按着生命的键。/ 美妙的音流 / 从绿树的云间，/ 从蓝天的海上，/ 汇成了活泼自由的一潭。"歌声所向，"青山添了媚眼"，"流水野孩子一般"，"草木开出了青春的花朵"，"大地的身子应声酥软"，蛰虫"揭开土被 / 到太阳底下去爬行"……山水大地被赋予生命，草木蛰虫被唤醒了性灵，春鸟的魅力写得活灵活现，相比之下，"我的喉头上锁着链子，/ 我的嗓子在痛苦地发痒"，诗人在政治压迫下的苦痛才显得分外深重。《春鸟》象征性的艺术表现不仅超越了臧克家个人此前的抒情诗创作，而且在中国现代诗歌史中亦堪称杰作。

二、诗性特写——短篇叙事诗

曾经有论者认为：《烙印》之后，臧克家"在创作上尽管有多种建树，表现出向多方面发展的趋向,但终难达至完美。可以说,他的长处主要在抒情短章,即使他后来创作的一些优秀诗篇,基本上都是与《烙印》风格相接近的作品”。[①]这种看法忽略了臧克家的叙事诗、尤其是抗战时期叙事诗创作的成就。也许是自幼对乡村的叙事传统耳濡目染的缘故,臧克家写诗伊始便带有鲜明的叙事色彩。目前所见的早期创作,题为《默静在晚林中》的第一首似有模仿痕迹,而见出独创性的《两个黑洞》、《捡煤球的姑娘》与《农家的夏晚》的情境都有浓重的叙事成分。代表作《难民》、《歇午工》则是出色的场景叙事诗。1935 年推出了叙事长诗《自己的写照》。全面抗战爆发之后,臧克家在叙事诗的创作中迈出了更为雄健的步伐。

中国古代广义上表现战争的诗词可谓多矣,《诗经》里就有《秦风·无衣》、《豳风·破斧》、《小雅·出车》、《小雅·六月》、《大雅·江汉》等篇,楚辞里有《九歌·国殇》,汉代乐府有《蒿里行》,南北朝有《木兰诗》,唐代有王翰的《凉州词》、李贺的《雁门太守行》等,但一则与诗人的创作观有关,他们似乎重视写意而非写实,再则表现形式的限制太多,所以古代诗词中关于战事的具体描写较少。近代以来,诗歌观发生了明显的变化,战争题材的具体描写渐渐多了起来。尤其是五四文学革命带来了诗歌的文体解放,新诗打破了种种束缚,战事描写的可能性大为增强。抗战的爆发,使战事描写的可能性变为现实性。在这方面,臧克家颇具代表性。他参加过徐州会战、武汉会战、随枣会战、枣宜会战等,作品中留下了不少战役、战斗的直接或间接的描述。有的诗篇是战斗的速写,如《烈士墓旁》开篇即是:“六十一堆黄土,/ 埋着六十一个灵魂。”这六十一位民族英雄牺牲的细节作品并未展开,只写尽管日军有鸦阵一般的机群,有乌龟列队似的坦克,有“敌骑三千想饮马淮河,/ 大炮打焦了马营和桃湾”,但终于被我军阻于平昌关,让敌人在战地的焦土上留下了“倭子坟”。为国捐躯的烈士,灵魂不死,“听淮河吼叫,/ 听老鸦山头的炮响,/ 望着眼前的战友们 / 在阵地上出入,/ 地下的灵魂 / 要冲破坟头的黄土”。《国旗飘在鸦雀尖》表现武汉会战中的鸦雀尖激战,展开的幅度更大。诗作没有平铺直叙,而是从鸦雀尖上留影的一张二寸照片写起。“三个人影簇拥在山巅,/ 一张地图牵着六只眼”,标志着这是指挥部。“身边的草木在风前低头,/ 一面国旗飘起了青天。”这是战地写实,也是战斗态势的象征。这支部队有过光荣的战史,而今在敌人的炮弹与毒气的攻击下,伤亡惨重,但“一道严峻的命令”下来:“死,也要

---

① 龙泉明:《中国新诗流变论》,第 219—220 页,北京:人民文学出版社,1999 年。

守住鸦雀尖!”诗人把笔墨集中在最后关头,团长向师长求援,报告一团弟兄死了一半。师长说“士兵死了,排连长上去, / 排连长死了,拿营长去填, / 看准你的表,两个钟头 / 我把援兵送到你的跟前。”可是,届时已无援兵可派,“给他送去的是国旗一面, / 另外附了一个命令, / 那是悲痛的祭文一篇: / ‘有阵地,有你, / 阵地陷落,你要死! / 锦绣的国旗一面, / 这是军人最光荣的金棺。’”当敌兵冲到了山前,师长派出了特务连最后十名决死队员。“他用完了所有的兵, / 而且,把他们放在必死的当中, / 头顶上悬起了同样的国旗, / 他从容地在听候着电话的铃声。”在间不容发的紧张气氛中,凸显出将军置之死地而后生的牺牲精神与指挥方略。诗篇有战事的叙述,有战场的描写,有师、团长之间的对话,也有增派援兵的悬念——先说两个钟头把援兵送到你的跟前,届时送去的却是一面国旗与一篇悲壮的祭文,而到最后关头,还是派去了师长身边最后的十名决死队员,情节起伏跌宕,气氛令人几近窒息,最后在从容地听候电话中收尾,正所谓挽狂澜于既倒,收到了绝佳的叙事效果。

有的叙事诗重在刻画人物,如同素描,寥寥几笔勾勒出人物的英雄肖像。譬如:《大刀的故事》,写一位将军从尸体堆里爬起来,凭两颗手榴弹、一把大刀得以生还的传奇。《韩团长的腿》的主人公,身上的创疤,“就是一篇光荣的战史”,“带着娘子关的伤, / 台儿庄的伤, / 在大别山中的打船店, / 你把右腿上的五十八块肉, / 补在创痛的左腿上!”“在走路的时候, / 在阴天的日子”,创痛总要发作,然而他坚韧地奔波在前线,当他策马渡河时,浸透着羞辱与愤恨的豪言壮语在淮河波浪中激荡:“敌人哪,我个人的生命, / 四万万中国人的生命, / 不死在你手里, / 那,敌人哪, / 你就得死在我们的手中!”《诗颂张自忠》是为老舍四幕话剧《张自忠》所配的幕前诗,本来或许可以写成引导式的短诗,但臧克家深为这位担任第 33 集团军总司令的山东老乡身先士卒、壮烈殉国的高风亮节所感动,洋洋洒洒地写下 270 余行的叙事诗,在谣诼横飞、险象环生的氛围中,在军民关系、官兵关系中,直至壮烈牺牲的最后关头刻画英雄的立体形象。在臧克家叙事诗描绘的英雄画廊中,不仅有火线上冲杀的官兵,也有支援前线的百姓。《和驮马一起上前线》的主人公陈海清,爱妻爱子敬老娘,也爱他的四匹驮马,可是当政府下了命令,征调驮马上前线,他慷慨地带着他的四匹爱马,连同雇工一起投奔了军营。“飞毛腿”、“照夜白”先倒在了日军飞机的轰炸之中;三年后,“老来娇”又被日军的迫击炮火吞噬;最后一匹“一锭墨”也在戎马倥偬中被病魔夺去了性命。陈海清,把四匹爱马“全献给了国家, / 剩了一条穷身子, / 他的胆子变得更大! / 他和他的长工 / 告别了驮马队,当了战斗兵”。这篇作品对主人公与爱马之间的感情精雕细刻,写人与马的心灵感应,驮运炮弹时合作的默契,失去爱马的难言苦痛,也写了为战火所隔远离千里的父子为了安慰亲人而隐瞒痛苦,从而显出平民英雄的可敬可爱。

臧克家不仅乐于为英雄画像,而且注意到抗战给国民性格带来的巨大变化,努力表现普通民众的精神世界。《老媪与士兵》开篇以明喻和暗喻交织的笔法描写乡间老媪的贫困:“两间痨病屋/和她一样衰老,/风的手爪/抓搔秃了它的头毛,/墙上泥皮,/一片一片地往下掉,/给时间的足迹/划着记号。/夜晚不点灯。/星月漏给她一点光;/像泪痕一条又一条,/雨水划在墙上。/一口小锅满身是补钉,/让它常常饿着,她真也无法。”生活如此贫困,预示着她不可能有多少文化。老伴死在战争里,独子“蝈蝈腚上一根毛,/也从她手里给拔掉。/(换来一张军属的白条贴在门旁)”,所以,她“害怕打仗,/她却关心打仗,/队伍从公路上过,/她站在一边巴望,/昏花的老眼/抓不住一张面孔,/可是在每一张面孔上/她都寄出一个希望,/不,不是一个希望,/是一个渺茫的幻想”。她每天都到招待所去,与伤兵谈谈话,“这样她心里感觉舒服”。“胡行乱走的云/像挣脱了管束的小儿,/一碰头,停住脚,/把身子挤在一起,/想落雨,又迟疑,/像大家在商量,/意见还不齐一。”质朴的比喻与场景的转换写出了老媪的心理变化及其动因,她盼望独子早日回家,可是又觉得战场需要这些男丁。这迟疑的云,分明是内心充满了矛盾纠葛的老媪的象征。两个士兵在给战死的弟兄“铺一张安息的床”,“只要男儿一齐上前线/不再恋家”,就能够打走日本,士兵的回答开启了“她思想的铁箱”,“她放开了额上的皱纹,/放走了兜着的悲伤,/嘴角上开出一朵笑,/拄着锄杆,她又开始向天边遥望”,这一回是对胜利的期望。全诗通过“痨病屋”、路边巴望、招待所谈话、士兵掘墓、老媪与士兵交谈等五个场景的描写,表现出一位贫困的乡间老媪,从夫丧子离的惶惑、感伤与孤绝的希望,到理解、乃至绽放笑容的希望,心路历程真实可信。

三、诗性长轴:长篇叙事诗

抗战时期,臧克家诗歌创作最为突出的贡献,还应说是他的长篇叙事诗。说贡献突出,不仅因为数量多,题材广——有战场巡礼、英雄颂歌、战地爱情、伪军反正等,而且更在于他在叙事诗的文体与表现形式上做出了大胆的尝试与精心的营构。从文体类型而言,可以分为:英雄史诗、心曲长调、连环叙事诗。

(一)英雄史诗

中国文学史上,少数民族颇有几部长篇英雄史诗,而古代汉族文学的英雄颂歌,则在体制上很难归入"英雄史诗"的范畴,近代以来表现爱国英雄的叙事诗,诸如张际亮《陈忠愍公死事诗》,朱琦《关将军挽歌》、《吴淞老将歌》等,也终嫌形式限制太多,篇幅与描写展开不够。参照东西方英雄史诗的界定,能够称得上英雄史诗的作品大体上应该具备这样几个特征:宏大的时代背景、丰富的人物性格、鸿篇巨制等。照此看来,长达五千行的《古树的花朵》[①]堪称全面抗战以来第一部英雄史诗。范筑先,1936 年任山东省第六区行政督察专员、少将保安司令,卢沟桥事变后任第六区游击司令员。年近六旬,举家投身抗战,在担任抗日挺进大队队长的儿子范树民为国家捐躯不久,他自己在战斗中自戕殉国。臧克家为之深深感动且倍感自豪,决心为之写出一部英雄史诗。从搜集材料到完成,差不多用了一年的功夫。他在 1942 年 9 月 7 日所作《〈古树的花朵〉序》里,说"我的范筑先是我用自己的心血塑成的一个艺术上的人型。"《古树的花朵》描叙了范筑先将军违抗韩复榘之命、不渡黄河、回师聊城,由半个营发展到数万大军,开辟囊括二十几个县的鲁西北抗日根据地的发展历程,刻画出侠肝义胆、坚忍不拔的性格。范筑先壮烈殉国,夜空升起一颗永远不落的将星。"一家的红血, / 化一道长虹, / 耀眼放亮地 / 挂在历史的天空。"这部长诗之所以称得上英雄史诗,不仅仅在于脉络完整,结局悲壮,英雄性格伟大而丰满——他也曾有过犹豫,遵命退到黄河岸边,但民族使命高于长官命令,他毅然回到聊城,保卫家园,而且在于写出了燕赵自古出英雄、乃至神州五千年的历史厚土,写出了时代大舞台上深广而复杂的背景。在他周边,固然曾有急于请假的公务员,有表示遵从韩主席大撤退命令的赵专员、汪县长,有一度听信汉奸挑拨、不愿按地出钱保卫家乡的"刀子会";但是,更多的是热爱他的民众,与他并肩抗战的弟兄。正面战场上,"大水阻住了 / 敌人的坦克车, / 战壕里的弟兄们 / 叫水没了半截, / 然而,一股神劲 / 鼓起了他们的勇敢, / 远了用枪, / 近了 / 叫敌人吃大刀片; / 从战壕里出来, / 经过几夜几天 / 裹腿勒到烂肉里去, / 用刀子把它斩断! ……"在聊城,范筑先不是孤立的个人,在他的身边环绕着一个英雄的群体,"如果说,这一群青年 / 是民众的灵魂, / 如果说,范筑先 / 是这一群青年的灵魂, / 那么,这样说也不算过分, / 张郁光, / 他便是这灵魂的灵魂"。还有那来不及渡河的刘营长和他的几百个弟

---

① 1942 年 7 月 25 日初发于《诗创造》第 12 期时题为《范筑先》,1942 年 12 月东方书社出版时改题为《古树的花朵》。

见,民军司令肖寄红,还有替范筑先流血的民团领袖韩多峰,终于唤回了小刀会的理性;即使那个曾以凶恶播撒声名的栾省三,也被他感动,改邪归正,走进抗日阵营。为了表现英雄情怀和英雄与民众的鱼水关系,这部长诗一改诗人素来谨严的用词与韵律,而使笔法跌宕多姿,做了大量的排比、复沓,呈现出恢廓而绵密的风格。

(二)心曲长调

战争自有其内在的节律,不可能天天都是紧张的作战。战事间隔时,人们也难免会产生感情的涟漪。臧克家在为金戈铁马擂鼓助威的同时,也抒写了战场上军人的爱情波动。如《他打仗去了》设置了多重悬念,情节起伏跌宕,壮丁为国家去从军,意中人表妹落入了联保主任的圈套,三年后升了排长回乡探亲的表哥,始知表妹已另许他人,感伤内藏而表露出大度,篇末终于峰回路转,最后“飞去了这一双青年男女”。在爱情心曲的开掘与表现上更有代表性的是长篇叙事诗《感情的野马》。军部参议抱吟,35 岁的诗人,他与万军长在台儿庄战役中结下了深厚的友谊。战事间隙时,军长与诗人均为寂寞所“围困”,尤其是敏感的诗人,妻子在家乡,“两下里分栖”,于是,便有了另外寻找感情寄托的机缘和冲动。专司给荣誉军人洗创敷药的“荣誉军人招待所”年轻的女所长文曼魂,让万军长产生了好感,更让诗人难以抑制地向往,在她身上寄托了美丽而缥缈的幻想。可是,纯洁、天真的文曼魂对诗人的痴情没有共振,而是全身心投入工作,她给人减轻痛苦、安慰心灵,被荣誉军人当做“小母亲”。条件所限,女所长与年轻的男兵在简陋的草棚里隔着竹屏风夜眠,是何等纯洁!战事骤然打破了诗人的爱情幻想。战争更是万军长的“苦恋”,“参谋长,同敌人斗心机,/ 辛苦挂在他红肿的眼皮”;范医官,为职责所唤,文曼魂,忙得恨不能分身;诗人抱吟,带着笔部队,奔跑在前线。后来的消息告诉他,那座小草棚已经人去棚空了——她已经远走高飞,去追寻“比爱情更有价值的东西”。情动于中,止乎于礼,风轻云淡时悄然萌发,战云压顶时顿然终止,诗人对战地感情生活的波动,把握得准确细腻,刻画得生动传神,丝毫没有做作颓废之气,反而真实可信,惹人同情。

在臧克家的抗战长篇叙事诗中,《感情的野马》艺术表现最为突出,音韵清丽婉转,意象丰富而自然,炼字炼句颇见功力。如写一条白地黑字的“荣誉军人招待所”的标志,先说“风的手 / 扯弄得它呼呼叫”,紧接着说“像无数小口 / 呼唤着荣誉军人到这儿来洗创敷药”,比喻何等自然得体。再如写抱吟河边初见文曼魂:“他的心恰像眼前水车的齿轮。/ 他看见,/ 波纹偷去了她的身影,/ 他听见,/ 水浪学着她的歌声,/ 太阳在天上为她逗留,/ 青山模仿着她的坚贞。”“偷”字的推敲功夫，正是《烙印》的继承与发展，而决非抛弃与后退。

（三）连环叙事诗

有学者把中国古代叙事诗的基本结构模式分为三类：一是纪事型叙事结构模式，如《诗经・生民》、曹操的《蒿里行》、杜甫的《兵车行》等；二是感事型叙事结构模式，如乐府歌行体、贝青乔120首组诗《咄咄吟》及“自注”等；三是情节型叙事结构模式，如《诗经・閟宫》、《孔雀东南飞》、白居易的《长恨歌》与《琵琶行》、杜甫的“三吏”、“三别”[①]。臧克家对这三种基本结构模式均有继承，亦有生发创新。感事型叙事结构模式，即“联章体”，被臧克家战地巡礼式的长篇叙事诗所采用，如《走向火线》、《淮上吟》即是环环相扣的珍珠项链似的组合型长诗。

诗篇随着诗人行旅的脚步展开，移步换景，即景抒情，“脚步在急遽地跳梭，/ 我们在春风里放歌”。（《走向火线》）犹如散点透视的《清明上河图》，整体结构收放自由，流畅舒展，其中具体环节不乏生动的情节、完整的纪事。手法有质朴无华的白描，夹叙夹议的铺展，也有叙事与抒情的融合，自然或超拔的象征，有徐文长花草似的泼墨写意，也有陈宪章梅花般的工笔细描。《走向火线》通过诗人行进中的观察与体验，写到行军打仗、政治工作、官兵关系、军民关系、伤员救护等，每一节是一个个的场景，合起来呈现出随枣会战的全局。具体的描写不乏生动与美丽。如写游击队员土车上的“军需”：“破烂的衣被 / 捆在一边，/ 上面浮起 / 片片云烟，/ 一眼看去 / 就可以知道，/ 孩子的尿水 / 曾经泛滥。/ 潺潺的溪水 / 是春的琴弦，/ 梨花掉下了 / 二月的雪片 / 清香借了 / 东风的媒介，/ 沾住衣襟 / 再也不肯散。”游击队员的艰苦可见一斑，然而接续的“潺潺的溪水……”接口自然，不乏幽默，苦涩与快乐、杂味与清香形成强烈的对比，构成一种张力。

由于复杂的历史原因，20世纪50年代至80年代前期的学术研究与文学史叙述对臧克家叙事诗的成就评价偏低，甚至视而不见。随着思想解放力度的增强，禁区逐渐打开，学术界开始意识到这些作品的价值，《中国现代叙事诗史》[②]、《中国新诗启示录：臧克家论稿》[③]、《中国新诗史》第2卷[④]等新世纪问世的著作对其有了积极的肯定。但是，臧克家叙事诗的特征及其文学史意义值得进一步深入探讨。

---

① 参照王荣《中国现代叙事诗史》，第6—9页，北京：中国社会科学出版社，2004年。

② 王荣：《中国现代叙事诗史》，北京：中国社会科学出版社，2004年。

③ 刘增人、刘泉：《中国新诗启示录：臧克家论稿》，北京：中华书局，2006年。

④ 陆耀东著：《中国新诗史》第2卷，武汉：长江文艺出版社，2009年。

鬼影底下的伤城[①]

——西南联大知识分子对日军轰炸的书写与记忆

董晓霞[②]

(西南大学文学院,重庆 400715)

[摘要]西南联大八年是为避开战乱而南渡的八年,当敌人的铁蹄深入大后方时,西南联大知识分子在战火的硝烟中遭受了多次敌机轰炸。在死亡之声的轰鸣中城市变得伤痕累累,伤城中的人哀伤着自己与他人,面对轰炸带来的身体与灵魂的裂伤,他们用文字记录这段屈辱、艰难的岁月;把灵魂的沉痛转化为对家国的忧患、生命的惶惑、生存的沉重的思考。历经沧桑的联大人以回忆的方式重新触碰那铭记身心裂变的伤口,在追忆中透出夕阳情调,含着一缕凄怆。

[关键词]西南联大;轰炸;生存体验;沉思;创伤记忆

上世纪的中国见证了如此多的战乱、灾变和离散,中国现代历史充斥着悲哀,文学就不断地描写和表达这样的悲哀。不论是救亡还是启蒙,文学有它沉重的负载。当我们回望抗日战争时期昆明大后方文学,它的背景是一片苍茫的灰色,在灰色云层空茫处,残留着日军轰炸惨烈的晚照。轰炸使城市破毁,让人的心灵留下阴影,沉重的文学在沉重的现实中喘息。联大知识分子面对恐怖和残忍的轰炸,以文字保留这段屈辱惨痛的岁月;以文学的方式表达轰炸下的心灵体验、生命体悟;以回忆的方式重新触碰那铭记身心裂变的伤口。这种对日军轰炸的书写包含了一个民族对于自身遭受的侵略战争的回答,及对时间、记忆与历史的不断反思。联大知识分子不仅仅属于他们自己,他们还各

---

① 收稿日期:2011—04—21。

② 作者简介:董晓霞,西南大学文学院2009级研究生,研究方向为中国现当代文学。

自背负着一个城市、一段历史、战争中千千万万个死去的和活下来的人，他们对轰炸的文学书写映射着一座伤痕累累的城市和一代知识分子博大、坚韧的心灵。触碰这些文字是灵魂在灵魂中的游涉，那些已逝去的历史，依然存在我们的生命里，作为我们命运的负担，作为循环的血液，作为从时间深处生发出来的姿态。

高高的天空中士兵在战斗，但百姓并不能远离战争，手无寸铁的他们只能躲着。生命就像尘土一样随时可能被轰炸声击毁，所拥有的一切在死亡面前显得支离破碎。在鬼影的笼罩下，哀伤这座布满伤痕的城市，睡去的也许永远睡去了，或是惊醒，永不遗忘——铭记于心的创伤记忆，会一直浸上白的发梢。

一、轰炸中的灰暗生存

空袭是抗战时期后方城市经常会遇到的威胁。重庆是战时首都，日军对重庆的军事压迫超过任何其他城市。这座满目疮痍的城市，负载了太多沉重的灵魂。有时这个阴霾的城市笼罩着一层浓浓的雾气，阻止了日机的轰炸。而四季如春的昆明是没有这层便利的，昆明在防空设施上比不上重庆，没有天然的优良防空洞，建造的防空洞也极为有限。梅贻琦的夫人韩咏华多年后回忆说："在昆明的几年中，除了办校外，突出的事情就是跑警报，几乎天天要跑。日本飞机来轰炸时，从容飞来，从容飞走，可以说是畅行无阻，如入无人之境……昆明根本谈不上什么空防。西南联大也没有防空设施，飞机一来大家就跑开躲起来。"[①]1940 年 10 月日军占领了越南河内以后，为了切断中国同国外的唯一联系通道——滇缅公路，更是加大了对昆明空袭的力度。云南防空司令部统计，自 1938 年 9 月 28 日起至 1944 年 12 月 26 日为止，日军派往云南执行轰炸与侦察任务的各类飞机共 3599 架次，执行轰炸 598 次，造成重大人员伤亡。[②] 敌机直接轰炸到联大校舍共有两次。一次是 1940 年 10 月 13 日，另一次是 1941 年 8 月 14 日。《昆明文史资料选辑(第 7 辑)》中谢德宜整理的谢洁吾遗稿——《抗战时期敌机袭昆伤亡简记》一一记录了每次空袭所造成的死伤人数，但逝去的生命不能用冷冰冰的数字来指代，他们也不愿成为数字，庞大的数字并不是辉煌的葬礼，而是"一个人加一个人加一个人……"的死亡，在此并不罗列。但联大知识分子要讲述所有一切毁坏的过程，当他们认识到一

---

① 西南联合大学北京校友会校史编辑委员会编：《笳吹弦诵在春城——回忆西南联大》，第 59 页，昆明：云南人民出版社，1986 年。

② 云南防空司令部编印：《云南防空实录》下编，第 149 页，1945 年 12 月印行。

切都在轰炸声中无可制止地消亡,便疼痛难当,想要给一切赋予形式,因为他们以为制止消亡的最好办法,就是在纸上写字,而这些记录下来的文字是我们打开尘封记忆最直接的钥匙。如梅贻琦1941年4月28日日记云:“12:45紧急警报,1:05敌机27架由南而北,炸弹声连续数响过后,而见城中起黑烟二三处,以后北方亦有炸声,闻为沙朗一带……4:45解除,五点余与诸孩至市中查看:翠湖东南西三面均落弹,一老人在桥边炸死。”[①]吴宓的日记多次记载了自己居室在轰炸中受损的情况:“1940年10月23日:夜中,风。宓所居楼室,窗既洞开,屋顶炸破处风入。壁板坠,壁纸亦吹落。弥觉寒甚。1940年12月13日:11:00警报至。独行,至旧地山上花坑中避之。食面饼,读《楞严经》,完。寝息。”[②]当然,以日记的形式记录日机轰炸的联大知识分子不止他们两个,毕竟这是只要翻开联大人同时期的日记就一定会看到的史实,他们随身携带着这现实,把它当做他们的特殊负担来接受,他们用一只手挡住笼罩命运的绝望,用另一只手草草记下在轰炸废墟中看到的一切。这些知识分子希望通过表达破碎世界的形式来取得某种意义,抵抗生活中意义的毁灭,只有在形式的仪式中,人才感到居住在完整之中。

为了躲避日本侵略中国的战祸,为了在战乱中寻找一个能放得下书桌的地方,躲空袭、跑防空洞以及向郊区疏散,成为联大知识分子的生活状态。在昆明一有警报,大家就都往郊外跑,叫做“跑警报”,“见机而作,入土为安”的对子广为流传。朱自清在《论轰炸》中写道:“警报比轰炸多,警报的力量其实还比轰炸大。与其说怕轰炸,不如说怕警报更确切些。轰炸的时间短,人都躲起来,一点儿自由没有,只干等着。警报的时间长,敌机来不来没准儿,人们都跑着,由自己打主意,倒是提心吊胆的。”[③]在轰炸中,联大知识分子出入生死之间,当经历过很多次的冷静和疯狂、伤逝与悲悯,明白自己的生命无法掌控,为了卸除死亡的压力,让自己早已变得沉重的肉身不再有负担,于是当危险来临,便只好一再开动逃跑的本能,逃跑也没用那就听天由命,顺其自然,平静度过这也许是生命的最后时刻。正如费孝通所说:“跑警报已经成了日常的课程。经验丰富之后,很能从容应付。”(《疏散——教授生活的一章》)西南联大教授的跑警报是颇具特色的,一般人跑警报都要携带一个大包裹或是一个提

---

① 黄延复,王小宁整理:《梅贻琦日记(1941—1946)》,第26-27页,北京:清华大学出版社,2001年。

② 吴宓:《吴宓日记(1939—1940)》,第251、274页,北京:三联书店,1998年。

③ 朱自清:《朱自清全集》第三卷,第418页,南京:江苏教育出版社,1988年。

箱，装上贵重物品及食品之类，施蛰存称之为“警报行李”，还有人称之为“疏散袋”，费孝通则给它更显口语化的称呼——警报袋，这是与生命共存亡的，是世界上最珍贵、最精选的行李，如生命般贵重。西南联大的教授们所带的警报袋里一般装的是书稿，他们一到目的地，就坐下来看书。生活的苦涩、死亡的惶惑、生命的渺小，他们总得找另一种方式来寻求解脱。费孝通说：“警报帮助了不少情侣，的确是事实，我想实在讨厌这种跑警报的人并不会太多。昆明深秋和初冬的太阳又是特别的可爱。风也温暖。有警报的日子天气也必然是特别晴朗。在这种气候里，谁不愿意在郊外走走。”[①]在和煦的风和温暖的光下欣赏春城昆明永远如素秋般的万顷晴空，能映春衣的波光柳色，篱落香吹，陌上花开，然而这种道家的情结本身就是一种最典型的“世纪末”情绪。这种对死亡、对恐惧的平静、达观甚或幽默的态度，是知识分子们用一个沉醉的感觉来减轻人在这个无从逃避的世界中的在世负担。他们看得很透，知道生存的本然就是欠缺，欠缺是无法消除或改变的，人生的意义唯有退守生命的欠缺，在欠缺中安之若素。

抗日战争时期的中国，整个民族以及民族中的每一个生命个体，都遭遇到生存的威胁，城市在轰炸中变为废墟，战争条件下的衣、食、住、行十分艰难。自日本飞机轰炸以来，昆明的物价一路飞升，正如蒋梦麟所说：“物价初次显著上涨，发生在敌机首次轰炸昆明以后，乡下人不敢进城，菜场中的蔬菜和鱼肉随之减少。”[②]就连当时薪金很高的陈寅恪先生也感叹：淮南米价惊心问，中统银钞入手空。[③] 王力的《龙虫并雕斋琐语》中多篇谈到轰炸所带来的生存的难堪与无奈。《灯》中谈到为了避免空袭的危险，疏散到乡下告别了电灯，点起了煤油灯。后来因为煤油太贵了，于是又改点菜油灯。无可奈何之中，勉强找了一个点菜油灯的理由，说是电灯比不上菜油灯有诗意：“静临客枕愁寒雨，远逐渔篷耿瞑烟，纤影乍欹还自立，冷花时结不成圆。”[④]此外还谈到“战时的物价”、“战时的书”、“衣”、“食”、“住”、“行”、“公共汽车”，等等。关注这些鬼影笼罩下的生存处境，体现了想抓住“现在”这一刹那的心理状态，这完全是战时心态。人是生活在一个烽火连天的时代里，可是这时代却在敌机轰鸣中像影子似的沉没下去，人觉得自己是被抛弃了，为了证实自己的存在，需抓住一点真实的。

---

① 费孝通：《费孝通文集》第五卷，第 272 页，北京：群言出版社，1999 年。

② 蒋梦麟：《西潮》，第 207 页，沈阳：辽宁教育出版社，1997 年。

③ 陈寅恪：《庚辰元夕作时旅居昆明》，《陈寅恪集》诗集，第 29 页，北京：三联书店，2000 年。

④ 王力：《龙虫并雕斋琐语》，第 168 页，北京：商务印书馆，2002 年。

面对日机轰炸后的断垣残壁，身处残破的城市，仰望彩云之南的明净天空，那碧空不是安宁，不再是静穆，而是时刻笼罩着死亡的阴影。为冲破阴霾，被缚的身心只能以最素朴的衣、食、住、行的生存体验，用“跑警报”的从容淡定，来注解这一城市已逝去的温情与安宁，以这些能自主的心境来冲淡无法控制的轰炸带来的死亡威胁，以弱小的经历对抗历史的横行无忌，世故中有天真，张狂里见感伤。在他们所写的“琐碎”中，没有多少人能从他们所描写的细节里体会到这城与人的虚无，正是因为他们是临着虚无之深渊，才必须用笔去留住这些具有实感和存在感的细节，但人们往往只看到这些细节。于是，忧伤嵌入了一座城市，一座灰扑扑的、布满伤痕，却又暂时安顿着无数游子身心的城市。

二、轰炸中的沉思

联大知识分子将“非常”化为“日常”，以平静、安宁面对轰炸的恐怖、残忍，于是孕育出一颗勇毅、博大、宏深的灵魂，这灵魂纠缠于个人、民族乃至人类的困境，在挣扎中却每每沉潜于灵魂的冥思，这或许是为了等待在生命缠绕纠结处的苏醒。但“轰炸”一词却成为联大知识分子心底一个永远的痛，在现代文坛上留下沉重的历史记忆，现世与超世、事实世界与价值世界像缠绕着拉奥孔的蛇缠绕着他们。为了摆脱两难的缠绕，不同品性的知识分子面对轰炸之痛择取了不同的体验方式：在民族备受欺凌的轰炸声中增强了民族的认同，突出了“大地”、“国家”的苦难与不屈；战争带来的生命稍纵即逝感，看到了过多的生死离别，更感到命运的无常；在死亡之声的侵袭中把灵魂的沉痛转化为对人的死亡、生存的哲学思考。家国忧患感源于联大知识分子对自身历史使命的期待、渴求，有理性的自审，有迷惘的抉择，有不倦的寻求，更有高洁的操守——他们是民族的脊梁；生命的惶惑感是当尊严的生命遭遇轰炸的藐视，以审美的方式在感性个体的形式中承负生活的歉然；在骇人的无从逃避的精神深渊中，怀疑与确信、理性与情感、生命与意义在诗人心中痛苦地搏斗，这是生存的沉重，这种人生不仅将作家的个体命运跟民族、国家的命运血肉相连，而且也会将作家的情感世界延伸向历史，升华于哲思，思考生与死、盛与衰、意义与虚无。

(一)家国的忧患

冯至在《十四行集》“序”中说：“在一个冬天的下午，望着几架银色的飞机在蓝得像结晶体一般的天空里飞翔，想到古人的鹏鸟梦，我就随着脚步的节奏，信口说出一首有韵的诗。”过了七年，天空仍然有银色的飞机飞过，“但对着这景色再也不能想到古人的鹏鸟梦，而想到的却是银色飞机在地上造成的苦难”[①]。这是联大知识分子共同的体验。在异族铁蹄蹂躏下，在战争漂泊中，“土地”、“故土”、“民族”、“中国”一再被联大知识分子凝视、追寻、想象、书写。在敌机的死亡之音中，这些字眼在中国文学中具有了格外凝重的分量。近代以来，中国人从未像八年抗战时期那样在焦虑中深切地热爱着祖国。当人们面对战乱带来的恐慌、国土的沦丧、南迁的动荡，尤其是敌机肆无忌惮地对家园故土进行狂轰乱炸、民族尊严遭到践踏时，他们形成了想象的共同体，心系家国的生死存亡。于是抒写“荷塘夜色”的朱自清激昂地写出《论轰炸》，因为轰炸威胁着每一个人的生命，他们滥炸不设防的城市、非作战的民众，“轰炸使得每一个中国人，凭他在那个角落儿里，都认识了咱们的敌人；这是第一回，每一个中国人都觉得自己有了一个民族，有了一个国家”。[②] 冯友兰在《乐观与戒惧》中写到，因被轰炸声烦扰，于是对远征军入缅作战饱含激情，认为是扬威于国外。李广田的很多散文以细腻明朗的笔调抒写春城的种种色彩，在蓝天白云、青山碧水、柳绿花红等纯粹而鲜明的色彩中最难忘的是一抹铅灰色，这凝重的颜色是日军的轰炸、国家的危亡、战士的惨状所涂抹的，在《他说，这是我的》中谴责了用争夺之声说“这是我的”的日军，并断言他们必将在自己的自私与残暴中自毙。

生命个体和风雨如晦的现实之间构筑起一种内在呼应的时候，当自觉而默默地承载起生命的担当时，那些孤独的个体一下子会由单薄变得丰盈、充实。抗战爆发的当年，艾青就写下了流传后世的诗作《雪落在中国的土地上》，北方那“广阔而漫长”的“雪夜”成为“苦痛与灾难”的中国的空间载体。而面对轰炸带来的灰暗与血色，青青的麦穗受了重伤，于是诗人不再沉默。西南联大的现代诗人直面现实，用自己手中的笔给后人记录下日寇制造的一幅幅血腥的画面：“躺在草堆上，有人望着天空痴想—— / 这年头生命像赌注，也许刹那间一滩血”，“敌机飞临头上了！——昆明在颤抖。在燃烧，/ 不知哪里冒出浓烟，乌黑的，/ 仿佛末日幽灵；叫喊声，/ 哭声，血肉模糊——”这是轰炸下的残破山河，哀鸿遍野，死神用两片染满鲜血的嘴唇微笑着，俯视着人类的苦难和死亡。“梦着已有五十九架，三批，飞越滇南 / 心跳。已越过红河，那黑弧形是铁道，/ 掠过棕黄的土地，丛莽的山林，读着山海经 / 唉，昆明又跳动，于是，昆

① 冯至：《冯至全集》第一卷，第213－214页，石家庄：河北教育出版社，1999年。

② 朱自清：《朱自清全集》第三卷，第417页，南京：江苏教育出版社，1988年。

明站起来颤抖。”(赵瑞蕻《1940年春:昆明一画像》)这些诗句是在轰炸声中的呐喊,犹如战歌,没有理由要求一个为忧国忧民之痛而痉挛的心灵能瞬间作冥思之状,他们的语言只能是诗人临界疯狂边缘的强烈热情与力量的化身。“一阵轰炸像一段插曲,卷去一堆不知道的/姓名,一片瓦砾覆盖着‘家’的痕迹,/透过失落了泪水的眼睑,让惟一的真理/投影:敌人,自己,和否定怜悯的世纪……”(罗寄一《序——为一个春天而作》)然而,日寇犯下的滔天罪行,更激起中华民族奋发图强、抗击侵略者的坚定决心,用赵瑞蕻的诗句来表达:“从地上来的,从地上打回去!从海上来的,从海上打回去!从天上来的,从天上打回去!”(《1940年春:昆明一画像》)用卞之琳《空军战士》来哀悼:“要保卫蓝天,要保卫白云,不让打污印,靠你们雷电。/与大地相连,自由的鹫鹰,要山河干净,你们有敏眼。/也轻于鸿毛,也重于泰山,责任内逍遥,/劳苦的人仙!五分钟死生,千万颗忧心!‘千万颗忧心’是一种担当、一种悲悯。”正是这种视知识分子应该成为本民族良知、人格、意志的代表的心理重负,于是我们看到,在大后方的昆明,雄强之声不绝于文。战争的持续激发了人们的激情,也坚定了人们对祖国必胜的信念,联大知识分子们并没有躲在大后方的书斋里,有意隔绝于时代政治,而是通过文字寄予了他们的国家想象。在文学形象的后面,沉积着作家的战时思考,所忧者是整个世界的黑暗和光明。这些作家永不会被遗忘,我们之所以记住作家,是因为作家记住了不该忘记的历史。

(二)生命的惶惑

战争打开了混乱的闸门,人生的救护设施倒塌了,对于其他的邪恶,毅力可以驱逐,希望可以减缓,但战争造成的不可恢复的丧失却让决心和期望都无所作为,死者不能复生,留下的只有消沉和哀伤。但千劫如花,随着时间流逝,再大的悲哀都会化作春泥般的本然姿态,再悲怆也只是一代战争神话的渺渺回声。

李广田的《废墟中》写屡次受到敌机轰炸的废墟,房子依然不会有人修理,因为轰炸依然继续。“这一带地方就用了它的破屋烂墙焦土瓦砾对照着那一碧如洗的蓝天。而人民,原来是在这地方安居乐业的人们,也安然生活在这里,依然在这些倾颓了的门楣之下出出入入,依然在原地的垃圾尘芥之中来来往往,大家都在按部就班做着自己日常应做的事情”。[①] 作者虽惊讶于在生死大限时人们的无知无觉,但又深知只有这样才能忘却个体身上的一道道生命

① 李广田:《李广田文集》第二卷,第92页,济南:山东文艺出版社,1984年。

裂伤。鹿桥的《未央歌》一开篇就渲染了战时的环境，作者详述轰炸给昆明带来的损伤，炸毁的身体血肉横飞，直到三五日后，还有尸体陆续掘出。作者痛苦于静雅安详的古城竟有天外飞来的一场横祸。鹿桥经历了那场浩劫，曾经走在死亡的边缘，可是那样深刻的体验并没有使他警醒，他依然是乐观的，纯真的，保留着美丽的情愫。当无法直面黑暗的风浪，鹿桥回身扑向开满鲜花的池塘，并让人以为小池塘即是整片海洋，他的小说也因此停在烂漫的表面而无法走向灵魂的深处。但在《未央歌》的结尾，作者尽量遏制住了离别、感伤的情绪，惶惑的宿命感被一种时代所明确要求的乐观的昂扬精神战胜了。然而从分到聚，又由聚到分，是一种必然，又是一种无常。

沈从文在一篇回顾性长文《从现实学习》中将昆明八年称为自己人生经历的"第四段"，"相当长，相当寂寞，相当苦辛"。自我生命与生活的冲突，个人存在与外在环境的不协调，无不使沈从文在顺应时代需求和坚守个人原则的两极游走徘徊，生命无法自主的无奈和难为人解的悲哀构成了这一时期的情绪主线。他此时的创作虽有明亮的色泽、黑色的恐慌，但更多的是那飘忽的抓不住的模糊的雾霭，沈从文用苦涩的智慧度过许多濒于毁灭的险境，完成他灿烂的一生，所完成的还包括对人世沧桑的深刻体悟。战事并不像人们所盼望的那样能一时结束，周围听到的是抗战、是血泪、是苦难。沈从文听到的市声与北京、上海、青岛不同，上海这座城市回响的是电车、汽笛、机器的轰鸣；北京的市声中最有特色的却是亘古悠长的暮鼓晨钟；青岛的海涛轻拍海岸与海鸥的长鸣。然而南渡到战时的昆明，沈从文听到的除了万物的生息，更多的是死亡临近的可怕声响——日机轰炸声。单从市声来比较就能知道沈从文笔下的昆明形象是如此的特异而又深沉，因为我们可以通过"选择性倾听"来了解作家个性化的城市体验，以及这"选择"背后的文化心态。《给一个广东朋友》、《给一个在芒市服务的小学教员》、《给驻长沙一个炮队小军官》等文章一再提及昆明遭受空袭。《黑魇》中写昆明受空袭威胁，因同盟国飞机数量增多后，俨然成为过去一种噩梦："在战场的后方，每天必有一百架两百架敌人飞机，载了上百吨炸弹，到处随意轰炸，大学校被毁去的约三十校。在我阵地上，还每日有数百吨极猛烈的和有毒气的炸弹爆裂，多少人在这种光景下挣扎拼命！"[①]《白魇》写战争带来的死亡体验及昆明遭受空袭："我耳边有发动机在高空搏击空气的声响。这不是一种简单音乐，单纯调子中，实包含有千年来诗人的热情幻想，

① 沈从文：《沈从文全集》第14卷，第121－122页，太原：北岳文艺出版社，2002年。

与现代技术的准确冷静,再加上战争残忍情感相揉合的复杂矛盾。……这个古怪拼合物,目前原在一万公尺以上高空中自由活动,寻觅另外一处飞来的同样古怪拼合物,一到发现时,三分钟的接触,其中之一就必然变成一团火焰向下飘坠。这世界各处美丽天空下,每一分钟内差不多都有这种火焰一朵朵在下堕。"[①]伴随着火焰下坠的是年轻而又美好的生命,他们在那个高空中,用极端单纯的注意,预备使敌人从火焰中下坠,或自己挟带着火焰下坠。

联大知识分子也写了很多轰炸记忆,但沈从文的战争体验有他的特殊性,因出生于军人世家,有着苗族的血性,经历过军旅生活,看过很多次"砍头",也曾写过众多军人形象,如《会明》、《灯》、《大小阮》等。他写到死者已矣,杀人者与被杀者的家人似乎很快就忘了一切,大家就是这个样子活下来。他感受到,每个人都是一个生命,生命是充满活力的。战争使得各党派上台下台,上台下台后,一切又照旧,其结果便是牺牲了许多无辜的生命。因此,四十年代的沈从文才会有反对作家从政的不合时宜的言论,才会有与左翼的争论,才会将内战斥为"民族自杀的悲剧"。因为他知道时光流逝,我们的思念之情逐渐无从捉摸,我们自己也垂垂老去。当怀念别人的人自己也成被怀念的对象时,遗忘已经展开。千百年后,回忆者及被回忆者共化乌有,古墓竟已早转为良田。自己虽成为宇宙洪荒的过客,时间鸿蒙的遗民,但日子却还得过下去。这种体验延续至昆明时期的战争书写,此时他不刻意去写军人,而空袭、轰炸、士兵——抗日战争的进展一再进入作品,他感到命运的不可掌控与人的渺小无奈,有一种人世劫难后的大悲悯!

李广田、鹿桥、沈从文对战争的阴影、死亡的蛊惑看似已经解脱,但强迫遗忘自己的受伤或不幸,等于自己的受伤或不幸还在继续伤害自己。他们感受到生命的惶惑,但受伤表明了他们的成熟,这是一种经历过并懂得了人生中的污浊和破碎的清纯,因为他们懂得无论人的自然生命如何地偶然,都不应该蔑视一个人生命的脆弱。

(三)存在的沉重

面对轰炸带来的身体与灵魂的裂伤,诗风和感受力接近现代主义的冯至和穆旦在思考"当一个人生命被感受为破碎时,应该如何生活"。刘小枫认为肉身已不再沉重,是身体在现代之后的时代噩运,身体轻飘起来,灵魂就再也寻不到自己的栖身处。身体有在世欲望,灵魂有选择价值好坏的能力,灵魂与肉身在此世相互找寻使生命变得沉重,如果他们不再相互找寻,生命就变轻。

---

① 沈从文:《沈从文全集》第12卷,第165页,太原:北岳文艺出版社,2002年。

作者为了使个体的生活不至于窒息，或者化解成为混乱不堪、过眼云烟的白日梦，他们忍受着历史，以联大知识分子的学养和品性把战争体验化为自己的哲学思考和生命体验，以散文来直抒对现实的忧虑，以诗歌来浓缩战乱时的纷扰与绝望。它沉重的内容表明了作家对自我生命变化的一种敏感，它不是"落后"与"守旧"，而是作家对战争和人生诸问题的更加广泛和深沉、深入的思考。因为他们相信谁沉迷到那无边的"深"，谁就会热爱这最生动的"生"。

冯至的《动物园》是一篇奇异的文章：一个迟暮的猎人变为动物园的看守，只能看着隐伏着辽远山川、无数远方的囚笼外的牌子，他时刻怀念曾经的英勇和血性。"警笛响了，好像与他无干；刹那间街上的行人都不见了，他心里感到一度异样的凄凉；机声响了，高射炮响了，枪声响了，炸弹的声音，飞机陨落的声音，随后机声远了，剩下一片他从未经验过的死寂。"飞机轰炸了动物园，很多动物跑到大街上，老人看到在曾经繁华的街上出现的离奇生物，他好像又恢复了青春，回到了他所梦想的旷野的热带。壮年的血又在他身内循环，唤醒了他壮年时攻猎的雄心。"'我回去取我的枪去！'他定一定神，辨一辨方向，向四下一望，已经望不见他居住的那座楼。"[①]战争最酷烈的悲剧性就在于：催开一朵花然后碾碎它。战争启蒙了一个人，同时却又葬送了这个人，这是非常事件对于个体生命的提升与粉碎。冯至在联大时研究杜甫，因为此时的乱世比杜甫所处的更甚，他以"杜甫执著于人生，也执著于自然，为人执著，写诗也执著"的一生激励自己的战时创作。现在人们谈得多的是他的《十四行集》和《伍子胥》，其实，他的战时散文集《山水》同样表现出他这种执著人生的沉思姿态。《动物园》描述这个迟暮的猎人在一个"非常态的时间"里的漂泊与应对。在受难中有坚持，有抉择，在陨落中有克服、有停留。主人公始终领受到的那种被"抛掷"的感觉，都是作者在抗战中深深领会到的。

轰炸的巨大破毁力促使诗人不再只是被恐惧、忧虑、激奋所囿，而是对人之生命的根本归宿进行追问与寻觅；不再只是拷问现实信仰的缺欠，而进一步进入人之本质的信仰的审视和探寻，在探寻中颂唱生存恐惧中的宁静、破碎中的无损。喜好佛学的吴宓对"跑警报"的感受充满看透生死的意味："三年好景盛昆明，劫后人稀市况清。入夜盲鸡栖密架，凌晨队蚁涌空城。梦疑警笛鸣锣响，途践土堆瓦砾行。缘会难期生死迅，皈依佛理意安平。"[②]而对于具有现代体验的穆旦恰同学少年，不可能参悟人间生死，面对轰炸带来的死亡临近的体

---

① 冯至：《冯至全集》（第三卷），第 63－66 页，石家庄：河北教育出版社，1999 年。

② 吴学昭整理：《吴宓诗集》，第 361 页，北京：商务印书馆，2004 年。

验不能心如止水,他的《防空洞里的抒情诗》写了轰炸时在防空洞里的沉思,在轰炸的隐喻层面感受轰炸,并用寓意的语言把感觉的思想表达出来。这是一种古怪的体验:躺在黑暗中,头上是敌机的轰鸣,就像倾听着一只大黄蜂的嗡嗡声,而且这只大黄蜂随时都可能蛰死你。不时地有炸弹扔下来,有时近在咫尺,有时则落得很远。“我想起大街上疯狂地跑着的人们,/那些个残酷的,为死亡恫吓的人们,/像是蜂踊的昆虫,向我们的洞里挤。”“黑色的脸,黑色的身子,黑色的手!”于是觉得自己也染上了黑色。“当人们回到家里,弹去青草和泥土,/从他们头上所编织的大网里,/我是独自走上了被炸毁的楼,/而发现自己死在那儿/僵硬的,满脸上是欢笑,眼泪,和叹息”。这是附着于零碎、断续的细节和对话中的冥思,那刺耳又空洞的闲聊是坠入孤独深渊的回音,因为在防空洞中虽然对话很密集,但“我”却感觉与周围存在无法逾越的疏离。战争给穆旦带来的是自我的分裂与冲突,对当下战乱的恐惧,寻找生命真实的急迫之情和对未来的忧虑交织在一起,纠缠着挤进了穆旦的诗歌。存在之痛使他陷入无力表达的困厄,但那种表达的困厄本身就是一种表达,表达出来的诗是梦的惊醒和面对死亡的真实。穆旦既是思想的飞扬者,也是思想的跋涉者,飞扬是因为他的才思,跋涉是因为他灵魂的痛苦。他把痛苦凝聚于诗,于是他的诗歌成为一曲哀歌——那必死的肉身和灵魂在乱世中活过所见证的破碎和毁灭谱写的哀歌。个体身上虽有一道道生命裂伤,但却珍惜生命悖论中爱的碎片,让人感触到悲凉是他身体的形式,沉重是他身体上所压着的灵魂。穆旦对时代生活带有艰苦思索的感受力,像一线恻隐的阳光,穿透潮湿的迷雾,极富哲思的语言带有只属于他的存在裂伤。

战争时代,软弱的生命要承受强大的摧毁力量对自己存在之思的颠覆和毁坏,会产生无法自主的恐惧感、无所适从的惶惑感,坠入孤独、虚无、绝望、宿命等种种存在的体验之中。战争以一种无法抵御的强制力量将生活抛出了常轨,使人的生存成为瞬间的消失。冯至、穆旦忧心地思虑着时代、生命的苦难和出路,他们不轻视每一颗在生命挣扎中破碎的心,不夸张自己的生命想象的伤痛,体谅每一个人在生命的挣扎中成为爱的碎片的生命。他们固执地抚慰着在轰炸声中挣扎得遍体鳞伤的个体,珍惜残缺和破损后升华的灵魂。

三、轰炸的创伤记忆

张志扬在《创伤记忆》一书中对创伤记忆进行了这样的定义:“所谓民族的苦难记忆或个体承担的创伤记忆,说到底是各种形式的暴力——自然的人为的,恶的善的,理性的非理性的、政治的道德的、包括话语的——从个人的在世结构的外层一直砍伐到个人临死前的绝对孤独意识，像剥葱头一样，剥完为止，每剥一层都是孤独核心的显露。我把这种孤独核心的强迫性意识叫做创伤记忆。”[①]充满了死亡与毁灭气息的“轰炸”一词在联大知识分子内心深处留下一道道伤疤，每一次触摸，那痛楚都清晰如昨。人有其土，魂兮归乡，战事中的漂泊，异乡的疏离，空袭的侵扰，使深深烙有生命印记的土地成为记忆回溯中的故土。当年华逝去，昔日的美好少年变为迟暮的长者，在夕阳西下时梦回魂归，或在暮色时分回顾自己一生的烟尘岁月，哀伤在轰炸下变为伤城的昆明，汪曾祺写下了散文名篇《跑警报》，冯至的《昆明往事》提及空袭对心理的影响，冯友兰《联大被炸以后》述说联大人的刚毅与坚卓。他们抚摸着蒙上厚厚历史尘埃的碑铭，隔了遥远时空，思念从前视为地狱的一切——苦难、酸楚、沉闷、绝望、安逸与悲伤。

一个作家无论是在进行构思的前期准备阶段，还是在展示想象和抒情的创作过程中，他总会以这样或那样的方式走进记忆，揭开尘封的往事，接受记忆的邀约。冯至的《昆明往事》写到从“跑警报”中感受到集体生活的妙处：“跑警报时间长了，大家见面时都面带笑容，好像有一个共同的命运把人们融合在一起，生死存亡也置之度外了。这种心情，跟平日在自己房间里那种独自一人的感觉迥然不同。每逢警报解除了，一想又要回到自己的家中，与那些看厌了的简陋的用具厮守，应付一些生活琐事，对于郊外阳光下的会合，反而有些依依难舍。”[②]汪曾祺《跑警报》写的是抗日战争期间躲避日本飞机轰炸的故事。全文没有轰炸应有的血肉横飞的惨状，无丝毫惧怕之感，相反，悠闲之状比比皆是，作者的笔下不论是教授还是学生都懂得苦中作乐，达到美化、诗化的境界，这是一种情趣。汪曾祺强调我们这个民族长期以来生于忧患，已经很“皮实”了，对于任何猝然而来的灾难，都能用“儒道互补”的精神对待。这种精神的真髓即“不在乎”。为了反映“不在乎”，作《跑警报》。“不在乎”是全文的注解。文章写了很多好玩的人事，不是媚俗，而是深刻的、哲学性的思考。在这种“不在乎”的谐趣中，作者以类似开玩笑的笔墨写出儒道互补，出世和入世相结合的精神传承。也展现了自己在严酷现实面前超然的精神境界，其妙在不经意间，情感的节制也出自天然，身在其中的只在生活，从旁欣赏的不免凭借了修养。但在汪曾祺恬淡的公众形象后，笔者看到的是一个寂寞的身影，因为在追忆中透出夕阳情调，含着一缕凄怆。或许越年轻越爱想死亡的问题，越想

① 张志扬：《创伤记忆——中国现代哲学的门槛》，第161页，上海：上海三联书店，1999年。

② 冯至：《冯至全集》第四卷，第351页，石家庄：河北教育出版社，1999年。

它,越牵恋今生的未了;越晚年越爱想往昔的问题,越想往昔,越觉得它并没有什么。“近黄昏时”清晰地体验着发生在自己这里的衰老过程,当觉察到生命由体内流逝,甚至听到生命流逝中那些细碎的声音时,他们变得不安定,常常要记起那些过去的事情来弥补时间流逝所带来的空洞,说出来时,人们往往以为是个故事,仿佛在他们面前,站立着的只是广阔的逍遥,以及庄禅式的自我逍遥。但却没人能理解这些看似解脱的冲淡之文并没有克服了受难之后的存在的快乐。

对于民族记忆而言,联大知识分子对轰炸的书写与追忆留下了极其丰富的心灵体验、生命体悟。于历史的废墟、记忆的迷宫,为那些不幸沦为幽灵的生命招魂不息。这些文字将圣洁与邪恶、光明与黑暗聚于一身,牧歌与暴力齐飞,怨恨与悲情一色,这是我们今天开口言说历史记忆的艰难所在。在战争的黑暗中,人们受到强力的制约而不得自由。在时间的雾中,人是自由的,但这是在雾中的人的自由。时光飞逝,回忆性的文字就成了最华丽的浪费,最坚决而又空虚的自我安慰。

联大知识分子以此在的文字或是追忆的文章,俯瞰着战火烽烟中的昆明,城中到处是敌机轰炸后的断垣残壁,犹如庞贝古城的遗迹。警报从未拉响时的春城让破碎的灵魂找到归宿,轰炸下的伤城让他们的心灵更加地破碎,于是知识分子们从现实退向文学,文学诚然能够缓解存在的紧张,能够对现实体验进行审美升华,然而它同时又使本来已够敏感的心灵更加紧张和痛苦,倒过头来,它对人的刺伤也就更加严重。他们徘徊在时间坐标的断壁残垣间,拾捡记忆的碎片,拼凑往事的枝节。忘却后的重新记忆,一切宛如当年,但现存的,赫然提醒我们时间在不停流逝,“失去”的已然失去,伤痛由此隐隐流出,然后结痂,留下了疤痕。但忧伤的底蕴不只在于一件事物的得失,更在于难以言说的失落感,而这一失落、缺憾,或空虚的感觉,成为当事人自怨及自怜的起点与终点:他所记录下来的文字正构筑在对事物终将失去的自知之明上。文字的朦胧让人有生命的确切感,在不确定的生命流动中,使轰炸中的沉思变成最为深沉的生命脉动。但经过身心俱悴的震颤的身体灵魂没有改变对美好的幸福的信赖,没有归于虚寂,它仍然是还会受伤的爱,只不过情感的单纯在经历过伤害后成了复杂的单纯。于是历史全部转化为个人的经验,这是一些片段,一些被不断涂抹的记忆碎片。然而,每一片都能划破人的心灵,都能刺穿人的命运。

谍战题材的两种叙述方式①

——《色·戒》与《野玫瑰》

孔刘辉②

(滁州学院中文系,安徽滁州　239000)

[摘要]《色·戒》与《野玫瑰》在题材、人物、背景等方面确有某种同构之处,但在叙事逻辑、人物形象与主题意蕴等深层内容上却大相径庭,前者以行刺事件为背景,着重描摹主人公的心理、情绪的起伏变化,以人性探究为叙事主旨,而后者则通过抗日锄奸故事表现献身抗战的时代精神。从本事原型到文学作品的不同路径,体现了两位作家各自的创作风格:陈铨通过艺术想象,在浪漫惊险的谍战传奇中抒写了民族情怀这一宏大主题,而张爱玲则在刺杀汉奸的叙事框架中表达了她对人性的理解,并烙刻了个人的情感体验。

[关键词]叙事逻辑;人物形象;主题命意;本事原型

[基金项目]本文系2011年度教育部人文社会科学研究青年基金项目《陈铨研究》(11YJC751038);2011年度安徽高校省级人文社科研究项目《陈铨研究》(2011sk452)成果之一。

张爱玲的短篇小说《色·戒》(1978年)与陈铨的话剧《野玫瑰》(1941年)都是写女间谍和汉奸的故事,都曾遭遇所谓"美化汉奸"之论,也都被改编成电影。根据《色·戒》改编,由李安导演、汤唯等人主演的同名电影(2007年上映)引起了不小的轰动和争议,其实,据《野玫瑰》改编的电影《天字第一号》(涂光启编导,欧阳莎菲主演,1946年上映)同样曾风靡一时。借《色·戒》热映之际,有人把二者相提并论:"由张爱玲的同名小说改编的电影《色·戒》……也是一

① 收稿日期:2011－01－12。

② 作者简介:孔刘辉,文学博士,滁州学院中文系讲师。研究方向为中国现代文学。

场女间谍与汉奸的戏。《色·戒》火爆上映的同时,'美化汉奸'的争议骤起。想起陈铨在昆明诞生的《野玫瑰》引起的风波,仿佛是历史的一个轮回。"[①]2009年新版《陈铨代表作·野玫瑰》也借势宣称:"这是一部四十年代版的《色·戒》,曾被改编为电影《天字第一号》。"[②]

但作为文学文本,两作原本风马牛不相及,随意比附和空头点评,虽无关宏旨,却容易混淆是非,值得探究一番。表面看来,两部皆有"本事"的作品确实在题材、人物、背景等方面有某种相似之处,但深入考量,两作在叙事逻辑、人物形象、作者命意以及对原素材改编方向等深层内容上却是霄壤有别。

一、主题意蕴与叙事逻辑

《色·戒》与《野玫瑰》在人物、情节设置上确有诸多同构之处,都是发生在抗战时期的敌伪统治区;主要人物皆是欲除汉奸、为民族事业献身的女间谍;都有一个与女主角有瓜葛的男性汉奸形象等,但在情节展开、描画重点、人物塑造等关涉主题意蕴的叙事逻辑中,两作从一开始即分道扬镳,各奔东西。前者写的是女主角王佳芝以美人计接近并刺杀汉奸老易,但在即将得手的瞬间,意乱情迷,放走了行刺目标,最终与同党反被对手毫不留情地诛杀。而后者叙述的则是勇谋双全、屡建奇功的王牌间谍的锄奸业绩:"天字十五号"女特工夏艳华狠心抛下恋人,不惜以身事伪,从上海到北平,长期隐伏,刺探敌情,组织暗杀,最终她设计除掉伪警察厅长,并在自命不凡的大汉奸毙命之际,道出真实身份,在精神意志上又给对方以致命一击。

人物、故事的起点相同,而具体行为与最终结局的迥异,自是不同叙事逻辑所呈现的结果。通观《色·戒》,其塑造人物、表现主题的核心情节并非外部事件,而是表现"男女间的爱欲情仇"的"心理事件"[③],其高潮在于王佳芝迷离恍惚中那放走敌人的坚定抉择。与此相应,小说中历时描述的主要是两个情节场景:一是易家牌局上,王佳芝与珠光宝气、时尚新潮的汉奸太太们周旋时的局促不安而又穷酸失意的情形;二是在珠宝店王面对钻戒诱惑时,"心下轰然一声,若有所失",以为发现"真爱"而临阵弃戈。而穿插其间的是一系列镜

---

① 刘宜庆:《绝代风流——西南联大生活录》,第91页,北京:北京航空航天大学出版社,2009年。

② 中国现代文学馆编:《陈铨代表作·野玫瑰》,北京:华夏出版社,2009年,封底文字。此书为1999年《陈铨代表作》的重印,所录剧本《野玫瑰》与原著(重庆商务印书馆1942年版)相比,缺少最后三页。

③ 余斌:《〈色·戒〉"考"》,《万象》,2005年9月号。

头化的情节链:王佳芝对演戏的着迷,第一次刺杀失败而又失贞,疑心上当而失落不甘,渐与同党疏远生分、不欢而散,及第二次重又登场,勾上老易,才又如释重负,渐入佳境。最终种种前因后事,真假虚实,一齐汇聚于王佳芝混乱的思绪,致其心旌摇晃,戏里戏外无法分清。凡此种种,皆以女主角情感的起伏变化为主线,点点滴滴,终水到渠成,至“捉放曹”的高潮情节。

与《色·戒》中刺杀事件只是展现女主角犹疑摇摆的心路历程的背景不同,《野玫瑰》的核心情节是“抗日锄奸”,与之相应,作品重笔落在外部事件的叙述和人物行动的展开。三年前,为了接近亲日的王立民,加入特工组织的夏艳华斩断情丝,隐瞒身份,离开了恋人刘云樵,三年后,她把与王立民有亲戚关系的昔日情人,也加入特工组织的刘调到北平协助自己,并促使他与表妹曼丽接近以便行事。正面展开的戏剧情节中,夏艳华四次出场,第一场戏中她与刘云樵的一番玩世不恭的对话,表现了其内心的真实情感:为了崇高的事业,她极力压抑感情冲动,独自承受心灵的创伤,交代了夏艳华在个人情感与民族事业之间有充分的心理准备。在这样的铺垫之下,后三幕剧集中展现了她如何运用个人魅力、过人胆识和纵横捭阖的手段,戏弄利用、分化瓦解敌人,指挥同党,置敌寇于死地后,带领同党从容撤退。

两位女主角怀着同样的目的而委身于汉奸,但在具体行动中却差之毫厘,谬以千里,王佳芝敏于自我感觉,盲于身外之事,终铸成大错,而夏艳华则信念坚定,斩钉截铁,对个人私情,当断即断,对待敌人,绝无姑息。而人物在矛盾中的不同选择和处理方式,自然意味着作者不同的创作命意,张爱玲“对暗杀活动的交代不无破绽”,而“对主人公心理过程的把握则堪称天衣无缝”[①],盖因后者才是呈现主题的关键所在。虽然王佳芝放走了老易,毁了自己也毁了同党,也放逐了民族大义,但却在其一番曲折的心理流程和情绪变化中,体现了叙述者对“正常的人性的弱点”的审视,这正是张爱玲小说一贯的主题形态。而陈铨把夏艳华置于个人感情纠葛和民族国家利益的冲突之中,通过人物主动行为来表现其牺牲个人一切为抗战、为民族的无悔选择和献身精神,剧中虽也描摹其内心的情感爱恋,但倾力渲染的则是其作为超级女特工的神奇事功。作为一部抗战名剧,《野玫瑰》奉献的是紧张曲折、扣人心弦的谍战大戏,在传奇故事中张扬了爱国主义的宏大主题,而这也同样是抗战时期陈铨创作一再表现的核心命题。

---

① 余斌:《〈色·戒〉“考”》,《万象》,2005年9月号。

二、常人与英雄:女主角

不同的主题意蕴决定着不同的叙事逻辑和描画重点,也决定着两部作品人物塑造的不同方向。《色·戒》虽题材"尖端",但仍是张爱玲一贯的"人性"套路,小说摹画人物的方向是寻常人做不寻常事情时从兴奋、欣喜、清醒、理智到失落、怅惘、迷茫、本能的心理流变。而《野玫瑰》则相对简单明了,就是在一系列非比寻常的情境中刻画了一个非比寻常的王牌女特工,塑造了一个有超凡毅力、英气逼人的浪漫化理想化的女英雄。

在张爱玲笔下,王佳芝首先是一个"有人性,也有正常的人性的弱点"的普通女人,并非专业特工,当刺杀计划渐次展开时,其"潜意识中的个人动机:虚荣心,冒险的欲望,演戏的刺激"逐渐暴露,多面人性相互交融挤压,乃至冲突排斥,直到最后,理性的爱国动机让位于感性的情绪直觉。与此相关的情节、意象、细节、暗示等构成了小说主体,也是塑造人物的关键。首先,小说两次写到"钻戒"之于王佳芝的感受,是第一个重要的暗示性情节:

> 牌桌上的确是戒指展览会,佳芝想。只有她没有钻戒,戴来戴去这只翡翠的,早知不戴了,叫人见笑——正眼都看不得她。……
>
> 她把那粉红钻戒戴在手上侧过来侧过去地看,与她玫瑰红的指甲油一比,其实不过微红,也不太大,但是光头极足,亮闪闪的,异星一样,红得有种神秘感。可惜不过是舞台上的小道具,而且只用这么一会工夫,使人感到惆怅。

从没有钻戒的失落到将失却钻戒的"惆怅",显然不是肩负重任的特工对"戒指"的应有认识,而是一个寻常女子迷惑于尘世俗物的正常感知。此外,小说中还铺写了王佳芝两次成功"演戏"(演"爱国剧"与演"麦太太")后"顾盼间光彩照人"、难以自禁的兴奋和沉醉。如此敏于一己情思、得失,终致其在非常情境中迷失方向,丧失了起码的理性。其次,小说还层次分明地写出了由肉体感受与周遭环境引发王佳芝心理变化的过程。如张爱玲自言:"王佳芝的动摇,还有个原因。第一次企图行刺不成,赔了夫人又折兵,不过是为了乔装已婚妇女,失身于同伙的一个同学。对于她失去童贞的事,这些同学的态度相当恶劣——至少予她的印象是这样——连她比较最有好感的邝裕民都未能免俗,让她受了很大的刺激。她甚至于疑心她是上了当，有苦说不出，有点心理变态。"[①]当第二次为接近目标而献身时，她感觉"每次跟老易在一起都像洗了个热水澡，把积郁都冲掉了，因为一切有个目的"。虽然作者解释"目的"指又勾上目标，牺牲终有所值，但同时小说也写到了肉体接触如何影响到人物的意识和感觉，如王佳芝不自觉地拿老易与梁闰生作比较，又以"权势是一种春药"，"到女人的心里通过阴道"等俗谚比拟、摹写其性心理和性意识，这无意中又消解了叙述者的辩白。也就是说，导致王佳芝理性丧失的原因正是由两种欲望——象征浮世虚荣之"戒"与神秘本能之"色"——相互交融、共同构建的一个寻常女人难以逾越的尘世之网和人性之谜。

而话剧《野玫瑰》则主要通过外部事件叙述和语言描写来塑造夏艳华，与之相关的四场戏起伏跌宕，错落有致，前后呼应，有铺垫有伏笔。第一场戏是与旧日情人的对话，刘云樵满怀怨艾，冷嘲热讽，夏艳华则报以漫不经心的调侃，直到第三幕，刘身份暴露，身处危境，求救于夏艳华，夏才道出真实身份、事情始末和内心情怀。另两场戏则是写敌我交锋，先是夏引诱捉弄色迷心窍的警察厅长，及至最后危急之中，夏利用了王立民、刘云樵、王曼丽之间的亲情、恋人关系，促成蠢不可及的警察厅长放走了刘云樵等人，并设计让王立民击毙了无法自圆其说的警察厅长，而在王立民怪病发作、自吞毒药的垂死之际，夏和盘托出真相，斥责了其罔顾民族大义、只求"个人权力"的"极端的个人主义"。通观全剧，夏艳华内心的情感爱恋虽也是贯穿性线索（如剧末还写到其自语："寂寞的野玫瑰！欣赏你的人已经走了！这儿你又不能呆了！你再要飘泊到哪儿去呢？"），但这些人物心理的摹写并非戏剧结构的核心，而是为了衬托主人公主要性格特征——为了民族大义和正义事业，甘愿牺牲个人的惊人毅力和献身精神。

对比两剧，《色·戒》中重点摹写的是人性消长和信念动摇的生成环境与心理过程，《野玫瑰》描写的侧重点是外在的语言和行动。在人物上，王佳芝形象是流动变化的，小说中对其作为一个有"弱点"的常人的个性、情绪、感觉、心理，有多层面立体化的表现，为最后的意外的情节逆转提供了合理的心理逻辑和依据。而夏艳华的形象塑造则相对缺乏合逻辑、有深度的心理刻画，是个性特征固定单一的"扁平人物"。从艺术表现看，前者通过细致刻画表现了人性

① 张爱玲：《羊毛出在羊身上——谈〈色·戒〉》，载《中国时报·人间副刊》（台北），1978年11月27日。

的复杂性、多维性，有某种永恒的意味，后者则以引人入胜的传奇故事表现了特殊时期的时代精神，具有鲜明的现实感、历史感和功利性。

三、自私的男人与不择手段的政治人：汉奸形象

女主角之外，《色·戒》与《野玫瑰》各有一个汉奸形象：老易和王立民，就是这两个二号人物，使在两作问世之时遭到“歌颂汉奸”或“散布汉奸理论”的严厉批评[①]。事实上，两作中的汉奸都是作者所揭露和批判的对象，但人性卑劣的具体指向却各不相同。

《色·戒》中老易着墨不多，但作者处处用心，由表及里，层层敷色，逐步展现其丑陋灵魂。张爱玲曾说，“一般写汉奸都是獐头鼠目，易先生也是‘鼠相’，不过不像公式化的小说里的汉奸色迷迷晕陶陶的，作饵的侠女还没到手已经送了命，侠女得以全贞”[②]，而老易却是“不容易对付”的狠角，他不仅有职业特工的审慎冷静，甚至其好色(“人性弱点”)都难被人利用。珠宝店一节，作者引领读者第一次进入人物的“内心”：他明知艳遇是“权势的魔力”，却又自我开脱为“权力”与“本人多少是分不开的”，但这究竟有些自欺欺人，所以“微笑”不免“有点悲哀”(正是这偶然间的一丝落寞，让王佳芝错会为“温柔怜惜的神气”)。表面看来，这一表现中年人悲哀的镜头闪现，颇有几分人性意味，“让我们能接近否则无法接近的人”，而“接近”“了解”似乎是“原恕的初步”，有“导向原宥”而致“美化”的可能和嫌疑[③]。但接下来，侥幸逃脱的老易立马赶尽杀绝，对佳芝也丝毫不见“温柔怜惜”。当我们再次进入易某的内心时，得窥其狰狞面目，王佳芝一时心软反而成就了他“自我陶醉”的血腥资本：“美人局两年前在香港已经发动了，布置得这样周密，却被美人临时变计放走了他。她还是真爱他的，是他生平第一个红粉知己。想不到中年以后还有这番遇合。”“她临终一定恨他。不过‘无毒不丈夫’。不是这样的男子汉，她也不会爱他。”“红粉知己”的无端殒命竟成了其残忍杀戮的正当理由，直至沾沾自喜得令人震骇：“得一

---

① 确切地说，《野玫瑰》遭遇批判是在 1942 年 3 月在重庆“抗建堂”公演 16 场、火爆陪都重庆之后。《野玫瑰》写于 1941 年 5、6 月间，公开发表于《文史杂志》(重庆)第 1 卷第 6、7、8 期(1941 年 6 月 16 日，7 月 1 日，8 月 15 日)，8 月 2—7 日曾由西南联大“国民剧社”在“昆明大戏院”公演 7 场，事实上，重庆演出之前并未见有批评。

② 张爱玲：《羊毛出在羊身上——谈〈色·戒〉》，载《中国时报·人间副刊》(台北)，1978 年 11 月 27 日。

③ 张爱玲：《〈惘然记〉自序》，金宏达等编：《张爱玲文集》(第 4 卷)，第 338－339 页，合肥：安徽文艺出版社，1992 年。

知己，死而无憾。他觉得她的影子会永远依傍他，安慰他。虽然她恨他，她最后对他的感情强烈到是什么感情都不相干了，只是有感情。他们是原始的猎人与猎物的关系，虎与伥的关系，最终极的占有。她这才生是他的人，死是他的鬼。"这令人"毛骨悚然"的心理逻辑，正传达出作者对一个冷酷自私、阴狠寡情的男人的透入骨髓的讽刺和嘲弄，"了解这种人更可能导向鄙夷"[①]。

与《色·戒》中淡化老易的汉奸身份而着意表现其"男人"一面的不同，《野玫瑰》则强调王立民的作为政治人的特性，比之老易这一小角色汉奸，王立民可谓是巨奸（"北平伪政委会主席"）。作者也没有把汉奸脸谱化、妖魔化，而是在个人与民族，个人道德与国家伦理的矛盾漩涡中，用心于大汉奸王立民心灵现实的刻画，试图寻绎这种特殊人物堕落沉沦的现实根据和心理动机。夏艳华与王立民的生死情仇与男女情感无关，而是围绕"民族国家"展开。王立民首先是个有强烈"权力意志"的政治人，为了个人"权力"欲望，他甘当民族败类。他自诩道："我有铁一般的意志，我要赤手空拳，自己打出一个天下来。"宣称自己"内心是诚恳"，"永不向命运低头"的"战士"，不能流芳百世，宁肯"遗臭万年"。曼丽说他是背叛"民族国家"的"极端的个人主义者"，他反辩为"国家是抽象的，个人才是具体的"。在女儿反诘下，他无法自圆其说，只有厉声说："真是小孩子话！不许再讲了！讲得我心里难过！"他时而说："儿女的事情，只有让儿女自己来负责，我管不着！"时而又劝促女儿与刘云樵结合"到外国去"。他很清楚自己的不耻行径，但又放不下既得利益，最终只能认毒药为"惟一的朋友"。正是在这层层矛盾之中，表现出这个卖国巨奸的复杂心态。但作者的立场却很清楚，王立民无疑首先是个为达目的不择手段的顽固主义者和政治野心家，他明知自己下场而不回头，剧中所极力批判的正是其"极端的个人主义"，其暴死象征着背叛民族国家者的可悲结局。其次，剧中也表现了王立民作为一个父亲的慈爱与温情，甚至临终前仍想见女儿一面，这实际上也是人性的真切写照。至于王立民的尼采式的语言，实际上是通过形象演绎了意志哲学，虽饱受诟病，但这本身不过是刻画人物的戏剧手法，表现得很自然，应该说也无可厚非。事实上，"王立民正体现了陈铨从自己的角度对这类民族背叛者心理和灵魂的大胆的想象和审视，若不是囿于成见，这个形象无疑取得了极大

---

① 张爱玲：《羊毛出在羊身上——谈〈色·戒〉》，载《中国时报·人间副刊》（台北），1978 年 11 月 27 日。

成功”[①]。

1978年,《色·戒》发表不久,就有人从“政治正确”的“道德立场”批评是“暧昧”而隐蔽的“歌颂汉奸的文学”,是“绝对不值得写的”的“题材”,并有意指向了敌伪时期张爱玲从文学创作、生存空间到私人情感、恋爱婚姻的经历:“因为过去的生活背景,张爱玲女士在处理这类题材时,尤其应该特别小心谨慎,勿引人误会,以免成为盛名之瑕。”[②]至于批评陈铨的,在认定《野玫瑰》“制造汉奸理论”的同时,无一例外地都把《野玫瑰》与作者的“战国派”成员的身份联系在一起,尤其是把王立民形象与“战国派”的理论主张和陈铨阐释宣扬的尼采哲学绑定在一起。[③] 虽背后各有原因,但批评本身都是脱离了作品本身的捕风捉影,或是穿凿附会、意在言外之说。

四、为“私”为“公”:从本事到文学的不同路径

无独有偶,《色·戒》与《野玫瑰》人物、事件皆有所谓“原型”和“本事”。前者一般认为系出自敌伪时期发生在上海的军统女特工郑苹如诱杀汉奸魔头丁默村一事,关于此中来龙去脉以及《色·戒》中隐现作者自己的现实经历、情感体验等,学界多有讨论,而尤以余斌先生为先,在专著《张爱玲传》(1993年,海南出版社),尤其是晚近的《〈色·戒〉“考”》一文中有精彩透辟的分析,此处不赘。至于《野玫瑰》的本事来源与创作背景,则来自作者的自述。

20世纪50年代时,陈铨曾在“交代材料”《野玫瑰生活资料来源》有以下说明:1941年,他在西南联大拟为学生剧团写剧本时,“昆明传遍了汉奸王克敏的女儿,逃到香港,登报脱离父女关系的故事”,他认为“这是一个戏剧的好材料”,于是“立刻写了一个短篇小说《花瓶》”,随后又“根据这篇小说写《野玫瑰》”。写作中,陈铨“还请教过清华大学电机系教授孟昭英,花瓶里面放收音机是不是可能,他是无线电专家,他说是可能的”,于是这一谍技在小说、剧本

---

① 孔刘辉:《民族情怀与浪漫精神——陈铨戏剧论》,《戏剧·中央戏剧学院学报》,2009年第3期。

② 域外人:《不吃辣的怎么胡得出辣子?——评〈色·戒〉》,载《中国时报·人间副刊》(台北),1978年10月1日。

③ 当时批判《野玫瑰》的文章主要有颜翰彤:《读〈野玫瑰〉》,《新华日报》(重庆),1942年3月23日;方纪:《糖衣毒药——〈野玫瑰〉观后》,《时事新报》,1942年4月8、11、14日连载;谷虹:《有毒的〈野玫瑰〉》,《现代文艺》(福建永安),第5卷第3期,1942年6月25日;徐曼:《剪灯碎语之二》,《野草》月刊(桂林),第5卷第2期,1943年1月1日。相关情况可参见孔刘辉:《〈野玫瑰〉上演的前后》,《新文学史料》,2009年第2期。

中都有表现[①]。短篇小说《花瓶》以新闻事件作铺衍，情节简单，主要写云樵的谍报活动与曼丽经过思想斗争决定离开汉奸父亲，最终“两个月后，上海香港的报纸，都大字登起，某某汉奸的女儿同他脱离关系的消息”，一对有情男女相聚在重庆[②]。

《野玫瑰》中保留了刘云樵与曼丽父女等人物关系，而与原素材有直接对应关系的就是王立民形象，其“北平伪政委会主席”的职衔，直接指向其原型王克敏[③]。剧中写到王立民强烈的权力欲与其不遇的政治经历不无关系：“我在政治上失望了多年，虽然不少事做，始终没有真正的势力。好容易遇着这一次大转变，我才有一个翻身的机会，我能放过吗？”这与王克敏的宦海浮沉及其出任伪职时的争权夺势颇有几分相似[④]。此外，一些情节也有所本，如王立民被杀手狙击却逃过一死之情节，当出自王克敏被军统特工暗杀一事。1938 年 3 月 28 日下午，王克敏在北京煤渣胡同遭枪击，同车的日本人山本荣治被击毙，王受轻伤，逃过一劫。有意味的是，抗战胜利后，王以汉奸罪被捕，据称其乘狱吏疏忽之际，自吞毒药毙命。而《野玫瑰》中，王立民也是不甘被人摆布，自吞毒药而亡，剧本中偶然的情节设置居然一语成谶，预见了其可悲下场。

抗日战争中“锄奸”的谋刺事件不在少数，如河内刺汪精卫，北京刺王克敏，汪伪七十六号与军统的斗法等皆为一时之闻。《野玫瑰》在充满悬念机变、大起大落的故事中，正表现了这些从事暗战的特殊人员勇闯龙潭虎穴、机智无畏的英雄主义和奇功伟绩。虽无从考详，但《野玫瑰》从昆明初演，再到火爆山城重庆，流布甚广，势必会引起真正的间谍们的兴味。据沈醉回忆，戴笠很喜

---

① 陈铨：《坦白交代三个问题 · 野玫瑰生活资料来源》，《陈铨档案》，南京大学档案馆。

② 陈铨：《花瓶》，《中央日报》（昆明），1940 年 4 月 23、24 日连载。

③ 王克敏（1873—1945），字叔鲁，浙江杭州人，1901 年考中举人，其人从晚清到民国，从北洋政府到南京政府，数度宦海浮沉，1927 年因“献媚日本”曾被南京政府通缉，抗战爆发后，其亲日倾向被日本人看中，1937 年 12 月即出任傀儡政权“中华民国临时政府”（北平）行政委员长一职，1940 年，北京、南京伪政府合并后，王又出任“华北政务委员会”委员长，是中日战争期间重量级大汉奸，抗战胜利后被国民政府以汉奸罪逮捕，1945 年 12 月在狱中服毒自杀身亡（一说“过大烟瘾”而“一病呜呼”）。

④ 王克敏生平行事可参见王春南：《汉奸王克敏生平纪析》，《学海》，1995 年第 2 期；回永广：《叛国奸贼——大汉奸的最后结局》，北京：中共党史出版社，2005 年。

欢《野玫瑰》[①],陈铨也因此引起了戴笠的注意,甚至邀其为之编剧。[②] 当陈铨与剧人史东山、音乐家黎锦晖三人得知戴笠有请"都很震惊","一时不知怎么办",如其所说:"在重庆谁也知道,戴笠是个杀人不眨眼的魔王,黎锦晖和朱玉杰曾经同我讲过一些戴笠杀人的故事。他杀进步人士,也杀部下的人,只要触犯了他。"[③]好在此插曲一段时间后就风平浪静了。巧的是,王克敏在北平遭遇的那次袭击,正是戴笠命军统天津站站长陈恭澍策划实施的锄奸行动。

综合来看,从本事到小说,《色·戒》抛弃了素材中可能导向政治话语或是传奇故事的一面,如余斌先生所言,"谋刺丁默村事件只为张爱玲的小说《色·戒》提供了一个叙述框架,而她终能移花接木,让一个特工谋杀事件负载她的人性理解,纳入她探究男女情欲的惯常轨道",而小说中"易某的轮廓得自丁默村",而与张爱玲有爱恨情仇的胡兰成则是其"心理原型"。[④] 这样,对张爱玲来说,《色·戒》具有双重意蕴:既是探究人性的艺术,也在"不经意"间寄寓了作者自身的情感经历和现实体验[⑤],两者都留下鲜明的个人印迹。而从本事到戏剧文本,《野玫瑰》整个情节的核心则完全改变了,新加入的夏艳华成了主角,小说中淡化处理的大汉奸成为剧中的二号角色,并以民族国家和个人情怀之间的矛盾作为整个戏剧冲突的核心。这样,陈铨以本事为起点,通过艺术想象,到短篇小说,再到四幕话剧,仍然承续了素材中的"民族国家"的命题,把一个政治暗杀的新闻事件打造成雅俗共赏、既富传奇色彩又有现实意义的抗战戏剧。

---

① 沈醉:《沈醉回忆作品全集》(第1卷),第470页,北京:九州出版社,1998年。

② 陈铨在"交代"材料中写道:"1943年5月,戴笠有一天突然派了三个特务驾起汽车到中国电影制片厂来找史东山、黎锦晖和我去吃饭,到时我们去了。戴笠在饭厅接见了我们,坐一分钟,立刻就食吃。戴笠说,请我们三人来,主要是希望我们三人替我们的抗日剧团演剧。他说戏剧对宣传工作很重要,没有戏剧,根本谈不上宣传,我们都唯唯诺诺,不置可否。吃饭结束,他就派三人用原车送我们回厂,我是送到南温泉。第三天,他派来了一个特务,拿了一份材料,指名我们三人,我编剧本,黎锦晖编音乐,史东山设计导演,结果我们都做到了。史东山那时身体不好,好像是派钱千里去担任导演和舞台设计的。再隔一些时候,戴笠派人来请我们三人看戏。演戏的是江安的一位女学生。又隔一些时候,戴笠派郑锡麟请我们吃饭,而且再三送了每人五百元酬金,以后这个事情就算结束了。"陈铨:《〈野玫瑰〉上演的前后》,手稿,1969年,1月18—19日。按:本文所引手稿资料承陈铨女儿陈光琴先生提供,谨此致谢。

③ 陈铨"交代材料",写于文革期间,具体时间、题目不详,手稿。

④ 余斌:《〈色·戒〉"考"》,《万象》,2005年9月号。

⑤ 蔡登山:《张爱玲〈色·戒〉》,第145页,北京:作家出版社,2007年。

五、结语

《色·戒》关注者甚众，本无须笔者置喙，但《野玫瑰》情况特殊，剧作连同作者不仅背负多年的骂名，1969 年，陈铨在临终绝笔中还在“交代”这件发生在 20 世纪 40 年代初的麻烦事，而且他也并非如张爱玲那样闻名于世，不得不辩，以免以讹传讹。事实上，抗战期间，《野玫瑰》风靡一时，是因为它综合了“永远能够引起人类兴趣”、也是“文学最合宜”的“题材”：“战争，爱情，道德”[①]，集谍战传奇、三角恋爱、伦理道德于一体，而这一切又集中到美艳冷峻、智勇双全的夏艳华形象上。虽然当时就有人说“这样的一个女人似乎不是血做的、肉做的，也只有尼采式的超人才做得到”[②]，但在民族罹难、强敌肆虐的时代，这一神秘莫测、不可战胜的超人形象，不仅具有引人入胜的戏剧效果，也正满足了国人对英雄气概的期待与战胜敌人的渴望。

综上所述，《色·戒》与《野玫瑰》虽然从一开始就分道扬镳，但也可以说是殊途同“归”于各自一贯的创作命意和艺术风格：张爱玲文行险招，但迂回曲折，终还是回到了自己既定的人性轨道，《色·戒》不仅是张爱玲后来最重要的作品之一，而且围绕该作的种种探究，也成了作品“有意味的形式”之一部分；“《野玫瑰》风波”作为中国现代文学史上一大公案，曲折隐现了抗战文化史中一言难尽的恩怨是非，本身也成了现代文学史的一部分，而《野玫瑰》融合浪漫传奇与爱国情怀于一体，不仅是抗战戏剧的重要收获，也是陈铨名留历史的醒目标志。

---

① 陈铨：《〈野玫瑰〉的题材》，原载《野玫瑰演出特刊》（1942 年），引自《民族文学》（重庆），第 1 卷第 1 期，第 50 页，1943 年 7 月 7 日。

② 西滢：《书评·〈野玫瑰〉》，《文史杂志》（重庆），第 2 卷第 3 期，1941 年 1 月。

北京沦陷期诗坛上的吴兴华及其接受史[①]

——兼谈殖民地文学研究中的背景问题

张　泉[②]

(北京市社会科学院,北京　100101)

[摘要]在文学史上,由于各种缘由,总有一些应当纳入的作家在相当长的一段时期内缺席。1945年抗日战争胜利后,近代中国日本占领区的一代中国作家退出文坛。这主要是政治方面的原因造成的。北京沦陷期诗人吴兴华的情况则较为复杂。对于吴兴华现象的复杂性,本文从几个层面加以考察:沦陷期北京诗坛生态;吴兴华在沦陷区文学场域中的位置,即被同时代文坛、读者接受的情况;战后文坛对吴兴华的接受史,即后来的被经典化的过程。

[关键词]吴兴华;沦陷区文学;经典化

20世纪90年代以前,在中国现代文学知识谱系中,没有沦陷区文学的位置。90年代以后,海内外学界具有开拓性的研究的直接结果之一是,彻底打破了这一格局。沦陷区文学终于回归常识:在广阔的日本占领区内,无论日本在这些地区的统治是50年还是几年,中国文学依然顽强存在。有关研究仍有待细化和深入,需要逐一加以解释或论证。本文以现代诗人吴兴华为个案加以讨论。

---

① 收稿日期:2011－6－30。

② 作者简介:张泉,北京市社会科学院研究员,北京文艺学会会长。研究方向为沦陷区文学、殖民地文化、北京区域文化。

由于各个占领区的殖民语境不同[①]，各地文学的面貌存在着并非无足轻重的差异。以北京为中心的华北沦陷期文学的显著特点是，除延续着五四新文学传统外，在日本殖民文化强势介入的情况下，日本大东亚主义要封杀的欧美文明，仍有存在的空间，并且实质性地纳入沦陷区文学。吴兴华在北京沦陷区融合中西的诗歌试验，就是一个显而易见的例证。此外，在文学史上，由于各种各样的缘由，总是有一些应当纳入的作家在相当长的一段时期内缺席。1945年抗日战争取得胜利以后，近代中国日本占领区的一代中国作家退出文坛。这主要是政治方面的原因造成的。北京沦陷期诗人吴兴华的情况则较为复杂。对于吴兴华现象的复杂性，本文从几个层面加以考察：沦陷期北京诗坛生态；吴兴华在沦陷区文学场域中的位置，即被同时代文坛、读者接受的情况；吴兴华的接受史，即后来被构建和被经典化的过程。

一、北京沦陷期诗坛概况

在华北沦陷区文坛，有一批报刊发表或主要刊登诗歌。

校园刊物中，教会学校和私立学校所占的比重较大。燕京大学是美国教会创办的，辅仁大学受到德国天主教"圣言会"的庇护，这两所学校日伪不便干预。辅仁大学办有大型文艺季刊《文苑》(《辅仁文苑》)。燕京大学办有小型《燕京文学》半月刊、文艺月刊《篱树》、《燕京新闻》中的《枫岛》文艺副刊。汇文中学办有《覆瓿》文艺月刊。贝满女子中学出版了一期《贝满季刊》。燕京大学学生与诗人南星自费创办小型刊物《篱树》(1939)共印出两期，发表吴兴华、秦佩珩、孙以亮(孙道临)、张茵陈、何漫等人的诗歌、散文。燕京大学出版的文艺丛刊《燕园集》(1940.5)刊有诗论《白话诗用韵管见》、《杂样的五拍诗》(陆志韦)、《新诗的前途》(郭绍虞)、《春梦再篇》(白帝)，以及秦佩珩等人的散文，汪玉岑等人的诗。《燕京文学》(1940.11—1941.11)出刊时间较长，陆志韦、郭绍虞任顾问，主要作者是宋淇(宋悌芬、欧阳竟)、孙羽(孙道临)、吴兴华、葛力(予里、力野)、黄宗江、石奔、王戟、张茵陈、郭心晖(郭蕊)、张芝联、竺磊、商颂等。内容侧重诗歌、散文和话剧，广泛涉猎中西文化，具有学院气和唯美主义倾向。综合性文学刊物《辅仁文苑》(1939.4—1942.4)每期约12万余字，在篇幅上要

---

① 中国近现代文学是在西方列强入侵的殖民语境中发生和展开的。在研究现代文学、特别是日本占领区文学时，历时的殖民演化形态和共时的殖民体制差异这两个维度，可以作为一种宏观参照背景。我对于这个问题的最近的叙述，参见拙文《殖民 / 区域：建构中国现代文学史的一种维度——以日本占领华北时期的北京台湾人作家群为例》(《文艺争鸣》2011年9期)。

比《燕京文学》大得多,是最重要的北京沦陷期的校园刊物。该刊组稿面向辅仁大学,也接受各私立大学师生的文稿,主要发表文艺论文、小说、散文、诗歌、戏剧、批评和翻译等。其他教会学校刊物还有天津工商学院的《公教学生》(1941.1—),主要发表学生的论文和创作,如刘温和等。大型月刊《工商生活》(1941.6—1944.8)影响比较大,经常发表朱星元的文艺短论,秦佩珩、李木的散文随笔,刘荣恩的诗。天津工商学院附中教师刘荣恩还办有不定期刊《现代诗》,至1945年8月刊出11期。1941年11月8日太平洋战争爆发后,日军马上冲进燕京大学,学校停办,文艺活动遂中止。《辅仁文苑》是校园刊物中少数能够进入图书报刊市场的杂志,在赢得社会承认的同时,也引起了官方的注意,意欲招安。伪教育总署正式发文《辅仁文苑》,命其限期登记,并给予出版资助。编辑同仁誓不与日伪合作,在太平洋战争爆发后又坚持了5个月,最后用自行停刊的方式来表达反抗。

公办学校北京大学、师范大学、铁道学院、艺术专科学校、土木专科学校、外国语专科学校等,隶属于伪政权教育总署。[①] 不过,这些学校的校园文学刊物没有受到直接的政治干预,承继了战前北京学界新文艺的传统,与沦陷区的现实政治和通俗文化没有关联。北京大学文学院创办过三个文学刊物,均只出版了一期。《诗与散文》(1939)刊有抗战前成名的周作人、沈启无、尤炳圻、陈介白、张我军、闻国新的诗文,以及林榕、南星、李道静、李曼茵、朱英诞等沦陷后新作家的作品。《文艺杂志》(1941)刊有罗静(张秀亚)的长诗《雨》、朱百药(朱英诞)的论文《左右随笔》、方纪生和南星的译作以及李曼茵、李道静、赵宗濂、闻国新、林榕等人的作品。由文学院北大文学会所办学生刊物《北大文学》(1943),刊有李道静、黄雨、闻国新、陆白人、岳蓬等人的小说、诗歌和散文。还发表有沈启无、朱肇洛、傅芸子、郑骞、林榕以及日本增田涉的论文,钱稻荪、朱芳济的译文。北京女师学院出有《文艺》两期。这些刊物中的多数坚持"纯文学"的立场,由于只是在校园内发行,影响不大。

民办刊物多为通俗文化刊物、综合性画刊。如《沙漠画报》(1938.4—1943.11)、《立言画刊》(1938.10—1945.7)、《长城》半月刊(1939.3—1940.6)、《三六九画报》(1939.4—1945.10)等。这些杂志多以伶人轶事、典故考据、电

---

① 1945年9月,国民政府教育部发文对收复区大专学生逐一进行"甄审",主要针对的是这些公办学校的学生。在校生和毕业生均为"伪学生",需要进行甄审。此令伤了一代沦陷区青年学生的心,在北平爆发了由中共地下党幕后支持的轰轰烈烈的"反甄审"活动。最后,教育部妥协。参见徐康《青春永在——1946—1948北平学生运动风云录》,北京出版社,2004年。

影戏剧评介及武侠言情小说连载为主，具有广泛的市民读者群，在沦陷初期文化解冻、文坛复苏的进程中，发挥了作用。如《沙漠画报》上刊有吴兴华、林栖的诗作。《朔风》、《艺术与生活》、《学文》三家民办杂志以纯文艺和学术相标榜，各有特点。《朔风》(1938.11—1940.4)模仿战前上海的《论语》、《人世间》、《宇宙风》风格，主要刊登"有趣味有分量的小品，以及空灵的抒情文章"，同时，也刊发学术考据文章以及一些散文、小说、诗歌、译文，作者有江寄萍、李道静、李曼茵、林栖、李駩子、夏孟刚、金克木、闻国新、辛笛、吴兴华等。《艺术与生活》比较重视诗，刊出过"新诗特辑"(16 期)，收李曼茵(黄雨)、杜南星(杜文成)等 20 多位作者的诗作；"新诗之辑(上)"(32 期)、"新诗之辑(下)"(33 期)，所收作者达 50 多人；"译诗之辑"；以及毕基初、刘温和、李啸仓的"个人新诗推荐"专集。《学文》(1939.11—1940.5)和早期的《朔风》，以散文、小品、杂感、随笔、新诗为主，也有少量的短篇小说和评论。撰稿人有周作人、秦佩珩、夏孟刚、林风、吴兴华、何漫等。民办刊物的独立性是极其有限的。比如《朔风》8 期后编辑易人，刊物转向。到第 12 期，变为以阐释时局为主的刊物。

官办杂志无论是在数量上还是在持续时间上都占据着绝对优势。[①] 各种官办杂志的侧重点不尽相同，但为日本殖民统治摇旗呐喊，进行奴化教育的办刊宗旨是一致的。不过，文艺版面较多的一大批官办杂志的文学版面较为独特和复杂。《中国文学》的诗歌作者有南星、顾视等，第 11 期还刊出哀悼何一鸿诗人专页，以及收 27 位作者的"诗特辑"和毕基初的诗剧《骑士铜像》。这里特别要提及几个发表旧体诗较多的刊物。《留日同学会季刊》刊有中日人士间的诗文唱和。《北京亚东道德月刊》标榜"不载时闻消息、不涉军事政治"，以"专门提倡道德、发扬孔孟之学说为宗旨"，在发表道德说教文章的同时，还刊

① 主要官办杂志有《中国文艺》(1939 年 9 月—1943 年 11 月)、《中国公论》(1939 年 4 月—1945 年 1 月)、《新轮》(1939 年 6 月—1944 年 12 月)、《新民报半月刊》(1939 年 6 月—1943 年 12 月)、《改造》(1939 年 10 月—1940 年 8 月)、《北京亚东道德月刊》(1939 年 11 月—1941 年 2 月)、《雅言》(1940 年 1 月—1944 年 12 月)、《新光》杂志(1940 年 4 月—1944 年 4 月)、《东亚联盟》(1940 年 6 月—1945 年 1 月)、《妇女杂志》(1940 年 9 月—1945 年 8 月)、《国民杂志》(1941 年 1 月—1944 年 12 月)、《北华月刊》(1941 年 5 月—1941 年 12 月)、《新进》(1941 年 11 月—1943 年 12 月)、《文园》(1942 年 5 月—1943 年 2 月)、《留日同学会季刊》(1942 年 5 月—1945 年 6 月)、《华北作家月报》(1942 年 10 月—1943 年 8 月)、《艺文杂志》(1943 年 7 月—1945 年 5 月)、《文学集刊》(1943 年 9 月—　)、《中国文学》(1944 年 1 月—11 月)、《新民声半月刊》(1944 年 1 月—7 月)、《新民声》(1944 年 8 月—1945 年 8 月)、《敦邻》(1944 年 1 月—1945 年 2 月)、《中华周报》(1944 年 9 月—1945 年 8 月)、《新少年》(1941 年 6 月—1945 年 7 月)、《中和》(1940 年 1 月—1944 年 12 月)等。《华文大阪每日》(1938 年 11 月—1945 年 5 月)总部在日本，但主要编辑人员、撰稿者与北平等沦陷区的关系十分密切，主要向关内沦陷区倾销。

登旧诗词,不少古诗文唱和出自上层汉奸之手,如江朝宗、王揖堂、汤尔和、吴佩孚、朱深、缪斌,等等。《雅言》是在日人和南京、华北伪政权要员的赞助下创办的,专刊文言旧体诗文,社长为傅增湘。设有"诗录"、"调录"和"文录"三个栏目。作者中有兑之(瞿宣颖)、什么(王楫唐)、藏园(傅增湘)、枝巢(夏虎仁)、诵芬(董康)、忏厂(胡先骕)、蛰叟(陈云浩)以及丛碧(张伯驹)、元伯(启功)等。辅仁大学教授顾随(1897—1960)著有旧体诗词集《无病词》、《味辛词》、《荒原词》、《留春词》、《霰集词》、《濡露词》、《苦水诗存》。1941年,叶嘉莹考入辅仁大学国文系,跟老师顾随学习诗词。1992年,她把沦陷时期听顾随课的四大本笔记整理成《顾羡季先生诗词讲记》(台湾:桂冠出版公司)出版,引来学界的赞叹。燕京大学郑骞(1906—1991)也发表有《永阴词》及《燕庐吟稿》。①

报纸多属官办。副刊也是新诗的载体。《晨报·副刊》(1937年12月1日至1939年11月8日)在沦陷初期一度汇集了大量的小说、诗歌、散文和短论、翻译作品。诗歌刊发了吴兴华、白金、芦荻、林风等人的诗作约五十首。《晨报》的《七日文艺》周刊(1939年10月23日至1940年7月29日)刊有江寄萍、林榕、寒流、张金寿、李駼子以及林徽因、雷妍、傅彦长、章克标等人的散文,林风、芦荻、李駼子、孙羽等人的新诗。《新民报·晚刊》的文艺副刊《炉边》和《闲话》(1938年1月2日创刊),多刊散文和言情小说连载。《实报》辟有《文学》周刊(1939年11月6日至1940年2月19日),以纯文艺为主,刊散文、新诗、小说和评论,兼考证文章和诗词,撰稿人有药堂、林榕、林栖、麦静、芦沙、闻青、吴兴华、方纪生、秦佩珩、何漫、林风等。

不过,与小说、散文、戏剧相比,诗歌创作相对薄弱。这从北京沦陷期三套发行量较大的文学丛书可以见出。由新民印书馆出版的"新进作家集",收长篇小说《贝壳》(袁犀)、《土》(沙里),短篇小说集《鱼》(梅娘)、《太平愿》(马骊)、《萍絮集》(萧艾)、《秋初》(关永吉)、《丰年》(山丁)、《兼差》(高深)、《白马的骑者》(雷妍),以及散文集《远人集》(林榕);"艺文丛书"收周作人的随笔集《书房一角》、《秉烛后谈》,毕树棠的翻译小说集《贼及其它》,常风的书评集《弃余

① 在大陆的沦陷区文学研究中,专论古典文学创作形式的文章,我只见到一篇。古典文学仍被视为与新文学相对立而被排除在现代文学之外,连基本的基础资料都未见整理出版。在这个方面,台湾的台湾日据期文学研究,已相当充分。更为可贵的是,他们已摆脱新旧二元对立的桎梏,深入探讨旧文学在对立中的自我更新和发展变化。其中,黄美娥的《重层现代性镜像——日治时代台湾传统文人的文化视域与文学想象》(台北:麦田出版社,2004)尤其值得注意。该书重构新旧文学论战双方在文坛中面对日本殖民的威胁所产生的复杂关系,挖掘出传统文人"维新"和"现代"的向度,发现了传统诗文"延续汉文斯文"的抵制殖民的作用。

集》，闻国新的短篇小说集《落花时节》，废名的诗论《论新诗》，文载道的随笔集《文抄》，沙里的长篇小说《尘》。华北作家协会编辑的"华北文艺丛书"由华北文化书局出版，收短篇小说集《京西集》(张金寿)、《森林的寂寞》(袁犀)、《蟹》(梅娘)、《鬼》(萧艾)、《紧衫》(萧菱)、《风网船》(关永吉)、《奔流》(雷妍)，长篇小说《蓉蓉》(闻国新)、《影》(赵荫棠)，以及剧本集《半夜》(陈绵)。其中，有小说、散文、戏剧、评论和翻译，唯独没有诗集。

零散出版的诗歌合集、个人诗集，还是有一些。刘荣恩是一位特立独行的诗人，曾自费印行自己的诗集，分为六集：《刘荣恩的诗》(1939)、《十四行诗八十首》(1939)、《五十五首诗》(1940)、《诗》(1944)、《诗二集》《诗三集》(1945)。1940 年白金的个人诗集《无月夜》由上海新诗会出版，1941 年他的诗集《忏悔录》与李骍子的《无弦琴》合为《无弦琴·忏悔录》，也由上海新诗会出版。燕京大学汪玉岑 1941 年自刊诗集《夸父》。查显琳的诗集《上元月》由辅仁文苑社出版(1941)，也是自费印行的。民办艺术与生活社出版诗集较多："艺生文艺丛书"(1941 年至 1943 年)中收有顾视等人的诗合集《摘果录》、顾视的诗集《虹桥集》(俞平伯作序)、陆白人的诗集《铁马》、石樵等人的诗合集《蓬艾集》、黄茶等人的诗集《北风》；"艺生文辑丛书"收有刘荣恩等人的诗文集《友情》(1942)；"南风丛书"收有黄萧秋的诗文集《寻梦者》(1942)；"艺生星火小丛书"收有顾视的诗集《画影篇》、石樵等 11 人的诗合集《诗潮》(第 1 辑)，均为 1943 年出版。新民印书馆出版了沈启无、废名同著的诗合集《水边》(1944)，1945 年汉口大楚报社又将其拆分为《思念集》和《招隐集》重印。南星出版有诗集《石像辞》(上海：新诗社，1937)、《离失集》(新诗社)、《春怨集》(北京：自刊，1940)、《甘雨胡同六号》(北平：文艺时代社，1947)等。朱英诞虽没有出版诗集，但以个人专辑的形式刊出了大量作品，如《紫竹林集》(《辅仁文苑》第 2 辑，1939 年 12 月 1 日)，收《归》、《大雨》、《夜雨》、《黄昏的天意》、《行色》、《夏之来去》、《墙》、《西风》、《阳光的林子》、《黄昏》、《落花》、《秋天》、《古城》、《原上》、《道旁的园子》、《冬月》十六首。以笔名庄损衣发表的《损衣诗抄》，在《中国文艺》上刊出三辑(8 卷 1 期、2 期、4 期，1943 年 3 月至 6 月)，在上海的《风雨谈》上也刊出三辑。

北京的官方文坛也关照到诗。在第二次大东亚文学者大会上，设置并颁发了第一届大东亚文学赏。三个月后日本文学报国会事务局长久米正雄又到北京追加三项"大东亚文学赏副赏"，并举行了授奖仪式，其中包括庄损衣(朱英诞)的诗《损衣诗抄》。在华北作家协会组织的"华北文艺奖金"评奖活动中，第一届华北文艺奖金(1943)获奖作品中有穆伊芒的诗《夜莺吟》。

北京评论界的诗评同样较弱,但仍有一批诗人诗作受到好评。比如,刘荣恩除《艺术与生活》外,很少在校园以外的刊物上发表诗歌。毕基初在《中国文学》上发表诗评长文,称赞刘荣恩的诗力图摆脱音乐与图画的束缚,“都是沉重的独语,而且都是警辟的,带有中年人的辛酸,苦恋了心灵的山界,发出一点对于人生的微喟”,都是用“最古老的语言”,对自己和朋友“说着古老的故事”。[1]郭绍虞在为汪玉岑诗集所写的序文中,称其“有夙根,有别才,有独至之性,有偏诣之情,有深远之想象,更有若即若离之人生哲理”。(《夸父·序》)顾视出版过《虹桥集》、《画影篇》两本诗集。郭绍虞在《虹桥集·序》中对顾视给予期望:“撇开小我之私,以触于大众之生活。”《画影篇》中有俞平伯、商鸿逵的序文。其中的叙事长诗《文姬怨》48 节近 230 行,在“连年的灾荒”、“祸乱的哀伤”的背景下,讲述了文姬归汉的故事。一节“左贤王虽有一幅恩爱的情 / 然而却不能减退 / 文姬怀恋故国的哀伤”,颇能引发对于现实的联想。汪玉岑《夸父》将《山海经》中《夸父逐日》的故事,演绎成三百余行的长诗,张秀亚的著名长诗《水上琴声》(《辅仁文苑》第 7 辑)640 行,排列错落有致,宛如用五线谱标记的乐章,试图通过形式的变化把声律音响与视觉感受结合起来,探求爱的真谛。山丁在《中国文学》1 卷 11 期(1944 年 11 月)上发表了《何一鸿君和他的诗》。何一鸿(? —1944)的抒情短诗散见于华北各报刊。40 年代初至抗战胜利,北京出现长诗潮,何一鸿是主要推手之一,在《中国公论》上发表了长篇历史故事诗《出塞行》(9 卷 1 期,1943 年 4 月)、《念家山》(9 卷 5 期,1943 年 8 月)和《天山曲》(10 卷 3 期至 4 期,1943 年 12 月至 1944 年 1 月)。他的诗以音节胜,易于上口。《出塞行》410 行,讲述了昭君出塞的故事。《念家山》取材于古代的民间传说。《天山曲》近 850 行,主人公是回疆喀什噶尔城大和卓木博罗尼都的王妃香妃。清朝皇帝乾隆兴兵远征回疆,占有了香妃。住在清宫的香妃怀念故国和先王,终日冷若冰霜。太后怕出意外,便背着儿子赐香妃一死。香妃坦然要求按回教方式埋葬,又向西方拜别了她的祖国,然后被宫娥用红绫缢死。在沦陷的环境中歌颂不屈服于异族侵略者的刚烈女子,堪与上海“孤岛”时期的历史剧相比。其他长诗还有高深的《奴隶之爱》(《中国公论》5 卷 2 期)和《八月的罪人》、毕基初的《幸福的灯》(《艺术与生活》第 18 期)、岳仑的《春风》(《中国文艺》22 期)、林丛《古城颂》(《东亚联盟》2 卷 5 期)、徐白林的《成吉思汗》、李韵如的《林中》(《辅仁文苑》第 4 辑)、张秀亚的《断弦琴》、李健的《长门怨》、

---

① 毕基初:《五十五首诗》,《中国文学》1944 年 8 月号。

汪玉岑的《洋娃娃》、田芜的《马嵬的哀歌》、黄雨的《孤竹君之二子》、郑琦的《答问》、刘明的《长恨篇》、林历的《你我》等。这些都受到评论界的注意。

如上所述，在沦陷期北京诗歌领域，有张秀亚(罗静)、查显琳(公孙嬿、余皖人)、吴兴华、宋淇、孙羽(孙道临)、张茵陈、陆白人、徐行、毕基初、黄雨(李曼茵，黄陇西)、李韵如、林榕、顾视、徐行、高深、岳仑、汪玉岑、林丛(关永吉、林堃)、李健、何一鸿、闻青、吕奇(王介人、王度、李民、菲力、林适民、林时民、姜衍、杜白雨)、朱英诞(朱百药)、南星(杜南星、杜文成、林栖、石雨)、沈宝基、沈启无、姚伊、白金、林风、芦荻、李黔子、石樵、谢溥谦、黄荼、百灵(徐白林、白林)、穆穆、程心枌等为数众多的诗作者。其中，吴兴华的诗作数量不大，没有出版诗集，也未见有专文讨论他的诗作，只有一笔带过的寥寥数语：吴兴华的诗"往日发表不多，然写作之功力则甚深，颇可自成一格"。[①] 他的诗"很幽美，不过西洋味太深"。[②]

因此，在沦陷期文坛，尽管吴兴华并不避讳在官办报刊上广泛发表诗作，[③] 他的共时影响仍远不及其他许多诗人。[④] 然而，现在海内外学术体制内的多数专家的一个共识是，吴兴华是北京沦陷期最重要的一位诗人。[⑤] 进入大众阅读的吴兴华诗歌，也得到好评。[⑥] 这一现象的原因值得探究。

二、沦陷期吴兴华的诗歌创作

吴兴华(1921—1966)，原籍浙江杭州，出生于天津。笔名兴华、钦江。父

---

① 陆离：《朔风室札记》，《朔风》第7期(1939年5月16日)，第306页。

② 穆穆：《漫谈北京文坛》，《大风》第9期(1942年2月1日)，第19页。

③ 有一些作家始终坚持不在官办刊物上发表作品。比如张秀亚，她公开声明不与日伪当局的活动发生任何联系。见《张秀亚特别启事》，《辅仁文苑》第5辑(1940年11月)，第115页。

④ 除前文列举的外，其他诗评还有楚天阔《新诗的道路》(《中国公论》3卷6期，1940年9月)、张止戈《〈闻青诗选〉评》(《艺术与生活》第28期，1942年)、林栖《读闻青诗》(《中国文艺》9卷2期)、鲁施《今日的诗家》(《新进》月刊5卷2期)、公孙嬿《关于新诗中的长诗》(《中国文艺》5卷3期，1941年11月)、钟洋《〈上元月〉》(《中国文艺》4卷3期，1941年5月)、靳宜《一九四二年的华北新诗》(《中国文艺》7卷5期，1943年1月5日)以及《〈摘果录〉出版纪念会录》(《艺术与生活》第20期，1941年7月30日)等。

⑤ 比如《中国沦陷区文学大系》最早提出，"对吴兴华的诗歌评估"是"考察沦陷区诗歌总体上的艺术成就及其在中国现代诗歌史中所占据的地位的一个重要环节"。吴晓东：《导言》，《中国沦陷区文学大系·诗歌卷》，南宁：广西教育出版社，1998。

⑥ 参见傅小平《吴兴华：迟到的"发现"》(《文学报》2005.10.13)、张弘《五月：竹内好、吴兴华与陈寅恪》(《北京日报 2005.5.31》、罗银胜《"被冷落的缪斯"——早夭的诗人吴兴华》(《书屋》2006年11期)、叶扬《从前的事，可悲可笑又可怜》(《东方早报》》2010.6.6)等。

亲在京津地区行医。1933 年全家从天津迁居北京后,进崇德中学。早慧的吴兴华 15 岁时就在《小雅》(吴奔星、李章伯合编,北平)上发表《歌》(1936 年 2 期)。16 岁考入燕京大学西语系。他在主修英语之外,还不同程度地掌握了法文、德文、意大利文,1941 年毕业留校任教。随着 1941 年 12 月 8 日日本偷袭美国珍珠港,燕京大学被封。部分师生离开北京到内地重办燕京大学。吴兴华失业滞留北京,在中法汉学研究所等处兼职谋生。抗战胜利后,燕京北平复校,吴兴华重返母校执教。

以最粗略的估算,吴兴华战前发表 3 首诗。沦陷期,接近 120 首,集中在 1938 至 1941 年。抗战胜利后至新中国成立,约 38 首,主要集中在 1945 年、1946 年。[①] 有研究者将吴兴华的诗歌历程以 1941 年为界分为前后两期。也有以吴兴华 1940 年发表十四行组诗《西伽》和 1944 年发表论文《黎尔克的诗》为时间点分成三期的。[②] 需要指出的是,吴兴华战后发表的诗作,有些是沦陷期发表过的,大部分是在沦陷期成稿的,是典型的沦陷区作家。[③] 1942 年以后,北京诗坛并没有萎缩。进行研究时,对吴兴华的诗歌创作乃至对北京沦陷期的诗歌加以分期的意义不大。对此,需另文细加申述。

吴兴华诗作最为突出特点是形式创新和试验。[④] 在形式方面,吴兴华的诗可以分为以下几类。

第一类,用现代语言写就的"新绝句"和"新律诗"。即,使用白话,在形式和意境上继承中国诗传统。他的这些以"化古"为己任的诗每行十二字五音步,一、二、四句押韵,大体上与中国古典诗中的"五七绝"和"五七律"对等。如《绝句·(二)》:"仍然等待着东风吹送下暮潮 / 陌生的门前几次停驻过兰桡 / 江南一夜的春雨,乌柏千万树 / 你家是对着秦淮第几座长桥。"[⑤]

第二类,"蜕化"和"提炼"中国传统诗的五言古诗形式,每行固定九字四音步,行数不限,一、二句押韵,以后隔行押韵,在意境上也模仿绝句和五古,如

① 本文所列吴兴华作品的数量均为目前所见,随着日后梳理的深入,会有所增加。

② 分别见耿德华著《被冷落的缪斯》,张泉译,第 224 页,北京::新星出版社,2006 年;解志熙:《摩登与现代——中国现代文学的实存分析》,第 53 页,北京:清华大学出版社,2006 年;陈芝国博士学位论文《抗战时期北京诗人研究》,第 137 页,北京:首都师范大学,2008 年。

③ 夏志清在《林以亮诗话序》中说:"林以亮、吴兴华一直留在沦陷区,发表作品不方便,自已眼界高了,也不急于把诗稿发表,当然诗名不扬。但他们当年这番潜心读诗、写诗的努力,实在不容文学史家忽视,也值得当代青年诗人效法。"见《人的文学》,第 168、169 页,台北:纯文学出版社,1977 年。

④ 有研究者提出,吴兴华"不是片面的形式主义者",他的诗歌中至少有 24 首可以视为自由体诗。参见陈芝国博士学位论文《抗战时期北京诗人研究》,第 137 页,北京:首都师范大学,2008 年。

⑤ 吴兴华:《诗两首》,《燕京文学》1941 年 2 卷 3 期。

《览古》(12 行)、《拟古》(16 行)等。

上两类诗意在用现代汉语改造中国古代诗体,具有节奏清晰、音韵和谐的特点,多能营造出别人难以超越的诗的景致,或意象纷繁,或联想迭出,每每使人遁入遥远的古人境界,被认为代表了吴兴华“化古”的主要成就。但两类诗由于形式因素的束缚,往往只能表达特定的心境和情境,或由于意象的密度过大而显得庞杂拥挤,反而使诗的内容难以充分展开。[①]

第三类,五步无韵诗(素诗体),被研究者称之为“叙事史诗”、用古题材拟“古歌行”体的新诗、或“古题新咏”。[②] 这类诗每首行数不拘,多取材于史籍,如《柳毅和洞庭女》(《燕京文学》1940 年 1 卷 1 期)、《给伊娃》(《燕京文学》1940 年 3 卷 2 期)、《褒姒的一笑》(《新语》1945 年 5 期)以及《演古事四篇》(《文艺时代》1 卷 1 期,1946.6)等。其局限在于句子过长,又没有形成固定的韵律要素,如外在的韵脚,抑扬音步或重复停顿等,因而其规律性只是形式上的,有不少只能作为无韵的散文来朗读。其贡献更多的在诗人力求从自己所截取的历史材料中翻转出新意,蕴含现代因素。

第四类,西洋诗体作品,如十四行体(Sonnet)、五音步无韵体(Blank Verse)、哀歌体(Elegy)、十一音节体(Hendecasyllabics)、斯宾塞体(Spenserian Stanza)、民谣体(Ballad)、抒情短诗体(Canzone)、艾尔凯斯体(Alcaics)、六音步体(Hexameter)、萨福体(Sapphics)、英雄偶体(Heroic Couplet)以及诙谐体、抒情短诗体等,[③]其“化洋”范围之广,的确是惊人的。在这类“化洋”之作中,吴兴华写得最多的是十四行体,其中的许多辞藻华丽、声情并茂、朗朗上口,多记述早慧少年对永恒主题所作的无休无止的思索,每每能给人以莫名的新鲜和感动。

吴兴华的诗,或繁冗铺张,或清新活泼,往往小中见大,富于哲理内涵。就是《短铭五首》(《中国文艺》3 卷 4 期,1940.12)这种类似文字游戏的短诗,也兼具思辨和讽刺意味,读后令人轻松开怀。更有一些篇什把重心放在今人的身上。《北辕适楚,或给一个青年诗人的劝告》借助已沉淀为成语的一则战国时

---

① 参见余怀《论新诗的形武》,香港《人人文学》1953 年第 15 期。收入《林以亮诗话》,台北:洪范,1976 年。

② 见(美)爱·冈恩《吴兴华——抗战时期的北京诗人》,张泉译,《中国现代文学研究丛刊》1986 年 2 期;卞之琳《吴兴华的诗与译诗》,《中国现代文学研究丛刊》1986 年 2 期;以及余凌《燕京校园诗人吴兴华》,《中国现代文学研究丛刊》1993 年 1 期。

③ 有关西洋诗体的补充和质疑,参见陈芝国博士学位论文《抗战时期北京诗人研究》,第 102 页,北京:首都师范大学,2008 年。

期的故事,张扬创新是诗歌的灵魂。《给伊娃》通过追问古代美女西施,向梦中情人抒发理智的真情,却宿命地流泻出贯通古今的悲观。《听梅花调宝玉探病》把贾宝玉、林黛玉的悲郁哀戚,巧妙地与眼前的女艺人的悲惨联系起来,发掘出女艺人严肃深沉的一面,深切的同情落在被侮辱者与被损害者身上,将关怀的范围从自我扩展到社会底层。

尽管如此,如前节所示,吴兴华在华北文坛上的实际影响不大。这种状况是由许多因素造成的。

首先,他基本上没有参加与日伪当局有瓜葛的文艺社团和文学活动。虽然他不回避在校园以外的报刊上发表作品,但游离于主流文学场域,没有进入评奖、座谈、会议等仪式性的文学生产体制。

第二,作为"国防最前哨"城市,从五四运动以来,抗日救亡一直是北京群众运动的主旋律。1930年春夏之际,北方的无产阶级革命文学运动在北京兴起,左翼文学也是轰轰烈烈的抗日救亡运动的组成部分。1935年,华北学生发起的"一二·九"游行,最终扩展成为全国性的抗日民众运动。沦陷时期,一批参与过"一二·九"运动、左翼文学的文学青年,进入日伪文学体制,担任编辑、评委。响彻华北文坛的口号仍是"真实地反映现实"。即使像《东亚联盟》这类从组织到理论都紧紧追随日本东亚联盟协会的政论刊物,其文艺栏仍呼唤反映现实的作品,"以在无病呻吟和色情文化中,另辟一条新路"。[①] 吴兴华"化古"、"化洋",苦心孤诣借鉴中西的诗探索,与批评界和一般读者的写实阅读期待,存在着较大的距离。

第三,1942—1945年他不再在沦陷区发表诗作。1941年12月8日,日本偷袭珍珠港成功,向英、美宣战。沦陷区立即实施将英美势力"划除净尽"的一系列举措。燕京大学和协和医学院停办,师生转入他校。英美教会设立的中小学校由北京市公署接收,与教会脱离关系后更名重新办校。在文学上也一样,封闭了英美的空间。出席第二次大东亚文学者大会的张我军不得不发表官样文章《击灭英美文学》。[②] 这或许可以部分说明,环境因素的变化是1942

---

① 《编后记》,《东亚联盟》2卷5期(1941年10月)。

② 张我军:《击灭英美文学》收入"第二届大东亚文学者大会中国(华北)代表鳞爪集"专辑,《中国文学》1卷1期(1944年1月)。

年以后吴兴华不再在沦陷区发表诗作的原因之一。[①]

吴兴华在沦陷区乃至在战时中国文坛的命运有其必然性。[②] 吴兴华的诗过于重形式和追求古意，缺少现代气息。他能够道出千古的哀愁，功力确实不浅，但他“太向往古诗的境界了，有些诗显然为古人设想，同现代生活拉不上关系。他后期的诗里我们看不到现代中国的景象，闻不到现代中国人的气息，虽然形式美好，字句谨严，只好算是新古典派”[③]。接受者对于现实的诉求，从北京沦陷期青年作家对于郭绍虞的批评中也可以见出。郭绍虞是留在北京沦陷区的极少数五四时期新文学运动元老之一，在青年学生中颇具号召力。在北京沦陷期发表的文章中，郭绍虞首先强调的是诗的思想性：“第一阶段有志于文艺以训练写作的技能，第二阶段有志于学文以充实写作的思想”，也就是说，要“撇开小我之私，以触于大众之生活”，逐步达到“人生与艺术融合而为一”的境地。因为在他看来，“文艺决没有可以离得开时代，离得开大众，乃到离开人生的”，文艺作品不仅要反映现实，更重要的还在“把握住现实的社会”[④]。同时，他也提出如何逐步完善诗的“新语言与新音节”的问题：“看不懂的语句，念不上口的音调原是新诗进程中应有的现象。”为了克服这种现象，应当借鉴旧诗词和西洋诗：“新诗中原不妨容纳旧的，但必须容纳得使人不觉，易言之，也即是容纳而出之无意，容纳旧的以后依旧不妨碍新的风格与体制，那才是成功。新诗中原不妨使之欧化，但必须先有运用母舌的能力，必须对于国情先有相当的认识。欧化而不破坏母舌的流利，欧化而不使读者感觉到是否中国的背景，那也是成功。”[⑤]战前参与北平左翼文学运动的林榕随即加以反驳：这些主张是就文学而论文学，没有注意到新诗主要新在内容上，没有看到实际语言

---

① 吴兴华的《黎尔克诗选》(1944 年 12 月)是一册薄薄的德文、中文对照本，由中德学会出版，不在被禁之列。1940 年 9 月 27 日，德国、日本和意大利在柏林签署《德意日三国同盟条约》，结成法西斯轴心国军事集团。

② 对于吴兴华最终沦为文学史上的失踪者的原因，有分析认为：吴兴华“孤探独造的诗人姿态未能形成一股声势颇大的流派和社团，与诗坛主流展开竞争和辩难；而且沦陷区的贫薄文化状况及其与大后方文坛的隔绝，导致吴兴华与诗界主潮的疏离。个人诗学自身的缺失，未能有力地回应时代的变化和问题。二十五六岁即停笔而转向学术研究，新诗写作未能成为一生的志业，也来不及对题材、诗型、美学作进一步拓宽。整整四十年以内，其作品因为风格特殊，与流行的文艺风潮相悖，没有进入大陆的新诗选本和教育体制，长期游离于文学史之外”。张松建《知识之航与历史想象：重读吴兴华》，《江汉大学学报》2009 年 1 期。我以为，还有一些实际的客观因素：燕大停办失业后，身染肺疾的吴兴华要承担谋生的压力；新中国成立后直至改革开放以前，文艺上的一元化封闭了其他文艺的空间。

③ 夏志清：《人的文学》，台湾：纯文学出版社，1977 年。

④ 郭绍虞：《〈虹桥集〉序》，《艺术与生活》第 34 期(1943 年 4 月 15 日)，第 7 页。

⑤ 郭绍虞《新诗的前途》，《燕国集》，1940 年 5 月。

的重要意义。他明确提出:“新诗的新语言就是流行的大众语言;新诗的新音节就是自然的音节。”①实际上,郭绍虞并没有否定诗的内容的意义,及其与生活的关系。郭绍虞富于建设性的“新语言与新音节”观点与吴兴华的新诗试验相通,但不为主流批评家认可。20世纪三四十年代,左翼、反映现实、大众化是强势话语,在北京沦陷区也不例外。到了1945年2、3月,北京仅存的刊物篇幅已压缩成十几页,仍分两期发表长文呼吁“新诗要大众化”。②

三、抗战胜利后吴兴华诗作的经典化过程

在战后至今的60多年中,吴兴华的诗作经过了一个在大陆被批判和遗弃(1945—1985)、在港台文坛被发现和传播(20世纪50年代)、在海外文坛得到认可(20世纪70年代),再回到大陆文坛获得重视(1986年后)的曲折历程,完成了其经典化过程。

文学研究(文学史)有两类。第一类,身临其境如实记述作家作品的生产及其共时的影响。这需要微观和实证。第二类,高屋建瓴主观判断作家作品的意义及其历时贡献。这有赖宏观和构建。本文前两节叙述属第一类。吴兴华的诗被充分阐释和提升,发生在第二类研究中。不过,吴兴华作品的经典化是否允当,还需要经由其后实际干预诗歌发展进程的效果来印证。

战争使北平与中国主流文化中心相隔绝的时间长达八年。抗日战争胜利后,中国的地缘文化格局发生剧变。因沦陷而迁往西南的高校返回原地,文化中心又移至上海、北平等大都市。光复后的京沪文人迫不及待地着手文艺复兴。

上海比北平的动作快。1945年10月1日,上海的傅雷、周煦良将《新语》“这本小小的刊物献给复兴的队伍”,为沦陷期不得不“幽潜韬晦的同志”提供言论园地。这一综合性学术文艺半月刊的第5期用2页多的篇幅刊出了吴兴华的《诗钞》,收诗13首,其中有些在1940年、1941年发表过。吴兴华1937年发表的那首“八十行无韵体”诗《森林的沉默》给编者周煦良留下深刻印象。同期周煦良介绍作者吴兴华的短文称:“就意象的丰富,文字的清新,节奏的熟谙而言,令人绝想不到作者只是16岁的青年。”在日本占领的上海,周煦良与张芝联、宋淇讨论吴兴华时就坚信“中国诗坛已出现一颗新星”,“他可能是一个

---

① 楚天阔《新诗的道路》,《中国公论》3卷6期(1940年9月),第99页。

② 孔殷:《谈新诗·新诗要大众化》,《青少年》6卷第3、4期。

继往开来的人;有些朋友不同意,但不得不承认他的天才和功力”。放在新诗发展的历史背景中来看,所谓“纯诗”往往靠音律和说理支撑。而在吴兴华那里,由于在意境和文字上将中国古典诗和西洋诗的因素有机综合,“诗又恢复为明朗的声音;坦白说出,而所暗示的又在”。因此,周煦良得出了激情洋溢的结论:“新诗在新旧气氛里摸索了三十余年,现在一道天才的火花,结晶体形成了。无疑地,摆在我们面前的是一条坦荡的大道。”[①]《新语》在第5期面世后即夭折。对于吴兴华的诗作和周煦良的揄扬之词,之后均没有回音。

有回音的是北平。从沦陷期走出来的本地作家较早开展了重建战后北平新文艺的活动。1946年6月创办的大型文学期刊《文艺时代》共出刊6期,沦陷时期曾经营过《艺术与生活》杂志的袁笑星参与编辑。该刊前期撰稿人中,沦陷期作家较多,如沈宝基、吴兴华、闻青、石樵、林榕、孙道临、谢溥谦、朱肇洛、李道静、毕基初、南星、常风、李瑛等。不过,由于特定的历史原因,大多数沦陷区作家很快被打入另册,淡出文坛。吴兴华在创刊号(1946.6)上发表了《演古事四篇》,在第2期(1946.7)上发表了《诗四首》,在第4期(1946.9)上发表了《西珈》组诗,全年合计发表24首。1947年,在天津工商学院附中教师刘荣恩办的《现代诗》上发表《吴起》。其中,有些作品也在沦陷期发表过。

对于吴兴华的批判来自被称作“中国自由主义的最后一面旗帜”的《新路》周刊。署名文章对吴兴华诗歌“奇异”的道路严加质疑:“他既没有点起地下火的那种愤慨,也没有被损害而呻吟的那种抑郁和忧愁,他唯一的企图似乎在完成玉杯的雕琢,追求艺术上的完美与不朽,的确诗人在这方面也有了惊人的造诣。我们不能否认他诗里形式的完美,字汇的丰富,想象的博大……然而以纤细的手指抚摸着鉴赏着玉杯的年代已经逝去,试问在挂着铁青的尸体的绞架下,谁有心情静聆《梅花调宝玉探病》、《长廊上的雨》那种甘美而感伤的细语。当我们面前摆着一幅像珂勒惠支题名为饥饿的画面时,我们的诗人不能埋首于古老的册籍线,寻找那有着凄凉身世的绝色美人而为他们咏叹:杜秋娘,吴王夫差小女玉,盗符的赵姬,他们与我们又有什么关系?神往于那一段美丽的传说吗?或是在死亡了的事物就发现了新鲜的情感?”[②]号称独立于国共之外、走“第三条道路”的《新路》周刊也发表这样的观点,战后文化界的时代氛围可

---

① 编者:《介绍吴兴华的诗》,1945年第5期(1945年12月),第24页。

② 简方:《雕琢玉杯的诗人》,北平《新路》10、11期合刊(1946年11月),第15页。《新路》周刊为钱昌照、吴景超等人士1948年3月1日在北平成立的中国社会经济学会的下属理论刊物,从1948年5月15日创刊到12月18日被国民政府查封,共出刊30期。

略见一斑。

对国共内战时期的北平文学场域影响最大的，是共产党在地下推动的左翼进步文化活动，以及杨振声、朱光潜、冯至、沈从文、废名、朱自清、李广田、李长之、威胡适、卞之琳等北返知识分子作家群。后者以战前的“京派”作家为主，坚持自由主义文学精神，进行新的文学试验和探索，形成了“新写作”文学思潮。新中国诞生在即，这一思潮很快受到了左翼更为尖锐的批判。①

诸如对于吴兴华、“新写作”等的批评，源于新中国成立前夕的政治格局，也源于民国时期最后3年的文化语境。那是红色革命最后决胜的年代。进入20世纪40年代后，毛泽东的《新民主主义论》、《在延安文艺座谈会上的讲话》成为五四文学运动评价的主导方法和角度，成为指导一切文艺的方针。大陆在以后四十余年间没有了“纯诗”的空间。不过，吴兴华的诗作与诗论，却对50年代与大陆相隔绝的港台地区的诗歌发展，具有实质性的影响。这种跨域匿名影响，是由偶然因素促成的。

先是在香港。吴兴华燕大时期的同学、挚友林以亮(宋淇)1948年赴港，先后任职美国新闻处书刊编辑部等机构。1968年任香港中文大学校长特别助理，并兼任高级翻译文凭课程讲师及翻译中心主任，主编校刊《译丛》。进入新中国的吴兴华在接连不断的政治运动的规训下，努力适应新的生活和紧跟主流意识形态，到1953年斩断了与“旧世界”的一切关联。吴兴华致函宋淇辞别，特意抄录王安石绝句一首:“愿为五陵轻薄儿 / 生当开元天宝时 / 斗鸡走狗过一生 / 天地兴亡两不知。”从此两人再无联系。② 此时，适值香港许冠三和孙述宪的人人出版社创办了《人人文学》杂志(1952至1954年共出版36期)。宋淇便将吴兴华20世纪三四十年代的新诗旧作，以“梁文星”的名义，推荐给由力匡主编的《人人文学》，在1953年的第13、15、16、17、19、20、23期上，发表了《览古》、绝句6首、《励志诗》、《尼庵》、《秋日的女皇》、《记忆》、《筵散作》和《天河》。林以亮也以笔名余怀在《人人文学》上发表《论新诗的形武》(15期，1953.8.1)、《再论新诗的形式》(18期，1953.9.16)两文，探讨如何借鉴古典和西方进行新诗创新。文章多处引用梁文星的作品，认为他“至少在形式方面最为成功”。在宋淇看来，中国新诗创作的关键是语言、修养、写诗态度、诗与传

① 1947年六七月间，《泥土》、《新诗潮》、《蚂蚁小集》等左翼刊物发表了一批批判“北平‘沈从文集团’”的文章，如《文艺骗子沈从文和他的集团》、《南北才子才女的大会串——评〈中国新诗〉》、《原形毕现的袁可嘉》、《形式主义片论》等。

② 见夏志清《人的文学·林以亮诗话序》，台北:纯文学出版社，1977年。

统的关系几个方面。吴兴华新古典主义诗歌的贡献在于，实现了中国古典诗歌形式的现代转化，并卓有成效地探讨了西洋诗歌形式与中国文字特色有机融合的问题。后来，香港《中国学生周报》第743期(1966.10.14)还发表过短诗《有赠》，仍署名“梁文星”。1974年香港大学出版社出版的《现代中国诗选(1917—1949)》(张曼仪等人选编)，收入吴兴华的《星光下》、《森林的沉默》两首诗。梁秉钧撰文探讨宋淇与吴兴华的关系。[①]

而后在台湾地区。从大陆到香港求学的叶维廉，在宋淇那里得到吴兴华的诗文。1955年，叶维廉考进台湾大学的外文系，便把吴兴华的诗文带到台湾地区。第二年，他的老师夏济安主编《文学杂志》，于是在1卷1、2、3、4、6期，2卷3、6期上，便出现了吴兴华的诗《岘山》、《绝句七首》、《给伊娃》、《西珈·十四行四首》、《览古》和文章《现在的新诗》，均署名“梁文星”，吴兴华的《评里尔克的诗》一文则署名“邝文德”。

《文学杂志》(1956.9—1960.8.20)是台湾地区50年代最重要的文学杂志之一。仅以诗作的发表量而论，余光中、夏菁和梁文星居前三位。余光中和夏菁曾先后主持该刊诗歌栏的编务。这样，梁文星的诗作的确“可算是相当奇特的存在”[②]。英国学者贺麦晓较早梳理了吴兴华的诗和新诗诗学及其对50年代以来的台湾诗坛的影响。[③] 吴兴华主张诗在形式上应当融合西洋诗体与中国象形文字各自的特点的诗论，在文坛引起讨论。《文学杂志》又刊出了周弃子的《说诗赘语》(1卷6期)、夏济安的《白话文与新诗》。夏济安说，梁文星、周弃子先生是不满意“像现在这样的新诗”的。“假如梁周二位先生是复古派，倒可以振振有辞地斥新诗为胡闹，大家索性写旧诗算了……可是他们在理论上是主张现代人应该写新诗的，在情感上是同情新诗人的，惟其‘爱之深’，于是‘责之严’。新诗假如没有更好东西写出来，这不但是新诗的不幸，连整个白话文学的成就，都要使人发生疑问。”诗人覃子豪认为，三人的观点均比较保守。具体到吴兴华，覃子豪说：“梁文星先生对于诗不能说没有修养，由于太自囿于形式，而又不能创造出新的形式来，对诗不免感到悲观。”对于中国新诗是否有成就的问题，覃子豪坚持：“凡经常接触英、美、法近代诗的人，他会承认中国的

① 梁秉钧：《1950年代香港新诗的传承与转化：论宋淇与吴兴华、马朗与何其芳的关系》，《现代汉诗论集》(香港：香港岭南大学人文学科研究中心，2005)，第98—110页。

② 杨宗翰：《〈文学杂志〉与台湾现代诗史》，《台湾文学学报》第2期(2001年2月)。

③ (英)贺麦晓《吴兴华、新诗诗学与五十年代台湾诗坛》，收入彭小妍编《文艺理论与通俗文化》(上)，第207—228页，台北：“中央研究院”中国文哲研究所筹备处发行，1999年12月。

新诗,并不低于国际的水准。"[①]有学者对吴兴华在台湾文坛引发的回响做了全面的总结:

> 现代诗方面,关于诗之语言、格律,以及所涉及的"浪漫""现代"美典之争,是为关注重点。此一系列的讨论始于《文学杂志》一卷四期梁文星(吴兴华)《现在的新诗》一文。他从诗之形式规律着眼,表达对台湾新诗创作之质疑与批判,随即引发不少回响,除了《文学杂志》自身持续关注外,《自由中国》与《笔汇》也相继出现响应文章。其作者群,来自文化界者,有周弃子、覃子豪、严明、言曦等。学术界者,则以余光中、夏济安为主力。[②]

需要指出其中的一个小疏忽:梁文星的质疑不是具体针对台湾的,他表达的是对1940年以前的华文新诗创作状况的一般看法。[③] 这一疏忽也说明,华文新诗探索道路的漫长以及吴兴华识见的普遍意义。

吴兴华在日本占领时期的诗探索,在新中国大陆地区默默无闻,却纳入了港台文学场域,参与了50年代以后的文学进程。对于追随、模仿吴兴华诗的情形,移居香港的张爱玲曾有过生动的记述:"这首诗显然模仿梁文星的作品,有如猴子穿着人的衣服,又像又不像。"[④]美籍诗人、学者叶维廉在列举对他影响最大的中国现代诗人时,多次提到吴兴华。(《叶维廉诗选》,第169页,北京:友谊出版公司,1993)他在台湾大学的学士论文,是把吴兴华、穆旦、曹葆华、艾青的诗作译为英文。他1992年出版的英文中国诗选 *Lyrics From Shelters: Modern Chinese Poetry*, 1930—1950(Garland Publishing, INC.,叶维廉选编《防空洞里的抒情诗:1930—1950年的中国现代诗》),把吴兴华的《给伊娃》、《弹琵琶的妇人》、《随笔》3首诗介绍给英语世界。

吴兴华也随着美国华裔学者进入了美国中国现代文学学科。1959年,夏济安从台湾去美国华盛顿大学、加州大学伯克利校区任教。他的弟弟夏志清早在1947年就辞掉北京大学的教职赴美。夏志清1971年出版的 *A History*

---

① 见覃子豪在1957年《笔汇》发表的《论新诗的发展——兼评梁文星、周弃子、夏济安先生的意见》,收入《覃子豪全集》第2册,第298-303页,1968年。

② 梅家玲:《夏济安、〈文学杂志〉与台湾大学——兼论台湾"学院派"文学杂志及其与"文化场域"和"教育空间"的互涉》,《台湾文学研究集刊》创刊号(2006年2月),第16页。

③ 现常有把吴兴华当作台湾诗人。见荣光启《汉语的精魂——我最喜欢的台湾诗人》,《星星(下半月)》2008年2期。

④ 《张爱玲语录》,香港《明报月刊》132期(1976年12月)。

of Modern Chinese Fiction(Yale University Press,1961; 2nd ed.,《中国现代小说史》),奠定了他在美国中国现代文学研究界的学科地位。作为小说史,该书异乎寻常地两处提到吴兴华,称赞他谙熟西方文学和中国传统文学,“尝试创造一种有中国古诗词特点而又融会西方诗重要成就的韵律和语法,效果很理想”。耿德华(Edward M. Gunn)在1980年出版了*Unwelcome Muse: Chinese Literature in Shanghai and Peking*, 1937—1945(Columbia University Press,《被冷落的缪斯——抗战时期的上海北京文学》)。他继承和发展了他的老师夏志清的基本观点,在“反浪漫主义”框架中专节论述吴兴华,认为吴兴华的“诗歌创作实验”执著地追求卓越的技巧,在吸取西方诗歌经验并对中国诗歌进行大量实验之后形成了“新古典主义的风格”,恢复了从形式上判断诗歌的不同的和引起兴趣的技巧标准,在诗歌雕琢上具有同代其他人几乎无法达到的高度,并对“古题新咏”一类的“叙事史诗”,以及无韵体的得与失等问题,做了细致独到的分析,试图将其“纳入中国现代文学史和文学批评的主流中去”。耿德华的这项研究,实际上也受到宋淇的直接影响。①

在1949年以后的17年间,吴兴华的诗歌新作只有1957年在《人民文学》(7期)上发表的《咏古事两首》。而大陆对吴兴华的研究,则要推迟到1986年。

外来因素的推动作用又一次在吴兴华这里得到应验。以耿德华著作中的吴兴华一节的中译文(张泉译)为契机,《中国现代文学研究丛刊》第2期刊出《吴兴华诗与译诗选刊》,收《森林的沉默》、《随笔》、《火花》中的4首、绝句7首、《北辕适楚,或给一个青年诗人的劝告》、两首叶芝诗的译文。同时邀约到卞之琳的《吴兴华的诗与译诗》、吴兴华夫人谢蔚英的《忆兴华》。② 由于卞之琳本人既是新诗史上的重要诗人又是资深学者、翻译家,他的文章为后来者提供了发挥的平台:吴兴华受了艾略特传统论的启发,于是他走向所谓的“反浪漫主义”,走向现代,实际上一方面向18世纪古典主义主智的、明朗的说理诗和

---

① 早年我对“海外新中国文学研究史”感兴趣,曾就此写信请教宋淇先生。在他的落款为1983年1月3日的4页回信中,有这样一段话:耿德华研究沦陷区文学“是由于哥大收进一批抗战后没人要的书籍和刊物,都是在日本统治下沦陷区出版的,香港、台湾和中国反而没有人注意。他这书是他入了Cornell大学任中文系助理教授后写的,曾来港多月,他名单上的人多半是我推荐的”。其中当然会有宋的同学吴兴华。

② 吴福辉在为《纪念樊骏先生》专栏写的文章中特意提到,每当《丛刊》工作的关键处或发生困难时,樊骏都出面担当。在“二十世纪中国文学”和“重写文学史”提出的日子里,他在社科院内请卞之琳先生执笔写介绍北平沦陷区现代诗人的文章《吴兴华的诗与译诗》等。参见吴福辉《〈丛刊〉带来品格精魂》,《中国现代文学研究丛刊》2011年4期。

讽刺诗开了一点门;一方面向中国传统诗风更靠拢一步。不过,“不论‘化古’‘化洋’,吴诗辞藻富丽而未能多赋予新活力,意境深邃而未能多吹进新气息,对于19世纪英国浪漫派诗风也罢,对于中国历史悠久的旧体诗传统也罢,尽管作了多大尝试的努力,似乎在一般场合终有点‘入’而未能‘出’”[①]。

吴兴华终于与被冷落近半个世纪的沦陷区文学一起浮出水面。他的同学、师友郭蕊等陆续发表了一些回忆纪念文章,立体展现了吴兴华多才和多难的方方面面。在钱理群教授的主持下,《中国现代文学研究丛刊》在1993第1期上刊出“沦陷区文学研究专号”,发表各类文稿15篇,余凌的《燕京校园诗人吴兴华》是其中的一篇,提出吴兴华的诗“在对古典题材的驾驭之中渗透了具有现代主义色彩的审视,从而使古典主义的氛围中融入了与古典题材内涵本身相异质的感性生命内容。对生命本能,对心理冲突,对激情,对‘死亡’,对‘时间’这些范畴的关注都呈现出浓重的现代主义色彩。遥远的古代人物和故事经过吴兴华的转化与移植而生成为现代文本”。1994年由中国和平出版社出版的《沦陷时期北京文学八年》(张泉),辟出专节《吴兴华:异常早慧的新诗探索》。吴晓东选编《中国沦陷区文学大系·诗歌卷》(广西教育出版社,1998),吴兴华是入选诗作最多的诗人,达20首。

此后,对吴兴华的研究有了长足发展。王光明的著作《现代汉诗的百年演变》(河北人民出版社,2003)第一次将吴兴华的作品列入现代汉诗,强调吴兴华新格律诗在20世纪中国诗歌发展中的特殊意义:“重申了中国诗歌的尊严和含蓄、典雅的品格,并把‘格律诗派’对于形式秩序的追求,从主要向西方寻求参考,引导到符合现代汉语特点的建设方向。”张松建《“新传统的奠基石”——吴兴华·新诗·另类现代性》(台北《中外文学》第33卷第7期,2004年12月)注重理论建构,主要以吴兴华的“新格律诗”与“古事新咏”两类诗为中心,讨论其“另类现代性”的文学史意义。解志熙撰文探讨燕京大学诗人群所进行的接续现代与传统的新古典主义新诗试验,强调吴兴华是燕园诗人群中最重要的一位。[②] 覃志峰等人的《吴兴华诗译思想研究》(《武汉科技大学学报》2007年5期)试图归纳出吴兴华的原创性的诗译思想。易彬的《“记忆”之

---

① 美国加州大学河滨校区比较文学与外国语言系教授叶扬指出,《吴兴华的诗与译诗》一文说起十四行诗的“意大利式变体”,“本末倒置”了。他“希望那只是卞先生一时的笔误”。叶扬《从前的事,可悲可笑又可怜》,《东方早报》2010年6月6日。

② 解志熙:《现代与传统的接续——吴兴华及燕园诗人的创作取向评议》,《新诗评论》2007年第1辑(总第五辑),北京:北京大学出版社,2007年。

书——论吴兴华诗歌的精神内蕴》(《江汉大学学报》2008 年 1 期)探究了吴兴华诗歌本身所呈现的独特"记忆"形态，及其与受众的文学历史记忆的关联、与吴兴华这样的诗人进入文学史序列的姿势的关联。梁秉钧的论文《翻译与诗学——对西方现代诗的挪用、取舍与转化》(《江汉大学学报》2005 年 6 期)论及吴兴华的里尔克诗歌翻译和研究，对于他的诗歌创作的影响。张松建的《知识之航与历史想象：重读吴兴华》(《江汉大学学报》2009 年 1 期)把吴兴华的诗与诗论放在新诗发展的脉络中，考察新诗形式实验及其范围，梳理从大陆到香港、台湾地区以及马来西亚、北美的"古事新诠"诗作谱系。

吴兴华也开始成为学位论文的题目。博士论文《抗战时期北京诗人研究》(陈芝国，首都师范大学，2008)认为，沦陷期燕京大学、辅仁大学诗歌群体的成员代表着沦陷区诗歌在中国现代诗歌史上的地位。吴兴华早期诗作浪漫、唯美与象征交织。过渡期的诗作在诗形与诗质两个层面进行探索，特别是他的现代格律诗，在某种程度上确立了现代汉诗形式秩序的重要参照标准。吴兴华后期诗作的"另类现代性"品格推进了中国现代诗。硕士论文《走近"被冷落的缪斯"——吴兴华诗艺研究》(王芬，华中师范大学，2007)主要围绕作品，探讨吴兴华诗歌节奏、叙事、语言的艺术特色，解说新古典主义诗歌道路的独特意义。《说海透珠——论吴兴华的作品》(周丽雯，上海外国语大学，2010，硕士)概括吴兴华新诗在题材、意象、形式、想象等诸多方面与中国自由体新诗间的差异，试图勾勒出吴兴华创作的完整图景。《不畏艰辛的跋涉——吴兴华诗歌研究》(王淑娟，苏州大学，2010)探讨吴兴华的诗歌理论、诗歌精神、客观化抒情策略和诗歌形式。此外，还有《回归的"缪斯"：诗人吴兴华研究》(杜松峰著，厦门大学，2010)等。这些论文各有特色，共同的问题则是缺乏基础资料整理的环节。比如作家论不可或缺的作品系年，一直未见。①

总之，把吴兴华的诗放到中国新诗八十多年的演进史的背景中考察，他所刻意追求的，是在形式乃至意境、文字上达到中国古典和西洋现代之间的有机融合。在 20 世纪五四新诗运动的发轫期，自由体白话诗普遍漠视形式因素。周作人、沈尹默等人的诗偶尔融入了某些初步的"现代主义"的手法和技巧。

---

① 2005 年，《吴兴华诗文集》(上海世纪出版集团)第一次把吴兴华分散的作品集结在一起，分为诗卷和文卷出版。这引起了读书界的关注，还在北京大学举办了吴兴华诗歌朗诵会。但是人们很快发现，文集所收诗歌只是一部分，且差错、混淆时有所见。对于当初的情况，我略知一二，当另文叙述。吴兴华诗文集的确像许多论者呼吁的那样，亟待重新编排。吴兴华作品系年的缺失，对于相关研究极为不利。学位论文理应补上这个环节。

20 年代中期以后,随着李金发的《微雨》、冯乃超的《红纱灯》、穆木天的《旅心》、王独清的《圣母像前》陆续问世,出现"象征派"诗潮。30 年代,梁宗岱、戴望舒、何其芳、卞之琳、林庚、徐迟、废名、曹葆华等,以及稍后的"九叶"派诗人群体,"七月"派的绿原,西南联大的学院派诗人群,北平沦陷区的吴兴华等,使新诗的现代主义诗潮形成气候并延绵不绝。1949 年以后,这一文学现象一直被忽略。从 80 年代开始,现代文学史逐步纳入新诗中的现代主义,学界也终于认识到吴兴华的诗歌试验在新诗发展中承先启后的独特位置。

不过,一种倾向往往会掩盖另一种倾向。吴兴华研究是在 80 年代以后的"现代主义"研究膨胀的背景中展开的,他的诗的现代性得到了充分的阐发。"现代主义"热是对此前历史阶段主流研究维度的反拨。"打破了一种不平衡观之后又出来了另一种不平衡观。这里涉及新诗艺术本体与新诗承担的社会责任间出现的不平衡性的价值判断的分歧,也涉及对于一些创作方法的理论探讨的取向。"[①]或许,要揭示吴兴华的全部丰富性与复杂性,多元并存是批评的生态条件之一。

① 孙玉石:《十五年以来新诗研究的回顾与瞻望》,《中国现代文学研究丛刊》1995 年第 1 期。

★ 抗战艺术研究

战时桂林的崛起及其抗战文化繁盛景观[①]

李建平[②]

(广西社会科学院,广西南宁　530022)

[摘要]桂林是抗日战争时期中国大后方的一个重要文化据点,其抗战文化内容十分丰富。文章论述抗战时期桂林由一个边境小城崛起为抗日文化重镇的几个特征和形成繁盛的抗日文艺景观的具体情景。

[关键词]桂林文化城;抗战文化;抗战戏剧运动

[基金项目]本文为2009年国家社科基金艺术学项目“桂林抗战艺术史”(09BA008)阶段性成果(项目负责人:李建平)。

20世纪30年代初到40年代中,是中日两国矛盾最为深刻尖锐、冲突最为激烈的时期。日本政府在这一时期发动了长达14年的侵华战争,把中国推到了亡国灭种的边缘。中国人民在民族危亡的紧急关头,人不分长幼,地不分南北,聚集在爱国主义和抗日民族统一战线的旗帜下,展开了不屈的顽强抗战,谱写下中华民族以血肉长城抗击外敌的最壮丽的民族史诗。

发生在中国南部一个风景秀丽的小城——桂林的一段文化抗战史实,是近代中国的一个文化奇观。

一、战时桂林的崛起

桂林历史悠久,文化传统源远流长。自西汉元鼎六年(前111)在今桂林地

---

① 收稿日期:2011－02－10。

② 作者简介:李建平,广西社会科学院文史研究所所长、研究员,广西抗战文化研究会会长。研究方向为中国现当代文学、抗战文化。

设始安县(隶属荆州零陵郡)至今,桂林有建制的历史已有2122年。从宋代起,近1000年来,除1912—1936年有24年广西省治曾迁至于南宁外,桂林一直是广西路(省)的首府,广西的政治、军事、文化的中心①。现今留存在桂林大地上的宝积岩、甑皮岩古人类文化遗址,秦代兴安灵渠,唐代的摩崖造像和石刻,宋代山水园林,明代桂林靖江王府和靖江王陵,清代重臣陈宏谋故居,晚清康有为来桂讲学和临桂诗派、近代的太平天国革命和辛亥革命活动遗址以及桂剧、彩调等民间文艺,无不构成岭南文化以至中华文化的朵朵奇葩。在这种深厚的文化沃土里,当时光进入20世纪三四十年代时,一个更为奇异的文化现象诞生了,这就是时称"桂林文化城"的桂林抗战文化。桂林抗战文化规模宏大、文化品类众多、影响广泛,在抗战文化中占有极其特殊和极为重要的位置。

(一)战时重要的民生要地

1931年9月18日,日军侵占我国东北的沈阳,揭开了侵华战争的序幕。在东北抗日军民在冰天雪地里英勇抗日的同时,处于数千公里之外的岭南地区,同样发出了爱国救亡的呼号。1933年3月,《玉林民国日报》副刊"雷莺"第二期刊发的一首李冬竹的诗作《为什么》,直接控诉日本侵略中国的暴行:"为什么暴日定要把飞机炸弹驶到中国,给我们的茫茫神州披上破碎的血衣?!",揭露日军侵华给我国人民带来"看不尽的悲惨而破碎的河山!数不了的骷髅与坟场!",号召中华儿女:"起来,我们群策群力求生存!起来,我们不屈不挠去奋斗!"全诗充满爱国救亡激情,反映了广西作家的民族担当,是广西较早出现的抗日诗篇。1936年,以李宗仁、白崇禧为首的广西当局要人发动联合抗日的"六一运动",在广西省内励精图治,紧急动员,组织抗日物资和兵员,广西迅速成为当时享誉一时的模范省②,为迎接伟大的抗日战争奠定了基础。

1937年7月7日,卢沟桥事变爆发,中国进入全面抗击日本侵略者的全面抗战时期。至1937年底,在战争爆发不足半年的时间里,中国古都北平、首都南京和大都市上海就相继失守,华北、华东大片国土沦陷。到1938年10月21日和25日,又有广州和武汉相继失守,华中和华南的部分国土又沦入敌手。以武汉、广州沦陷为标志,中国抗日战争进入战略相持阶段,即抗战第二阶段。抗战阵线继续向西南收缩,战争形势的发展将桂林推到了抗日斗争的前沿,使

① 钟文典主编:《桂林通史·概述》,第3页,桂林:广西师范大学出版社,2008年。

② 关于"模范省"的情况,详见陈一新《抗战时期广西推进妇女武装文化教育概况与启示》,载《抗战文化研究》第4辑(2010)。

其成为中国南方的重要战略据点，在中国抗日阵营的政治、军事和社会民生格局中的重要性日益凸现。

抗战爆发后，人民流离失所，纷纷南迁。1938 年 10 月下旬，武汉、广州失守后，11 月 12 日，刚刚由武汉撤到长沙的数十万军人、难民又遇到了长沙全城大火，惊恐中，逃难的民众蜂拥般撤到衡阳、撤到桂林。饱经苦难的人们在长途跋涉后来到桂林，见到比较稳定的社会政治环境和山清水秀的地貌风光，加上桂林市区大大小小的山头都有可以躲避日本飞机轰炸的山洞，许多人家都因此歇息下来，自然而然地就留居在这座城市里了，致使桂林人口急剧膨胀。1936 年，国民党广西地方当局将省会由南宁迁至桂林时，桂林人口为 7 万，1938 年底，桂林人口已增至近 12 万，1942 年，达 31 万，1944 年桂林大疏散时，人口超过 50 万[①]。由于人口骤增，桂林市区也空前扩大，西面市区由翊武路、榕湖一带扩展到甲山，南面市区扩展到将军桥以南，北面市区延伸至灵川县境。漓江东岸的东江市区变化更为明显，建干路、三里店、施家园、六合路等新居民点，成为外地迁桂人员的主要居住地。据统计，1944 年桂林沦陷前夕，全市共有房屋 525557 间[②]，形成了较大规模的市区，一座有较大规模的抗日城市。许多机关、学校、研究机构、报刊社、学术团体以及工厂这时也纷纷迁来桂林，仅在 1938 年底至 1939 年春的短短几个月里，迁桂的单位就有：中央研究院地质研究所、物理研究所、地理研究所、中国航空公司、中华职业教育社、生活教育社、汉民中学、无锡国学专修馆、江苏教育学院、《救亡日报》社、国际新闻社、《国民公论》社、中国农村经济研究会等。

工商交通等事业也发展很快。抗战前桂林较有规模的工厂只是电力厂、修械厂、广宜安机米厂、民生木机纺织厂四家，其他是规模小、技术落后的手工业工场或作坊。抗战后，由于许多工厂内迁，桂林的工业获得较大发展。1943 年 12 月时，桂林较有规模的工厂已达 207 家，超过当年柳州、南宁、梧州三市工厂的总和[③]。商业和金融也日趋繁荣。战前全省仅有广西银行一家。1944 年，桂林市已有分属国民党中央政府和各省政府及私营的商业银行共 20 余家，广西地方当局的银行也增为广西银行、广西农民银行、桂林市银行三家。商业方面，1940 年，全市共有商店 2593 家。桂林市场一时甚为繁荣。交通方

① 以上人口数字依次见于：庄智焕：《桂林市政之检讨》，《建设研究》1939 年 1 卷 2 期；《桂市公布十年人口统计》，《建设研究》1942 年 5 卷 1 期；《桂林市年鉴》特 3 页，1949 年版。

② 《桂林沦陷杂记》，1949 年《桂林市年鉴》。

③ 广西省政府统计室编：《三十二年度广西统计年报》(1944 年)。

面,公路原有连接广东、湖南及桂南的桂八路、桂黄路、桂柳路,抗战后又增修了连接贵州的桂穗路,于1941年7月通车。1938年9月通车的湘桂铁路,成为大后方连接粤汉、浙赣线的大动脉,是整个大西南的重要铁路干线。1938、1939年,桂林又开辟了临桂、秧塘两机场,有民航班机通重庆、香港。桂林一时成为连接大西南和香港的重要交通枢纽。

(二)抗日民族统一战线的大据点

1938年10月广州、武汉的沦陷,是抗日战争的一个大转折,桂林的战略地位日益重要。由1938年11月中旬到12月上旬,几乎是同时,国民政府在桂林建立军事委员会委员长西南行营,白崇禧任行营主任;中共中央南方局在桂林建立八路军桂林办事处,吴奚如、李克农先后任办事处主任。1940年后,国民政府军事委员会撤销西南行营,改设国民政府军事委员会桂林办公厅,由李济深任主任。桂林成为中国抗战阵营的重要战略据点。

八路军桂林办事处是中国共产党和八路军在国民党统治区建立的公开办事机关,在1938年冬至1941年初的两年多时间里,八路军桂林办事处贯彻执行中国共产党的持久抗战的思想和党的抗日民族统一战线的策略方针,组织和发动国民党统治区的广大人民群众,团结国民党民主派及各阶层抗日爱国人士,发展和巩固抗日民族统一战线,与军事委员会委员长西南行营、国民政府桂林办公厅以及广西地方当局有较好的合作关系,使桂林成为坚持抗战、反对投降,坚持团结、反对分裂,坚持进步、反对倒退的坚强阵地,成为西南大后方抗日民族统一战线的大据点。

(三)重要的国际交流城市

中国的抗日战争爆发后,这场正义的战争吸引了当时世界各国许多政治家、进步人士和文化人的关注。他们先后来到中国,不少人到了桂林。在桂林活动的国际进步团体有越中文化工作同志会、在华日本人民反战同盟西南支部、朝鲜义勇队和朝鲜东方战友社等。越南政治家革命家胡志明、日本反战作家鹿地亘与夫人池田幸子等长期在桂林活动,与中国抗日文化战士共同战斗。先后来桂林活动的进步文化人还有苏联塔斯社总社副社长诺米洛斯基、苏联《消息报》记者卡尔曼、苏联亚洲影片公司总经理谢雅法,美国记者与作家史沫特莱、爱泼斯坦、格兰姆·贝克、白修德、贾安娜、戏剧评论家爱金生、美国驻华大使馆新闻处编辑主任裴克、史学家费正清,法国记者兼东方问题专家李蒙及其夫人郭士美,越南革命家与文化人范文同、黄文欢、武元甲,日本进步人士坂本秀夫,朝鲜作家李斗山、李达、编导金昌满、艺术表演家金炜,德国记者与作家王安娜，英国技术专员艾黎，等等。他们在桂林期间，不仅了解了中国的战争和战时社会情况，还与我国进步文化人一道，相互切磋交流，开展抗日救亡文化工作，例如德国作家王安娜向李克农采访和了解了中国的抗战和民主运动；美国记者爱泼斯坦考察了《救亡日报》社，作家史沫特莱与周恩来在桂林广泛探讨中国抗战及前途，与作家马宁谈抗战小说；日本反战作家鹿地亘与作家冯乃超在桂林建立在华日本人民反战同盟西南支部的合作，等等。留居桂林的中国抗日文化人也用手中之笔与世界反法西斯战士一道战斗。因此，在苏联纪念十月革命25周年的日子里，茅盾写了《打击共同的敌人》，把中国的抗战与苏联的卫国战争联系起来加以议论，道出了两国人民正在进行打击共同敌人的战争。柳亚子、田汉、胡风、欧阳予倩等都写了声援苏联战士、歌颂苏联斯大林格勒保卫战的文章。桂林美术界也响应中苏文化协会桂林分会关于"发动全市人民向苏联友人写信"的号召，先后发表了《中国绘画工作同人致苏联同志书》（沈同衡、艾青、李桦、赖少其、刘建庵、阳太阳、叶浅予、丁聪等24人）、《致苏联木刻作者》（中华全国木刻界抗敌协会）、《致苏联漫画家》（余所亚）、《致苏联友人》（阳太阳）、《让敌人在我们面前消灭——给苏联人民信》（黄新波）等，热情表彰苏联人民英勇抗击德国法西斯的可歌可泣的斗争精神，衷心祝愿中苏两国人民在反法西斯斗争中团结一致，夺取最后胜利，从而增进了中苏两国人民相互了解、支援，增进友谊。木协、漫协还配合中苏文化友好协会桂林分会举办了《苏联抗战及文艺图片展览》、《苏联卫国战争图片宣传展览》（沈士庄主办）等画展，向桂林市群众介绍苏联人民反法西斯战争的丰功伟绩，激励抗日斗志。正如文协桂林分会在《致苏联作家们》的信中所说："我们喜欢苏联文学，同时对于苏联的作家更表示着无限的敬意。"夏衍的杂文《送绥靖公之群》、《掌声与哀声》、《学英国》、《鲁迅没有看错人》等，对国际绥靖路线和国内绥靖分子的言论作集中批判；秦似的《国际随笔》、《不能缄默》、《战神的欢笑》、《恶魔与"疯狗"》等，歌颂苏联反法西斯的胜利，声讨妥协投降思想。此外，桂林美术界还积极筹集资金、作品出国展览交流。全国木协配合中苏文化协会，征集了几百幅中国抗战木刻、宣传画，于1940年1月2日在苏联莫斯科东方文化博物馆举办《中国战时艺术展览会》，引起强烈反响，苏联《真理报》特发表社论予以赞扬。徐悲鸿于1938年底离桂到香港、新加坡、印度等地办画展，将中国抗战的真实情景和中国人民的抗日斗志传播到海外。桂林作为战时中国南方的国际交流中心之一，在世界反法西斯战争中发挥了重要的作用。

(四)抗日救亡文化城

抗战时期，桂林被称为抗日"文化城"，文化教育事业发展很快。当时，桂林共有大专院校9所：国立广西大学、国立桂林师范学院、省立医学院、广西艺术师资训练班、江苏教育学院、无锡国学专修馆、北平新闻专科学校、西南商业专科学校、榕门美术专科学校；有公、私立中学10余所，小学上百间。科研单位有李四光主持的中央研究院地质研究所、丁西林主持的物理研究所、汪敬熙主持的地理研究所。桂林在1937—1944年里，先后聚集了数千文化人，出版报纸杂志将近200种，有众多文化社团开展活动，影响广泛，成为抗战时期大后方重要的文化中心。当时桂林的文化繁盛景象，文艺评论家周钢鸣一语概括，“文人荟萃，书店林立，新作叠出，好戏连台”。曾任全国人大常委会副委员长的文化名人胡愈之在1978年回忆抗战初期的文化形势时说：“山明水秀的桂林，本来是文化的沙漠，不到几个月时间(指1938年10月到1939年上半年——李建平注)竟成为国民党统治下的大后方的唯一抗日文化中心了。”①

密集的人口，扩展的市区，发达的经济，繁荣的文化，使桂林成为战时重要的民生要地，成了中国南方的一个大都市。当时在桂林任国民政府军事委员会桂林办公厅主任的李济深曾说，桂林是当时“江南唯一繁盛都市”②。

二、抗战文化的繁盛景观

抗战时期桂林有“文化城”之称，文化繁盛景观被赞为“繁花竞秀，盛极一时”。其繁盛标志可概括为文人荟萃、出版繁荣、作品丰硕、活动频繁。

(一)文人荟萃

汇聚上千爱国救亡文化人于一地开展爱国救亡文化活动，是抗战时期桂林文化繁荣的第一大景观。

抗战爆发后，由于北平、上海等中国的文化中心和武汉、广州等大城市的陷落，战时中国的作家被迫进行了大迁移。许多作家在战火中走遍了大半个中国。其间流徙辗转之苦是难以言状的。这期间，许多作家艺术家曾来到桂林居住，有的几乎在桂林度过整个抗日战争时期。

关于抗战时期在桂林活动的文化人的数目，现在常用的是两个数据，一是著名文化人200多人，二是先后来桂活动的文化人达数千人。第一个数据来自魏华龄、李建平主编的《抗战时期文化名人在桂林》③及魏华龄主编的《抗战

---

① 胡愈之：《忆长江同志》，载1978年11月23日《人民日报》。此处所言“文化的沙漠”，其实不确。桂林的历史文化积淀，本文开篇有所叙及。

② 《李主任谈桂市应即疏散》，1941年4月14日桂林《大公报》。

③ 魏华龄、李建平：《抗战时期文化名人在桂林》，桂林：漓江出版社，2000年。

时期文化名人在桂林(续集)》[①],两书收录后人撰写的216名文化人在桂林活动的史实。第二个数据可以参照参加西南剧展的人数,仅参加1944年2月至5月在桂林举办的西南剧展的演艺人就有近1000人,这还不包括新闻、出版、学校、科研机构的记者、编辑、书店文员、教师、科技人员等。说在桂林活动的文化人在二三千人以上,应该是个保守的数据。

来桂文化人的类型,主要有文艺、新闻、出版、教育、科技类人士等。著名作家艺术家有:郭沫若、茅盾、巴金、夏衍、柳亚子、徐悲鸿、田汉、艾青、胡愈之、胡风、贺绿汀、杨朔、秦牧、欧阳予倩、王鲁彦、艾芜、周立波等。著名记者、报人、学者有:范长江、陶行知、梁漱溟、马君武、沈志远、雷沛鸿、李四光等。

据初步调查,来桂艺术家的名单如下:

戏剧家:李文钊、焦菊隐、欧阳予倩、马彦祥、熊佛西、章泯、凤子、孙敏、唐若青、廖行健、洪深、冼群、姚展、黄若海、杜宣、汪巩、严恭、石联星、刁光覃、朱琳、瞿白音、田汉、夏衍、孙师毅、张云乔、宗维赓、吴剑声、马彦祥。

美术家:丁聪、丁正献、力夫、万昊、万籁天、万籁鸣、马万里、方元士、方志星、丰子恺、王立、王羽仪、王渔父、王德威、邓俊群、尹瘦石、冯法祀、艾青、龙潜、龙廷坝、龙伯文、龙若林、龙敏功、卢汉宗、卢巨川、帅立学、帅础坚、叶浅予、叶侣梅、关山月、刘元、刘仑、刘建庵、许幸之、吕枚石、朱乃文、朱培钧、孙福熙、任真汉、阳太阳、阳建德、沈樾、沈士庄、沈同衡、沈逸千、汪子美、宋克君、宋吟可、李桦、李白凤、李可染、李明就、李铁夫、李瘦石、李铭德、李漫涛、李毅士、杨影、杨讷维、杨秋人、吴乾惠、何香凝、余本、余所亚、余武章、张拓、张一尊、张大千、张大林、张云乔、张安治、张在民、张正宇、张光宇、张苏予、张家瑶、陆田、陆地、陆志庠、陆其清、陈华、陈宏、陈望、陈公哲、陈仲纲、陈更新、陈雨田、陈晓南、陈海鹰、陈烟桥、邵一萍、郑可、郑克基、郑明虹、范新琼、林半觉、林仰峥、林恒之、郁风、武石、易琼、罗鼎华、周千秋、周公理、周鼐、周令钊、洪荒、宣海松、赵少昂、赵延年、赵望云、胡冰、钟惠若、唐英伟、倪少迁、徐杰民、徐悲鸿、徐德华、梁中铭、梁永泰、梁灿缨、梁岵庐、梁鼎铭、黄茅、黄尧、黄超、黄苗子、黄荣灿、黄独峰、黄显之、黄养辉、黄新波、曹若、曹辛之、曹佩圻、曹墨侣、盛此君、盛特伟、龚绍焜、符罗飞、野夫、温涛、滑田友、曾恕一、谢曼萍、谢顺慈、傅天仇、傅思达、赖少其、廖冰兄、谭畅、蔡迪支、滕白也、熊艳贞、黎冰鸿、黎雄才、魏继

---

① 魏华龄:《抗战时期文化名人在桂林(续集)》,2004年桂林市政协文史资料委员会编印。

昌。[①]

音乐家:满谦子、陆华柏、张曙、任光、林路、廖行健、吴伯超、胡然、章枚、舒模、联抗、刘式昕、甄伯蔚、孙慎、黄力丁、姚牧、薛良(郭可诹)、马卫之、石嗣芬、党明、张清泉、郑思、陈欣、王友健、黎珉、王义平、陆平。

舞蹈家:吴晓邦、盛婕、戴爱莲、吕吉。

众多的人才聚集在山水绚丽的天地间,上演了一出抗日救亡的雄壮大戏,留下了抗日"文化城"的美誉。

(二)出版繁荣

新闻、出版方面,抗战前,全广西只有报纸 11 种、杂志 9 种[②]。抗战期间,桂林共出报纸 12 种:《广西日报》、《救亡日报》、《力报》、《扫荡报》、《大公报》(桂林版)、《大公晚报》、《自由晚报》、《广西晚报》、《桂林晚报》、《小春秋》、《戏剧日报》、《民众报》,另有国际新闻社、中央通讯社、《新华日报》桂林分馆、桂林广播电台等新闻机构;先后出版各种杂志 190 余种。书店、出版社林立,显示了出版业的兴盛。1938 年《克敌周刊》第 23 期丽妮《战期中桂林文化的动态》一文记载了当时的情景:"桂林的街头,最容易触目的,是贩卖精神食粮的书报店的增加率,和贩卖粮食的饭菜馆,等量齐观。试看桂林的文化街范围,已从中北中南两路,拓展到桂西环湖二路。战前,桂林原有的新书口口[③],仅有桂海、文海、文源、文南、大成、典雅、前导七家;报局莫林记、张日光两家,旧书店全文堂、经益、少卿、石渠等几家。战后,生路、正中、开明、生活、中华、文明、商务各家,都先后来桂设店。"这里所谈的,仅是 1938 年时的情景,而整个抗战期间,桂林先后有书店、出版社 140 多家。当时,每天出版书刊在 20 种以上,刊物销量约 1 万份,远销大后方各地及香港、南洋(今东南亚)一带。桂林成为大后方文化事业的重要据点。著名出版家赵家璧谈战时出版界状况时说:抗战时期的书刊,有 80%是桂林出版的[④]。就这个意义来说,说战时桂林的文化事业支撑着大后方的文化,是并不为过的。

(三)作品丰硕

桂林抗日"文化城"诞生了众多优秀的文艺成果,不少成为中国现代文艺史上的经典之作。

---

① 美术家名单引自杨益群《抗战时期桂林美术运动》,第 96—99 页,桂林:漓江出版社,1995 年。

② 许晚成:《1936 年全国期刊统计》,《中国现代出版史料》乙编,北京:中华书局,1955 年。

③ 原件缺失两字。

④ 赵家璧:《忆桂林——战时的"出版城"》,1947 年 5 月 18 日上海《大公报》。

1938年11月，巴金由广州来到桂林，写下了《在广州》、《桂林的受难》、《桂林的微雨》、《先死者》等一批散文，在描写他亲见的“生命的毁灭、房屋的焚烧、人民的受苦”的场面中，表达了强烈的民族悲愤和复仇的意志。巴金在桂林，还写完了他的长篇小说“抗战三部曲”《火》的第二部。

诗人艾青也被抗战之火燃烧得诗兴遄飞，他那最著名的抒情短章《我爱这土地》写于刚到桂林不久的1938年11月24日，诗中倾诉了他对祖国真挚的厚爱和为民族解放献身的愿望，其中“为什么我的眼里常含泪水？因为我对这土地爱得深沉”一句，成为经典的爱国主义诗句。他抗战时期最重要的长诗《吹号者》、《他死在第二次》均是在桂林写作的。艾青在桂林还自费印刷出版了他的诗集《北方》，完成了中国新文学史上重要的诗论著作——《诗论》的写作。

大作家茅盾，1942年3月9日至12月3日在桂林居住了9个月时间。他在这里写成的长篇小说《霜叶红似二月花》（以下简称《霜叶》），是他抗战时期小说创作的重要收获之一。《霜叶》是继《子夜》之后茅盾的又一部重要的社会剖析小说，出版后在国统区文艺界获得广泛的赞誉。

艾芜，1939—1944年在桂林生活了5年，这段时间，他的创作占了建国前创作成果的半数以上。抗战时期，他共创作了长篇小说3部，中篇小说3部，短篇小说集9部，其中，长篇小说《山野》、《故乡》是抗战时期重要的小说作品。

戏剧家田汉在桂林创作了话剧《秋声赋》、《黄金时代》和爱国历史剧《岳飞》、《新儿女英雄传》、《双忠记》等。欧阳予倩在桂林创作和导演了《梁红玉》和新编历史剧《忠王李秀成》，夏衍在桂林创作了话剧《心防》，这些都是抗日战争时期重要的剧作。

大画家徐悲鸿，在桂林创作了《漓江春雨》、《鸡鸣不已》、《马》、《青崖渡》等一批画作。在《鸡鸣不已》一幅上，他题写了“风雨如晦，鸡鸣不已”的词句，以报晓的雄鸡，象征着苦难的祖国对光明未来的不舍的呼唤。其爱国丹心，跃然纸上。

漫画家廖冰兄创作出了极有影响的《抗战必胜连环画》，包括《越打越弱的日本》和《越打越强的中国》两部分内容，当时很鼓舞人心。

音乐家张曙倒在敌机轰炸的血泊之中，用鲜血和生命写下了抗战歌曲：“十二月里喝凉水，点点滴滴记在心。日本鬼子的仇和恨，此生不报枉为人。”

桂林文化城，孕育了无数爱国诗篇，锻造了无数爱国进步文化人。

（四）活跃的抗日救亡艺术活动

文化艺术活动众多、影响广泛是桂林抗战文艺繁荣的又一个标志。

戏剧活动是最为活跃和影响最大的。抗日战争爆发后,桂林的抗日救亡运动就逐步走向高潮。1938年初,桂林还没成为大后方文化中心时,戏剧活动就十分活跃。从1938年5月戏剧公演的记录可以看到当时的热烈情景:

1日:《民族公敌》、《撤退》(国防艺术社在民众运动场为纪念五一节的演出)。

6、7、8日:《飞将军》(国防艺术社在新华戏院演出)。

9日:《盲哑恨》、《放下你的鞭子》(抗战后援会话剧组在街头演出)。

《没有祖国的孩子》、《三江好》、《再上前线》、《孩子流亡曲》(桂初中剧团在桂初中礼堂演出)。

《欢送曲》、《盲哑恨》、《扫射》、《放下你的鞭子》(东江分局剧团在新华戏院演出)。

10日:《撤退》、《新难民曲》(妇工校在该校礼堂演出)。

《中国妇女》、《打鬼子去》(桂国中在该校操场演出)。

16日:《春之笑》、《八百壮士》(前线剧团在乐群社演出)。

17日:《春之笑》、《最后一计》(前锋剧团在乐群社演出)。

18日:《飞将军》(国防艺术社在新华剧院演出)。

19日:《八百壮士》、《最后一计》(前锋剧团在新华剧院演出)。

30日:《民族公敌》、《咆哮的农村》(国防艺术社在民众运动场演出)。[①]

从这份记录可以看到当时桂林已是好戏不断,几乎日日上演。1938年6月,欧阳予倩到桂林,开展戏剧改革和抗日戏剧的排演,11月以后,来桂的文化人和戏剧家更多,欧阳予倩主持广西艺术馆,田汉在这里帮助新中国剧社活动,并主办大型刊物《戏剧春秋》,焦菊隐、熊佛西等戏剧大师长期在桂林导戏、写剧评、办杂志,桂林成为西南大后方的戏剧中心。音乐救亡运动、美术运动等各项艺术活动高潮不断,万人歌咏大会、街头剧、话剧、桂剧、戏曲、音乐会、魔术、马戏等演出十分活跃,还有各种街头美术展览、诗朗诵、文艺讲座、体育比赛,等等。1939年4月20日,田汉由长沙来到桂林。5月7日他兴致勃勃地去参加了一次群众歌咏活动,有感而发,归来写了一篇题为《歌咏·歌会及其他》的文章在5月9日的《扫荡报》(桂林版)上发表,对这次活动甚为肯定,并记述了当时一些情况:"体育场的一角给前宵的猛雨汇成浅浅的水……另一部分都给军民群众站满了。……从各队红蓝的旗影里,看见台两边'坚定抗战信念,鼓吹爱国精神'的对联,接着听得钢琴的伴奏和得奖各队的独唱和齐唱了,嘹亮

---

① 根据强邻《五月公演记录》整理,原载《战时艺术》第2卷第1期。

的乐声博得了群众热烈的掌声。实在的今日广大军民太需要音乐了，太欢喜艺术了。特别是抗战艺术。……这种群众歌咏特别是儿童歌咏由于吴伯超先生和许多音乐专家、歌咏指导者之努力，在本城已有了很可观的成绩了。”

从1937年初到1944年11月桂林沦陷时止，桂林文艺活动的具体情况，我们从《桂林文化城概况》、《抗战时期桂林音乐文化活动》等书中统计得到以下数据：

戏剧：在桂林建立和来桂林演出过的文艺团体有64个，演出剧目395个，按剧种分，分别是：话剧231个，京剧87个，桂剧36个，粤剧7个，湘剧6个，歌舞剧9个，活报剧13个，木偶剧5个，哑剧1个。

美术：举办画展230多次①。

音乐和舞蹈：群众性歌咏集会和文艺演出185次，专业性音乐会106次，演出歌剧、舞剧14场。

1944年2—5月举办的西南五省戏剧展览会，更是当时影响巨大的戏剧活动，是桂林抗战文化繁盛景观的重要标志。西南剧展聚集了南方数省近千名戏剧工作者和文化工作者，共演出剧目126个，是中国现代戏剧史上的空前盛举。美国戏剧评论家爱金生来我国考察后，在《纽约时报》撰文介绍西南剧展说：“如此宏大规模的剧展会，有史以来，自古罗马时代曾经举行外，尚属仅见。中国处在极度艰困条件下，而戏剧工作者以百折不挠之努力，为保卫文化，拥护民主而战，迭予法西斯侵略者以打击，厥功至伟。此次聚中国西南八省戏剧工作者于一堂，检讨既往，共策将来，对当前国际反法西斯战争，实具有重大贡献。”西南剧展影响巨大，堪称我国抗战文化运动的一次壮举。桂林抗战文艺运动，在这时也达到了顶峰。

西南剧展结束不到一个月，日军旨在打通从河南到广西直至连通越南的大陆交通线的“一号作战”已经打到了湖南，桂林局势一下子紧张起来。几个月后，桂林保卫战打响，激战十余天后山城沦陷。因战事迫近，欧阳予倩、何香凝、梁漱溟、千家驹等人撤离到距桂林200公里外的贺州八步镇和黄姚镇等地，在那里继续开展办报、教学、戏剧演出和群众宣传等抗日文化活动，一直坚持到1945年8月抗战胜利。他们的活动，可以视为桂林抗日文化运动的余波。

---

① 杨益群：《杭战时期桂林美术运动的作用、意义及影响》，魏华铃、曾有云、丘振声编：《桂林抗战文化研究文集》，第199页，桂林：漓江出版社，1992年。

抗战时期桂林戏剧运动的条件、过程与影响[①]

李 江[②]

(广西师范大学文学院,广西桂林,541004)

[摘要]抗战时期,桂林是祖国西南大后方产生过巨大影响的文化中心。由于桂林在战时独特的地缘政治优势和文化经济条件,形成了戏剧艺术人才的大规模集聚,谱写出了20世纪中国戏剧运动既威武雄壮而又有声有色的篇章。回顾从1938年10月到1944年9月桂林戏剧运动的历史状态,把握其历史过程,对从现实的意义上来理解其发展,明晰历史关系中的相关因素及其发挥的作用,具有值得重视的意义。

[关键词]桂林文化城;抗战戏剧运动;历史关系;抗日战争

[基金项目]本文为2009年国家社科基金艺术学项目"桂林抗战艺术史"(09BA008)阶段性成果。(项目负责人:李建平)

一、生存条件

抗战时期的戏剧运动跟和平时期的戏剧活动存在着很多方面的不同,无论是组织方式、创作思想,还是艺术目标以及在实践中采用的方法等方面都差异极大。和平时期的戏剧创作和演出活动或许可以顾及多种多样的社会审美需求,更充分地满足读者和观众的认识要求和艺术要求。而在炮火连天的战争岁月里,旧有的生活方式被迫中断,当个人的生存和民族的生存成为最基本的需求,躲空袭、逃难、流亡等演变成主要生活状态时,那种以自我为前提的情绪反应,对戏剧艺术保持相当距离的审美观照方式、让情绪潜移默化地影响行为等特点都将因战事而受到冲击。因此,抗战时期戏剧的需求特点会直接影

---

① 收稿日期:2011-05-16。

② 作者简介:李江,广西师范大学教授,文学博士,广西抗战文化研究会副会长,研究方向为中国现代、当代戏剧与影视。

响戏剧发挥作用的目标和手段。读者和观众在审美注意上的主动性，在审美反应上的情绪导向性、个体反应和群体反应的一致性、戏剧审美反应和现实行为的直接相关性等分析环节都可以明确提示人们，抗战时期的戏剧运动具有更加直接的社会动员职能。在 20 世纪 40 年代那样的社会发展相对显得落后的时期，戏剧艺术履行的不仅是文化性的意识形态国家机器的职能，而且还承担着传媒性的意识形态国家机器的任务。

戏剧艺术要以意识形态国家机器的方式发挥作用，离开了相应的社会条件和心理意识准备，那是难以想象的。抗战以前，为巩固在广西的基础，并试图与蒋介石的国民党中央政权抗衡，新桂系曾经励精图治。以李宗仁为代表的新桂系在国民党民主派人士李任仁、陈邵先、陈此生等的大力协助下，在广西有效地推行政治建设、经济建设、文化建设和军事建设，取得过值得注意的成绩。1934 年 3 月，广西党政军联席会议制定并颁行了《广西建设纲领》，在政治上着手整顿行政组织、健全行政机构、肃清贪官污吏、确立和建设民主政治的基础，行政风气发生过较大变化。在经济上，采取过一些有力措施，积极扶持农业和工商业的发展，支持矿产资源开发，开展交通基础设施建设。在军事上，建立民团，裁撤正规部队，有力执行"寓兵于团"、"寓将于学"、"寓征于募"的"三寓政策"，抓紧改善军事装备，在各交通枢纽和军事要地构筑永久性城防工事，这些努力在当时国民党各地方实力派中也可以称得上是不同凡响的。在文化建设方面，当年广西的国民基础教育普及运动，也取得过很大成就。广西当局把儿童教育和成人教育、学校教育和社会教育密切结合起来，让人们在掌握政治、经济知识的同时，也有效提高人们的文化素质。从文化教育机构的设立来看，1936 年，广西的中等教育只有 4 所国民中学，1937 年就增办为 32 所。广西大学、广西省立师范专科学校和广西省立医学院是抗战以前就创办的，曾先后聘请国内知名教授、学者来桂林任教。这些办法一方面扩大了广西的文化影响，提高了广西的国民教育水平，另一方面也给国内教育界、新闻界等传递了种种广西当局在文化学术方面很"开明"的信息。因此，对当时国内许多文化艺术界人士而言，广西文化教育事业已有一定基础，国民党民主派人士很开明，具有远见，这两个因素在军事形势紧张、人们需要到大后方时，还是很有吸引力的。

1936 年 6 月，广西当局曾在南宁举办抗日救国戏剧宣传周。这一活动是在"抗日反蒋"的"两广事变"的政治背景下进行的。对此后大规模的抗战戏剧运动而言，这次戏剧活动的效果具体表现为凝聚民气，营造了一种值得注意的艺术宣传氛围。1935 年到 1936 年间，在桂林发起成立的“广西戏剧改进会”开展的桂剧改革，同样也是奠基工作。在马君武和白鹏飞的支持下，这一次桂剧改革相较于清末民初时唐景崧的桂剧改革，无论从指导思想、戏剧艺术的经济基础、桂剧剧本整理、演员培养，还是跟国内戏剧名家之间的交流来看，都有了许多新的气象。甚至可以说是欧阳予倩到桂林开展抗日救亡戏剧活动和桂剧改革的原因和条件。

在抗日民族统一战线的旗帜下，国共第二次合作局面的形成，为桂林抗战文化运动的风起云涌提供了宏观上的政治文化背景。国民政府同意中国共产党人进入桂林，八路军桂林办事处顺利设置，这也是非常重要的历史事件。作为中共中央南方局的派出机构，八路军桂林办事处在完善组织机构、加强对广西的统一战线工作、成功地完成抗战文化力量的内迁方面，做过大量具体细致而成效卓著的工作。除了联络湖南、江西、广东和广西的交通运输、购置和转运军需物资之外，八路军桂林办事处还承担着对国民党桂系力量的统一战线工作任务。在跟桂系白崇禧、黄旭初，以及国民党民主派李济深、桂系民主派李任仁、陈邵先、陈此生的接触和交往中，八路军桂林办事处遵照中共中央南方局的指示，按照“不要急于发展组织，要认真清理整理好组织”的精神，撤销原广西省工委，改建桂林、梧州、南宁三个特支。这种真诚的合作态度，以及“不挖友军墙脚”的承诺，争取到了广西当局在一定程度上的对抗日文化力量的宽容。这是由卓有成效的统战工作开拓出来的有利的政治局面。当时，在其他国民党统治区和中心都市，“抗日”常常成为“爱国罪”。因此相较而言，广西的这种合作抗日的政治文化形势显得非常难能可贵。即使是“皖南事变”时，国民党桂系也没有对新闻出版、图书杂志、文学艺术实行严厉打压。更何况，大量中国共产党秘密党员和许多进步文化人士还可以继续活跃在国民党桂系的机关、学校和文化社团。没有中共中央南方局高瞻远瞩的战略指示，没有八路军办事处灵活机动的统战策略，没有如谢和赓、左洪涛、周可传、侯甸、杨东莼、周钢鸣、司马文森、胡愈之、千家驹、张海鳌、姜君辰等共产党员出生入死的工作和战斗，作为抗战文化根据地的桂林，要成为抗战文化运动的重镇，虽不说完全不可能，但至少会减少许多在建设目标、建设方法、组织工作、人才保障等方面最直接而高效的推动。开展戏剧运动，跟其他的文化艺术活动还不太相同，戏剧需要舞台演出才可能圆满地实现其社会效益和艺术效益。如果审查方面刻意刁难，无论从政治上，还是从经济上施压，都可能让正常的戏剧艺术活动偃旗息鼓，更何况还是以社会动员、宣传鼓动为基本职能的抗战戏剧运动。因此，正是从这一角度来看，政治文化环境的宽松，对桂林抗战戏剧运动的形成、发展以及产生影响，意义至关重大。

戏剧人才的汇聚，是桂林抗战戏剧运动的重要驱动力量。那时的戏剧人才聚集方式，并不像今天的文化艺术生产那样的由资本雇佣劳动的方式，而是受到政治形势，军事形势和戏剧艺术创作条件的合力推动。全民抗战局面形成之初，广西桂林政治环境比其他国统区要宽松，适合抗战文化运动的开展。当华北、华中、华东、华南相继沦入敌手，广西桂林是人们内迁过程中的必经之地。抗战时期，广西桂林人口并不多，但文化艺术生产已有很好的基础。新闻、出版、印刷、书店等机构或产业应有尽有。更重要的是，各种剧院、影院等基础设施也都很成规模，这对戏剧艺术家来说，是他们施展才华的宝贵舞台。据不完全统计，在抗战戏剧运动中曾经活跃在桂林剧坛上的戏剧家不低于 500 人。这一数字还仅仅是参加过“西南剧展”开幕式的戏剧家人数。在这些戏剧家中，不少人已经是蜚声中外的戏剧名家，名编剧、名导演、名演员不胜枚举，很多是随郭沫若率领的国民政府军事委员会政治部第三厅从武汉经湖南到桂林的。这一事实表明，当年在抗日救亡的旗帜下集结在桂林的戏剧家虽然在艺术能力方面不乏集编、导、演、舞美等于一身的戏剧全才，如欧阳予倩、熊佛西、焦菊隐、洪深、田汉、马彦祥、严恭等，但从总体上看，这一支戏剧之师，仍然是一支组织化程度很高的艺术部队。因此，抗战时期桂林戏剧运动中戏剧家的作用并不是某一戏剧家个人或某一剧团独立发挥出来的，它取决于一种结构的整体性，或者说具有一种结构的整体感。

在抗战时期的广西桂林，中国戏剧家为了内聚国力民心、外御敌寇侵略，充分利用历史文化传统、现实政治机遇以及社会经济条件，有效发挥各种艺术创造能力，轰轰烈烈地开展了一场扬民族志气、强人民信心的文化抗战运动和文化建设运动。这场戏剧运动具有中华民族的国民自我教育、自我激励的性质，同时也具有广泛进行社会动员、服务民族解放战争的政治性质和军事性质。桂林文化城时期的戏剧运动存在和发展的动因是由多方面的因素促成的，曾经有许多力量和因素在其中起作用，而且是为了那同一个目的在发挥影响。所以说，如果把桂林文化城戏剧运动的基础和发展动因仅仅归结为某一个因素或某一种力量，只确认一个简单的内在本原，就将很难科学地描述桂林文化城戏剧运动那复杂的历史图景。这一戏剧历史现象的形成，受到当时的政治、经济、军事、地理等外在条件的影响，同时也跟 20 世纪初以来中国戏剧家把国家价值和民族目的放在第一位的精神创造和艺术追求密切相关。从更长远的历史视境来看,抗战时期的中国戏剧家还不太可能从由1840年鸦片战争以来内忧外患的社会处境造成的国际性的紧张感和被殖民地化的危机感中解放出来。这时,中国戏剧家心中的戏剧是民族解放和人民确立现代国家民族意识的工具或方式,不是可以独立自存或以之为本位来发展的文化形式。这是抗战时期戏剧家们的时代性,也是他们的历史独特性。如果要探究存在于效果之中的那个结构的整体,探究那个可以对桂林文化城戏剧运动的基础和条件中的其他因素和力量发挥关键作用的因素,那么这方面的因素在今天更需要认真注意。或许这方面的因素在桂林文化城戏剧运动的形成过程中的各种历史关系中是更内在的因素,且有可能是更有说服力和阐释力的因素。

二、发展过程

从桂林文化城戏剧运动发生发展的过程来看,大致经历了两个阶段。第一个阶段:从1938年10月广州、武汉沦陷到1941年1月皖南事变发生前后。这一时期是戏剧运动的准备时期和逐步扩大影响的时期。广州、武汉先后沦陷,大批爱国文化人内迁桂林,进一步推动广西各族人民的抗日救亡戏剧活动。在此之前,广西各地各学校纷纷成立剧团剧社,演出抗日宣传剧目,激发民众的兴趣。国防艺术社曾帮助各学校组织剧团,协助各乡镇村公所利用"民众俱乐部",为正式组织"民众剧社"做准备,大力培养戏剧干部,促成各种公演。那时在戏剧内容上只要具有救亡的主题,就很受欢迎。在演出形式上可以是歌谣对唱,可以是当地土戏演出,舞台语言也不考究,连方言都可以用于演出,只要观众能尽快理解,就达到宣传剧的要求了。业余剧团纷纷登台,成为桂林城抗日救亡运动的重要表现方式。有据可查的剧团如邮电工人组织的桂邮剧团、书店店员组织的新知书店剧团、伤兵医院受伤将士组织的凯声剧团和血光剧团、广西战时儿童保育院的难童剧团、留桂剧人组织的七七剧团等,这些业余救亡剧团走进机关、部队、学校、工厂、农村、医院,到处无偿巡演,发挥出了具体而直接的现实宣传效果。

话剧在广西的奠基工作,从七七事变前就已全面开始。广西省立师范专科学校师生组建的师专剧团曾经公演过《巡按》、《怒吼吧,中国!》、《父归》、《屏风后》。沈西苓对这些剧作的导演,给当时桂林的市民和学生留下了深刻印象。由广西省政府职员组建的"二一剧团",以及稍后组建的"风雨剧社"还搬演过《金宝》、《风雨》、《一个女人和一条狗》。第五路军总政训处的国防剧社由万籁天主持演出了田汉的《回春之曲》,社会反响也出乎演职人员的意料,那种热烈程度更坚定了他们从业话剧的信心。在国内戏剧家大规模内迁广西桂林之前,欧阳予倩、洪深、章泯、马彦祥、封凤子、孙毓棠、唐若青等戏剧家就已经到达桂林。在他们的悉心指导和引领之下,桂林城的话剧社团频繁地开展活动,通过一些剧目的排练和演出,既训练了话剧队伍,又引导了许多热爱话剧的观众,还逐步扩大了话剧的影响。话剧正是从这时开始逐渐成为桂林新兴戏剧运动中引人注目的一种戏剧形式。

1938 年 12 月 3 日,郭沫若率领政治部第三厅抵达桂林。除政治部第三厅的机关工作人员和孩子剧团之外,还有所属的战地服务团、演剧队和慰问队等。1939 年 4 月 20 日,田汉率平剧宣传队到桂林。从此之后,全国各地的戏剧家不断汇聚到桂林,桂林剧坛更加生气蓬勃。编剧方面有夏衍、阳翰笙、丁西林、宋之的、杜宣、汪巩、吕复、孟超等,导演方面有焦菊隐、瞿白音、李超、万籁天、吴剑声等,表演方面同样是人才济济、群星璀璨,有朱琳、刁光覃、封凤子、叶子、金山、王莹、唐槐秋、唐若青、黄若海、蓝马、石联星、王望、许秉铎、徐光珍、周伟、盛捷等,戏剧评论方面还有周钢鸣、洪遒、韩北屏、易庸(廖沫沙)、华嘉、秦似、陈迩冬等。编剧、导演、表演、剧评等各方面的人才齐集桂林剧坛,桂林的戏剧盛事自然是好戏连台。在这几年里,金山、王莹领导的上海救亡演剧第二队在桂林演出过《死里逃生》、《胎妇》、《逃难到桂林》、《台儿庄之战》,朝鲜义勇队演出过由金昌满导演的《朝鲜女儿》,演剧九队演出过《黑地狱》,电影二队献演过自编剧目《生与死》,抗敌宣传团演出过《红色女郎》,田汉、龚啸岚带领的平剧宣传队献演过新歌剧《江汉渔歌》,桂林行营政治工作团献演过《凤凰城》,抗敌宣传队一队献演过由吴荻舟导演的《日落西山》、《解放》、《逃狱》和《群魔》,在华日本反战同盟西南支部用日本语演出过鹿地亘编剧的《三兄弟》,欧阳予倩的广西省立艺术馆桂剧实验剧团演出过新歌舞剧《桃花扇》、《人面桃花》、《搜庙反正》。大型公演如《一年间》的演出,无论是导演、表演,还是舞台工作人员的阵容,都是空前未有的。由欧阳予倩、田汉、夏衍、焦菊隐、孙师毅组成导演团,由张云乔、宗惟赓、吴剑声组成舞台艺术工作组,演员队伍更是明星荟萃。整个团队准备了近半年之久,动员了四五百人。各剧团采用桂语、粤语和国语作为舞台语言,极大地满足了当时桂林不同观众群的需求。

在抗战时期桂林戏剧运动中,这一阶段戏剧团队构成的两种方式,对此后的戏剧发展和文化建设都产生过很大影响:一是戏剧的官方体制,二是民间职业剧团的组建。国防艺术社和广西省立艺术馆在桂林文化城戏剧运动中发挥的作用,置于中国现代戏剧体制和机制现代化的过程中,可以观察得更加清晰。在抗战时期的社会动员和文化艺术生活中，它们曾经作出过不可磨灭的贡献。从隶属关系和组建方式看，它们又都是官方组建的戏剧团体或艺术机构。国防艺术社，其前身是国防剧社，于1936年9月组建于广西南宁，直属于第四集团军总政训处。当时，第四集团军除国防剧社之外，还有电影队和一个巡回讲演游艺团。国防剧社成立之后，演出过独幕剧《警号》、《血迹》以及《撤退赵家庄》、《梅世钧》和《回春之曲》。完成为桂系"寓兵于团"政策唱赞歌的歌剧《伟大的民团》的演出之后，由于受到桂系负责人的嘉奖，国防剧社遂与电影队、巡回讲演游艺团合并，组建为国防艺术社，他们免去了万籁天的社长之职，重新委任李文钊为社长，调整社内编制后，设总务部、戏剧部、电影队、文艺组、歌咏组、绘画组和战时工作队。第四集团军番号裁撤之后，隶属于改建后的第五路军，全称为"第五路军国防艺术社"。官方主办的艺术机构由于必须服务于具体的政治行为体的现实要求，所以在思想艺术追求方面有时在所难免地受到制约。即使在大方向上相同也常常会在细小的差异方面出现摩擦或矛盾。国防艺术社在1938年8月在桂林新华戏院献演由欧阳予倩编导的三幕剧《青纱帐里》，有人对剧中台词"统一战线已成立"一句大加责难，认为这是"党派牙慧的拾取"，建议改为"关内已团结一致抗日了"。李文钊对"统一战线"一语做了解释："目前的所谓统一战线，无疑的是在国民党旗帜下统一起来。"[①]即使是如此误读剧作原意来调和矛盾，平息争端，也没有让李文钊免遭桂系顽固派的排挤。这些史实表明，抗战时期官办艺术机构在享有政权依托的同时，也受到具体而复杂的约束。

欧阳予倩主持的广西省立艺术馆也是桂系当局主办的艺术机构，下辖一个话剧实验剧团和一个桂剧实验剧团。经过一些必要的对演出实体的调整，欧阳予倩展开了他对桂剧的改革设想，既改戏，又改人，还改制。改革之后的桂剧，无论是思想吸引力，还是艺术吸引力，都让观众耳目一新，达到了抓住观众情绪的目的。以此为基础，欧阳予倩在艺术实践中一方面有效地完成了戏剧唤起民众、宣传抗日、反对投降的现实任务，另一方面也为桂剧的进一步发展积蓄了力量，增强了后劲。作为爱国者，作为声名远播的戏剧家，欧阳予倩的戏剧活动在桂林遭到某些地方政治势力的攻讦相较而言会少一些。虽然他的剧作中表达过一些让当地权贵如芒在背的内容，但因为他是桂系当局基于政治需要而聘请来的广西省政府顾问，所以那些当地权贵或多或少心存顾忌。

---

① 顾乐真:《广西戏剧史稿》,第297页,北京:中国戏剧出版社,2002年。

抗战胜利后，这位中国现代杰出的战略艺术家还是遭到所谓的“党派色彩”的指责，被迫愤而辞去艺术馆馆长之职，离开了他工作、战斗过七年的桂林城。

新中国剧社本是由李文钊向广西省政府申办的一个民间职业剧团，后因物价飞涨，李文钊个人之力已无法承担，遂转制为全体剧社成员共同承担经营风险。经中共中央南方局同意，新中国剧社由杜宣负责组织各战区撤退回来的演剧队队员，在田汉指导下转变为一个具有战略意义的戏剧团体。作为中国共产党领导的民间职业剧团，新中国剧社在文化思想上更先进、更成熟，在组织方式上更科学，在日常管理方面更民主，在戏剧艺术人才的组成方面更富有战斗力。虽然民间职业剧团的经费筹措和基本生存曾经面临许多困难，但因为有田汉、杜宣、瞿白音等的坚强领导，有经过战火考验的剧社成员的精诚团结，以及作为民间职业剧团特有的机动性和灵活性，所以新中国剧社在抗战时期的桂林戏剧运动中建立过卓越的功勋。剧社曾经克服和平时期难以想象的困难，完成了如旅行公演，“西南剧展”时的汇演，抗战胜利、台湾光复时的慰问演出等许多艰巨的戏剧任务。

抗战时期桂林戏剧运动中，国防艺术社、广西省立艺术馆和新中国剧社曾经是专业化程度很高并产生过巨大影响的演剧团队。面对大众的嗟叹，目睹国土的沦丧，无论在官办的剧团，还是在民营的剧社，爱国的戏剧家们团结起来，走向大众，以戏剧的歌唱与呐喊，唤起人们的爱国心，凝聚人们的爱国情，坚定人们的爱国志，通过戏剧巩固人民的心防，建设大众的国防。官方剧团代表的是在国家行政体制内的社会动员能力和社会动员方式，民间职业剧团代表的是人民自动的和自主的社会动员能力和社会动员方式。这两种体制和机制内的戏剧家曾经紧密团结、相得益彰，在抗日救亡运动和抗战文化建设中团结协作，创造文化宣传的奇迹。抗战时期的爱国戏剧家无论在行政体制内还是在行政体制外，都一直在为中华民族的解放事业“鼓与呼”，充分表现出抗战时期的爱国戏剧家与民族共忧患的崇高品质。他们奉献给民族解放祭坛的不仅仅是呐喊，还有鲜血和生命。桂剧演员李百岁，湘剧演员欧元霞、吴绍芝都殉职于当年的纷飞战火中。抗战时期桂林文化城的戏剧家有的辗转于两种戏剧体制之间，一方面说明由于政治形势的变化，被迫从国民政府的行政体制中走向民间职业剧团；另一方面也表明，抗日救亡和抗战救国的形势和任务始终是抗战期间桂林文化城的主调，抗日民族统一战线仍然在发挥作用，所以只要是爱国的戏剧家，就可以在桂林抗战剧坛上施展他们的才干，发挥他们的艺术影响力。

抗战时期桂林戏剧运动的第二个阶段是从1941年1月到1944年9月。"皖南事变"之后,政治形势非常严峻。桂系军政当局虽然跟蒋介石中央政权之间矛盾重重,但这种矛盾尚不足以推动国民党桂系跟蒋介石政权分庭抗礼。从"皖南事变"的历史事实看,国民党桂系为了江淮地区的利益扩张,不惜跟蒋介石政权联合,排挤曾经为建立大别山游击区而与日寇拼杀多年的新四军。桂系军事主官白崇禧充当了反共的急先锋。《救亡日报》停刊,生活书店被查封,八路军驻桂林办事处被迫撤退,大批进步文化人士被迫转移。这些情况表明,桂林文化城的抗日救亡戏剧运动难以继续原有的步调,不得不转入低潮。由于跟中共中央南方局的组织联系中断,中共广西地方党组织和留桂的共产党员又因为原来的规定不能相互联系,无法及时得到指示,只能隐蔽待命。作为戏剧运动,如果缺乏必要的思想指导和在人员的组织、协调方面的保障,就只能变成单兵或散兵作战的方式。虽然有过一些零星的戏剧演出,但已很难发挥规模化的优势。戏剧运动不同于一般的戏剧活动,它是具有战役意义的大兵团联合作战。在政治形势转变后,从1941年1月至1941年11月,桂林戏剧界曾经以创办戏剧刊物,参加或主办各种文艺座谈会等方式积蓄力量,隐蔽、曲折地开展着合法的戏剧活动。对这一时段戏剧历史的状态和特点,评论家黄若海曾用"变态"两字做过概括。他指出:"按照一般的常规,春夏秋是演剧季节,冬天的演剧活动应该是很沉寂的,然而一九四一年的桂林却恰恰相反,春夏秋三季都寂寞异常,而入冬以来,戏剧空气倒反变得浓厚了,这不是变态现象是什么?变态,这并不一定是坏现象。不过,变态却充分地暴露出了戏剧工作者对整个演剧活动并没能商得一个共同的计划、对整个的活动路线也没能把握得牢的弱点。他们虽然是在一个阵营里,但这阵营里的他们一群,是多么地步调儿不一致呀,这阵营也是多么地乱呀!"[①]戏剧活动的零乱错杂,桂林剧坛在1941年上半年的寂寥萧瑟,根本原因在于"同室操戈,相煎何急"。不能充分利用物质条件,舞台技术明显走低,这是存在的问题之一;戏剧家规避现实,以古装戏来吸引观众,借此扩大票房收入,这是一种"变相的噱头主义",也是问题之二。这两大问题出现在1941年春夏秋三季的桂林剧坛,同样也是事出有因的。其主要原因还不在那些视艺术为生命、严格遵循现实主义演剧方法、工作态度认真严肃的戏剧家那里,而在于这时桂林的政治文化环境这里。只有具备了正常的艺术生态,才不会出现"变态"的戏剧现象。

---

① 黄若海:《一九四一年桂林演剧概述》,《广西日报》,1942年1月12日。

政治形势的变化，对戏剧运动的冲击具体表现在如下几个方面：第一，文化中心的转移，导致戏剧人才的分散。重庆的文艺家因环境恶化，生活艰难，被迫离开。上海也因为环境困难，进步文艺家难以坚守。桂林的文艺家在文艺运动的低潮期或转移到香港，或留在当地，都只能改变创作方式。第二，要把握现实和表现现实，受到的限制很多。戏剧家被迫转向历史题材创作。第三，缺乏必要的理论方向的引领。中共中央南方局文化工作组负责人邵荃麟在1941年11月19日桂林举行的《一九四一年文艺运动的检讨》座谈会上指出：1941年文艺运动主要问题在于，“文艺理论和文艺批评不曾建立，没有领导，没有斗争理论家，不替作家指出当前的道路，不批评那些不正确倾向，不推荐新的成功作品”[①]。由于没有及时而有效的组织指导，戏剧运动在总体态势上在所难免地呈现出低潮的特征。从另一角度看，这也是一种积蓄力量时的准备状态和调整状态。第四，商业化气息强劲地侵袭着这一时期的戏剧活动。在和平时期，戏剧职业化之后的商业演出是戏剧争取社会经济支持，以完成资本积累后更好地扩大再生产的重要方式，是非常正常的经营行为。但在抗日战争期间，戏剧活动中过分的商业化，只意味着在商言商、唯利是图的市侩主义准则对民族利益和国家战略利益的侵蚀。

1941年11月19日，《文艺生活》编辑部组织桂林文艺界人士围绕1941年的文艺运动，对理论思想和形势认识中出现的问题，进行了一次认真细致的座谈。这次座谈会的参加者田汉、邵荃麟、杜宣、许之乔、吕复、司马文森、孟超、艾芜、宋云彬等都做了实事求是的分析，总结了相关的经验和教训，明确了进一步开展工作的努力方向。1941年秋天，中共中央南方局派李亚群等到桂林，跟桂林文艺界的中共党组织建立起组织联系，并成立了以邵荃麟、张锡昌等三人为核心的中国共产党桂林文化工作小组。到1941年12月7日，珍珠港事件爆发，上海租界被日军占领，香港被日军攻陷。反法西斯战争形势的外力又把桂林变成了抗日救亡的文化重镇。到1942年春天，那些曾战斗在上海和香港的进步文艺家、文化名人，如茅盾、夏衍、胡风、于伶、蔡楚生、叶以群、戈宝权等来到桂林，对桂林文化城的文艺运动和戏剧运动，再次起到了显著的推动作用，壮大了桂林文化城文艺运动的声势。

处于低谷状态的戏剧运动，要逐步迈出低谷，最重要的任务是团结文艺界和戏剧界的力量，通过有效的组织和动员，凝聚人心，坚定信念。中共中央南

---

① 文艺生活社：《一九四一年文艺运动的检讨》，《文艺生活》第1卷第5期，1942年1月15日。

方局负责人周恩来曾亲自部署,由中华全国文艺界抗敌协会正式做出决定:庆祝郭沫若五十寿辰和创作二十五周年。这是一次体现了成熟的政治斗争策略的文化活动。1941 年 11 月,桂林"文协"决定举办庆祝会。11 月 16 日,新中国剧社承担了庆祝晚会的演出任务。他们朗诵了田汉为郭沫若写的长诗《南山之什》,演出了由杜宣编剧、以郭沫若秘密回国后家属在日本的境遇为题材的《英雄的插曲》。类似这样有组织有计划的活动,不仅仅是向国民党顽固派进行政治示威,揭露其政治上的短视和愚蠢,而且更重要的是帮助戏剧家了解形势,明确努力方向,从心理和情绪上摆脱沮丧,从认识上坚定战斗的意志。

从 1941 年 3 月到 1941 年 8 月,战略戏剧家田汉一直在湖南衡山脚下的南岳默察形势,分析思考,潜心写作。当杜宣因新中国剧社组建之事去南岳邀请他来桂林指导这一个民间职业剧团时,田汉欣然应允前往广西。到桂林后,田汉把他对抗战戏剧运动的观察和分析迅速付诸行动。筹办《戏剧春秋》杂志,也是田汉第四次旅桂的戏剧业绩之一。长期从事戏剧运动指导工作的田汉深知戏剧运动中理论建设的重要性,创办《戏剧春秋》杂志的主要目的也正在于整理适应抗战要求的戏剧理论,推荐新剧本和及时组织剧本评论。他非常重视能够引领新戏剧走向正确道路的意见和建议。他在《关于当前剧运的考察》一文中分析了戏剧运动中理论研究方面的不足,明确指出:"批评当然也是伟大作品产生推动的力之一,但批评之不振,实在由于理论的贫乏而来。因为中国剧艺与剧文学真正新时代的到来,我们期待战斗的理论与批评的蓬勃发展。"[①]在他看来,建设戏剧理论,才能让戏剧家明白,该在戏剧中说些什么话,对什么人说话,为什么人说话。在戏剧的各个领域里都需要理论,话剧要发展,需要理论建设;要改革旧剧和地方戏,没有理论工作,也会变得盲目。不仅要重视理论的总结和提高,而且要把理论普及的工作落实到群众中去。理论工作变成"有群众的运动"(田汉语),就会产生很具体的力量。为了解决戏剧运动中出现的实际问题,田汉不仅多次在重庆、桂林等地主持戏剧理论讨论会,如采用《戏剧民族形式问题座谈会》那样的方式,逐一写信预约,并登门拜访,搜集文艺家和戏剧家的意见,记录整理后,寄交发言人审定,而且自己身体力行,联系戏剧运动的实际,高屋建瓴而实事求是地阐发了抗战戏剧的发展方向、新现实主义创作方法、演剧队的组织和戏剧家的团结、如何学习苏联戏剧电影的文化艺术经验、戏剧的游击战、如何保持戏剧艺术家的志向与节操等理

① 田汉:《关于当前剧运的考察》,《半月文萃》第 2 卷第 3 期,1943 年 10 月 1 日。

论内容。在田汉、欧阳予倩的带动下，这一时期桂林文化城的戏剧家竭尽所能地进行着戏剧理论准备，沉着勇敢地从事着戏剧批评工作。万籁天、白克、吴荻舟、左军、张客、周钢鸣、汪巩、华嘉、熊佛西等都曾经发表过很多具有指导意义而且发人深省的理论文字。戏剧理论建设方面的工作对于训练队伍、针砭时弊、指引方向、砥砺意志，发挥过积极而有益的作用。这时，理论建设是桂林文化城戏剧运动的一种有效的实践形式和战斗形式，而不是僵化的教条，它的价值和功用具体表现为指导工作，启发思考，训练剧人的认识和判断，照亮迈向未来的戏剧之路，推动戏剧家的成长和戏剧运动的进步。

桂林文化城戏剧运动第二阶段的高潮期最直接的政治推动力量跟太平洋战争爆发息息相关。反法西斯战场的形成，有力地策应了中国的抗日战争。由于这一背景的支撑，桂林文化城戏剧运动又一次表现出那种戏剧兵团的规模效应和战役性的影响。1942 年初，田汉、洪深、夏衍以香港大撤退为题材，写成了四幕剧《再会吧，香港！》，表现香港人民的抗日热情，也揭露了汉奸们的卖国罪行。剧作以雄壮的音调又一次在桂林城奏响了抗日救亡的激越之声，不仅是对爱国军民的励志，也是对“勇于内讧，怯于外战”者的震慑。演出期间虽然出现了武装宪兵到剧场干预演出的小插曲，让新中国剧社蒙受了经济损失，但抗日救亡的政治宣传效果还是得到了酣畅的体现。这种大型演出及其影响在从皖南事变到太平洋战争爆发前的桂林城是难以实现的。

桂林文化城戏剧运动的总高潮是“西南剧展”。这次盛况空前的戏剧节展演的原初动机是庆祝欧阳予倩主持的广西省立艺术馆新馆落成，看起来导因于一个非常具体的理由，实际上后来把这一新剧场的重建演变成了一个富有象征意义的重大历史事件。既寓示着抗日救亡戏剧运动的进一步扩展，又适时适势地完成了对抗战以来戏剧艺术力量的一次隆重检阅，一次艺术历史经验的总结，一次胜利在望之际大反攻前出征誓师时的相互交流与学习。“西南剧展”并不完全是一个偶然性的历史事件，其历史必然性在于，这是抗战以来中国戏剧家艰苦创造、努力奋斗的结果。上海战役时，各救亡演剧队迅速组织化、军事化。武汉战役时，戏剧家又再次编队奔赴全国各地。到 1944 年 2 月，中国的抗日救亡戏剧团队已有两千多个，旧剧工作者十余万人，话剧工作者六万多人。从 2 月 15 日戏剧节开幕到 5 月 19 日西南剧展闭幕，从湖南、广东、江西、广西各地前来参演的团队 33 个，演职员 895 人，演出话剧 23 部，133 场，加上平剧、桂剧、歌剧、傀儡剧等演出共 170 场。从剧展的组织看，虽千头万绪，但有条不紊、井然有序。舞台竞演、资料展览和戏剧工作者大会三个部门各司其职,同时又团结协作。从戏剧艺术和舞台技术的交流和学习来看,各剧种、各剧团在创作和演出方面都积累过丰富的经验,在剧展中互相观摩,对彼此的提高提供了前所未有的机会。各演剧团队在战区工作的史料,中西古今的舞台模型,旧剧文献,剧本、脸谱、衣箱,著名戏剧家的画像、传记等应有尽有。能够集中如此丰富的戏剧历史材料,在艰苦卓绝的抗日战争时期,委实堪称奇迹!在戏剧工作者大会的提案讨论和专题发言这两项内容中,分别讨论了戏剧的路线、演出中的困难、理论研究、剧人福利、剧运组织以及坚守剧人道德等议题。通过这样的讨论、评议和研究,既总结了戏剧运动中的经验和教训,形成了共识,也提高了戏剧家的理论认识水平,增强了戏剧家的艺术创新能力,更明确了新的任务和戏剧发展的正确方向。由于日军紧逼湘桂,形势危急,军情倥偬,桂林大疏散迫在眉睫,有的理论问题虽然已经提出,如对如何看待外国戏剧的地位与作用,今后戏剧运动中怎样更深入地开展学术研究等,但已难以进行更充分的讨论、得到更完满的认识和解决了。

三、历史贡献

在桂林文化城戏剧运动中,曾经采用过多种多样的活动方式或类型。其一是公演和会演。戏剧对社会施加影响的主要方式是舞台演出,舞台演出的多角反馈和群体效应,能够直接强化观众的情绪,影响观众的感知。桂林抗战戏剧运动向观众传输的道义力量和舆论力量主要是通过公演和会演的方式。大型的公演和汇演产生的影响更是不同寻常。如 1939 年 4 月,为了给《救亡日报》筹募经费,国防艺术社承担的《一年间》的公演,观众的反应非常热烈。1940 年 3 月 8 日,在华日本人民反战同盟西南支部在桂林进行的鹿地亘剧作《三兄弟》的演出,不仅受到戏剧界的好评,也得到桂林观众的支持。1944 年 2 月开始的“西南剧展”有近两百场演出,这些凝结着戏剧家的思想、想象和创作才能的舞台作品,带给人们的绝不仅仅是一种好奇心的满足,还有思想记忆和情感记忆。这些因素虽然还不至于立竿见影地改变人们思考问题的方法,但至少可以冲击一些他们原有的偏见和陈旧的认识。其二是流动宣传或巡回演出。抗战时期的桂林,虽然集中了许多来自全国各地和其他国家或地区的人员,人口比抗战以前大为增加,但市民的总体数量毕竟还是有限的。众多的剧团和大量的戏剧编、导、演职人员除了在各剧场的演出之外,还肩负着流动演出或巡回演出任务。如著名的“国旗大游行”,桂南战役慰问演出,以及桂林文化界抗战工作协会远赴全州的抗日救亡宣传和劳军活动。各救亡演剧队到难民收容所，伤兵医院和前线、乡村的演出，拉近了戏剧和民众之间的距离，扩大了戏剧的作用范围。其三是举办各种形式的座谈会和讨论会，加强了戏剧运动和抗日救亡文化运动的联系。1941 年 11 月在桂林三教咖啡厅举行的“一九四一年文艺运动的检讨”座谈会，既分析形势，明确方向，也总结工作中的经验教训。1940 年，以《戏剧春秋》社的名义召集的戏剧民族形式问题座谈会，其文稿虽然是由田汉采集并联缀成篇，并没有集会座谈，但因为是逐一采访，其效果跟集会座谈并没有太大差别。1942 年春节，田汉邀欧阳予倩、夏衍、熊佛西、李文钊、洪深、蔡楚生到家里做客，大家一起讨论了“新形势和新艺术”，话题涉及对形势的估计、戏剧运动的范围和方法、电影市场的开拓，等等。看起来是“迎春”，实际上是新的一年工作的前瞻。从桂林文化城戏剧运动的常见的活动类型来看，当年的戏剧家立足实际，采用灵活多样的方式，尽可能地发挥出了作为媒介的戏剧的效能，既有着眼长远的认识调整，如座谈会、讨论会等，戏剧家通过交流，增进相互认同，以便形成更多共识，也有直接而有效的方式，如公演和会演，在影响社会和开展民众动员的过程中，发挥了无可比拟的作用。

桂林文化城戏剧运动发挥过直接的现实作用。桂林文化城的戏剧家积极配合抗日战争和抗日救亡，跟其他文化“兵种”一起，有效地完成了对中华各民族、各阶层的思想动员和文化动员，“戏剧兵”深入部队，教育军人，激励将士，勇敢杀敌，为国而战；他们深入城乡，动员民众，泄导民情，凝聚民志，救国图存，使人们的家国意识更现代，性格更坚强，信念更坚定。无论是从对敌人，还是从对人民来看，抗战时期的中国戏剧担当起了自己的责任。正如戏剧家熊佛西所说的那样：“戏剧在战时是锋锐的战争武器，在平时是有力的教育工具。”[①]桂林文化城时期的中国戏剧家为了中华民族的自由和解放，无论客观形势如何变化，条件如何艰苦，他们都一如既往地团结协作，前仆后继，表现出了坚不可摧的战斗意志，形成了强大的战斗力。

桂林文化城戏剧运动对中国现代戏剧发展的贡献是多方面的。在戏剧人才的培养与储备、戏剧体制和机制的现代化建设和完善以及推动文化中心或文化根据地建设方面取得的成就则更加显著：

第一，桂林文化城戏剧运动锻炼了一大批杰出的戏剧艺术人才。桂林文化城是一座为中华民族的自由与解放事业而建立起来的文化之城，战斗之城，胜利之城，英雄之城。伟大的事业吸引人，进步的事业培养人。值得注意的

---

① 熊佛西：《五年来的抗战戏剧》，《扫荡报》(桂林版)1942 年 1 月 1 日。

是,桂林文化城在抗战时期中华民族文化抗战和文化建设中所处的重要地位和所担负的重要责任,催生出了一大批具有过硬的政治素质、军事素质和旺盛的艺术创造能力的戏剧人才。他们在履行职责、团结战斗的同时,也完成了对自己艺术创造能力的全面训练,为参加新中国的文化艺术建设,准备了重要的主体条件。

第二,在抗日战争中诞生的戏剧体制和机制,具有明显的高度组织化和军事化的特点,同时又具有灵敏的对环境的适应性和随机应变的机动性,这是保持戏剧团队的战斗力和发扬作为戏剧家的艺术创造力的重要原因。抗日时期齐集桂林文化城的戏剧团队很多,除了国防艺术社、广西省立艺术馆的话剧实验剧团和桂剧实验剧团以及新中国剧社之外,还有属于军事委员会政治部的演剧一队、演剧二队、演剧八队、演剧九队以及平剧、湘剧等许多地方戏的剧团,他们之间的相互协作、精诚团结,形成过强劲的合力,这种管理上的合力是桂林文化城戏剧运动葆有现实的战斗性和踏实的建设性的基础。具体到各个剧团来看,在体制和机制上存在的差别也很大,有国民政府行政体制内的,也有像新中国剧社那样的民间职业剧团,他们各自有着不同的管理方式和戏剧创作方式。在对抗商业化倾向对政治宣传使命和戏剧的救亡责任、启蒙任务的侵蚀方面,在对付诸如“趣剧第一、传奇第一”、“崭新的电影手法”、“大道具演剧体系”等艺术观念的冲击时,除了戏剧家们自觉的责任感和使命意识、高尚的职业操守等起到了积极作用之外,体制和机制上的灵活性和创造性也发挥过重要作用,具有很强的对现实的适应性——即使是在战火纷飞的环境里,在军事化程度很高的抗战时期的戏剧团队和机构中。如果不是这样,就没有艺术创造的自由性和文化建设的自主性。当然,在抗日时期的这种“自主”,还只是一种服务性的或从属性的自主,还没有发展到具有文化本位意义的相对独立的自主。

第三,全民抗战爆发以后,戏剧家从中国现代戏剧运动的中心上海到武汉,到长沙,到广州,到香港,到桂林,到贵阳,到重庆,到昆明,到成都,经历了从“中心”到“边缘”、“边缘”变成新的文化“中心”的过程,见证和体验了这种在战争外力作用下文化“中心”不断转移的特殊现象。这种现象的客观作用和影响在于,积极地促成了中华各民族各地区文化的相互交流和融汇。抗战以前,中国社会发展不均衡,文化发展中的差异也很大。抗日战争和抗日救亡运动,使中国社会现代化的动力阶层之一的知识分子群体被迫西迁,由此把现代化的观念、意识、理论传播到内地。桂林文化城戏剧运动在文化层面上的作用和影响，也更多地表现在推动中华各民族各区域文化在戏剧中的交流。这种大强度、高密度的交流迅速促进了广西本地原有文化的一次现代化更新，进一步丰富和充实了中华抗战文化的历史内涵。不同文化形态之间的沟通与理解，体现的是中华各民族各区域文化在戏剧现代化过程中互补互惠关系。在协调“不同”，孵化“新质”方面，桂林文化城戏剧运动实践提供的是一份与其他地区有所不同的内容和形式。

跟其他文学艺术类型比较起来，戏剧艺术在人力、物力、财力等条件和资源调配方面，其要求显得更特殊，所以对戏剧艺术的发展而言，文化中心的基础具有非常重要的意义。抗战时期文化中心不断转移的历史特点，导因于战争条件下的军事形势，同时也留下了很多值得重视的历史意味。除了表明当时这些文化中心已经具备符合那时文化发展和艺术兴盛的现实基础之外，它还说明以文化建设为基础的各文化根据地延展了国家的战略纵深，扩大了战略机动的空间。

苏关鑫抗战文化研究专集出版

广西师范大学中文系原主任、教授，广西抗战文化研究会原副会长苏关鑫的抗战文化研究论文最近结集编入由广西社会科学界联合会主编的《广西社会科学专家文集》，为《广西社会科学专家文集·苏关鑫集》，2010 年 9 月由线装书局出版。该集收入苏关鑫自上世纪 80 年代以来关于抗战文艺研究的论文和评传文章共 20 篇，内容以欧阳予倩研究为主，兼及对杂文刊物《野草》和对邵荃麟、孟超、聂绀弩、葛琴、田汉、熊佛西、廖沫沙、何家槐、周立波等作家在桂林活动的研究等。该著对研究抗战时期大后方文艺有学术启迪的参考意义和史料完善的建设意义。

（李建平）

论田汉旅桂期间的剧论与剧作[①]

李江　岳扬[②]

(广西师范大学文学院,广西桂林,541006)

[摘要]为了更好地发挥戏剧艺术在抗战中的现实作用,田汉在桂林系统阐述过戏剧的民族形式问题、戏剧的现实主义方法问题、戏剧家的思想改造和深入生活的问题,向民众、向苏联戏剧家学习创作方法和表演方法,提高戏剧艺术创作和表演水平的问题,等等。创作过话剧《秋声赋》和平剧《新雁门关》等作品。这些理论成就和创作成就,表达了田汉大众化的戏剧观和强化戏剧影响力的艺术追求。

[关键词]田汉;戏剧理论;戏剧创作;戏剧运动研究

[基金项目]本文为国家社科基金艺术学项目"桂林抗战艺术史"(批准文号:09BA008)阶段性成果(项目负责人:李建平)。

抗战时期的中国,国力弱,民生困难。抗日战争是敌强我弱,实力悬殊的战争。要战胜敌人,就要具有比敌人更强大的战争力量,而怎样促进人民的觉悟程度,加强对人民的组织程度,充分调动和利用社会中的其他力量来弥补军事力量和经济力量之不足,不断增强反法西斯的力量,这其实是战争指导的重要工作之一。在中国社会和人民需要戏剧艺术时,戏剧如何发挥社会动员作用?田汉是掌握那个时代戏剧文化与军事反击入侵之敌之间关系的奥秘的一个时代人物!

田汉对抗战形势的把握,具有与众不同的战略视野,对抗日救亡的文化运动在抗战中的作用的理解也高屋建瓴。在理解文化动员和军事斗争之间的密

---

① 收稿日期:2011-04-12。

② 作者简介:李江,广西师范大学教授,文学博士,广西抗战文化研究会副会长,研究方向为中国现代、当代戏剧与影视;岳扬,广西师范大学中文系2010级硕士研究生,研究方向为中国现当代文学。

切关系时，他敏锐地发现了抗战时期中国社会的接受实际。改良旧戏、调整话剧、从理论认识到剧运实践，都跟如何发挥社会动员的巨大效益密切相契。田汉不是一个普通的剧作家，也不是一个普通的导演或普通的文化人。他之所以能创造出那些杰出的戏剧业绩，之所以能够成功地组织、指挥抗战时期的文化工作，是因为他是一位具有战略眼光和战术素养的戏剧家。

一、战斗的戏剧理论：抗战时期田汉的戏剧主张

抗战时期，广州、武汉等地失守后，来自全国各地的进步人士纷纷云集桂林，开展了轰轰烈烈的抗日救亡运动，形成了在出版发行、新闻、文学、戏剧等领域都蓬勃发展的"桂林文化城"。"桂林文化城"是抗日战争时期中华爱国力量共同努力形成的抗日文化基地。"一切为了抗日"的共同事业把人们紧紧联结在一起。田汉，是桂林文化城戏剧运动的领导者之一，更是"人为抗日而来，作品为抗日而作"的典范。他的剧作都是从社会、历史、时代的要求出发，充分调动自己的人生积累和艺术积累，最大限度地发挥出凝聚人心、激励战斗意志作用的作品。

抗战期间，田汉的戏剧理论主张的基本立足点在于组织、动员广泛的民众，尊重人们怀旧之好、恋旧之趣，发挥传统戏剧形式的长处，促进观众对抗日战争和抗日救亡任务的迅速理解。这就要求戏剧家运用旧形式和文明戏的形式，表现现实生活的内容。八年抗战，田汉在桂林的时间将近四年，是桂林抗日救亡戏剧运动中的中流砥柱。他在1944年西南第一届戏剧展览会上代表主席团总结抗战时期的戏剧运动，在《戏剧运动中的几个问题》里再次明确了他所提倡的"战斗的"戏剧理论。为了更好地发挥戏剧艺术的社会现实作用，田汉系统地阐述过戏剧的民族形式问题，戏剧的现实主义观念和方法的问题，戏剧家的思想改造和深入生活的问题，向民众、向苏联戏剧家学习创作方法和表演方法，提高戏剧艺术创作和表演水平的问题，等等。田汉提出：戏剧的民族形式，更有利于表现现代中华民族的生活。除了要接受已有的和外来的优良传统之外，还要向现实生活学习，学习如何反映民族的生活过程，从中思考"如何对待生活"。田汉说："我们不容许对我们的民族缺点加以掩饰。""但我们的新文艺新戏剧当然不以暴露黑暗，抉发民族缺点为满足。我们不仅乐道人之善，而且我们的作品必然含着强烈的民族主观。我们的暴露，我们的抉发，也是出于民族主观，即为着建国的利益。我们不是为暴露而暴露，为抉发

而抉发。"[①]田汉认为这是新现实主义的追求,他所强调的新现实主义的创作方法,阐明了正确反映人民群众缺点的态度和目的。对于戏剧工作者的思想改造和创作与生活关系问题,他多次指出"把看台上和看台下的人格统一起来"。[②] 这是针对当时有些演员和戏剧作者忽视思想改造,贪恋都市生活而提出的。他要求戏剧家一定要跟前线的士兵和后方民众结合起来。他还高度评价了"真正以'戏剧兵'的资格受着一般的军事训练,过着一般的士兵生活,奔走全国数万里,辗转前后五六年之久的戏剧团结,就是在最前进的国家也是不多见"[③],号召戏剧工作者送戏剧"下乡"、"入伍"。田汉不仅鼓励戏剧工作者要到前线,与士兵结合,而且还时时惦念着戏剧工作者的安全。在推进抗战戏剧运动的过程中,他还要求人格与风格的统一,"只有好的人,才能演好的戏",强调了剧作家的思想在创作中的重要性,更加强调了剧作家的工作态度和人格修养。关于表演方面,他分析了随着抗战时间的推移,战斗日益复杂化、艰巨化,一些戏剧工作者情绪低落,戏剧跟不上现实的需要,体现出生活的贫乏。因而他提出:"生活化是需要的,这是克服形式主义的对症药。"[④]戏剧工作者应该深入生活,面向工农兵,熟悉他们,了解他们。"像我们演士兵戏常很难演得好,因为我们不熟悉他们的生活,所以我们最好向士兵学习,'生活即教育,社会即学校'。这对我们戏剧工作者也是至理名言。"[⑤]他建议戏剧家深入生活,向人民学习,才能在表演方法上贴近人民群众的需求,才能真正发挥戏剧的影响力。田汉对于戏剧理论方面的论述,不仅起到了提高戏剧家认识能力的作用,而且有力地指导了国统区的抗战戏剧运动。

对旧剧锐意改革,欧阳予倩的观点是:"概括说一句,就是旧剧的改革,不仅是生吞活剥把新的思想嵌进去,而是要全部予以新的组织、编剧演出法、表演法、音乐、舞台装置、灯光、服装、化妆都要予以统一的处理。"[⑥]田汉对旧剧改革则具有具体的要求和先进性、科学性和时代性的理解。他不仅要求"竭力多演富有民族意义的戏,提高民族抗敌情绪,消灭一切宿命论的图谶的汉奸思想",还要求"绝对不演那些宣传奴隶道德的戏,麻醉民众抗战情绪","绝对不

---

① 田汉:《关于现实主义》,载 1941 年 12 月 2 日,《广西日报》。

② 田汉:《戏剧运动中的几个问题》,《新华日报》1944 年 5 月 29 日。

③ 田汉:《关于当年剧运的考察》,《半月文萃》第二卷第三期。

④ 田汉:《戏剧运动中的几个问题》,《新华日报》1944 年 5 月 29 日。

⑤ 田汉:《戏剧运动中的几个问题》,《新华日报》1944 年 5 月 29 日。

⑥ 欧阳予倩:《改革桂剧的步骤》,《欧阳予倩戏剧论文集》,第 55、56 页,上海:上海文艺出版社,1984 年。

把自己的艺术奉事帝国主义统治者及其走狗——汉奸卖国贼”。[①] 他还对旧剧改革寄予希望并提出改革的方法：旧形式被“否定”，不是简单的“抛弃”、“打倒”，而是一种锐变。他指出：“今天我们去运用旧形式，把新内容装进旧形式里去，这本身便是对旧形式的否定，因为形势同内容是有机的关系，你把新内容装进旧形式里面去，旧形式要起质的变化，经过相当融会扩大的过程，它也将变成适合传达新内容、新现实的形式——那就接近新形式。”通过如此的改革从而发挥“旧剧”在抗战中的最大效果。欧阳予倩领导的桂剧方面军，田汉领导的平剧和湘剧方面军，互相支持、互相借鉴、取长补短，桂林文化城时期的旧剧改革得到了社会的及时认可。

二、田汉在桂林的主要创作

抗日战争时期是田汉创作精力最旺盛的时期，也是他思想艺术趋于成熟的时期。他重视戏剧在群众中的深厚基础。抗战期间，田汉在桂林不仅强调戏剧的理论建设，在戏剧批评方面有许多引人注目的成就，而且创作了许多有影响的话剧、平剧、湘剧作品。他在平剧创作方面的成就更加显著。

1939 年 1 月，田汉率领平剧宣传队前来工作，这是田汉第一次到桂林，平剧宣传队不但演出的剧目内容新颖，能够鼓舞人心士气，而且作风也为之一新。他们“把舞台当作炮台，把剧场当作战场”，以一种战士的姿态出现在观众面前，给桂林人民留下了深刻的印象。这次田汉在桂林住了大约 5 个月。

《新雁门关》1939 年 4 月在桂林新世界大戏院上演，打响了平剧改革的第一炮。在剧中，桌围布上绣的是田汉亲笔写的一首诗：“演员四亿人，战线一万里，全球作观众，看我大史戏。”剧场弥漫着一股火药味，让人感受到那浓重的抗战气氛，激起了观众满腔的爱国热情。

《新儿女英雄传》写于 1939 年夏天的桂林，这是田汉在桂林创作的第一个剧本，写的是明代英雄抗倭的故事：作为明嘉靖兵部尚书两江总督的张经，在讨倭平乱中屡建战功，不幸被大汉奸严嵩迫害身亡。张经的儿子和女儿逃出虎口，继承父志，投奔民族英雄戚继光，继续和倭寇决战，立下了赫赫奇功。田汉以此点明了“千万以国家为重，外患肃清，一切都是光明，一旦国家亡于异族，什么都是黑暗”的主题。

《江汉渔歌》则是这个时期田汉在桂林文学创作的代表作。在《〈江汉渔

---

① 田汉：《抗战与戏剧》，《田汉文集》第 15 卷，第 37、38 页，北京：中国戏剧出版社，1984 年。

歌〉是这样发展的》一文中,田汉说:“《江汉渔歌》的全剧是在桂林榕湖路五美园一个小楼上写成的,那时抗战形势已经很不顺利,我们三厅的同志们到处受人歧视,我无事可做,就抓住这一鄙俗文体来发舒我的精力。”剧作由平剧宣传队在桂林上演,1944 年春“西南剧展”时在桂林再次上演。《江汉渔歌》的故事有一部分来源于《汉阳志》,写金国西线元帅蒲鲁喝统帅金兵六十万大举南侵,宋朝名城江夏三镇危急。三镇军民在金兵入侵的时候,紧密团结在一起,英勇抗战,打败敌人。该剧自始至终强调民众在抗御外患中的作用,塑造了一群英勇的爱国者形象。阮复成和他的女儿阮春花是其中的代表,在抗击金兵入侵的斗争中屡立奇功:他们揪出隐藏在太守身边的叛徒黄秋水,为殉国将军送血书,并率领渔民小船大战蒲军,组织渔民烧毁敌船。在《江汉渔歌》的爱国者形象中,除了阮氏父女之外,党仲升和赵母的形象也很感人。党仲升是江夏渔民中的豪杰,他不仅指挥得法,而且身先士卒与金兵交战,后不幸中箭殉国。临死前,他把人马交给周、马两位将军指挥,并且撕战袍,写血书,传下最后一道命令:“宁可人人战死,不可投降那敌寇。”赵母是民间豪杰赵观的母亲,在抗击金兵南侵中,赵母的爱国风姿格外感人。赵观本想带五百人马防守南河水道,但考虑母亲年迈,无人侍奉,颇感为难。赵母听完儿子的一番话后反问:“倘若敌人来到汉阳,为娘也难免流离道路之间,遭受敌人折磨。到了那时节,你侍奉谁来?”赵母鼓励儿子在国家与民族生死存亡的关头,一定要好好为国效劳,这表现了她的爱国情怀。赵母的弟弟刘二顺当了奸细,想通过赵母收买被人称为孝子的赵观。赵母对刘二顺卑鄙的行为极为愤慨,厉声斥责。刘二顺见姐姐对他无情,遂将其刺死,血流满地。赵母的事迹,感动了千万渔民,他们毅然站到了抗金第一线。阮复成、阮春花、党仲升、赵母等人物形象性格各异、形象鲜明,在他们身上,表现出人民的智慧和万众一心的力量。一靠人民,二靠军队,军民紧密配合才能取得最后的胜利,对抗日战争中的人们来说,这部戏不仅使他们受到了应有的教育,而且使他们在抗日救国旗帜下更加团结。

1940 年 4 月,田汉以国民政府军事委员会政治部设计委员的身份到广西前线访问,途经桂林并作短暂停留。这是田汉第二次来到桂林,他应邀在南华戏院观看欧阳予倩亲自编导的桂剧《桃花扇》。从欧阳予倩的桂剧作品和桂剧改革中,田汉更加坚定了对旧戏的艺术影响力和潜在价值的认识。

1940 年秋,田汉第三次来到桂林,与夏衍、欧阳予倩等人办《戏剧春秋》,11 月创刊,并为该刊写了《发刊词》,指出戏剧是最好的抗战宣传武器。这个刊物介绍抗战戏剧理论,发表抗战戏剧剧本,交流戏剧工作经验,对推动桂林和国统区的戏剧运动，起到了积极的作用。

皖南事变后，“桂林文化城”的抗日救亡运动也进入低潮。田汉于1941年8月带着老母和幼女移居桂林。田汉的到来，为一度沉寂的话剧运动，增添了新的活力。五幕剧《秋声赋》写于1941年冬，这是田汉在桂林创作的一部话剧，曾产生过巨大影响。《秋声赋》是以湘北第二次会战前后的桂林和长沙为背景创作的，通过描写新文化人徐子羽与妻子秦淑瑾以及旧情人胡蓼红之间的爱情纠葛，还有他们服务于抗战中所起的变化，表现了中国知识分子经过抗战烽火的洗礼，怎样抛弃渺小的个人迷梦和利己主义。在《秋声赋》中，作者以过人的胆识，大胆地提出了知识分子所要走的道路问题。剧中的主要人物——徐子羽是作家，胡蓼红是诗人，秦淑瑾是教师，他们都属于当时的知识分子。在硝烟弥漫的抗日战争年代，应该何去何从，这是每一个中国人必须要做的选择。剧作家没有把他们的爱情置于世外桃源，而是把他们融汇到烽火连天的抗战之中，去经受战火的熏陶、风雨的冲刷、时代的考验。在大幕徐徐落下之前，他们每个人都给观众交出一份答卷。胡蓼红是位才华出众的女诗人，跟徐子羽相爱过，后来与徐子羽分道扬镳，到长沙做救护战地儿童的工作去了。徐子羽与胡蓼红分手后和秦淑瑾结了婚，生下一个女儿叫大纯。胡蓼红自从与徐子羽分手后旧情未断，专程坐飞机来桂林找徐子羽，并置一切矛盾不顾，狂热追求徐子羽。胡蓼红的举动使秦淑瑾对徐子羽产生了怀疑、嫉妒和不信任，从而引起了徐子羽家庭的纠葛。最后徐秦两人分居，秦淑瑾一气之下跟老太太离开桂林回长沙老家，留下大纯和徐子羽在桂林。胡蓼红乘虚而入，把蕴藏在心底的爱推向高潮，担任照顾大纯和徐子羽的任务，试图融入他们父女俩的的生活。当胡蓼红正式让大纯叫她“妈妈”而遭到拒绝时，胡蓼红难过至极，眼泪不禁夺眶而出。就在这时，一个名叫李阿春的难童走过来，主动帮胡蓼红擦皮鞋，并认出胡蓼红就是两年前曾在长沙做救护难童工作、大家心中喜爱的那位“妈妈”。难童的举动感动了胡蓼红，温暖了她的心房，唤起了她伟大的母爱的觉醒。她放弃了原打算和徐子羽、大纯过日子的计划，主动要求去长沙继续做救济难童的工作。胡蓼红再次回到长沙后，跟秦淑瑾一起投入救护战区难童的工作。在共同革命的目标下，她们原先相互之间的矛盾渐渐消失了，取而代之是相互鼓励、相互合作、相互支持、共同对敌，不仅救护儿童，而且还亲手杀死了两个日本军人，成为爱国妇女的榜样。这就是女诗人胡蓼红在抗战救国时所选择的道路。这是一条与人民大众相结合的道路，也是徐子羽和秦淑瑾以及千万爱国知识分子应该走的道路。胡蓼红最后走上抗战的道路是非常不易的，她在民族大爱和个人小爱的问题上，经历过痛苦和斗争，才割舍个人小爱奔向民族大爱。《秋声赋》的意义在于帮助观众认清时代形势，调整生活方式，确立符合时代需要的信念。

1942年，太平洋战争爆发。田汉和夏衍、洪深一起，以香港现实题材为背景，创作了四幕话剧《再会吧，香港!》。该剧反映抗战中的现实斗争，针砭豪门官僚的罪行，歌颂人民的爱国热情，以及人民群众对黑暗势力的抗争。

《黄金时代》是《秋声赋》脱稿不久，田汉以奔放的革命激情编写的四幕话剧，写于1942年，是他在桂林的力作。该剧写青年战地服务团队长梁上英和副队长林淑琼等青年文艺工作者，置个人前途、幸福和生命于不顾，决心用自己的"黄金时代"去换取民族的"黄金时代"，把美好的青春献给祖国的解放事业。而以林淑琼的爱人余世祯为代表的个别人，开始时抗战情绪高，但随着艰苦斗争岁月的推移，则对前途开始动摇，甚至丧失信心。最后，林淑琼夫妇分道扬镳，各行其事。在梁上英的领导下，大家不畏艰巨，不怕牺牲，经受了严峻的考验，在斗争中锻炼成长；而余世祯之流却落得身败名裂的下场。如果说《秋声赋》将爱情、家庭纠葛置于伟大的抗战事业中，唤起人们的爱国热忱，那么《黄金时代》则进一步阐发了这种爱国主义精神，并正确解答了"黄金时代"的真正含义，增强了人们抗战必胜的信心。

除此之外，他还为平剧宣传队赶写过一些历史剧，如《双忠记》、《岳飞》、《金钵记》等。其中1939年写于衡阳、成于长沙、发表于1940年《戏剧春秋》创刊号的《岳飞》扬弃了传统的、令人心寒气闷的悲观主义因素，赋予更多的理想主义。田汉以他独到的视角以岳母死后岳飞在鄂州练兵奉诏讨贼，直到朱仙镇大捷这段史实为题材，强调了"我们今天没有理由通过历史戏散播宋末元初朝野间某种灰暗的绝望情绪，而应当沉痛于历史教训之中仍旧显示光明的展望"；"在写历史人物时强调群众的力量"；"注意对敌人特别是对伪军的宣传工作"。[①] 田汉通过对"无数忠义奋起愿为保卫祖国而死的中原豪杰"的描写，激发观众的爱国热忱，使之勇于投身抗战运动中去。《金钵记》写于1944年的桂林，以在我国家喻户晓、千古流传的白蛇和许仙的爱情故事为题。这是为了配合当时抗战斗争的政治需要，从而选择了人们所熟悉的神话传说。在《白蛇传》旧戏的基础上，增加了钱塘镇县官勾结外奸，贪赃枉法，把河山出卖给东洋，白娘子盗库银赠送许仙等新内容，从而讽刺了那些贪官污吏以及国民党当

---

① 田汉:《〈岳飞〉代序》,《解放日报》1943年2月2日

局卖国求荣的罪行。

田汉戏剧创作最大的特点就是根据敏锐的时代感觉，把握重大的时代主题。他的思想无时无刻不与时代的发展同呼吸，并且能常常预感到一般人感觉不到的问题，进而从中提出疑问、上下求索、寻找答案。他希望用自己的艺术来弥补人生的缺陷，在找到如何用艺术服务于政治的时候，他的全部作品都成为时代的号筒。他把时代的战斗的情感刻在自己的作品里，强烈的政治责任感是他作品中热情的来源。当然，田汉丰富的情感也使他常常疏于对于人生的细致观察，而是先有了一个成见，然后加以论证，这样就会使作品主题浅露，剧情粗疏；其次就是不太注重技巧，所谓技巧就是将作家所要说的话，最有效、有力而且方便地表达出来，不懂得技巧的作者，往往会使观众不能充分了解主题之所在。例如《江汉渔歌》有的剧中人在语言上缺少历史感。《秋声赋》就人物性格来说，对主人公徐子羽的描写不够深刻……其实，每一位作家的作品都会存在一些不足和缺点，这是不可避免的。如果把这几部戏剧作为新的戏剧文学史上曾经产生过重大影响的作品来看，我们更应该看重的是田汉对个人和时代的关注。他的思想情感与时代的发展共呼吸，热情地以高昂的、激动的声调，为民族解放而歌唱。在他的剧作中，充分认识到群众力量的强大，无论是写工人阶级的罢工，还是写知识分子的觉醒、农民的忧愤、全民抗日的激情，都毫无例外地强调了群众的力量。田汉把群众的力量、集体的力量当做生活发展、历史前进的第一位因素来理解。正如曹禺所说的："（田汉）是一部中国话剧发展史，他奠定了话剧的基础，指示出话剧今后的路线。他孜孜不倦的青年气象，永远是后起者灵感的源泉。"①

戏剧之所以在抗战时期可以跟群众紧密结合，对群众的心灵有强烈的震撼力，是因为戏剧所表现的内容反映了群众心里所想的、所要说的和所要做的使命，戏剧的形式则具有大众化，便于人们理解、传播之特点。因此，用戏剧来宣传抗战理论，具有顽强的生命力，亦有无可比拟的动员效果。

---

① 曹禺：《寿田汉先生》，转引自邓兴器《先驱者之路》，《戏剧论丛》第四辑，1983年。

抗战时期音乐家吴伯超在桂林[①]

陆 璎[②]

(接力出版社,广西南宁 530022)

[摘要]音乐家吴伯超于 1938 年 6 月至 1940 年 2 月在桂林前后居住了一年多。在桂期间,他积极投入抗日救亡音乐活动,指挥救亡歌咏团体、创作抗战歌曲、主持召开歌曲创作座谈会,同时担任广西音乐会合唱团和桂林广播电台管弦乐队的指挥,为桂林文化城抗日救亡音乐运动作出重要贡献。本文记述吴伯超这一时期从事抗战音乐工作的经历,论述他创作的文论、歌曲,评价其对抗战音乐文化的贡献。

[关键词]吴伯超;抗战音乐;桂林

[基金项目]本文为国家社科基金艺术学项目“桂林抗战艺术史”(批准文号:09BA008)阶段性成果(项目负责人:李建平)。

吴伯超(1903—1949),江苏武进人,是 20 世纪中国重要的音乐教育家、作曲家、指挥家,1922 年入北京大学附设音乐传习所,师从萧友梅学习音乐理论,随刘天华学习二胡、琵琶,从旅京俄侨嘉祉学习钢琴。1926 年毕业后在北京师范学校任教,1927 年上海国立音乐院成立,他在该校任二胡及钢琴副科教师,1931 年获中国比利时“庚款奖学金”,赴比利时学习作曲、指挥,1935 年 7 月毕业于布鲁塞尔皇家音乐院,10 月回国(归国后曾任内政部音乐编辑委员会主任)应聘于国立上海音乐专科学校,抗战爆发后辗转各地,于 1938 年 6 月抵达桂林。抵桂后先后被任命为广西省参议员、广西音乐会常务理事、广西省立音乐戏剧馆音乐部主任、广西省立艺术师资训练班班主任、广西国民基础学校音

① 收稿日期:2011-04-16。

② 作者简介:陆璎,接力出版社编辑,研究方向为抗战音乐、广西民族音乐。

乐教本编委会常务委员、广西国民基础学校抗战歌咏比赛主任评委等职。本文记述的是吴伯超1938年6月到达桂林至1940年2月离开桂林赴重庆担任中央训练团音乐干部训练班班主任这一时期中从事抗战音乐工作的经历。

一、浩歌声里请长缨

至二十八年八月，成立艺术师资训练班，附于音乐戏剧馆，在乐群路租屋为班址，吴伯超先生任班主任，招收高级班、普通班各四十名，美术音乐兼习，以培养中小学师资。

——满谦子《广西艺专第二届毕业同学录·序》(1947年12月)

1938年春，广西省教育厅批准成立了“广西国民基础学校艺术师资训练班”，由毕业于国立上海音乐专科学校的广西籍学生、时任广西省教育厅音乐督学的满谦子任班主任，班址设在桂林市内独秀峰后西北城墙角上，学员均为桂林各中小学在职教师，他们白天工作，晚上到“艺师班”里学习，受训时间为半年。同年6月，吴伯超抵达桂林，满谦子深知昔日老师“既得国乐奏养，又受西乐洗礼”，遂热情邀请老师到“艺师班”执教，并向省政府极力推荐，很快，省教育厅邀请吴伯超担任广西国民基础学校音乐教本编委会常务委员，省主席黄旭初任命他为广西省政府参议员。7月，“艺师班”第一期学员毕业，吴伯超接任班主任，满谦子则应邀前往武汉中央训练团音乐干部训练班任教，临行前，满谦子推荐吴伯超担任广西音乐会常务理事，这一提议得到广西音乐会全体同人一致赞许。

广西音乐会是抗战时期桂林文化城最活跃、最重要的音乐组织，1935年满谦子等人在南宁创立该会，1937年随省会迁到桂林，下设有大合唱队(社会各界音乐爱好者组成)、儿童合唱队(各校学生组成)，以及艺师班学生合唱队，并设有理论、声乐、钢琴、弦乐、国乐等五个研究小组，满谦子、吴伯超、胡然、陈玠、狄润君、沈承明、杨振铎、陆华柏等分别予以指导。1939年1月，广西音乐会召开“抗战歌曲到农村去”座谈会，参加会议的大都是从全国各地辗转抵达桂林的艺术界、教育界著名人士，常务理事吴伯超主持了会议，组织讨论如何进一步发挥抗战音乐的宣传作用等问题。作为群众性的文艺团体，广西音乐会是桂林抗战舞台上的一支重要力量，他们宣传群众，组织群众，为丰富文化城的音乐艺术生活，作出了自己的努力，并取得了丰硕的成果。

1939年7月，吴伯超任广西音乐戏剧馆音乐部主任，同年8月，为推进广西艺术教育事业,学制为全日制的"广西省立艺术师资训练班"正式成立,附设于广西音乐戏剧馆。8月15日该班在乐群社礼堂举行开学典礼,吴伯超任班主任,胡然任教导主任,张家瑶、张安治、沈士庄、陆华柏、林路等任讲师。吴伯超不负众望,克服办学条件差等困难,请来众多堪称全国一流的艺术家到校上课。为了活跃学校的艺术氛围,他组建学生合唱团,多次举办画展,要求学生把学习、艺术实践和抗战宣传结合起来。"广西省立艺术师资训练班"是老一辈艺术家为广西播下的充满生命力的艺术种子,开创了广西现代艺术教育的先河,同时,在他的主持下,广西省教育厅编写、出版了中、小学音乐教材,改变了广西当时奇缺音乐教材的落后状况。

二、独秀峰前展旌旗

嘹亮的乐声博得了群众热烈的掌声,说实在的,今日广大军民太需要音乐了,太喜欢艺术了,特别是抗战的艺术。这种群众歌咏,特别是儿童歌咏运动由于吴伯超先生和许多音乐家、歌咏指导者之努力,在本城已有了很可观的成绩了。

——田汉《歌咏、歌剧及其他》(桂林版《扫荡报》1939年5月9日)

吴伯超先生抗战爆发前曾赴比利时学习作曲、指挥,抵桂后被誉为"桂林独一无二的具有专业水平的指挥家"。为提高桂林蓬勃发展的抗战歌咏团队的指挥水平,他撰写了《歌咏队的指挥法》一文,于1939年1月在桂林版《扫荡报》副刊《抗战音乐》分七次连载,这是我国较早介绍欧洲指挥体系的著作。除了在音乐会上指挥合唱团,他还积极组织、指挥大规模的群众歌咏活动,同时担任广西音乐会合唱团指挥,此时的广西音乐会合唱团是她的兴盛时期,一般参加排练者有六七十人,演出时达百人。

1938年11月27日,为了欢迎武汉、广州沦陷后撤来桂林的文化人,"广西音乐会"在省府大礼堂举行了第五次演奏会。到会听众达1500余人,由吴伯超担任指挥,演奏会节目有:男女混声四部合唱《旗正飘飘》、《山在虚无缥缈间》、《抗战到底》、《抗敌歌》及吴伯超抵桂后创作的《冲锋歌》、《祭阵亡将士诔乐》、《暮色》,还有钢琴、小提琴独奏等节目。1938年的11月29日的《广西日报》载《广西音乐会演奏会志盛》中报道演奏会上演唱的抗战歌曲"慷慨激昂,颇能激发抗敌情绪"。

1939年2月7、8日两晚"广西音乐会"为响应"伤兵之友"募捐,在桂林新华大戏院举行第七次演奏会，吴伯超指挥的百人大合唱最为激动人心。在这次演奏会上，还首演了吴伯超的另一首混声四部合唱曲《中国人》，此外陆华柏的《最后的胜利是我们的》和《抵抗》等歌曲也均是首次演唱的。儿童歌咏队在白先慧（白崇禧将军的女儿）的指挥下，演唱了三首歌曲，其中《我们都是小飞行家》亦为胡然作词、吴伯超作曲的新作。林路在会上演唱了钟期森（作词）、吴伯超（作曲）专为此次"伤兵之友"运动募捐演奏会而创作的《伤兵之友歌》。次日，《救亡日报》、《扫荡报》都对音乐会进行报道，称"此次演奏会每晚均告满座。演奏节目大部分被要求'再来'，情绪堪称热烈"。《扫荡报》副刊《抗战音乐》第二期还发表了胡然的《为响应伤兵之友运动举行七次音乐会的自白》。

文化城的生活条件是极其艰苦的，吴伯超先生纵然能以满腔热情投入抗日救亡音乐运动中，但每遇防空警报拉响，仍要到独秀峰下的岩洞里躲避敌机来袭。1938 年 12 月 24 日，他任教上海国立音乐院时的学生、优秀的抗战音乐家张曙遭日本飞机轰炸不幸遇难，吴伯超参加了张曙的葬仪，亲自护送灵柩至墓地入葬。1939 年 3 月 12 日他出席了桂林音乐界举办的张曙追悼会及其遗作演唱会，并指挥"广西音乐会"全体成员，演唱了张曙遗作及任光为悼念张曙而创作的《挽歌》。11 月，吴伯超专为张曙殉难周年创作了《悼张曙同志挽歌》，由常任侠作词，公开发表于重庆版《战歌》第二卷第三期。

作为著名的指挥家，吴伯超先生致力于发展我国交响乐事业。1939 年 5 月，在经费、人员、设备都相当困难的条件下，他团结旅桂的音乐家，组织了桂林第一个管弦乐队——桂林广播电台管弦乐队，录制大量抗战歌曲，参与音乐会演出，积累了海顿、莫扎特、贝多芬、门德尔松等古典音乐家的交响乐曲目。乐队具有较高的演奏水平，在国统区及海内外享有很高声誉，标志着桂林抗战音乐文化进入新的历史阶段。

三、壮声破敌奴肝胆

悲壮的 5 月可以说是伟大的民族革命底象征，而"广西省会国民基础学校抗战歌咏比赛会"恰在 5 月 1 日至 3 日假省府大礼堂举行……本月 7 日傍晚在公共体育场举行给奖典礼，由黄主席亲临致辞，并颁发奖状奖品。

——吴伯超《广西省会国民基础学校抗战歌咏比赛大会纪略》（桂林版《扫荡报》副刊《抗战音乐》第八期，1939 年 5 月 11 日）

1939 年 5 月 1 日至 3 日，广西省教育厅在桂林进步音乐界的支持下，举行了“广西省会国民基础学校抗战歌咏比赛”,由吴伯超主持并担任评判委员会主任评委。比赛以学校为单位,分别指定必唱及自选歌曲,其中不少是作曲家们专为这次比赛创作、适合各年龄段儿童演唱的抗战儿童歌曲,这些歌曲几乎都有正式的钢琴伴奏谱,如《蚂蚁》(陆华柏曲)、《好国民》(陈田鹤曲)、《小工兵》(陆华柏曲)、《向前冲》(铁克曲)、《打铁歌》(胡然曲)等,吴伯超作曲的《我们都是小飞行家》、《爱国的家庭》被列为小学组六年级必唱歌曲。评判委员会评委皆为当时桂林最有影响的音乐家,其中包括被誉为“全国第一男高音”的胡然。

此次歌咏比赛制定了较为科学的评判方法:把演唱歌曲的诸要素分解为发声、呼吸、音阶、节奏、速度、拍子、咬字、纯熟、态度、表情 10 项,由胡然、陈玠、陆华柏、吴伯超等 9 人任评判人。吴伯超负责节奏、纯熟两项,其余每位负责其中一项评分,最后汇总各位的评分,得出平均数,作为每个参赛单位的最后分数,这一评判方法迅速被大后方各抗战歌咏比赛效仿。

5 月 7 日,“广西省会国民基础学校抗战歌咏比赛授奖大会”在桂林市公共体育场举行,由吴伯超主持,广西省主席黄旭初以及田汉等也应邀出席。黄旭初致训:“小学教育是国民教育的基础,现在受过了好的音乐训练,将来便是有健全精神生活的国民,艺术教育对于儿童训练比什么都重要,切不可当做随意科,当做学校教育的装饰品。”田汉在报纸上发表文章,对桂林当时音乐界的努力给予肯定和鼓励。各优胜个人分别演唱了各自的得奖曲目,使这次大会成为一次精彩的儿童抗战歌咏大会。由于大会邀请了各界来宾,加上参观市民、军人达到近万人,因此实际上也是一次宣传抗战的盛会。

1939 年 7 月 8 日,吴伯超参加广西音乐会和其他 20 余家桂林歌咏团体在公共体育场举行的“七七抗战两周年纪念歌咏大会”,并指挥了包括新作《七七两周年献礼歌》在内的抗战歌曲。

四、奇山秀水留英名

父亲以音乐报国,主持省立艺术师资训练班,培育师资和音乐人才;他的作品《中国人》、《冲锋歌》就是那个时候所写的。最使我难忘的是那年冬天的一场音乐会,压轴是父亲刚写完的《冲锋歌》,中间夹着朗诵,铁条击出强劲的节奏,伴着铜锣、大鼓,以震撼人心急骤的锣鼓声助阵,汹涌出中华儿女的心声、激情。

——吴漪曼《我的父亲》(2003 年 7 月 6 日)

陆华柏先生曾说:“吴伯超在桂林这段时期,也许是他创作的黄金时代。”

的确，吴伯超先生这一时期创作的独唱、重唱与合唱曲均称得上杰作，有《中国人》、《冲锋歌》、《暮色》等大型合唱曲。在《冲锋歌》的首演中，歌声中结合朗诵，富有激情，音乐和声风格带有西方后浪漫派音乐特点，这在当时国内乐坛上是非常罕见的。除了上述娴熟运用作曲技法创作的艺术歌曲，吴伯超还创作群众歌曲《伤兵之友歌》、《爱国的家庭》等，这些歌曲，具有较高的艺术水准，且满怀爱国情怀，唤起民众对国家民族的自豪感与抗战必胜的信心，其中田汉作词的《七七两周年献礼歌》深受群众欢迎，在桂林广泛流传。吴伯超先生以其满腔爱国热忱和不辞劳苦的精神，通过指挥和创作讴歌抗战，为桂林抗日救亡音乐运动作出了重要贡献。

1940 年 2 月，吴伯超先生离桂赴渝，担任中央训练团干部训练班班主任，1943 年起任国立音乐院院长，为将国立音乐院搬迁至台湾，于 1949 年 1 月先期赴台湾选址，因乘坐的轮船沉没，不幸于 1 月 27 日罹难海上。

附：

吴伯超先生在桂林创作的歌曲：

(一)歌曲

《中国人》(侯伊佩词)

《冲锋歌》(朱契词)

《我们是民族的歌手》(冰心词)、

《七七两周年献礼歌》(田汉词)

《爱国的家庭》(胡然词)

《悼张曙同志挽歌》、(常任侠词)

《国殇——祭阵亡将士诔乐》(李雷词)

《我们都是小飞行家》(胡然词)

《伤兵之友歌》(钟期森词)

《暮色》(歌德诗，郭沫若译)

《国民公约歌》

《春耕》

(二)理论文章

《歌咏队的指挥法》，1939 年 1 月在桂林版《扫荡报》副刊《抗战音乐》分七次连载。

抗战时期音乐家陆华柏在桂林[①]

陆　璎[②]

(接力出版社,广西南宁　530022)

[摘要]音乐家陆华柏于1937年至1943年在桂林前后居住了近七年,期间积极投入抗日救亡音乐活动,教学、作曲、演奏、指挥,有着广泛的影响,本文记述陆华柏这一时期从事抗战音乐工作的经历。

[关键词]陆华柏;抗战音乐;桂林

[基金项目]本文为国家社科基金艺术学项目"桂林抗战艺术史"(批准文号:09BA008)阶段性成果(项目负责人:李建平)。

陆华柏(1914—1994),20世纪中国重要的音乐家,原籍江苏武进,生于湖北荆门,1934年毕业于武昌艺术专科学校艺术师范科并留校任教,1937年夏抵桂林,与满谦子等人负责广西音乐会、抗战歌咏团、国防艺术社的歌咏训练工作,以一曲《故乡》蜚声乐坛,1942年在欧阳予倩主持的广西省立艺术馆音乐部任主任兼合唱团、管弦乐队指挥,1963年起在广西艺术学院任教,曾当选为中国音乐家协会理事、广西音乐家协会副主席。创作有歌曲《保卫大西南》,歌剧《牛郎织女》,管弦乐《康藏组曲》,钢琴曲《东兰铜鼓舞》等一大批优秀作品。本文记述的是陆华柏先生1937年夏抵达桂林至1943年秋离开桂林赴国立福建音专任教这一时期中从事抗战音乐工作的经历。

一、《故乡》

1937年夏天,我在南京与另外4位音乐青年(沈承明、杨振铎拉小提琴,张

---

① 收稿日期:2011－04－16。

② 作者简介:陆璎,接力出版社编辑,研究方向为抗战音乐、广西民族音乐。

沅吉拉中提琴，祁文桂拉大提琴）临时组成一室内乐钢琴五重奏组，叫“雅乐五人团”，由画家徐悲鸿介绍给广西当局，推广乐教。我们在“七七”卢沟桥事变之前到了“山水甲天下”的桂林。

——陆华柏自传《老年逢盛世 笔下又生辉》(1988)

陆华柏到达桂林时，桂林还是一个古朴、安静，只有七八万人口的小城市，以山水风景闻名全国。“雅乐五人团”在桂林举办了几场音乐会，介绍莫扎特、贝多芬、舒伯特等作曲家的古典音乐作品。也就在旅桂期间，抗战全面爆发，陆华柏决定留在桂林从事抗战音乐救亡活动，期间，认识了毕业自国立上海音乐专科学校的桂林籍音乐家满谦子。当时桂系第五路军总政治部成立有一个艺术宣传机构——国防艺术社，社址在象鼻山，陆华柏经满谦子介绍在其中担任音乐指导。1937 年冬天陆华柏在象鼻山下创作了艺术歌曲——《故乡》，当时，此曲在海内外产生重大影响，在群众中广泛流传，更为自他乡移居桂林的青年学子所喜爱，甚至传唱至香港、波士顿、巴黎。抗战期间旅居桂林的歌唱家，几乎女高音无不唱《故乡》，男高音无不唱《勇士骨》(陆华柏另一作品)。

抗战全面爆发之后，群众性的歌咏运动蓬勃开展起来了。1937 年 11 月，由满谦子领导的广西音乐会联合国防艺术社、乐群社等组织发起成立了“以激发士气，振奋民心，俾增强抗战力量为宗旨”的抗战歌咏团，满谦子担任歌咏团教练委员会主席，教练委员会的委员有陆华柏、廖行健、杨振铎、汪丽芳等。抗战歌咏团举行的最大一次演出活动是“火炬公唱大会”，大会主题歌为田汉作词、张曙作曲的《胜利的明天》，必唱曲目有陆华柏的《战！战！战！》、冼星海的《保卫祖国》、麦新的《大刀进行曲》等。1938 年 1 月 8 日(此时距抗战歌咏团正式成立还不足一个月)晚上，“火炬公唱大会”如期在桂林市公共体育场举行，演员与观众达万人之多。在熊熊火炬的映衬下，满谦子用手电筒光点代表拍点，在军乐队的伴奏下指挥并领唱(用扩音器)了各种抗战救亡歌曲。浩浩荡荡的歌咏队伍踏歌游行，前后长达数里，沿途挤满观看的群众，一时万人空巷，全城沸腾。熊熊的火炬加上万众歌声，群山回响，震撼了桂林。游行后，队伍仍回到公共体育场。抗战歌咏团的这次火炬公唱大会，是桂林有史以来第一次大规模群众抗日救亡歌咏活动。陆华柏看到自己创作的抗战歌曲直接为抗战宣传服务，深感高兴，此后更以极大的热情创作出《磨刀歌》、《挖战壕》、《军民合作歌》、《军民联欢歌》、《抗战到底》等抗战歌曲。

1938 年秋，毕业于比利时布鲁塞尔皇家音乐院的音乐家吴伯超来到桂林，任广西省立艺术师资训练班(广西艺术学院前身)班主任。吴伯超热情邀请陆华柏到艺师班担任讲师,教授和声、合唱等课,并负责训练该班学生合唱团及举行音乐会演出,《广西艺术师资训练班校歌》(张安治作词)即为陆华柏所作。吴伯超抵桂后被誉为“桂林独一无二的具有专业水平的指挥家”,他在桂林创作、指挥的所有合唱歌曲的演出,均由陆华柏伴奏。1939 年 1 月桂林版《扫荡报》副刊《抗战音乐》分七次连载的《歌咏队的指挥法》一文,便是由吴伯超口述、陆华柏执笔完成,通过这一工作,陆华柏系统了解到欧洲指挥法体系。

1939 年 5 月 1 日至 3 日,广西省教育厅在桂林举行了“广西省会国民基础学校抗战歌咏比赛”,由吴伯超主持并担任评判委员会主任评委。不少作曲家专为这次比赛创作适合各年龄段儿童演唱的抗战儿童歌曲,陆华柏创作了《蚂蚁》、《最后五分钟》、《小工兵》等歌曲,并与胡然、陈玠、吴伯超等 9 人担任评判人。5 月 7 日,“广西省会国民基础学校抗战歌咏比赛授奖大会”在桂林市公共体育场举行,大会由吴伯超主持,广西省主席黄旭初以及田汉等也应邀出席。这次大会成为一次精彩的儿童抗战歌咏大会,参观市民、军人近万人,实际上也是一次宣传抗战的盛会。

二、《保卫大西南》

从 1939 年 11 月 25 日开始的保卫大西南宣传周,是我在桂林参加的第三次规模较大的群众歌咏活动。这次活动是桂林各界保卫大西南运动委员会主办的,其特点是在街头开展歌咏宣传,我作词并曲的《保卫大西南》实际上成了这次宣传周的主题歌。

——陆华柏《抗战时期桂林文化城群众歌咏活动纪实》(1991 年)

1939 年秋冬之际,日军从北部湾登陆,桂南战役爆发。陆华柏为配合昆仑关大战宣传,创作了《保卫大西南》,他不光作词作曲,还亲自带领艺师班的学生上街宣传演唱。“保卫大西南,保卫大西南,不论后方、不论前线,军民合作,打成一片,你出力,我出钱,伟大的胜利就在眼前”,歌词彰显军民抗战之决心,曲调流畅,容易上口。这首歌曲刊登在《扫荡报》上,随后报社又义务印了 10000 份歌谱向社会散发,歌声很快传遍昆仑关前线、后方。陆华柏不仅创作抗战歌曲,还以独到的艺术视野,热情地把来自解放区左翼作曲家的许多优秀作品,改编成合唱曲或配以钢琴、乐队伴奏,介绍给广大桂林民众,包括贺绿汀的《可爱的故乡》、冼星海的《军民进行曲》、郑律成的《延水谣》、刘雪庵的《长城谣》,等等。这一举措加强了解放区和国统区间音乐文化的交流,促进了桂林抗日救亡歌咏运动的开展。

1939 年 12 月 24 日,"张曙殉难周年纪念大会"在乐群社礼堂举行,桂林各歌咏团队演出了包括张曙遗作在内的抗战歌曲,陆华柏专门为这次活动将张曙的《壮丁上前线》改编为混声四部合唱曲。早在 1937 年南京的一次会面上,陆华柏就与张曙结下友谊,次年张曙随军委会政治部第三厅从武汉南撤桂林,两人不期相遇,十分高兴,还谈到要办个音乐刊物的事,不料数日后,张曙在日机轰炸中罹难。在纪念大会上,陆华柏亲自指挥艺术师资训练班学生合唱团演唱《壮丁上前线》这部作品,后来又以简谱形式发表在《音乐与美术》1940 年第三期上,以这种合作表示对友人的纪念。

《音乐与美术》是广西省立艺术师资训练班出版的音乐期刊,创刊于 1940 年 1 月,被誉为"当时绝无仅有的全国性艺术教育刊物"。陆华柏主编其中音乐部分,在创刊号上,他发表了《音乐与抗战》一文,就音乐与抗战的关系、如何加强音乐界的团结、音乐如何为抗战服务等一系列问题阐明了自己的看法,对桂林抗战音乐运动的发展具有指导意义。同年,陆华柏出版了第一本歌曲集——《华柏歌曲集》,这是一本抗战歌曲集,所收 38 首歌曲内容均与抗战有关,除了《万里长城有主在》与《抵抗》为抗战爆发前创作,其余歌曲都是抗战爆发后在桂林创作的。《华柏歌曲集》在桂林抗战音乐文化史上有着特殊的地位,是抗战期间旅桂音乐家在桂林出版的第一本个人歌曲集。

1941 年 1 月 9 日,广西音乐会在乐群社礼堂举行"第十次音乐演奏会",艺术师资班学生合唱团演唱了陆华柏的新作《抗战到底》、《战士之歌》和《最后的胜利是我们的》,歌唱家李志曙、狄润君分别演唱了陆华柏的新作《游子吟》和《第二吻》。陆华柏为此次演出排练劳累过度,突患咯血,在医院住了两个多月后,经朋友安排,前往湖南耒阳养病。数月后,陆华柏刚返回桂林,即应艺术师资训练班新任班主任马卫之先生邀请,重回该班授课,并兼任广西省立艺术馆合唱团指挥,继续从事抗战音乐救亡活动。

三、《最后的胜利是我们的》

1942 至 1943 年,欧阳予倩邀我担任广西艺术馆音乐部主任兼合唱团与管弦乐队指挥,回想起来,同欧阳予倩共事是很愉快的,他待人诚恳,很了解我们这些搞音乐的人的坦率性格,在困难、复杂的环境里热情帮助,并且尊重和支持音乐工作。

——陆华柏《抗战中期广西艺术馆的音乐活动》(1982年11月10日《广西日报》)

广西省立艺术馆是抗日战争时期一批进步文化人士汇聚桂林所设立的艺术机构,由著名戏剧家欧阳予倩组建,成立于1939年9月,内设音乐、戏剧和美术三个部门,对革新桂剧和促进广西戏剧、美术、音乐起到了积极作用。1942年,止值太平洋战争爆发不久,许多文化人从香港避居桂林,文化城的文艺活动处于回升时期,几乎每周都有不同类型的音乐会举行,欧阳予倩邀陆华柏担任广西省立艺术馆音乐部主任兼合唱团与管弦乐队指挥。

艺术馆合唱团具有较高的艺术水准,编制20人,都有报酬,团员除了唱歌,不兼其他任何工作。当时这一有利于招纳声乐人才的举措的确使合唱团荟萃了一批歌唱家,甘宗容(广西艺术学院声乐教授)、曾嫩珠、帅立明、姚牧、李志曙(中国音乐学院声乐教授)、谢静生等歌唱家当时都为该团团员。合唱团的演唱曲目除了艺术性较高的作品,常唱的抗战歌曲有田汉作词、张曙作曲的《芦沟问答》,黄自作曲的《旗正飘飘》和江定仙作曲的《为了祖国的缘故》;"五四"以后的优秀合唱歌曲有赵元任作曲的《海韵》;外国合唱歌曲《伏尔加河》;根据德沃夏克的《新世界交响曲》第二乐章主题音乐改编、填词的合唱曲《念故乡》;亨德尔作曲的《哈利路亚》等。此外陆华柏还为合唱团创作了一部清唱剧《汨罗江边》,这部大型声乐套曲创作源于柳亚子先生纪念屈原的提议,歌词由艺术馆的诗人伍禾创作,剧中人物均由旅桂的知名艺术家担任:屈原由男高音歌唱家姚牧饰演,女主角由女高音歌唱家曾嫩珠饰演,李志曙、薛良、帅立德等歌唱家都在剧中饰演角色。全曲由艺术馆管弦乐队伴奏,乐队规模不大,编制不过20人,在陆华柏指挥下仍然与合唱团合作得很好,正是花红叶绿,相得益彰。《汨罗江边》的演出在桂林引起较大的反响,桂林广播电台三次为演出做了直播。

陆华柏在桂林近七年的生活里,创作了60余部音乐作品,其中绝大部分是抗战救亡歌曲,且不乏精品,在桂林、全广西,甚至全中国以及海外,产生了巨大的影响,的确是桂林文化城中首屈一指的多产作曲家。此外,陆华柏在桂林还写下众多鼓吹抗战、宣扬抗战文艺的文章和音乐评论。七年来,他身体力行,为抗战呼喊,桂林文化城几乎所有重要的音乐活动,都少不了他的组织和参与。陆华柏以自己的青春和才华,投身于民族解放的英勇斗争之中,为桂林抗战文化城作出了巨大的贡献。

1943年,国立福建音乐专科学校聘陆华柏为教授,并寄来路费,秋冬之交,陆华柏离开旅居近七年的桂林前往闽西永安。

附：

抗战时期陆华柏在桂林作品一览

（参照戴鹏海先生1994年版《陆华柏音乐年谱》整理补充）

（一）歌曲

1937年

《战！战！战！》（齐唱，莫宝坚词）

《故乡》（独唱，张帆词）

1938年

《磨刀歌》（三部合唱，章泯词）

《钢军歌》（齐唱）

《广西学生军歌》（齐唱，李文钊词）

1939年

《最后的胜利是我们的》（合唱，光未然词）

《勇士骨》（独唱，胡然词）

《最后五分钟》（儿童歌曲）

《蚂蚁》（儿童歌曲）

《小工兵》（儿童歌曲）

《军民联欢歌》（齐唱，舒舍予词）

《垦荒歌》（齐唱，艾青词）

《再上前线——欢送三十集团军荣誉大队》（齐唱，谈星词）

《广西省立艺术师资训练班校歌》（齐唱，张安治词）

《保卫大西南》（齐唱，陆华柏词曲）

《扫荡报社社歌》（齐唱）

《壮丁上前线》（张曙原作，改编为四部合唱）

1940年

《挖战壕》（齐唱，胡然词）

《巩固统一歌》（领唱、合唱，汪辟疆词）

《军民合作歌》（齐唱，雷嘉词）

《苏武牧羊》（合唱曲，根据同名古曲改编）

《我有一个报告》（独唱，陆华柏词曲）

《长城谣》（刘雪庵原作，改编为女声与合唱）

《可爱的故乡》(贺绿汀原作,改编为女声三部合唱)

《延水谣》(郑律成原作,改编为混声二部合唱)

《军民进行曲》(冼星海原作,陆华柏配器)

1941 年

《战士之歌》(四部合唱,曾波词)

《游子吟》(独唱,词出自唐诗)

《第二吻》(独唱)

《从军乐》(四部合唱,赵荣柯词)

《抗战到底》(独唱、重唱、四部合唱,蔡挺生词)

《玩具抗日》(儿童歌剧,王光莹、王光瑜词)

《一个国家》(无伴奏童声三部合唱)

《游击队员》(唐风原作,改编为男声三部合唱)

1942 年

《并肩作战》(齐唱,吴研因词)

《爱护伤兵歌》(齐唱,李寿词)

《女工之歌》(齐唱)

《催眠歌》(独唱,陆华柏词曲)

《八百孤军》(四部合唱,卢冀野词)

《血肉长城东海上》(独唱,卢冀野词)

《嘉陵江船夫曲》(独唱与合唱,易君左词)

《新年大合唱》(冼星海原作《九一八大合唱》,李凌填词,陆华柏配器)

《生产三部曲》(贺绿汀等原作,配器)

1943 年

《杨利露》(青海民歌,编合唱及配伴奏)

《张老三》(陕西民歌,编合唱及配伴奏)

《石榴青》(广西民歌,配伴奏)

《箫》(福建民歌,配伴奏)

《从军去》(皖西民歌,编男声四部合唱及配伴奏)

《送出征》(山西民歌,编女声二部合唱及配伴奏)

《大家团结起来》(山西民歌,编合唱及配伴奏)

《大丹河》(吕骥原作,配伴奏)

《日落西山》(张曙原作,配伴奏)

《开荒》(吕骥原作,改编成混声四部合唱及配伴奏)

《红缨枪》(向隅原作,配伴奏)

《垦春泥》(贺绿汀原作,配伴奏)

《满江红》(贺绿汀原作,配伴奏)

《THE OLD FOLKS AT HOME》(美国黑人民歌,改编为钢琴变奏曲)

《常在静夜里》(英国民歌,改编为无伴奏合唱)

《汨罗江边》(清唱剧,伍禾词)

歌曲集

《华柏歌曲集》(1940 年)

《汨罗江边》(1943 年)

(二)文论

1937 年

《建设广西新音乐》(《广西日报》1937 年 8 月 9 日)

《漫谈今晚所演奏的乐器》(《广西日报》1937 年 9 月 4 日)

1938 年

《中国音乐之路》,载《战时艺术》2 卷 3 期

《纯正音乐的提倡》,载《黎明旬刊》第 4 期

1939 年

《抗战歌曲到农村去》(《扫荡报》1939 年 1 月 31 日《抗战音乐》创刊号)

《略谈合唱》(《扫荡报》1939 年 2 月 8 日)

《怎样教唱抗战歌曲》(《扫荡报》1939 年 3 月 2 日)

《东北谈片》(《扫荡报》1939 年 12 月 2 日)

1940 年

《抗战三年来的桂林乐坛》(《扫荡报》1940 年 1 月 27 日)

《音乐与抗战》(《音乐与美术》创刊号,1940 年)

《谈合唱》(《音乐与美术》创刊号,1940 年)

《与〈新歌初集〉编者论和声》(《音乐与美术》1 卷 2 期)

《谈歌曲》(《扫荡报》1940 年 3 月 13 日)

《诗与音乐》(上、下)(《扫荡报》1940 年 3 月 14、16 日)

《创作与演奏》(《扫荡报》1940 年 3 月 19 日)

《行都乐坛》(《扫荡报》1940 年 3 月 28 日)

《所谓新音乐》(《扫荡报》1940 年 4 月 21 日)

《关于军队歌咏工作》,原载《每月新歌选》第 6 期,1940 年 2 月

《伴奏问题》(《扫荡报》1940 年 5 月 6 日)

《关于“纪念黄自先生遗作演奏会”——兼答周辛、胡伦两先生》(《扫荡报》1940 年 5 月 16 日)

《〈华柏歌曲集〉自序》(《扫荡报》1940 年 11 月 24 日)

1941 年

《病中小言》(《扫荡报》1941 年 1 月 9 日)

《病》(《扫荡报》1941 年 2 月 27 日)

《春在桂林》(《扫荡报》1941 年 3 月 2 日)

《我与钢琴》(《扫荡报》1941 年 6 月 26 日)

《记忆》(诗作)(《拾叶》1941 年 6 月 26 日)

《作曲与理论》(《扫荡报》1941 年 6 月 27 日)

《广西艺术师资训练班第三届成绩展览音乐演奏会》(《扫荡报》1941 年 6 月 29 日)

《和声学的学习》(《扫荡报》1941 年 7 月 6 日)

《乐坛上》(《扫荡报》1941 年 7 月 20 日)

《养病日记》(《扫荡报》1941 年 11 月 16 日起连载三期)

1942 年

《我怎样学音乐》(《扫荡报》1942 年 1 月 6 日)

《谈音乐书》(《扫荡报》1942 年 1 月 18 日)

《〈苏联歌集〉中对于国歌说明的商榷》(《扫荡报》1942 年 1 月 23 日)

《音乐与绘画戏剧》(《扫荡报》1942 年 6 月 22 日)

《内容与形式浅说》(《音乐与美术》3 卷 5、6 期合刊)

《介绍广西省立艺术师资训练班音乐组》(重庆《新华日报》8 月 10 日)

《马思聪提琴钢琴演奏会听后感》(《扫荡报》1942 年 9 月 3 日)

《我怎样为他们写伴奏》(《扫荡报》1942 年 12 月 18 日)

1943 年

《桂林乐坛》(《扫荡报》1943 年 1 月 1 日)

《民歌演唱会前奏》(《扫荡报》1943 年 1 月 2 日)

《关于唱片音乐会的中文节目单》(《扫荡报》1943 年 3 月 13 日)

《杂忆大野禾塘》(《扫荡报》1943 年 3 月 10 日)

《女性与音乐——为“春之声歌乐会”写》(《扫荡报》1943 年 3 月 21 日)

《精彩的演奏》(《扫荡报》1943 年 4 月 25 日)

《柳庆旅行演奏记》(《扫荡报》1943 年 5 月 22 日)

《抓壮丁》：从幕表到名剧[①]

朱安平[②]

(中国妇女报江苏记者站,江苏南京 210024)

[摘要]一出在愤怒难忍激情下即兴编演的幕表戏,历经数十年竟然魅力不衰,在于它所暴露的虽然只是国民党统治下买卖壮丁的丑恶现象,挞伐锋芒却直逼当时的社会黑暗和政治腐败,一针见血的讽刺方式、入木三分的人物刻画、爽利泼辣的方言使用,使之无愧为抗战文艺史上的一朵奇葩。

[关键词]征召壮丁;幕表编演;形成剧本;延伸效应

三幕讽刺喜剧《抓壮丁》(陈戈、丁洪、戴碧湘、吴雪等集体创作,吴雪执笔),以小中见大的手法,透过抗战期间国统区四川农村征兵过程中种种可鄙、可恶而又可笑、可叹的舞弊行径,真实生动地揭露了国民党官绅勾结、沆瀣一气、营私舞弊、蒙骗百姓的肮脏灵魂和丑恶嘴脸,于惟妙惟肖、绘声绘色的艺术表现之中,深刻有力地鞭挞了国民党统治下抗战大后方的腐败和黑暗。从最初在抗战救亡宣传途中以幕表方式即兴编演之始,到以后形成固定剧本几度重新上演,并拍成电影搬上银幕,它一直深受广大观众欢迎和喜爱,如今仍继续以影视剧形态被不断演绎,成为抗战文艺作品中令人瞩目的魅力长驻、持久不衰的罕见现象。

一、本是抗战征兵必然举措　却因贪腐抹黑招致民怨

追溯《抓壮丁》的由来,不能不提及抗战时期的兵役制度。九一八事变之后,国民政府深感日本威胁严重,着手将原先的募兵制改为兵役制,以进行军

---

① 收稿日期:2011－04－29。

② 作者简介:朱安平,中国妇女报社记者,曾从事影剧评论及创作。

事备战准备,于 1933 年 6 月 17 日正式制定《兵役法》,次年 8 月又颁布《兵役法施行条例》,作为战时兵员动员的主要法规。兵役分为常备兵役和国民兵役两种,凡男子年满 18 岁至 45 岁,都有服兵役义务,平时接受规定军事教育和训练,战时依国民政府命令征集之。随着全面抗战爆发,国民政府根据《兵役法》于 1937 年 8 月 30 日明令征集国民兵,同年 9 月又发布《战时国民兵义勇壮丁常备队编成办法》,令各县市依照规定,编成义勇壮丁常备队,同时逐级设立兵役机关办理征募事宜,为前线源源不断提供兵力补充。①

《抓壮丁》之所以以四川的征召壮丁为背景,在于自 1937 年 11 月 20 日国民政府宣布西迁重庆,四川遂跻身抗战大后方,亦成了战时兵源重要补给基地。由于抗战初期中国战场失地过快,人员损失极为严重,征兵范围急剧缩小与前线亟须兵员补充矛盾凸显,只有西南一隅尚能提供稳定但有限的兵源,区域、人口等均居诸省之冠的四川首当其冲被作为主要支撑。为适应战时非常需要,国民政府军委会重庆行营急电四川省政府,紧急征募壮丁补充前线,于是征召壮丁成为川省兵员动员的重要形式。

据有关记载,尽管四川因抗战前没有进行户口普查,未按壮丁年次及地区编制兵籍表册,亦无专门兵役机构建制,并无征兵工作基础,但仍在役政推行困难情况下,临时以省政府保安处兼办,紧急部署征募兵员,于 1937 年底交拨万余壮丁补充前线部队。1938 年 7 月川省正式颁布《四川省统一兵员征募办法》,规定以三个月为一期,将每一期应征壮丁名额配赋予各市县,由新成立的省军管区统一办理全省兵役。同时开办兵役人员训练班,分赴各县承办兵役业务。当年 10 月还开办特别训练班,培训军官出任各县大、中队长,负责培训壮丁,将兵员征集与训练结合起来,改变以往分散、无序状态。具体征募则按身家调查、抽签、征调、交拨四步进行。②

应当说,壮丁征集在全民抗战的历史条件下,是战时兵员动员的一种必然举措,尤其在前线兵员损失巨大的严峻形势下,征集壮丁以作补充确乎关系抗战前途,实际也取得了相当成效。有统计显示,抗战期间四川壮丁实征数为 2609748 人,居全国壮丁额第一位,再加上 40 万出川部队及 5 万余名知识青年从军人数,四川的总征兵额则远远超出 300 万之数,占八年抗战全国征兵总数五分之一强,以至有"无川不成军"之说,而当时四川总人口不过 4000 多万。

---

① 《国家总动员》,四川省档案馆藏.10-31 号卷,第 95 页,转引自孙跃中:《"抓壮丁"的历史探析》,《文史杂志》2007 年第 4 期。

② 孙跃中:《"抓壮丁"的历史探析》,《文史杂志》2007 年第 4 期。

诚如《新华日报》在抗战胜利时发表题为《感谢四川人民》的社论所称："四川人民对于正面战场是尽了最大最重要的责任的，直到抗战终止，四川的征兵额达到三百万零二万五千人……仅从此就可知道四川人民对于正面战场送出了多少血肉、多少血汗、多少血泪！"[①]

然而，在征召壮丁中确也存在相当严重的弊端，兵役办理强抽乱拉、顶替买卖、贪赃枉法、渎职贿罪等丑陋现象突出，这与当时兵员招募以地方基层管理保甲制为依托进行有关，壮丁调查、征集等均通过保甲长具体承办负责。保甲制度本身就是沿袭封建旧制而来，国民党当局出于反共防共需要加以实施，其编组以户为单位，设户长；十户为甲，设甲长；十甲为保，设保长，借联保连坐方式控制民众，充斥反民主、非人道的浓烈色彩，实际推行中已变成压迫剥削人民的工具。一般公正人士多不愿担任保甲长，不肖之徒则以为有利可图百般钻营，当地地主、土豪、顽劣充斥其间，此时更是借抗战征兵之机，利用兵役制度缺陷，营私舞弊、为所欲为。四川曾制定征兵"三平"原则：即平均，按人口比例分配应征人数；平等，不分贫富贵贱；平允，除应免缓役者之外不能逃避兵役义务，并实行直接抽签法，组织当地民众集会，由当地适龄壮丁本人亲自到会抽签决定谁应服役。但因长期深受"好男不当兵"传统观念影响，没有养成服兵役意识，《兵役法》又未对士兵待遇问题予以明确规定，国民党军队腐败严重，一般民众多视参军服役为畏途，加之地主豪绅、袍哥势力与乡镇保甲长沆瀣一气，暗中操纵把持地方基层征兵，群众愤恨不平，中签者多数外逃，屡屡出现召集之期无人出征。鉴于此种情况，全省统一改行间接抽签法，即规定适龄壮丁不亲自参加抽签，届期由所属保甲长代为抽签，中签者姓名保密，一到召集前夕，保甲长潜伏中签壮丁之家，突击抓捕入营。这种"间接抽签"办法，虽然避免了逃丁，但因抽签秘密进行，不受群众监督，更易被人为操纵，任意抽丁、敲诈勒索、徇情顶替、得钱卖放，导致官绅富豪子弟依仗家庭权势或者利用金钱买通关系逃避兵役，贫苦家庭即使单丁独子也不能幸免，"三平"原则实际沦为"三不平"。四川省军管区司令部兵役视察人员赴彭县考察役政报告就颇具代表性："彭县征送壮丁皆由雇买估拉而来，以前数年买丁占十分之八，拉丁占十分之二，及至去年(1942 年)，则拉丁占十分之八，买丁占十分之二。乡镇保甲视役政为利薮，或买或拉无不有弊，如派款买丁浮支滥报，钱归中饱；拉丁或借机敲诈，得钱到手，拉获之丁亦可放纵，政府掩耳盗铃，不敢过问。地方人

---

① 《感谢四川人民》，《新华日报》，1945 年 10 月 8 日，转引自孙跃中：《"抓壮丁"的历史探析》，《文史杂志》2007 年第 4 期。

士恐贻后患,亦不敢举发,而乡镇保甲以无人监视之故,遂得肆其所为,而民间遂不胜其苛扰矣。”[①]因征兵舞弊、壮丁受虐、百姓不堪、怨愤四起而激起民变,在川内并不鲜见。本是抗战非常时期合法而必要的壮丁征集举措,却与贪腐、民怨联系在一起,《抓壮丁》正是这一客观现实的艺术反映。

二、目睹强拉壮丁鱼肉百姓 愤而即兴编演戟刺黑暗

最初的《抓壮丁》以幕表剧形式即兴创作而成,是四川旅外剧人抗敌演剧队深入农村宣传抗战的产物。该队于1937年冬在武汉成立,牵头创办该队的吴雪出生于四川省岳池县余家场一个地主家庭,从小酷爱戏剧艺术。吴雪在进步思想影响下,放弃优越家庭生活条件,赴成都、上海从事演剧活动,并投入抗日救亡工作,“八一三”后护送一批四川难民返川滞留武汉,经人介绍入蒋介石行营电影股任剧务员,在电影股欲裁人迁川之际,联络一批影剧演员,与戏剧爱好者、川康通讯社特派记者王肇禋共同筹建四川旅外抗敌演剧队。所以如是定名,意为一群在省外搞戏剧的四川人,组成一个演剧队回川从事抗战宣传动员,既是抗日义举,又兼有桑梓之谊,借以增进同四川观众的关系,亦便于向当时任第七战区司令长官的川军将领刘湘争取经费支持,虽然此时川籍成员实际仅少数几人。演剧队返回四川,先后在重庆、成都演出《塞上风云》、《前线》和《雷雨》等剧均很轰动,不料因此招致戏剧商人高薪“挖角”致使内部分裂,又遇刘湘病故而致经费来源断绝。中共四川省工委及时帮助演剧队充实改组,相继调入陈戈、戴碧湘、丁洪等党员骨干,并吸收潘秋、尹文媛、王化、雷平等一批进步青年和学生,均为清一色的四川人,于1938年5至12月、1939年2至11月,两度奔赴四川农村开展抗日宣传。他们利用所持四川省政府和省动员会出具的公函,每到一个地方,先以县城或大的集镇为据点进行公演,有了收入可以提供最低的开支费用,再放射性地深入四周乡镇、工厂、矿区和兵营义务演出,还写大标语、画宣传画、贴壁报及其他宣传品,集合群众教歌或作讲演,进行家庭访问等,做了大量群众工作。[②]

正是在流动巡演过程中,演剧队目睹了国民党政权统治下兵役制度的黑暗重重,那些保甲长、乡长甚至县长和办理壮丁交接的部队役政人员,在征召

---

① 甘焘:《彭县役政考察情形》,四川省档案馆藏,民41-3902号卷,第3页,转引自孙跃中:《“抓壮丁”的历史探析》,《文史杂志》2007年第4期。

② 王正:《不倦求索的戏剧家吴雪》,《中国话剧艺术家传》第三辑,北京:文化艺术出版社,1986年;戴碧湘:《记旅外剧队》,《新文化史料》,1990年第2期。

壮丁中相互勾结、横行霸道，为一己私利不惜触犯政令，敲诈勒索、草菅人命，抗战征兵竟畸形派生而成声名狼藉的“抓壮丁”，不少地方被搅得鸡犬不宁，百姓走投无路、怨声载道。被抓壮丁遭受非人虐待更是触目惊心，运送途中捆绑、冻饿、囚禁、鞭挞，大小便都没有自由，人身得不到保障，谁要想抽身逃脱，押送军官举枪就打，流得满街是血，一些得了病不能走路的壮丁，往往就被抛弃或开枪打死。一次在隆昌县，演剧队员就看到一个壮丁被当官的殴打致伤，扔在道旁阴沟不顾不理，大家非常气愤出面干涉，将打人的军官扭送到县衙，连同伤者一起抬到大堂上，县长无可奈何只好答应处理，负责送伤者进医院治疗。这件事传开后，很多人为壮丁问题来找演剧队告状，由此多次同保甲长和役政军官发生冲突。在川西某地，就因队员胡沙曾挺身制止滥抓壮丁野蛮行为，引起保甲长们的忌恨，竟对演剧队来了个联合攻击，策动一些地痞流氓出面寻衅，事态一下子十分严重。陈戈毫不示弱地以代理队长身份出面，怒气冲冲地找到县政府严词抗议，县长慑于演剧队的声势，终让保甲长们偃旗息鼓。①

类似事情经历多了，演剧队员们义愤填膺难以抑制，1939 年夏天在川西的一个乡场上，集体酝酿把国民党统治下抓壮丁的黑暗内幕搬上舞台，公开加以揭露和鞭挞。有队员提议可以借用曾经演过的幕表戏《亮眼瞎子》的框架，改换成保甲长利用征集壮丁营私舞弊的内容，仍以幕表戏的方式演出，大家一致表示赞同。

《亮眼瞎子》是流传民间的一个劝人学文化的文明戏，演剧队在巡演中为了凑趣也曾演过，观众很为喜欢。原剧描写一个小地主接到在外当国民党军官的儿子来信，因不识字去找保长帮助念，结果上当受骗，不但被保长吞没了一笔钱不算，还被支使再拿出一笔钱，待到儿子回来才真相大白。因已确定好主题和幕表戏演出制式，对所要表现的内容也都熟悉，队员们很快就在《亮眼瞎子》原有故事结构的基础上，七嘴八舌凑出了这家人用钱买通保长企图逃避兵役的情节，然后安排好人物及相互之间的关系，分配认领了角色，确定上下场任务，台词、表演等则由各自到时发挥。大家热情很高，除剧中的地主、保长仍沿用原名，其他角色均为所饰演员在台上临时按照自己姓氏加上的，雷平扮演三嫂子就叫雷女，潘秋扮演驼背便叫潘驼背，卢咸铄饰接收壮丁队长遂成了卢队长。一部幕表戏就这样衍生而成，此时剧名叫作《二千元》，后来成为经典名剧《抓壮丁》的雏形。

它的首场公演还冒了不小的风险。演剧队临时动议决定编演这出戏，立

① 戴碧湘：《讽刺喜剧〈抓壮丁〉的由来》，《戏剧与电影》，1983 年第 6 期。

即把广告贴了出去,特别注明不卖票。陈戈简单组织排演了一下,准时在中午十二点镇上赶集人头最为集中的时候,让四面八方闻讯而来的农民看上了戏。虽是连编带排仓促上阵,演得却非常真实生动。因为它表现的是现实生活里的实事,又切中"民怨沸腾"的时弊,台下观众几千人纹丝不动从头看到尾,对戏中大骂了为非作歹、欺上瞒下的"王保长",感到痛快不已。当地的保长们却恼羞成怒,就在戏台附近对空鸣枪以示威胁。有的演员感到紧张,便问陈戈怎么办?他目光炯炯地坚定回答:"不要管他,演下去!"那些"地头蛇"看到台上演员、台下观众均不为所动,一下子又摸不清演剧队的底细,也不敢再肆意妄为,只能眼睁睁地望洋兴叹而又无可奈何。①

本来演剧队只打算演一场出口气,但因很受群众欢迎欲罢不能,于是一路继续演了下去,竟成了一个保留剧目。因为是幕表戏,全靠演出中临场发挥和即兴创造,由于演员熟悉生活,有创造的欲望,每演一场都有不同变化与发展,台词、动作、调度、造型等愈来愈加丰富与精彩,与原来那个简单、粗俗的幕表相比,就"面目全非"了,不仅增加了人物、细节和场次,长度由半小时延展为两个小时,更主要是赋予了戏剧深刻的内容和塑造了人物的性格,使它成为一个高层次的喜剧。故而有回忆称:"这个戏没有专门的编剧和导演,编导就是本剧的演员,是一次由全剧演员进行的真正的集体创作。"②

三、在延安为"让大家乐一乐" 促成整理完善形成剧本

尽管此时该剧已是旅外剧人抗敌演剧队的一个代表性的自创剧目,但毕竟还只是幕表戏,总体来说比较简单和直露,而且因抗战时期演出条件很差,又处于频繁流动状态,就像后来整理而成的剧本舞台提示中所述:"如在广场演出,只要一张桌子,四条板凳或椅子就行了。"作为完善的戏剧艺术形式固定下来,还是在他们到了延安之后。

就在第二期流动演出进行之中,政治形势开始逐渐恶化,蒋介石采取消极抗战方针,国民党在全国掀起一股反共反人民的逆流,并加强了对四川的控制。这给演剧队的活动带来越来越多的困难,各地国民党三青团及其政权机构总是多方阻碍和破坏,强行审查剧本,从中寻找借口制造麻烦,或者不给演出场所,或者在剧场趁机捣乱,甚至使出暗中向演剧队员扔盛满煮得滚烫大小便的瓦罐、利用医生给生病队员下烂药越治越坏、组织流氓在街头或住地寻事

---

① 胡沙:《陈戈和〈抓壮丁〉》,《北京晚报》,1981年1月31日,第3版。

② 戴碧湘:《记旅外剧队》,《新文化史料》,1990年第2期。

挑衅以为驱逐剧组制造借口等卑劣险恶伎俩。特别是在编演《抓壮丁》后，将演剧队视为一个“红”了的团体。在蓬溪时，一个国民党县党部执行委员就曾将演剧队党支部书记戴碧湘作为对手，声称举行“国共会谈”。为保存演剧队这股力量，中共川西特委根据中央的精神，决定将其转移到统一战线形势较好的山西。演剧队遂以二战区动委会政工第三大队名义从成都出发，途中又接到通知，因出现阎锡山发动的进攻新军决死第二纵队和八路军晋西独立支队的“晋西事件”，局势变坏，改为直接转赴延安，于 1940 年 2 月初抵达。全队先进入“泽东青年干部学校”学习，后与从前方回来的西北青年救国联合会战地工作团部分戏剧爱好者合并，成立西青救总剧团，1941 年 5 月又在该团基础之上正式成立延安青年艺术剧院，吴雪担任副院长并主持工作。在剧院小礼堂落成的联欢晚会上，曾按原样演出了《二千元》，在场的人看了都为之叫好，有主张将剧本整理出来，但未果。[①]

1943 年“五一”节前夕，陕甘宁边区联防军政治部主任肖向荣向吴雪提出，搞一点节目，让大家乐一乐、笑一笑。之所以要“乐一乐、笑一笑”，是因为在“抢救失足者运动”中，包括旅外演剧队成员许多人都被打成“特务”，虽然后来甄别无事，但受了很大冲击，都感到极为压抑，情绪低落到极点。于是又想到了《二千元》，有人提出演它准笑。遂由吴雪牵头组织重新排演了这个戏，果然收到很好效果。肖向荣看了非常高兴，决定把这个戏送到杨家岭去，为中央领导同志演出。[②]

领受这一任务后，吴雪又召集陈戈、丁洪、戴碧湘等进行讨论，对该剧进行整理加工，在保留主要人物和情节的同时，做出许多全新处理。[③] 剧中的李老拴一家不再因不识字而被同情，而是突出了作为地主阶级剥削者的身份，揭示出他们和王保长的矛盾是同一营垒内部的“狗咬狗”。李老拴的当国民党军官的儿子也不是什么正面人物，而是比王保长更有地位、更为贪婪的一丘之貉。同时剧中加强了对农民生活方面的描写，增加了贫农姜国富一家因儿子被抓壮丁而引起一连串悲惨变故的情节。戏的矛盾也不是李老拴之子回来就解决了，而是正当李、王言归于好企图共同作恶之际，逃到山上的壮丁发生暴动，就

---

① 戴碧湘：《讽刺喜剧〈抓壮丁〉的由来》，《戏剧与电影》，1983 年第 6 期；王正：《不倦求索的戏剧家吴雪》，《中国话剧艺术家传》第三辑，北京：文化艺术出版社，1986 年。

② 王正：《不倦求索的戏剧家吴雪》，《中国话剧艺术家传》第三辑，北京：文化艺术出版社，1986 年；石曼：《吴雪与〈抓壮丁〉的情缘》，《名人传记》2007 年第 1 期。

③ 吴雪：《抓壮丁·后记》(三幕话剧)，四川旅外剧人抗敌演剧队，陈戈、丁洪、戴碧湘、吴雪等集体创作，吴雪执笔，北京：中国戏剧出版社，1962 年。

在这群魑魅魍魉惊破美梦惊慌失措之中,全剧戛然而止。为了集中揭露和抨击国民党统治下兵役制度的罪恶,戏里还直接让卢队长、王保长、李老栓之子在为非作歹时口口声声标榜“奉了蒋委员儿的命令”、“蒋委员儿就是蒋总裁,总裁就是总发财”。

这是该剧形成过程中唯一的、也是最重要的一次改动。如作者所述:“由于是在延安,可以突破过去所受的限制作直接抨击。同时由于经过整风学习,认识有所提高,明确一切罪恶都源出国民党,因而将潘驼背、王保长、卢队长同蒋介石都串连在一起,结成了一张罪恶的网。在这张网里,最受害的是劳苦大众。”[①]“发现过去的处理,实际上有许多替当时的反动统治擦脂抹粉的地方。”“仅仅接触到旧社会的一些表面现象,如只看到下层人员坏,好像上层人士还是好的;只看到保甲长坏,好像旧制度还是好的。”重新整理时“通过‘抓壮丁’这一事件,对当时的社会进行深入分析,进一步揭示了国民党反动统治的实质,和它自掘坟墓的必然结果”[②]。

经过集体讨论,大家一致推举吴雪执笔修改。吴雪对戏中所反映的生活非常熟悉,如姜国富的原型就是他家的一个佃户,从小见过生活中的姜国富提着肉来他家求情的情景,后来在剧中还直接使用了其真实姓名。吴雪家离华蓥山不远,对活不下去的农民上山造反、地下党在那里组织农民武装等情形,他也是很了解的。至于国民党统治区的腐败和丑恶,他同样也有亲身经历和实际体验。[③] 吴雪的这一次执笔,不仅把一出演过多次的幕表戏诉诸文字,而且进行了提炼、充实和深化,至此形成正式剧本,演出长度增为两个半小时,剧名也改称《抓壮丁》。

剧本写出后,吴雪又亲任导演,还在剧中扮演了李老栓,率领大家几次将戏送到杨家岭中央领导驻地。毛泽东观看演出时坐在前排,兴致勃勃地一边看戏、一边抽烟,看到精彩处笑得前仰后合。当演到王保长说出“蒋总裁就是总发财”时,毛泽东连连鼓掌、哈哈大笑,对肖向荣说:“这一句写得好,好!好!真妙!”[④]在王家坪演出时朱德来看,同样获得好评。其他党政军高级领导人周恩来、刘伯承、贺龙、邓小平、杨尚昆、谭政等,对该剧也十分欣赏,四川籍的更

---

① 戴碧湘:《记旅外剧队》,《新文化史料》,1990 年第 2 期。

② 吴雪:《抓壮丁 · 后记》(三幕话剧),四川旅外剧人抗敌演剧队,陈戈、丁洪、戴碧湘、吴雪等集体创作,吴雪执笔,北京:中国戏剧出版社,1962 年。

③ 王正:《不倦求索的戏剧家吴雪》,《中国话剧艺术家传》第三辑,北京:文化艺术出版社,1986 年。

④ 吴雪:《抓壮丁 · 初版后记》,北京:中国戏剧出版社,1962 年。

是感到亲切和高兴。时任中央社会部副部长的李克农称赞说:"这是一出革命的讽刺喜剧,令人从肚脐眼笑起,捧腹开怀、难以抑止。"[①]借助他们的政治影响力,其社会影响进一步扩大。

随后《抓壮丁》又在边区及其他解放区广泛演出,很受欢迎和好评,在大约半年的连续演出中,剧本逐渐固定下来,[②]曾获得"边区文教会议奖"第一奖,并于 1945 年出版了单行本,由延安新华书店首次发行。它不仅成为当时延安青年艺术剧院的保留剧目,其他剧团也都演过,一直持续到解放战争时期,达数百场之多。部队反响尤为强烈,特别是一些从国民党军队解放过来的战士,看戏过程中经常痛哭失声,争相要求诉苦报仇,甚至情绪激昂到要打扮演王保长的演员,后来部队只得下令看《抓壮丁》时不准带枪。一直扮演王保长的陈戈就有几次几乎被打,但看到这个戏能有这样强烈的效果,心里却十分高兴。

四、从舞台到银幕更臻魅力　长演不衰凸显延伸效应

新中国成立后,全国许多地方继续上演《抓壮丁》。在《在延安文艺座谈会上的讲话》发表 10 周年和 20 周年的纪念活动中,该剧又于 1952 年和 1962 年两次在北京重演。后一次由中国青年艺术剧院和四川人民艺术剧院联合演出,导演为吴雪和萧锡荃,主要演员是延安演出时的原班人马,其余角色由四川人民艺术剧院的川籍演员担任,引起很大轰动,赢得好评如潮,认为该剧"对于抗战时期国统区的社会生活作了真实的描写,对于国民党的反动统治作了辛辣的讽刺,这是中国人民对于国民党反动派的罪恶的有力控诉,这是对反动政权的无情鞭笞"。一些在延安看过《抓壮丁》的观众,认为这次演出比过去更加完整、精炼了,希望中国青年艺术剧院把这出戏列为经常上演的保留剧目。此前四川人民艺术剧院已在当地演出了七十多场,同样很受欢迎,吸引了许多从来不看话剧的川剧观众,并且非常喜欢。[③]

时任解放军总政治部文化部长的著名剧作家陈其通,以军队文化工作负责人、戏剧界的"权威"和 20 年前参加过演出的几重身份发表谈话和文章,称赞说:"《抓壮丁》这个戏,是我所看到的最好的喜剧之一,是毛主席《在延安文艺座谈会上的讲话》之后最好的话剧之一,如果说它可以跟外国喜剧和我国传

---

① 金青禾:《"壮丁"抓了半世纪——吴雪小记》,《戏剧与电影》,1991 年第 11 期。

② 陈戈在《戏剧报》编辑部召开的中国青年艺术剧院和四川人民艺术剧院联合演出的《抓壮丁》座谈会上介绍剧本创作过程,本刊记者:《赞〈抓壮丁〉的绝妙演出》,《戏剧报》1962 年第 6 期。

③ 本刊记者:《赞〈抓壮丁〉的绝妙演出》,《戏剧报》1962 年第 6 期。

统喜剧比美的话,那么这个评价是不会过分的。它继承了我国民族戏曲传统的喜剧手法(特别是继承川剧喜剧手法)和正确的艺术观点,以及正确的内容,它既有喜剧讽刺透骨的特点,也有强烈的优美感,使观众在美的享受中得到教益……它将成为祖国文化遗产宝库中的珍品之一,也将成为世界讽刺喜剧宝库中的珍品之一。"①

1962年演出时,对剧本又有一些丰富,上演之后由吴雪在文字上作了润色,于同年底由中国戏剧出版社出版,1963年拍摄的电影《抓壮丁》就是根据这个本子改编的。

提议将该剧拍成电影,是当时的中央军委秘书长、总参谋长、国防部副部长罗瑞卿,②一方面在于当时该剧重新上演取得成功,文艺界予以定评且赞誉有加;一方面适值蒋介石鼓吹"反攻大陆",认为该剧有助加强战备教育,使广大青年战士从一个侧面加强对当时仍视为"人民公敌"蒋介石的认识,遂指定八一电影制片厂把《抓壮丁》从舞台搬上银幕。

正是从话剧到电影两种不同艺术形式的有机转换,促使该剧再度升华和精彩再现,受众面与影响力更为扩大,实现跻身精品名剧之列的跨越。其中重要因素在于该剧主要原创陈戈受邀负责编导此片,八一电影制片厂另行抽调本厂沈剡具体协助。陈戈参与了《抓壮丁》从最初幕表酝酿到后来几度重演的全过程,集编、导、演于一身,对这一剧目的创造、丰富和提高"出力很大"。他在剧中所饰演的"一号"人物王保长,一直最为人所称道,被评价为"很绝"。新中国成立后陈戈又进入电影界,先在中央电影局任编剧,后又去北京电影学院导演系进修,赴长春电影制片厂任导演,曾编导过《结婚》、《飞越天险》、《黎明的河边》等故事片和舞台艺术片《团圆之后》,还在《南征北战》、《党的女儿》等片中成功出演我军将领形象,以醇厚、质朴、自然的表演风格和别具一格的四川口音艺术化运用而享誉影坛。就舞台与电影"两栖"结合而言,由陈戈来编导此片当是最佳人选。

在将《抓壮丁》搬上银幕的过程中,陈戈亲自动手进行剧本改编,紧紧抓住从本质上揭露国民党的腐朽统治这一主旨,着力突出原剧在"抓"上所寓含的既抓人、又抓钱的双关意义,在矛盾展开与情节表现上互为推动与映衬,充分

---

① 陈其通:《透骨的解剖——评话剧〈抓壮丁〉》,《文汇报》1962年6月30日。

② 地子:《三幕四川方言话剧〈抓壮丁〉重版前言》,四川旅外剧人抗敌演剧队,陈戈、丁洪、戴碧湘、吴雪等集体创作,吴雪执笔,成都:四川人民出版社,1979年;丁洪:《谈谈〈抓壮丁〉》,《旅大日报》1979年3月18日。

运用王保长和卢队长尔虞我诈、沆瀣一气蒙骗李老栓，而李老栓则又把“危机”转嫁给姜国富的“连环”设置，以及李老栓的大儿子李大娃意外回家戳穿真相，与王保长、卢队长“化敌为友”、狼狈为奸的“逆转”关系，尖锐揭示这些沉重负担始终压在最底层、没有任何“活路”的劳苦大众头上，王保长、卢队长以及李大娃等人的丑行劣迹绝非个人行为，而是与“国民党”以及他们的“蒋总裁”联系在一起，讽刺锋芒步步直逼当时社会黑暗和政治腐败。导演把握上从原剧以喜剧样式为主兼具悲剧、正剧色彩的特点出发，坚持强烈夸张与真实细腻相结合，尤其体现于人物塑造及表演的处理，如王保长就通过举止、神态包括眼神的运用，融细节夸张与真实刻画于一体，深化其对劳动人民蛮横欺压的凶残、对地主豪绅既勾结又诈骗的诡诈、对地主媳妇垂涎三尺的谄媚、对突然归来的地主的国民党军官儿子阿谀奉承的虚弱，既色彩鲜明、又丰富多面地揭露人物的丑恶灵魂。对于李老栓、李妻、三嫂子、潘驼背等其他人物，同样借助大幅夸张而又有机可信的表现，勾勒出各自具有的愚昧、吝啬、强悍、无赖的性格特征，突破了反面形象容易漫画化、一般化的框框。对电影表现与舞台限制的关系处理，除对原剧仅有李老栓家与野外三岔路口两个地点，采取适当延伸至门口、堂屋、内室以及增添茶馆等方式，并通过穿插姜国富家和壮丁蹒跚行进外景画面，以克服场景单一不足，扩大镜头表现能力，原有的舞台演出精粹则不仅给予保留，而且运用电影特长加以丰富与强化。原舞台演出中被誉为“神来之笔”的精彩调度，如王保长和李老拴隔着方桌互相挪正椅子谈钱，一语不合两人又同时搬着椅子退开；王保长和卢队长各坐在张贴官方征兵告示的乌龟驮碑一边，进行营私舞弊、渔色牟利交易；王保长一直戴着帽子，为在垂涎三尺的三嫂子面前显示自己的漂亮，忽然脱帽露出一个油亮的分头；王保长和李老拴的大儿子见面，互相戒备地向后裤袋伸手，谁知他俩掏出来的不是手枪却是各自的名片等，都在影片中有精彩再现。此外，片中仍用原汁原味的四川方言，包括从当地生活中提炼出来的特有表达句式，如“现在而今眼目下打抗战”、“我强迫他心甘情愿地给你送上门来”、“修的房子归保长，生的儿子归老蒋”等，更增讽刺力量和喜剧效果。

然而，这样一部优秀之作，竟在“文革”之始即被林彪、江青一手炮制的所谓“部队文艺工作座谈会纪要”公开点名为“坏影片”，强加上“为地主阶级树碑立传，为国民党反动派招魂，与蒋介石‘反攻大陆’的叫嚣相策应”[①]的罪名。其

---

① 《林彪同志委托江青同志召开的部队文艺工作座谈会纪要》(1966 年 2 月)，《人民日报》1966 年 5 月 29 日；万川:《不准为剥削阶级招魂——评反动影片〈抓壮丁〉》，《解放军报》，1966 年 5 月 22 日。

动因乃是林彪为了剪除异己独揽军权向主持中央军委日常工作的罗瑞卿开刀,江青则出于为推行“文艺革命”、制造“黑线专政”谬论需要,而背景涉及该剧系抗战期间周恩来主持南方局及其所属四川党组织领导下的演剧队编演,由此它被斥为“毒草”,殃及主创人员横遭残酷迫害。[①]

“文革”结束,又迎来繁花似锦的文艺春天,《抓壮丁》得以重见天日,影片恢复上映,剧本重新出版,许多文艺单位竞相演出。四川反应尤为热烈,曾出现“专业剧团演,业余文工团演,川剧团演,曲艺队也演,而且常常满座”的盛况。[②] 2000 年前后它又在川渝两地话剧舞台再次升温,被不同改编者以崭新面目进行演绎,先后出现四川人艺、蜀都笑星、巴渝笑星等不同版本,随后又向影视剧形态延伸,到目前为止已拍摄、播出《抓壮丁续集》、《王大爷新传》、《王保长歪传》、《王保长新篇》、《王保长后传》等电视连续剧、电视系列小品等。[③]

综观《抓壮丁》从幕表到名剧的演变历程,迭经抗日战争、解放战争直至新中国成立以后,一直都活跃于舞台及银幕,仅主创之一吴雪直接参加演出大约就有 1000 场左右。[④] 时至今日其母本仍长演不衰,还被当做取之不尽的题材资源不断被发掘。其生命力之强大、影响力之深远,在抗战文艺作品中实为罕见,中国话剧、电影发展史上似亦鲜有。究其原因,诚如编演者曾作的颇为剀切的回顾总结:“《抓壮丁》演出效果之强烈,也是事先没想到的,它成为我队最受欢迎的剧目。其原因是由于反映了当时社会生活中一个尖锐的问题,揭露了国民党的黑暗统治,替老百姓道出了他们心中的不满。同时,也由于在艺术上作了一些探索,编、导、演和舞美方面,都从川剧和文明戏中吸收了一些东西,使之更适合群众的艺术趣味与欣赏习惯。再一个重要原因就是从四川人民群众丰富的语言矿藏中,提炼出生动警绝的台词。”[⑤]“总而言之,这个戏有生活,有形象,有语言,有思想,是建立在现实主义基础之上的,所以受到大家的欢迎。”[⑥]

---

① 地子:《三幕四川方言话剧〈抓壮丁〉重版前言》,成都:四川人民出版社,1979 年;丁洪:《谈谈〈抓壮丁〉》,《旅大日报》1979 年 3 月 18 日。

② 地子:《三幕四川方言话剧〈抓壮丁〉重版前言》,成都:四川人民出版社,1979 年。

③ 田义贵:《历史形态与文化表征:川渝方言影视剧研究》,第 25、26 页,北京:中国传媒大学出版社,2009 年。

④ 本刊记者:《吴雪采访纪实——从〈抓壮丁〉》谈到生活、人物、语言》,《戏剧与电影》,1988 年第 1 期。

⑤ 戴碧湘:《记旅外剧队》,《新文化史料》,1990 年第 2 期。

⑥ 本刊记者:《吴雪采访纪实——从〈抓壮丁〉》谈到生活、人物、语言》,《戏剧与电影》,1988 年第 1 期。

西南联大剧艺社的重要演出①

李光荣②

(西南民族大学文新学院,四川　成都　610041)

[摘要]剧艺社是西南联大最后一个戏剧社团。剧艺社上承联大剧团的传统,下启北大、清华、南开的戏剧新篇。1945 年以后,剧艺社演出了《风雪夜归人》、《匪警》、《凯旋》、《审判前夕》、《告地状》、《民主使徒》、《芳草天涯》等戏。这些演出显示了高超的技艺,奠定了西南联大剧艺社在中国戏剧史上的地位。

[关键词]剧艺社;戏剧;演出

[基金项目]本文为 2009 年教育部人文社会科学研究项目《西南联大的艺术成就与艺术教育研究》的部分成果。

剧艺社是西南联大最后一个戏剧社团。剧艺社上承联大剧团的传统,下启北大、清华、南开的戏剧新篇,在校园戏剧史上具有重要的意义。

1944 年秋,剧艺社宣告诞生。在之后的一年里,剧艺社由几个人发展到几十人,由具有戏剧特长者的小团体扩展为戏剧爱好者济济的大剧团。在这一年的戏剧活动中,剧艺社的小剧场演出效果最为显著,它标志着剧艺社由学术团体转为演出团体、由幼稚走向成熟。1945 年秋,剧艺社扩大组织,选举产生了新的领导班子。接着,剧艺社演出了第一出大戏《风雪夜归人》。此次演出得到普遍赞扬。正当剧艺社准备大显身手的时候,一场突如其来的政治事件改变了剧艺社的方向和道路。在“一二·一”政治斗争中,剧艺社自编、自导、自演了《匪警》、《凯旋》、《审判前夕》、《告地状》、《民主使徒》(即《潘琰传》)等几部戏。1946 年 5 月 4 日,西南联大宣布结束。剧艺社演出夏衍创作的《芳草天

①　收稿日期:2011－05－20。

②　作者简介:李光荣,西南民族大学文新学院教授,中国现代文学研究会理事,研究方向为中国现代文学及西南联大。

涯》以为纪念。这些演出显示了剧艺社的高超技艺,奠定了西南联大剧艺社在中国戏剧史上的地位。

演出是戏剧团体的主要功能,也是剧艺社所追求的。剧艺社队伍壮大后,首选吴祖光创作的三幕剧《风雪夜归人》。这出戏,西南联大中文系为欢送毕业生而于 1943 年 5 月在中法大学礼堂演出过。当时的演员有的成了剧艺社社员。由于熟悉剧情,排演起来容易把握,演出成功的可能性较大,所以剧艺社选定《风雪夜归人》作为组织扩大后的第一个演出剧本。剧艺社决定,导演由王松声担任,演员安排如下:王松声演魏莲生,施巩秋演玉春,郭良夫演苏弘基,聂运华演徐辅成,温功智演李蓉生,从硕文演陈祥,王××演王新贵,[①]刘薇演兰儿,彭佩云演小兰,吴学淑演马大婶,杨凤仪演马二傻子,汪仁霖、冯建天演乞儿,李志的、许健冰、张燕俦、万先荣等演学生,张天珉、常正文、江锦彬等饰演群众。这些演员中,王松声和温功智曾在重庆国立剧专读书,受过正规表演训练,有丰富演出经验,郭良夫毕业于北平国立艺专,是演戏的行家里手,从硕文中学时就喜爱演戏,曾是怒潮剧社和山海云剧社的骨干演员,施巩秋曾在山海云剧社主演的《家》中饰演过主角,聂运华从中学到大学都是演戏的活跃分子,其他演员也分别在其他戏剧和小剧场演出中受过锻炼,具有一定的舞台经验。剧组工作人员也相当出色:萧荻任舞台监督,程法伋、张魁堂管灯光,萧荻、徐树元、程远洛管布景,童璞管化装,孙同丰任剧务,前台由张祖道负责。由此可见,剧艺社的演出队伍已相当完备。可以说,这些演员基本上集中了当时西南联大校内学生中的戏剧精英,构成了 1945 年西南联大较为强大的学生演出阵容,是理想的演出队伍。由于演职员各有所长,在工作中积极负责,此次演出过后,便形成了专人专职,分工明确的后勤剧务团体。正如萧荻所说:"剧艺社不仅有相当强的演员队伍,而且有一支可以自己进行制作的专职舞台工作队伍。"[②]剧艺社已相当成熟了。

这时,正值西南联大建校 8 周年,校学生自治会组织筹备"校庆周",便把《风雪夜归人》的演出列为校庆活动之一。这又给剧组人员带来了鼓舞。上次"五四"纪念周时因条件不具备,没演成《日出》,大家过意不去,决心在这次校庆周奉献一出好戏。校庆周从 10 月 29 日开始,组织者把《风雪夜归人》的演出安排为压轴戏。11 月 3 日,等待已久的全体演职人员终于在学校东食堂登

---

① 王××是国民党党员,没有人记住他的名字,在剧艺社的所有材料里都用"××"代替其名。

② 萧荻:《承前启后的战斗集体——忆西南联大剧艺社》,西南联大校友会编《笳吹弦诵在春城》,第 397 页,昆明:云南人民出版社,1986 年。

台演出，献艺师生。《风雪夜归人》是吴祖光的代表作，写京剧名伶魏莲生与当朝一品苏弘基的宠妾玉春的爱情悲剧，但没有落入“姨太太与戏子恋爱”的套路，而是揭示出普通人对自身价值的审视、觉悟和追求，立意深刻，情节委婉曲折。王松声、施巩秋、郭良夫等人的表演准确到位，细腻生动，赢得了全场的阵阵掌声。原计划演出 1 场，实际却连演 3 场，至 11 月 5 日结束。校庆周随之圆满落幕。

此次演出受到普遍赞扬，大家一致看好剧艺社。剧艺社也为自己的成功演出而自豪，更为自己拥有一批优秀的演员和全方位舞台工作者而高兴。按照这条路走下去，剧艺社完全可以成为能演大戏、演好戏，同时也可以深入群众演小品的戏剧团体，进而发展成为云南的一支独具实力的艺术队伍。但此时，一场突如其来的政治灾难改变了剧艺社的方向和道路。

抗战刚刚胜利，正当人民渴望山河重光、安居乐业的时候，不料内战阴云又起。有识之士纷纷站出来呼吁和平，全国上下“反内战要和平”的呼声逐渐高涨，其中昆明、重庆等后方城市反内战的呼声尤高。昆明学生与文化界、职业界的青年共同展开了热烈的民主运动。1945 年 11 月 25 日，昆明国立西南联合大学、国立云南大学、私立中法大学和省立英语专修学校四所大学的学生自治会联合举办“反内战时事报告会”，大会在西南联大民主草坪上举行，到会者近六千人，会上请西南联大教授钱端升、伍启元、费孝通及云南大学教授潘大逵四位先生演讲，中心是讨论内战问题，呼吁民主和平。当大会正在进行的时候，反动军警包围了校园，切断四周交通，并鸣枪威胁到会群众，子弹从会场上空、从正在台上演讲的费孝通头顶上飞过。但是与会师生不为枪声所惧，继续开会。反动派又让特务切断了电源，并在会场上捣乱起哄。这一切引起师生极大的愤慨。次日，为反对内战和抗议军警暴行，西南联大学生举行了罢课。也是这一天，昆明《中央日报》登载消息，把昨夜对晚会的武力威胁说成“西郊匪警，半夜枪声”，公然污蔑时事晚会和师生们的爱国活动，更激起了大家的义愤。27 日，昆明全市 3 万多学生宣布总罢课，进而发展成轰轰烈烈的“一二·一”民主爱国运动。

昆明全市学校罢课后，各校学生纷纷走上街头，开展多种宣传活动。剧艺社社员们也聚在一起商量目前自己该做什么以及怎么做。大家一致认为剧艺社的专长就是演戏，应该通过演出宣传来鼓舞师生的斗志。演出就要有剧本，于是几位平时爱好文学和写作的同学立即投入剧本创作中。

剧艺社首先出台的剧本是活报剧《匪警》。作者是国民党党员“王××”。

这是针对国民党中央社“匪警”、“枪声”的污蔑报道而创作的。剧本写出后，剧艺社突击排练。11 月 29 日，该剧作为学校罢委会组织的文艺宣传活动内容之一，在被污为“匪警”开会的“民主草坪”上演出。此剧及时报告了反内战时事晚会的真相，回击了反动派的不实污蔑，揭露了他们欺骗愚弄群众的用心。由于剧本是赶写而成，又是突击排练演出，谈不上什么艺术性，但戏剧的现实意义很强，起到了正人视听、揭露阴谋、回击敌人的作用。当时的报道说：演出的“话剧有《凯旋》[①]及《匪警》，其中尤以《匪警》一剧，实情实景，颇得观众同情”[②]。如果说闻家驷先生的《当真是匪警吗?》是最早写出的揭露文章(此文发表时间稍后于“告书”、“宣言”等公文和《罢委会通讯》上的报道)，《匪警》则是还击污蔑和揭露真相的第一出戏剧。

剧艺社在罢课后演出的第二个剧目是广场剧《凯旋》，作者王松声。时事晚会结束后，王松声就开始创作《凯旋》，三四天后写出了初稿，经过试排，演出效果不错。作者根据试演的情况进行了修改，在“一二·一”惨案发生的当天夜里修改完毕。由于这场剧是作者边修改剧本，剧艺社就边进行排练，所以在 12 月 2 日，也就是“一二·一”惨案发生的第二天，《凯旋》就在西南联大“民主草坪”的舞台上正式演出了。剧本讲述的故事发生在河南的一个村镇：“中央军”某班班长张德福，参军抗战八年，他离家时儿女尚小，抗战胜利后他跟随自己所在的中央军某团“凯旋”。部队在河南省中部的一个村镇与当地的抗日少年自卫队遭遇，中央军奉命以“剿共”为名向少年自卫队发起攻击。少年自卫队队长张小福在战斗中受伤。之后，中央军某团长前来“宣慰”村民，同来的还有原日军大佐冈川以及原伪县长，他们现已摇身一变，冈川成了“剿共志愿军”司令，而原伪县长成了“先遣军”的参谋。此时，回家养伤的张小福被认出而遭到抓捕。团长在日本军官和原伪县长的胁迫下，命令张德福开枪杀死了张小福。之后，张德福找到了自己的父亲和女儿，才知道被枪杀的正是自己日夜思念的儿子，他悲痛难当，拔枪自杀。作品通过张德福一家的悲剧，揭露了抗战带给老百姓的所谓胜利“成果”，控诉了内战的罪恶。参加演出的演员是：温功智(饰爷爷)、杨凤仪(饰张德福)、伍骅(饰小凤)、聂运华(饰团长)、丛硕文(饰原伪县长)、江景彬(饰日本军官)。演出时，台下坐满了观众，闻一多、吴晗等先生也在其中。和以往的演出场面不同的是，观众极其安静，好像是等待着什

① 当时演出的《凯旋》是初稿试演。修改稿是“民国三十四年十二月一日于联大被暴徒狙击后一小时脱稿”的。见《凯旋》发表稿文末注。

② 西南联大《罢委会通讯》，1945 年 12 月 2 日第 2 期“综合报道”。

么事情发生一样，静静地等候着幕启。此时，"一二·一"惨案四烈士的尸体就停放在舞台背后图书馆的阅览室里。大家的心中充满了悲愤的感情，演员在舞台上忘记了自己，他们已不仅仅是"进入角色"，而是完全"融化"在角色之中了。演员把内心的悲愤转化成了角色的语言，朗诵台词实际就是在抒发内心的情感。饰演爷爷的演员温功智，具有相当丰富的舞台演出经验，他在《凯旋》中的演出极为投入和成功，"他说还从来没有一个戏为他在演出中提供过如此震撼心灵的创作激情，他几乎是一拿到剧本就进入角色"[①]，他那浑厚的嗓音极富感染力，每一句台词都是血和泪的控诉，使许多观众泣不成声。饰演小凤的伍骅不仅在台上悲伤不已，而且在演出结束后仍抽泣不止。在整出戏的演出过程中，没有掌声，只有哭声，因为剧情和现实都实在太令人悲愤和哀伤！

剧末有一段台词是由剧作者王松声亲自朗诵的："我的朋友，感谢你流着眼泪，看完这个悲惨的故事，你感动了，你哭了，可是你拭干了眼泪想一想，为什么会有这种悲剧发生啊！朋友，这是因为内战。因为内战，使我们生活痛苦，因为内战，使我们骨肉残杀，就在今天、此刻，在华北、在东北、在江南、在塞外，正有许多类似的悲剧在发生……"他那悲愤激昂的朗诵再次把观众的情绪推向高潮。整场演出，对于演员来说是终生难忘，对于观众来说是记忆犹新，几十年后，当时的人还能说出个大概来。汪仁霖说："半个世纪过去了，涉及《凯旋》的许多往事，追忆起来，还历历在目。每逢谈起演出此剧的情景，大家都激动不已。"[②]急就而成的《凯旋》，它的演出效果非常之好，是昆明最为成功和最有影响的演出之一。

首场演出后，剧艺社又在校内举行了多次演出，观众的热情仍然不减。由于"一二·一"运动的斗争需要，学校"罢委会"还组织剧团到学校、工厂和农村去演出，每场演出都收到很好的效果，许多观众哭成泪人。西南联大北返后，《凯旋》被带到北京，北大剧艺社把它作为保留剧目经常演出，并且还到清华、燕大等校去进行过演出。此外，在解放战争期间，武汉、重庆、天津、南京等一些大城市都演出过此剧。据不完全统计，从 1945 至 1947 年间，仅剧艺社在昆明、北平两地的演出就达 40 多场次。《凯旋》成为反内战中演出场次最多，影响最大的戏剧。

"一二·一"惨案发生后，剧艺社的王××还写了一个活报剧《血债》，控诉

① 汪仁霖：《〈凯旋〉的创作和演出》，《西南联大北京校友会简讯》（内刊）第 19 期，1996 年 4 月。

② 汪仁霖：《〈凯旋〉的创作和演出》，《西南联大北京校友会简讯》（内刊）第 19 期，1996 年 4 月。

反动派的罪行,表达师生的复仇决心。剧艺社立即决定排演。剧务主任孙同丰带着剧本去女生宿舍落实演员,准备排练。不料途中被特务跟踪,孙同丰跨进女生宿舍门口,剧本被突然冲上来的特务夺走。因此《血债》未能演出。

12月4日,反动派迫于压力,公审"一二·一"惨案元凶。他们采取偷梁换柱手法,将两个死刑犯当做凶手,企图蒙蔽群众,一则开脱自己的罪责,二则平息反内战运动。郭良夫根据这一黑幕,连夜编写活报剧《审判前夕》,揭露反动派的阴谋诡计,以正视听。作者一边写,同学一边复抄剧本,剧艺社一边排练,第二日就在"民主草坪"上演出。演员是聂运华、丛硕文、张天珉、童璞、闻立鹤等。由于现实针对性强,演出收到了较好的效果。以后的演出中,孙同丰、刘薇等社员也出了场。闻一多不仅关心此剧的演出,而且还为剧本题签篆书"审判前夕"。

在排练《审判前夕》的同时,剧艺社的另一些社员排练王松声创作的街头剧《告地状》,伍骅饰姐姐、汪仁霖饰弟弟、张天珉饰教师、吴学淑饰李鲁连的母亲、过卫钧饰大学生。演出地点在云瑞公园大门口,时间是12月6日。当时,《罢委会通讯》发表的"本报特写"对剧作和演出情况作了介绍:

下午一时许,太阳照在云瑞公园门前的石阶上,石阶上出现了两个衣服褴褛、神情颓丧的小孩子,弟弟有十六七岁,低着蓬松的头,无语地蜷伏在墙根下。姐姐有十七八岁,精神憔悴,蹲在地上用粉笔写地状:

落难女子刘秀英,自卖自身,身价二十万。

观众渐渐围拢来,大家都静静地看地上所写的端正秀丽的字迹。有一个老太太还特别弯下身子用怜惜的眼光打量这个落难的孩子,好像说:"可怜呵!这么好的孩子。"观众越聚越多了,一层又一层,姐弟二人在场内羞愧地蹲着,相对无语,观众默默地读地上的文告,场中空气愈现悲凉。

突然从人堆里走出一个中年人来。他在(从)文告知道了他们是同乡,相谈之下,原来他们还是街坊,异地偶遇乡人,这姐弟二人才向他悲凄地诉出了他们生活中痛苦的遭遇!

原来这姐弟二人从沦陷区逃到后方寻父,正好父亲奉命出国参加缅甸战役,才在重庆留下来,姐姐在渝纺纱厂当女工,弟弟在花纱布管制局当服务生。抗战胜利后各机关裁员,姐弟二人失了业。听说国军从缅甸凯旋,两个人变卖了所有的衣物来昆寻父,不幸路途遇匪,把所余钱物抢去,至昆后父亲却又调到山海关打内战去了。姐弟二人无亲无友,难度岁月,姐姐乃决心自卖自身,助其弟赴东北寻父使一家子团圆。

他们姐弟二人流着泪向这位乡亲苦诉了这一段悲惨的遭遇，观众有许多人哭了。演员自己控制不住自己的感情，也真哭了。这位同乡站在场中向大家解说这一切痛苦，完全是因为内战，我们要反对内战！

正当观众为这姐弟二人的可怜命运所嗟叹时，忽然有人喊："疯子，疯子！"

观众闪开一条路，有一个十五六岁的小女孩扶着一个五十多岁的老太婆走到场上来。小女孩低头饮泣，老太婆手里抱着一个骨灰坛子，两眼直直的，嘴里喊着："手榴弹，我的小连儿，你死得好惨啊！"

这落难的姐弟原来和他们认识，他们一路到昆明来的，那小女孩才啼哭着把事情原委告诉他们。

原来这老太太是带着女儿到昆明来找儿子的，她儿子在西南联大念书。可是不幸在他们来的头一天，她儿子因为反对内战罢课被暴徒用手榴弹炸死了，朋友们把他火葬了，把骨灰装在坛子里。老太太听到这消息就疯了……

听完了这老太太的遭遇，观众唏嘘地感叹着，流下泪来。那位同乡又站在场中把这次"一二·一"惨案的原委告诉了大家，并指出这惨案是因为反内战而起的，我们要反对内战。

末了，一位西南联大同学来了，他们雇了一辆洋车把这老太太扶到车上。演老太太的同学已经把假戏当作真戏了，她哭得止不住，无法控制自己的感情，一直到商校卸了装，还哭了好半天。许多观众一直就没有看出是在演戏，就是连许多宣传队员也不晓得是假的。

第二天，有人说李鲁连的母亲到昆明来了！[①]

有的回忆文章说此次演出地点在圆通山门口。笔者曾做实地考察，认为圆通山门口与实景不符，应该是云瑞公园门口。此剧还在西南联大等地演过。

在罢课期间，郭良夫抑制不住对烈士的崇敬和怀念，多方收集潘琰的生平事迹，写出三幕剧《民主使徒》(即《潘琰传》)。剧本"描写了潘琰离开封建家庭，投身革命，辗转到西南联大学习，在'一二·一'运动中英勇献身的事迹"[②]。剧艺社倾全力排演，请客居昆明的演剧四队的张客担任导演，舞台监督程法

---

① 《剧艺社告地状》(本报特写)，西南联大学生自治会编《罢委会通讯》，第13期，1945年12月16日。

② 萧荻：《承前启后的战斗集体——回忆联大剧艺社》，西南联大校友会编《笳吹弦诵在春城》，昆明：云南人民出版社，1986年。

伋,裴毓荪饰潘琰,萧荻饰潘父潘致和,吴学淑饰潘致和的太太,陈幼珍饰潘琰的生母即潘致和的二太太潘王秀英,孙同丰饰潘琰的七堂兄潘瑞璋,伍骅饰潘琰的堂侄女潘倩如,常正文饰潘琰的三堂兄潘瑶璋,汪兆悌饰潘琰的女友萧素华,参加演出的还有丛硕文、胡小吉、张天珉、杨凤仪、汪仁霖、程法伋、刘海梁、闻立鹤、刘薇等,总共不下二三十人。后勤、联络等工作人员不够,又吸收了一些新社员。闻一多、吴晗、楚图南、尚越、夏康农等教授给予了关怀和指导,闻一多还为剧本《民主使徒》题签篆书。剧作计划于 1946 年 1 月 27 日在昆华女中礼堂举行演出。当局加以阻止,指令昆华女中校方以礼堂是危房为由拒绝租借。剧艺社请清华大学土木系校友陆云龙爬上屋顶,对梁柱一一检查,并由他写出"礼堂安全,可供演出"的鉴定书,凭条租借礼堂,挫败了阴谋。反动派无奈,只好把阻止变为限制,要昆华女中只租 4 天。在昆明学联的支持下,剧艺社便用加演场次来弥补,每晚连演两场。演出如期举行,观众极为踊跃,引起震动,以至田汉、洪深都亲临观看。大型话剧每晚连演两场,演员的辛苦自不待言。饰演潘琰的裴毓荪,戏特别吃重,有时到了后台就发晕,社友冲些白糖水给她喝,上台时又精神抖擞了。两场演完,往往是凌晨一点左右,总有许多观众(多数是中学生)护送剧艺社社员回学校,一路上,大家手挽着手,唱着歌,共同分享着胜利的快乐。

西南联大剧艺社演出的最后一出戏是《芳草天涯》。由于西南联大忙于考试、结束、北返等事务,1946 年的"五四纪念周"由云南大学主办,但演剧一项仍要剧艺社承担。剧艺社愉快地接受了这个任务,大概出于三个方面的考虑:一、纪念五四,二、庆祝结业,三、告别昆明。选演的剧本是夏衍的四幕剧《芳草天涯》。剧本描写战乱罹难中尚志恢、石咏芬、孟小云的爱情和婚姻纠葛,人物心态复杂,情感细腻,主人公隐晦的恋情、内心的痛楚、淡淡的悲伤,以及新生的喜悦,委婉含蓄而又纤毫毕露。这与剧艺社在"一二·一"运动中所演的戏大相径庭。演出人员确定为:聂运华演尚志恢,王恳演石咏芬,胡小吉演孟小云,张天珉演许乃辰,萧荻演孟文秀,吴学淑演孟太太。演出地点在西南联大东食堂,5 月 4 日至 6 日每晚一场。演出以委婉细腻和含蓄隽永吸引了许多校内外师生和文化界人士,较好地体现了夏衍的创作意图和艺术风格,获得观众的普遍赞许,特别是演孟小云的胡小吉,把那少女的情怀表现得真切动人,受到新中国剧社的专业导演和演员们的称赞。人们对于剧艺社的评论是:"不仅能演活报剧，演出艺术质量要求较高的大戏，也是很有水平的。”①

《芳草天涯》的演出表明，剧艺社又回复到演出《风雪夜归人》的路子上，而且艺术水平有了提高。可惜这是西南联大剧艺社在昆明演出的最后一出戏，人们不能看到剧艺社更进一步的风姿了。令人难忘的是，这出戏以适当的情调表达了“告别”的心情，留给人们深刻而又隽永的念想。

① 萧荻：《承前启后的战斗集体——回忆联大剧艺社》，西南联大校友会编《笳吹弦诵在春城》，昆明：云南人民出版社，1986年。

充分利用中越革命历史遗址遗迹资源开展两国“红色”旅游活动[①]

文丰义　凌莉[②]

（八路军桂林办事处纪念馆，广西桂林　541001

广西壮族自治区博物馆，广西南宁　530022）

[摘要]中越两国是一衣带水、唇齿相依的传统友好国家。以胡志明为代表的越南革命先辈们在中国大地上从事革命活动时留下了许多革命历史遗址。这些革命历史遗址既是两国人民友好传统的见证，又是开展两国革命历史传统教育与宣传，进行红色旅游活动的重要资源。文章介绍以胡志明为代表的越南革命先辈们在桂林、柳州、靖西、龙州等地从事革命活动的事迹和居留过的地址情况，并对开展相关红色旅游提出建议。

[关键词]胡志明；革命历史遗迹；红色旅游；中越边境

中越两国是一衣带水、唇齿相依的两个传统友好国家。曾在历史上为抗击共同的敌人相互配合、相互支持。尤其是两国老一辈革命家们，为了共同的革命事业、理想与信念建立了牢固的传统友谊，留下了许多革命历史遗迹。特别是越南人民的革命领袖胡志明同志，为越南的民族独立和革命事业，从1912年离开自己的祖国，先后到法国、苏联、中国等地从事共产主义革命运动。1924年底他随孙中山聘请的苏联顾问鲍罗廷从莫斯科来到中国，以后又多次

① 收稿日期：2010－11－10。

② 作者简介：文丰义，八路军桂林办事处纪念馆副馆长、研究员，广西抗战文化研究会副会长，桂林抗战文化研究会会长。研究方向为中国抗战文化、桂林文化。凌莉，广西壮族自治区博物馆助理馆员，研究方向为博物馆学。

到苏联学习，并先后在中国的广州、香港、桂林、重庆、昆明、柳州、中越边境地区的龙州和靖西一带从事革命活动，直至1945年8月回国就任越南民族解放委员会（临时政府）主席，前后在中国断断续续工作和生活了近20年时间，与中国人民结下了“同志加兄弟”般的深厚友谊，同时又留下了许多弥足珍贵的革命历史遗址、遗迹。这些革命历史遗址、遗迹既是两国人民友好传统的见证，又是两国开展革命历史传统教育与宣传，进行以“红色革命”内涵为主题的红色旅游活动的重要资源，将为弘扬中越两国的传统友谊产生深远的影响。

一、以胡志明为代表的越南革命先辈们在中国大地上从事越南革命活动的足迹

胡志明同志作为越南民族独立与革命活动的先行者，为了自己祖国独立与民族革命而奉献一生。

1937年日本全面侵华的七七事变爆发后，尤其是在1938年10月广州、武汉沦陷后，随着中国大陆的政治、经济、文化中心大量向西部和西南部转移，广西桂林以其独特的地理位置，位居华南、华中、东南和西南交通枢纽，成为抗战时期重要的战略要地。

当时的桂林既是广西的首府，又是中国南部地区的军事重镇和中国大陆仅有的未被日军占领的几座后方城市之一，同时还是日军要打通中国大陆交通线、进攻中国南部地区以及中南半岛的必争之地。加上当时中国东部和东南沿海地区已被日军占领，与海外联系只有通过广西的龙州、凭祥一带进入越南，再经越南的同登到海防等地出海，由海路与香港、上海孤岛、东南亚地区进行沟通与联系，所以此时的桂林又是中国大陆通往海外唯一的一条最便捷的国际通道上的中继站。

抗战的特殊战略地位和新桂系相对开明的独特政治环境，使得桂林在抗战期间的地位不同一般。在中国抗战进入相持阶段后，由于桂林同时还是新四军活动的地区与在重庆的中共南方局、在延安的党中央联络，以及南方各省中共地下党人员过往的必经之地，当时还聚集了来自东北、华北、华中、华南等地的庞大难民和文化工作者，桂林的城市人口也从原本的七万人，猛然增至1939年初的30多万人，至1942年达到50万人，桂林也因此成为国统区著名的进步“文化中心”。所以，为适应抗战形势的变化，1938年9月经中共中央决定，并于同年11月在周恩来、叶剑英、董必武等亲自领导下，在桂林设立了八路军办事处，直接领导南方广大地区的抗日游击武装，领导并引导着桂林不断繁荣、发展的抗日救亡文化运动。

在战争环境下，由于战事的风云变幻，尤其是随着以后中国抗战形势的发展和国际政治形势的巨变，广西也很快成为抗日的前沿阵地。此时胡志明正好由苏联经迪化(今乌鲁木齐)来到延安，并在延安小住两个月。当他知道中国的抗战形势，尤其是知道桂林成为国统区进步文化中心以后，他认为到中国的南方地区进行革命活动，学习中国的抗日经验，直接加入到中国抗日文化救亡运动当中去，对于帮助本国的民族革命斗争更有实际意义，再加上桂林离越南的距离也更近。所以，1938 年 12 月，他化名“胡光”，随八路军总参谋长叶剑英以八路军上等兵的名义由延安经西安、重庆、贵阳于当月底来到桂林，并住在八路军桂林办事处设在城北的灵川路莫村军需物资转运站。

胡志明在桂期间，主要负责办事处救亡室工作，担任名誉主任，具体从事八路军桂林办事处内部机关报《生活小报》的编辑工作，同时担负办事处设在路莫村军需物资转运站和过往人员招待所、工作人员家属区的每天卫生检查工作。为应付国民党特务的突然袭击与突击检查，当时胡志明又是以办事处的炊事班长的身份登记入册，以一种极为特殊的身份在桂林从事越南的革命活动。所以，他当时的真实身份除周恩来、叶剑英、李克农知道外，其他人并不知道他是越南人和越南共产党的身份。

胡志明到桂后不久，即 1939 年上半年，德国法西斯大举进攻法国，法国不敌德国法西斯的强大攻势战败投降。此时的形势对于越南的革命斗争极为有利，因为越南是法国的殖民地，法国战败投降，在很大程度上会放松对越南的控制。所以，这时的胡志明更是加倍工作，在越南国内的共产党人也多方打听胡志明的消息，胡志明也想尽早与国内的党组织取得联系。他在桂林办事处期间，除每天完成编辑《生活小报》的工作及检查卫生外，还认真学习马克思主义和毛泽东《论持久战》、《论新阶段》等论著。在参考学习中国共产党有关抗日文件、《新华日报》等报刊的同时，他还结合学习心得撰写一些时论文章，或寄回国内，或寄给共产国际。在 1940 年 10 月至 12 月间，他就先后以“平山”的笔名连续在《救亡日报》“文化岗位”专刊上发表了 12 篇评论文章，如《天上固味》、《池蜗与黄牛》、《罗斯福先生的恶作剧》、《安南的歌谣与中国抗战》等。文章内容多是国际反法西斯战争、中国人民抗战和中越关系等题材，不仅论述精辟，观点鲜明，切合实际，而且有的切中时弊，具有革命性的直接指导意义。如今刊登这些文章的《救亡日报》原版保存完好，这些文章已成为研究胡志明在桂林进行革命活动和从事越南革命斗争，以及展现中越革命友谊源远流长的极为珍贵的实物见证。

胡志明在桂林工作期间，为了越南国内的民族独立和解放，他在1939年6月至1940年12月的一年多时间里，先后四次离开桂林又回到桂林。在这期间，他由周恩来同志亲自关照和安排，先后到湖南衡山参加了南岳游击干部训练班（当时印制的干训班同学通讯录第二、第三期中都有“胡光”的名字），到靖西与越南国内派遣来的同志接头，去重庆、昆明寻找组织，与在昆明的越南共产党组织取得联系，然后又与他们一同转战桂林，把桂林作为他们从事越南民族革命活动的根据地。

胡志明与在昆明的越南共产党组织一同转移到桂林后，即以桂林为中心，领导在桂的越南同志积极开展革命活动。刚到桂林不久，胡志明即与越南来桂的同志，如林伯杰（范文同）、杨怀南（武元甲）、郑东海（武英）、黄文欢等共同创办了越南独立同盟会桂林办事处。1940年12月8日又成立了中越文化工作同志会，对当日的活动《救亡日报》曾在第二天的第二版给予了详细的报道。

此后在桂越南共产党和进步人士就通过“越盟”和“中越文化工作同志会”等组织机构，在中国各地广泛开展活动，并呼吁中国与国际进步力量支持越南的民族解放斗争。

随后，胡志明与在桂的其他越南共产党人经过大量工作和不懈努力，又在桂林筹备了“越南民族解放委员会”。1940年10月，当胡志明由昆明去重庆再次回到桂林时，正值越南国内抗法斗争高涨，多个边境地区举行了民族革命起义。在这样的形势下，胡志明认为这是越南民族革命能够取得成功的最好时机，而且越南各民族也应该联合起来，建立统一的民族革命阵线，才能获得民族解放的最后胜利。

就这样，1940年11月，胡志明与越南在桂共产党人又开始策划由桂林转移到中越边境一带活动。胡志明一到靖西，即派武英回国，此时越南国内党组织也派出黄文树、长征、黄国越等到靖西与胡志明联系。当海外的越南党组织与国内的党组织联系上后，他们立即决定在高平省靠近中越边境的地方选择一个基地作为印支共中央机关所在地，“越南民族解放委员会”便于1940年12月正式在靖西成立。1940年12月28日的《救亡日报》同样高度重视，又以《越南民族解放委员会成立宣言》为题进行了具体报道。以后胡志明就与他的战友们以此为根据地有效地领导着越南国内的革命斗争和民族解放运动。

1941年1月，中国国内发生震惊中外的皖南事变，八路军桂林办事处由于政治形势的变化，被迫作撤离准备。中共南方局和桂林办事处领导人周恩来、李克农等考虑到胡志明等越南同志的工作需要，以及以后联络的方便，在撤离之前又帮助胡志明他们建立了秘密地下电台，编制收发报密码，同时在越南的海防、同登等地设立秘密通讯站。同年2月，八路军桂林办事处撤销，此后胡志明只能独立领导越南国内革命斗争，并在阔别祖国28年之后第一次由广西靖西的109号界碑处回到越南国内。

胡志明与他的战友们以后又在广西的柳州、龙州、靖西等中越边境地区继续进行越南民族革命活动。在经历了长期艰难曲折的斗争后，一直到1945年8月，他们才回到越南河内。9月2日，胡志明在河内的巴亭广场发表《独立宣言》，正式宣告越南民主共和国诞生。从此，他才真正结束了在中国各地从事越南革命活动的斗争生涯。在中国的广阔大地上，许多地方都留下了胡志明与越南的战友们为越南民族革命和民族解放事业活动的足迹。

二、丰富的革命历史遗址、遗迹资源是开展两国红色旅游活动的重要保证

如今胡志明等越南老一辈革命家们在桂林、柳州、龙州、靖西等地从事越南民族独立和革命活动的旧址、遗物等都保存完好，并且大多依托旧址、遗物设立了专门的保护与管理机构，陈列有相关的物品以及出版了的、相关的历史资料和研究著作，常年对社会公众开放。

胡志明同志在桂林主要战斗地——八路军桂林办事处旧址(包括城北的路莫村军需物资转运站旧址和胡志明同志在桂林主要活动、居住的地点)早在1977年1月就开辟为供人们参观、瞻仰的革命传统和爱国主义教育的纪念馆。1996年被列为全国重点文物保护单位；以旧址为依托建立的纪念馆2001年又被辟为全国爱国主义教育示范基地；2005年旧址被国家确立为全国百个经典红色旅游景区之一；2009年旧址又被公布为国家国防教育示范基地。其在社会主义文明建设和规范人们的思想道德行为方面正发挥着越来越重要的积极作用。

如今，当年胡志明同志居住过的房间、使用过的物品，以及他在桂林工作期间经常帮助办事处厨房工作人员挑水做饭的水井、每天早晨清扫的村街、锻炼身体的操场、参加大型活动的场所，等等，都保存完好，遗迹尚存。此外八路军桂林办事处纪念馆还在各旧址点都按历史依据作全部复原陈列，在纪念馆里陈列有《永远的丰碑：八路军桂林办事处革命文物陈列》、《桂林红色旅游专题陈列》；在胡志明主要活动、居住点路莫村军需物资转运站旧址，还陈列有《红星闪耀照南国：八路军办事处与抗日战争》、《胡志明与桂林》等专题展览内容。以上所有展览内容中都或多或少地反映了胡志明在桂林从事革命活动的

情况。

另一方面，当年八路军桂林办事处还为中共中央、八路军、新四军、抗日游击队等筹集和转运海外华侨捐赠、办事处采购的各种抗日军需物资。这些物资需由香港经北部湾海路借道越南运回桂林，因而在越南海防、同登等地建有物资仓库和秘密联络站等。当年经越南运回的物资，如电台、通信器材、医疗器械、被服毛毯、在越南境内采购的法文打字机、快速送情报的自行车和日用品，以及刊登了胡志明在桂林撰写的文章的《救亡日报》等，现在已被各地的一些博物馆、纪念馆当做文物收藏。这些都是当年中越革命活动的共同历史见证。

在柳州，胡志明同志当年居住、活动过的地方，现在大多也能寻觅踪迹。柳州胡志明旧居位于柳石路 2 号，鱼峰山小学大门旁，2006 年被列入第六批全国重点文物保护单位，彰显了胡志明同志在柳州活动遗迹的价值。国家还拨出专款对旧址进行全面维修，同时依据历史资料对旧居进行了复原陈列，常年对游人开放，供中外游客瞻仰、参观。1943 年 9 月至 1944 年 8 月，胡志明在此居住了一年。在此之前，胡志明曾被国民党关押在盘龙山山洞长达一年时间，关押期间用中文创作了 133 首“狱中诗”。1943 年 9 月，在中共地下党、国民党民主人士和越南共产党人的营救下，胡志明获得自由。不久就住进了南洋客栈(即现在的胡志明旧居)。在这里他组织开展了大量的革命活动，撰写了许多文章、报告，召开了越南革命同盟会海外革命团体代表大会，创办了越南革命青年干部训练班，与范文同、武元甲等领导人和越南同盟会、复国会等党派团体齐聚柳州开展反法复国革命活动。1944 年 8 月，胡志明带领 18 位越南青年离开柳州返回越南，结束了在柳州的革命活动。如今该旧址是目前中国境内唯一获得“全国重点文物保护单位”称号的外国领导人旧居。

在龙州、靖西等地，胡志明从事革命活动的旧址、遗址、遗迹等则更多。龙州不仅有胡志明等革命同志的秘密机关旧址，而且还有《胡志明在龙州革命活动史迹》的专题展览。在边境地区，这些旧址、遗址、遗迹不仅保存完好，展览内容丰富，资料搜集完备，而且由于与越南边境交界，附近边民、政府、文化机构等以之作为平台交流频繁，因而利用率更高，保护措施更加完善。

此外，越南在进行抗法民族独立与统一大业斗争中，也把广西作为越南的后方基地，曾在桂林设有专门帮助越南培养革命青年干部的越南学校(即现在的广西师范大学育才校区)，为救治越南伤员的越南医院(即现今的广西壮族自治区直属的南溪山医院)，等等。这些历史活动的旧址、遗迹均保存完好，同时进行了相关的史料陈列,设立了保护标志,进行了文字说明。

尤其值得一提的是,1954 年越南抗法斗争取得胜利,越南北方获得解放后,胡志明同志经常到广西访问和度假。1961 年 5 月,胡志明再一次来到桂林度假,游览了叠彩山、七星岩、漓江和阳朔,对桂林的美丽风景赞不绝口。这给桂林人民留下了难忘的回忆。

以上所有这些丰富的革命历史遗址、遗迹,将是开发两国"红色"旅游的宝贵资源,也是这项活动能够开展起来的重要保证。

三、以胡志明等革命同志活动的历史遗址、遗迹为依托开展的两国文化交流为两国红色旅游活动的开展提供了经验启示

广西与越南陆地交界,水域相连,中国与越南又都是重要的东盟 10+3 成员国。随着两国经济的高速发展,边境贸易量的逐年增大,贸易额的不断增长,以及边境贸易人员的频繁往来,中越民间、政府机关、文化与社会团体、各机构高层人士等的交往、交流也越来越多,已呈常态化。尤其是在文化、教育等方面的交流,已经走在了最前面。比如在文化交流上,特别是在对越南的人才培养与教育培训方面表现明显。十多年来,越南在广西的留学生逐年大量增加,桂林的越南学校旧址所在地——广西师范大学已是越南留学生来中国留学最集中的高校之一,而且这些留学生来桂后,也多半自己要求或在学校统一安排下,到胡志明同志在桂林工作生活过的地方去参观和瞻仰,并作为他们自觉了解中越传统革命友谊、进行思想道德教育的重要活动地点和教育实践基地。

此外,每年还有越南的各级党政机构、文化团体等单位人员来到八路军桂林办事处、越南学校旧址、越南医院旧址、柳州胡志明旧居、龙州胡志明活动机关等革命活动旧址、遗迹参观、瞻仰,进行文化交流。尤其是越南国家重要领导人、党政机关重要官员的参观访问等,为促进两国文化与社会交流起到了加速器的作用。如越南河内的胡志明博物馆与八路军桂林办事处纪念馆曾多次就胡志明在桂林的革命活动史料、旧址保护、专题展览、文物的复制等内容进行交流、探讨,并达成互相交换史料和复制相关文物史料的协议。最近十多年来,几乎每年都有几批甚至十来批越南代表团、留学生到八路军桂林办事处旧址参观,瞻仰胡志明等越南老一辈革命家在桂林工作生活过的地方。一些越南重要领导人也先后来到八路军桂林办事处旧址等胡志明战斗生活过的地方进行访问、参观,缅怀老一辈革命同志的革命伟绩,如越南原总书记黎可飘、越南总理阮晋勇、越共中央书记江河、越南文化交流部部长、越南河内共青团书

记，以及1954—1955年桂林越南学校校友团，等等。特别值得一提的还有经两国两党高层领导互访时达成的以“中越友好—青春携手—世代相传”为主题，2010年8月由两国共同举办、广西具体承办的万名中越青年友好大联欢活动。其中8月26日在桂林举行的中越青年大联欢，越方组团成员就达1000余人，其规模盛大，场面热烈，是历史上少见的。大家共同参观了胡志明同志工作过的八路军办事处旧址，以及反映中越友好交往，对越南统一给予全力支持的广西师范大学育才校区、南溪山医院等，还举行了一系列的联欢与交流活动。广西龙州等边境地区与越南北部接壤，边民交往频繁，由于交通便利，边境贸易火热，同等级别的政府机构与文化团体、社会与民间等的交往与交流更是频繁。由广西社会科学院和中共崇左市委、市政府举办，龙州县委、县政府直接承办的“胡志明与龙州”、“胡志明在广西革命活动”等国际学术研讨会，直接促进了中越两国间的文化交流，加强了对胡志明等老一辈革命家在中国从事革命活动的史实宣传。龙州、柳州等地同样也举行了规模盛大的中越青年大联欢活动。

柳州的胡志明旧居于2000年修复并正式对公众开放。旧居对外开放后，包括越南总理阮晋勇、越共中央书记江河在内的许多越南重要领导人都先后参观过旧居。每年一届的中国—东盟博览会，越南代表团都要专程来柳州参观胡志明旧居。很多来中国的越南代表团、旅游团及普通越南群众都专程来到柳州参观胡志明旧居。2005年，越南开通了河内至柳州的直达旅游专列，方便了越南民众旅游观光、缅怀瞻仰，对促进越南民众更直观地了解胡志明在中国、在广西的革命活动，加深中越交流等起了极大的推动作用。

同样，随着国民经济的发展，中国普通民众收入的增加，中越文化交流频繁不断，加之交通方便，出国申请护照与办理手续的简易化，以及到越南旅游的经济实惠等，每年到越南旅游的中国游客更是络绎不绝。中国游客赴越后一般都会到河内游览，河内的巴亭广场、主席府、胡志明主席养鱼池、胡志明故居、可瞻仰胡志明主席遗容的胡志明主席陵墓以及胡志明博物馆等，成为中国游客游览河内首选的地方。近年来，随着中越两国旅游部门的共同策划和合作，以及越南国内交通的不断改善，两国的旅游范围与旅游业务的不断拓展，越来越多的中越两国共同进行革命活动的旧址、遗迹被纳入进来，比如越南的谅山黄文树博物馆—太原定化—ATK—太原胡志明历史、文化遗址，等等。这些革命遗址、旧址点的开发和利用，对丰富两国红色旅游文化、共同开发红色旅游资源、拓展并深化两国红色旅游内涵都有着巨大的潜力。

依托两国老一辈革命家们开创的革命道路、建立的革命传统友谊,以及两国丰富的革命遗址、遗迹,加上中国在全国范围内大力开展红色旅游活动,积累了很多成功经验,为两国开发共同的红色旅游活动提供了十分有益的方法借鉴和经验启示,因而可以通过形式多样的文化交流、接触与合作,拉近两国人民的距离,增进两国青年一代对传统革命友谊的了解和理解。

四、以开展两国红色旅游活动为契机,为弘扬两国传统友谊建立牢固的基石

在当今文化旅游已成为一种趋势、已经构成世界旅游主体内容的背景下,开发以中越两国革命历史文化遗址、遗迹为主题的两国红色旅游项目,对于弘扬两国传统革命友谊和优秀的革命文化具有十分重要的政治与文化意义。我国在对越关系中历来秉承和主张“长期稳定、面向未来、睦邻友好、全面合作”的方针,通过共同推动和发展两国红色旅游活动,可以向两国更多的民众、尤其是青少年一代宣传中越两国的传统友谊,让他们了解过去,加深理解,增进互信,进而营造两国青年、民众携手共创两国关系美好未来的浓厚情谊。同时,也为进一步巩固和发展中越两党两国关系、增进两国人民的友好往来服务,为国家外交战略、尤其为周边外交战略服务。

发展红色有以下几方面的意义。第一,从一个国家民族自身文明发展与精神意志培养的角度来看,发展红色旅游是弘扬民族精神、加强对本国国民爱国主义教育、进行公民思想道德教育的需要。第二,从政党的自身建设与党性原则规范要求来讲,中越两国都是以共产党作为执政党,有着共同的政党纲领、奋斗目标、理想信念,发展红色旅游也是进行党性教育的需要。同时,它还是巩固党的执政地位的政治工程,是教育人民特别是青少年的特殊课堂。中越两国丰富的红色革命资源,凝结着“弘扬传统、团结务实、奉献拼搏、争先创新”的时代精神。如今中越两国都面临着经济大发展、社会大繁荣的新时期,如能加强对这些红色历史资源的开发利用,必然有利于增加相互间的理解与尊重,促进共同发展与社会繁荣。第三,发展红色旅游又是保护这些红色革命资源和红色旅游资源的一项重要举措。由于革命旧址、遗迹等随着时间的流逝自然风化严重,加上以往在这方面投入的经费不多、保护力度不大、保护措施还不够完善等原因,这些重要的红色革命旅游资源亟待加强保护和管理。通过发展红色旅游,把这些革命历史文化遗产保护好、管理好、利用好,对于实现两国红色旅游可持续发展也具有重要而深远的意义。第四,由于中越两国国情基本相同,发展红色旅游还是带动地方经济社会协调发展、实现旅游扶

贫、促进当地社会经济发展的一种方式。第五,发展以两国革命旧址、遗迹为主的红色旅游又是培育两国旅游产业发展的新的增长点的需要。如果两国共同开发的“红色之旅”能够成为一种新型的文化与旅游休闲产业,将为中越两国旅游深度开发、增强旅游市场活力和旅游氛围、拉动中越边境地区的文化与经济发展带来不可估量的发展前景。同时,通过开展两国红色旅游活动,也可以提升中越两国旅游业的文化层次。通过旅游不仅可以使民众领略两国不同或相同的民族风情、历史、文化、自然风光,同时还可以向民众传播两国为民族革命、民族独立所追求的民主、正义、和平等先进的文化理念及历史知识。这也使我们的旅游内容更具特色,富有魅力。因为依托这些革命遗址、遗迹开发的红色旅游内容,融会了国家摆脱屈辱、取得独立和自由的历史知识,展现了勤劳、勇敢、智慧、创新的民族品格,昭示着和平正义自由的人类公理。一处处文化遗产,是一个个宣传爱国主义思想、传承民族优秀文化的大课堂,对中越两国民众都发挥着重要的爱国主义宣传教育作用。

此外,这些富有革命传奇经历的遗址、遗迹,蕴含着丰富的精神内涵和巨大的历史价值,通过文化交流与旅游休闲、旅游传播的方式,将会更加深入人心,影响广泛,效果也会更加明显。如果再将此项活动上升为两国国家层面来实施,通过两国相关部门组织专家学者从史料调查、资料搜集、规划保护、旅游内容策划、统一线路安排等协同做起,再经两国旅游部门具体统筹规划、合理安排、相互协调,合理开发、科学利用,将这些丰富的红色旅游资源与固有的绿色旅游线路、特色民俗旅游、特色农副产品推介、地域特色小吃等项目衔接起来,那么既可以推动两国这些红色旅游资源区的旅游经济的增长,扩大旅游带来的社会效益和经济效益,同时也为增加两国民众的就业提供了一定的机会。这项旅游产业的开发从各方面来说都将使中越边境的旅游业富有更加广阔的发展前景。

论桂林抗战文化博物馆的建设[①]

洪德善[②]

(桂林市博物馆,广西桂林 541001)

[摘要]桂林是抗日战争时期中国大后方的文化重镇,抗战文化城蜚声海内外,为实现中华民族的独立解放提供了不竭的精神食粮和动力,也为中华民族留下了一笔丰厚的文化遗产。本文论述建立桂林抗战文化博物馆的价值和意义,并对桂林抗战文化博物馆的选址、展览设想等问题发表意见。

[关键词]桂林;抗战文化;博物馆

桂林作为抗战时期的后方城市,鉴于其有利的地理区位和特殊的政治环境以及中国共产党和广大进步爱国人士的积极努力,成为当时中国著名的抗战文化城。发掘、展示、认知、传播抗战文化遗产和其精神内涵,我们需要更多的努力和多样的形式,建立抗战文化博物馆是当下迫切之举。

一、建立抗战文化博物馆的价值与意义

(一)释放抗战文化品牌价值

桂林抗战文化城作为一个独特的历史现象,早已为学术界所关注,已具有较高的知名度。抗战文化作为桂林历史文化的一个品牌,在国内外都已有一定的影响力。建立抗战文化博物馆,充分发掘、展示、利用其品牌价值,能有效地推动文化事业与经济、社会发展。

(二)建立人文情感纽带的节点

从 1937 年日本发动全面侵华战争到 1941 年发动太平洋战争,北平、上

① 收稿时间:2011—5—12。

② 作者简介:洪德善,桂林市博物馆文博助理馆员。研究方向:博物馆学。

海、广州、武汉、香港等城市相继落入日寇之手，迫使大批文化名人内迁桂林，如文艺界的茅盾、巴金、胡风、聂绀弩、夏衍、廖沫沙、朱自清、柳亚子、徐悲鸿、张曙、田汉、熊佛西、黄尧；社会科学界的梁漱溟、胡愈之、邹韬奋、千家驹；教育界的陶行知、杨东莼、白鹏飞；自然科学界的高士其、李四光；佛学界的巨赞法师等，都先后来到桂林，积极投身抗战文化运动。这些文化大师虽大都已经故去，但他们留给我们许多有形的和无形的文化遗产，值得我们大力发掘、弘扬，借此扩大桂林的文化影响力。再则，这些文化大师的后人现分布于全国各地以至世界各地，他们对先辈曾经生活、战斗过的桂林是有着不解的情结的，而或自己也曾在桂林留下依稀的童年记忆。举一个例就足以说明问题：前不久，马来西亚黄尧基金会的陈美凌博士到访我所在的桂林博物馆，其目的主要是搜集其外祖父黄尧先生抗战时期在国内文化活动的资料。陈女士已年逾六旬，为追寻祖辈的足迹，上贵阳，下桂林，其行为与精神令我感动。这也令我们愧疚：我们在这方面所做的工作实在是太少了！而反过来，也提醒我们，在这方面我们应该有所作为，也是大有可为的，而且也是刻不容缓的。

(三)传承抗战文化精神

在中国人民抗日战争及世界人民反法西斯战争取得胜利已经 60 多年后的今天，和平与发展已经成为当代世界的两大主题，人类社会有着美好的前景，但战争的威胁远没有彻底消除，由领土、民族、宗教、资源等问题引发的武装冲突和局部战争仍连绵不断，“前事不忘，后事之师”，我们要从 60 多年前的那场战争中吸取经验教训，预防灾难重演，就必须从历史文化中吸取营养。抗战文化是进行爱国主义教育、振奋民族精神的重要素材，也是实现中华民族伟大复兴的不竭的精神动力之一。此外，当代人类社会还面临着恐怖主义、环境污染、重大传染性疾病等给人类安全带来的新的威胁和挑战。这些问题也需要我们以抗战、缔造抗战文化之精神加以应对，以构建和谐、美好的未来社会。因而，抗战文化永远不会过时，抗战文化之精神永远不会落伍，是可以也应当世代相传的文化遗产。建立抗战文化主题博物馆，能让市民和游客有所看，有所想，有所学，有所思，切实感受到抗战文化的魅力，自觉传承时代精神。作为具有较高知名度的桂林抗战文化城，理应走在这项工作的前面。

(四)搭建抗战文化研究平台

抗战时期的桂林，书店、出版社有 200 多家，出版报纸杂志 289 种，各类图书 1000 多种。桂林图书馆是全国收藏桂林抗战文化史料最齐全的图书馆，仅抗战文化城时期出版的期刊就有 163 种。此外，桂林多家单位还收藏有数量较大的抗战时期实物、图片资料,这些实物及资料文化内涵深厚,学术研究的空间、价值都很大。此外,桂林的抗战遗址保存也较为完好。目前,桂林业已形成一支实力较为强大的学术研究队伍,研究成果丰硕,在国内乃至国际上都有一定的影响力。但其研究的深度、广度、力度都有待于提高,急需一个收集、保存、研究、传播、展示抗战文化的平台——博物馆无疑是最佳选择。

(五)服务大众、服务现实的平台

抗战文化的开发具有极其重大的现实意义。随着香港、澳门的回归,祖国统一的步伐坚定地向前迈进,但目前仍是一个未竟的事业,台湾诗人余光中《乡愁》中“现在,乡愁是一湾浅浅的海峡,我在这头,大陆在那头”的诗句,吟唱出了海峡两岸的分离带给中华民族的伤痛,表达了尽快实现国家统一的期盼。现在是到了“度尽劫波兄弟在,相逢一笑泯恩仇”的时候了。要使“相逢”而能“一笑泯恩仇”,这种相逢情境的营造就十分重要,“中华民族抗战”、“抗战文化”、“广西抗战”、“桂林抗战文化城”将成为营造有效情境并推动海峡两岸统一的核心关键词。因为桂系的主要领导人如李宗仁、白崇禧等,不仅是历史上广西地方、桂系的政要,亦是中华民国历史上领导集团的重要成员,他们领导广西军队和民众为抗战所作的贡献是有目共睹的,也是中华民族的共同“历史记忆”。建立抗战文化博物馆,将这一记忆尽快地、最大程度上地激活,有利于推动统战工作和海峡两岸的统一步伐。

(六)跨文化理解与交流的中介

中国的抗日战争是世界反法西斯战争的重要组成部分,中国的抗战文化也是与世界人民的反法西斯文化紧密联系在一起的。桂林抗战文化的兴起与繁荣,既有国际文化人士积极参与其中,如日本的鹿地亘、池田幸子,朝鲜的李斗山,越南的胡志明、范文同,美国的史沫特莱、爱泼斯坦、费正清等;也有外国机构、组织、团体之力,他们迁入桂林或在桂林成立,也在从事抗战文化活动,如“在华日本人民反战同盟西南支部”、“中越文化工作同志会”、美国与英国驻华使馆新闻处桂林分处等。还有一批国际反法西斯战士来到桂林,直接或间接参加到抗击日本法西斯的军事斗争中,成为桂林抗战文化的重要元素之一。如苏联共产党员、步兵中校巴布什金同志,1939 年被派到桂林任第五军顾问,援助中国抗日,并在其工作岗位上为中华民族的解放事业献出了宝贵的生命。另外,必须提到的就是 1942 年 6 月,美国陈纳德将军率“飞虎队”进驻桂林秧塘机场基地,至 1944 年 10 月下旬日军逼近桂林前夕才撤离。“飞虎队”为保卫桂林,支援中国抗战立下了赫赫战功,桂林人民也因此与“飞虎队”结下了深厚的情谊,桂林本土文化和国际文化也有了较为深入的交流与融合。桂林抗战文化城其实就是世界人民共同反击法西斯主义的一个缩影,在此建立抗战文化博物馆,展示抗战文化,能促进跨文化的交流与理解,引发国际共鸣,增进当代国际间的友谊、互信与合作,增进人类和谐共处。

二、抗战文化博物馆建设前瞻

弘扬抗战文化精神,集中抗战文化城文物,建设桂林抗战文化博物馆,对文化立市、强市,树立桂林城市文化形象品牌有重要的意义。城市博物馆作为一座城市的记忆者和叙述者,缺少抗战文化,桂林城市的记忆是残缺的,桂林博物馆事业是不完整的。尽快弥补缺环是十分紧迫的任务,记忆、情感、实物会随着时间的流逝而消退和湮没。同时桂林抗战文化博物馆又是超越地域范围的,它的建立也是保存中华民族文化记忆、历史记忆的重要举措之一,我们要以时不我待的使命感,非狭隘的、非官位的理念来办好这件事业。

(一)加强研究力度

未来的桂林抗战文化博物馆应不仅是一个收藏、展示抗战文化的机构,而且要将它建设成为抗战文化学术研究中心。以此为平台,加强对文化城时期以及桂林地方近现代史的学术研究,以公正、客观的态度来看待这段历史,还原历史的真实;注重立足于地方的抗战实证性研究,对本地被屠杀人数和名录、劳工问题、战争人员伤亡问题、妇女受害情况、被毁房屋财产、被掠夺的文物和图书资料等做统计调查。实证研究要加强,学者们要走出图书馆和象牙塔,深入民间,走向田野,去挖掘、抢救、整理和运用更为真实、也更有说服力的实证性资料,特别是口述资料,随着抗战士兵、战争的亲历者一个个地老去,我们及我们的后辈用什么来回忆这场伟大的民族解放战争和所有经历过这场苦难的国人?我们必须行动起来,寻找战争的亲历者,加强口述历史资料的收集、整理和研究工作,这是充实抗战文化博物馆,使其具有鲜活生命力的迫切之举。

博物馆有自己独特的语言系统和表达方式,因而在加强对抗战文化本身的研究之外,还需要加强对博物馆的理论与实践的研究。

(二)合理整合现有资源

桂林抗战文化城时期的文物史料,现主要分散藏于桂林图书馆、桂林博物馆、八路军桂林办事处纪念馆等多家单位,还有一部分藏于国家图书馆、云南省图书馆、重庆图书馆等相关地区的图书馆或其他相关单位。区域跨度大,工作难度也就比较大,必须组建一个较高层次的领导机构来组织协调,要以跨区域的、甚至是跨国界的视域来整合现有资源,发挥整合优势,办好这项事业。

(三)抗战文化城时期文物征集必须尽快进行

抗战文化城时期出版的图书报刊资料、抗战将士遗物、文化名人和军政要员的书信、手稿、日记和日军侵华物证等可移动文物有一部分已入藏博物馆、图书馆等收藏机构,但大量的还散落在民间或流散在海外。如果不尽快展开文物征集工作,许多珍贵文物因得不到有效的保护或疏于保护而损毁或消失。在抗战胜利 60 多年后的今天,面向海内外的抗战文物征集工作的开展已迫在眉睫。系统的文物征集的口径定位为"抗日战争时期与桂林(广西)有关的人物和事件的实物与史料"。具体征集对象包括照片、文稿、文献、书籍、报刊、宣传品、教科书、著作、证章、牌匾、流通票证、电文、生活用品、字画、书函、印信、日记、装备(装具)、旗帜、胸标、袖章、医疗器械、烈士遗像和遗物等具有纪念意义或史料价值的实物等。征集方式也应灵活多样,根据实际情况,可采取捐赠、购买、复制、借展等方式进行。

桂林博物馆藏有抗战时期的文物近 300 件(组、套),但缺乏系统性。文物资料最丰富的主题是"西南剧展",军事抗战、实证资料、口述资料等则近乎空白,而这些都是还原历史,开展历史研究重要的、不可或缺的资料,也无疑是我们征集工作的重点。

(四)注重博物馆的中立性

文化涵盖面扩大,可以理解为抗战时期的文化。各个阶级、阶层的文化生活资料都应积极收集整理,包括一些通俗,甚至是颓废文化也应当适当展示,展现当时的整个文化生态,反映社会生活的常态。平实的生活点滴记录,最能吸引人,感动人。

(五)关注产业延伸

明确划分文化事业和文化产业,是当今文化体制改革的重要内容之一,但这并非要割裂二者的有机联系。博物馆作为非营利性机构,是公益性文化事业的重要组成部分,不能将其纳入文化产业推向市场,但作为公益事业的博物馆对文化产业的各个领域的影响力不容忽视,掌握大量文化资源的国有博物馆不能回避对文化产业的发展责任,而应积极服务于文化产业。博物馆丰富的文物资源、文化信息及其精神内涵可为文化产业直接提供素材或成为文化创意的源泉。如桂林发展动漫产业,就可以直接从抗战文化城时期创作的漫画中获取素材;亦可从抗战文化城时期创作的漫画形象中提取其优秀者,申请商标，设计生产文化消费产品。这样既可以推动文化产业的发展，获得社会经济效益，同时也是对抗战文化品牌的塑造，无疑是一个多赢的结局。从“文化事业”到“文化产业”到“产业文化”，再到三者之间的良性循环与互动，“文化”就会成为地域经济社会发展的不竭动力。

目前我国博物馆文化产品还比较落后，这与我们博物馆管理经营的理念有关，也与现行体制的制约有关，亟须在财政支持、税收政策、收益使用等方面出台规范化的法规与政策。

三、抗战博物馆的选址

桂林博物馆搬迁新址后，在博物馆现址建设抗战文化博物馆——作为桂林博物馆的分馆，是比较理想的选择。除了布局原则因素，还有以下优势。

(一)现有馆舍设施可资利用

桂林博物馆主体建筑为桂北民居风格庭院式布局，钢筋混凝土结构，建成开放至今 20 余年。外观内饰虽已显陈旧，但主体建筑还远没有达到它的使用寿命极限；近年来，在各级财政的大力支持下，投入大笔资金对文物库房进行技术改造，已达规范化要求，文物安全技术防范网络也建立起来。略加改造后建成抗战文化博物馆，可最大限度减少重复建设造成的资源浪费。

(二)优势整合的黄金点

桂林博物馆坐落于西山风景区内。西山公园是桂林市第二大综合性公园，占地面积 80 多公顷，由西山、隐山、西湖三大部分构成。西山公园承载着多种文化，人文气息浓厚：山水文化源远流长，唐代宝历元年(825)，李渤因直谏触怒敬宗，被贬为桂管观察使，在桂林期间，主持开发了隐山，使隐山、西湖成为著名的风景名胜；“西峰夕照”在元明时期作为“桂林八景”之一已颇负盛名；桂林在中世纪时是南传佛教文化线路上的一个重要节点，西山在唐代成为桂林佛教文化圣地之一，尚有大批始凿刻于初唐时期的石刻和佛教造像保存至今，现为全国重点文物保护单位；中国抗战是世界反法西斯战争的重要组成部分，国际援助是中国抗战取得胜利的条件之一，西山脚下的苏联援华抗日的巴布什金中校烈士陵园无言地诉说着这段历史。并且整合的条件成熟，抗战文化博物馆与西山公园联手，可以将西山公园建设成为桂林的主题文化公园。

此外，西山公园位于桂林市丽君路西段、西山路东段，位置虽稍为偏西，但尚处于桂林传统的商业、文化、旅游的核心区域内，可以辐射周边——八路军桂林办事处纪念馆、李济深旧居、《救亡日报》社旧址、广西省立艺术馆、李宗仁官邸等文物保护单位,组建抗战文化城文化体验经典线路。

四、抗战文化博物馆展览的初步设想

(一)基本理念

简洁而厚重的基调;地域性、民族性、国际性原则;合理使用辅助展品和手段,特别是现代科技手段,以免造成受众注意力的分散或游离;展览本身,还是展示手段?我们的展览要给观众以心灵的震撼;陈述语言尽量避免枯燥的说教式的文字与语气,这是历史,但不是历史教科书,因而要有情节,要有故事,以故事、情节来吸引观众,感动观众。

(二)主题提炼

根据抗战文化自身的特点和文物资源,达到教育、研究、欣赏的目的以及实现"为社会及其发展服务"的价值取向,抗战文化博物馆陈列主题大致上可以提炼为以下九个部分:

中流砥柱 通过历史照片、文物史料,展示中国共产党及其领导下的八路军桂林办事处对桂林进步文化的引领作用。因为有八路军桂林办事处纪念馆做专门陈列展览,为不喧宾夺主,在此展览中点到为止。

浴血沙场 在抗战爆发后,桂系领导人实践了其抗战主张,大批桂系部队开赴抗战前线。在战争的头三年(1937～1939),广西兵员招募的数量在各省中首屈一指,五十多万人应征入伍,加入前线抗战,在一些时期,有大致相当于全省人口 1 / 15 的人员在军队服务①,其所涉及的家庭面之广是可以想见的。前线官兵的命运与广西普通民众家庭的命运休戚相关,必然地激发了广西各地民众对抗战前途的热切关注,进而带来抗日情绪的高涨。同仇敌忾使桂林文化城具备了深厚的当地民众基础,这也是作为广西政治中心的桂林成为著名抗战文化城非常重要的原因之一。抗战文化是因抗战而生,没有抗战,就无所谓抗战文化,抗战文化最终是为军事抗战而服务的。因而抗战文化博物馆不能让军事抗战缺席,桂林抗战文化博物馆不能让八桂子弟浴血沙场这一重要情节被遗漏。

学界对桂林文化城形成的认识有一种倾向,认为桂林的抗战文化是一种"移民文化",笔者不能苟同。大量战争移民(难民)的涌入,特别是知名文化人

---

① 戴安娜·拉瑞:《抗日战争的地域性影响:广西》,《战时中国各地区》,第 132 页,北京:社会科学文献出版社,2009 年。

士的到来，是文化城形成的重要条件，这不可否认。但我们也应该深刻地认识到，桂林抗战文化是有着深厚的本土根基的。这一深厚根基就在于广西民众直接或间接地投入抗日战争当中。我们可以通过民国的报刊书籍、历史照片、书信、日记、回忆录、将士遗物、调查统计图表等展现包括桂系首脑层的抗战战略与策略，如李宗仁的焦土抗战理论，白崇禧的以空间换时间战略思想；广西民众与军队对抗战的贡献；重要的战役，如台儿庄大捷、昆仑关战役、桂林保卫战，等等。

文化抗战　桂林文化城时期，以抗战为主题的诗歌、小说、漫画、木刻、书法、绘画、戏剧等优秀作品层出不穷，抗战文化活动接连不断，特别是"西南剧展"将文化城推向最高潮。这一单元是本展览的重点，而"西南剧展"又是重中之重。目前桂林博物馆有关西南剧展的文物资料比较丰富，可"再现"西南剧展的盛况。

相煎何太急　以国共合作为基础的抗日民族统一战线是时代的主流，但矛盾与斗争同样不能回避，这是对历史的尊重，也是对先烈的敬畏与尊重。本单元主要围绕苏蔓、罗文坤、张海萍三烈士的事迹而展开。

国旗献金　1945 年 6 月 18 日，在桂林参加"西南剧展"尚未离桂的代表和桂林的进步文化人士发起组织了声势浩大的"国旗献金大游行"。通过历史图片、口述资料展现这一事件的盛况，反映民众的抗战热情。

得道多助　中国人民的抗日战争是世界反法西斯战争的重要组成部分。桂林文化城即是世界人民共同反击法西斯的缩影。本单元的任务主要是展示桂林文化城的国际元素：美国飞虎队、苏联巴布什金、其他外国组织与机构和人员在桂林与中国人民并肩战斗的历史追忆。

文化名人墙　抗战时期，随着战场形势的变化，大批文化名人内迁桂林。生活虽多艰辛，但斗志没有消沉，在艰难的岁月里，用他们手中的笔坚持战斗，我们应该记住他们，特勒石为铭。

国殇墙　将殉国的八桂子弟和在桂殉国的其他省籍将士和国际人士铭刻在大理石墙上，以资纪念和瞻仰。

乡愁　尽早实现祖国统一是海峡两岸人民的共同期盼和愿望。这一单元展示桂系首脑李宗仁、白崇禧等的生平事迹；蒋孝严、蒋孝武桂林祭母；白先勇的乡愁文学等。以此达到推进海峡两岸相互交流与理解、促进祖国早日统一的主旨。

“广西会战”的纪录与记忆[①]

——以纪念碑和遗址为中心

王晓葵[②]

(日本爱知县立大学多文化共生研究所,日本爱知县)

[摘要]上世纪三四十年代的中日战争,在中国留下大量的战争纪念物——抗战场址。从1939年到1944年之间,广西成为抗日战争的重要战场。“广西会战”期间,中日双方都投入了众多兵力,展开了激烈的战斗。中方在这些战斗中,从军人到普通民众,死伤者众多。为了悼念和表彰死者,国民政府、所属部队以及当地政府和民众,建立了大量的纪念碑,并举行悼念、纪念活动。本文对“广西会战”的相关纪念物进行整理和分析,借此揭示中国对抗日战争的纪录与记忆的特点。

[关键词]广西会战;抗战遗址;纪念碑;昆仑关战役

[基金项目]本文属于日本学术振兴会科学研究资助项目的一部分(基础研究C 225206470001)

一、序论

所谓“广西会战”,是指1939～1944年日军在中国广西省发动的两次大的战役。1939年10月,日军发动第一次广西会战,这次战役的目的是为了切断来自越南的法属印度支那的援华通道。11月15日,日军第二十一军与海军、第五师团、台湾混成旅团在钦州一带海岸登陆。占领钦州和防城以后,24日攻占南宁。蒋介石领导的国民政府,为了确保国际援助物资的补给通道,集结了

---

① 收稿日期:2011－04－16。

② 王晓葵,日本爱知县立大学多文化共生研究所共同研究员,日本名古屋大学国家开发研究院学术博士,中山大学中国非物质文化遗产研究中心兼职研究员。

大约10个师团的兵力，与日军展开全面作战。中日两军在此后的大约一个月中、在广西南宁、宾阳、来宾等地展开激战。其间日军步兵第二十一军、第四十一联队被中国军队包围、其中的昆仑关守备队全军覆没，步兵第二十一旅团长中村正雄少将战死。战况一度呈现对中方有利的态势。但此后日军紧急调动第十八师团、近卫混成旅团、第五师团、台湾混成师团参战。1940年1月战况逆转，日军开始发动攻势，中国军队苦战之余，先后放弃南宁、昆仑关而撤出战斗。战事于2月中旬结束[①]。

1944年～1945年，日军发动了号称“一号作战”的第二次广西会战。这次战役的目的有如下几个：1. 确保连接华南和华北的京汉铁路的通畅；2. 确立中国南方资源区和日本本土的陆地交通通路；3. 破坏、占领在华南的美国空军B29轰炸机基地；4. 消灭国民政府军队，彻底摧毁中方的抵抗意志。为达到目的，日军大本营调遣了40万兵力，作战距离长达2400公里。这次战役的具体军事目标是占领华南的桂林、柳州等广西的重要城市，攻占美军在华南的两大航空基地。中日两军在桂林等地展开激战。双方死伤甚重。战斗一直持续到1945年春，日军基本上达成了战役目标。但是，局部战役的胜利并没有能够扭转日军太平洋战争的败局。同时，由于中方的顽强抵抗，日本“支那派遣军自身的损失非常之大”[②]。

如上所述，从1939年到1944年之间，广西成为抗日战争的重要战场，中日双方都投入了众多兵力，展开了激烈的战斗。中方在这些战斗中，从军人到普通民众，死伤者众多。为了悼念和表彰死者，国民政府、所属部队以及当地政府和民众，建立了大量的纪念碑，并举行悼念、纪念活动。本文对“广西会战”的相关纪念物进行整理和分析，借此揭示中国对抗日战争的纪录与记忆的特点。

二、战争纪念碑和受害遗址

广西抗日战争纪念物，其总数尚无确切的统计。2005年11月出版的《抗战遗踪——广西抗战文化遗产图集》(李建平主编、广西人民出版社)，把抗日战争相关的纪念物、遗址和相关出版物指称为“抗战文化遗产”。将其分为以下几类：1. 指挥地遗址(9处)；2. 战场遗址(8处)；3. 日军侵华暴行和中国人民

---

① 有关广西会战，本文参照的日方资料主要为日本防卫厅防卫研修所战史室编写的《战史丛书　一号作战〈3〉広西の会战》朝云新闻社　昭和四十四年十月。

② 《战史丛书　一号作战〈3〉広西の会战》，第699页。

灾难遗址(9 处);4. 抗日英雄活动遗址和死难烈士纪念碑、塔、墓(21 处);5. 抗战机构活动遗址(13 处);6. 名人故居与文化遗址(15 处);7. 国际援华抗战或反战机构和人员活动的遗址(7 处);8. 抗战标语、石刻(7 处);纸质文化遗产(抗战报纸、抗战杂志、抗战图书、抗战漫画与木刻)[①]。本文以上述的 2、3、4、7 类为基础资料,并参考地方志的记述,来分析广西会战的纪念物和遗址。

表 1　广西会战死者纪念碑一览表

序号	名称(碑铭和碑文)与建立时间	题字者	场所	高度(m)	相关事项
1	抗日烈士黄阿全墓 (“二七五师一零四一团一营二连列兵黄烈士阿全之墓广西省西林县平乐村人”), 1937 年		北海冠头岭南滿神农庙附近		1937 年 9 月 27 日在北海要塞冠头岭被日军舰炮击战死
2	周元将军故居和纪念塔 (“陆军中将第一七三师副师长周元抗日阵亡纪念塔”、“成仁取义”、“痛失干城”) (桂林的纪念塔) 1938—1939(?) 1989(修复)	李宗仁 白崇禧	战死地安徽蒙城县有“周元将军暨守蒙将士抗日殉国纪念碑”(1988 年建立) 广西宁明县明江镇洞廊村(故居) 桂林市瓦窑桂林棉纺工厂内(纪念塔)	(桂林的纪念塔) 5	故乡宁明县明江镇当时建有忠烈祠和纪念碑,“文革”时被毁坏。现在故居尚保存完好 桂林原来建有纪念塔、后来被毁坏,1989 年修复,并被指定为桂林市文物保护单位 旁有《陆军中将周元副师长抗日殉国记》碑

① 李建平主编:《抗战遗踪——广西抗战文化遗产图集》,南宁:广西人民出版社,2005 年。

续表

序号	名称（碑铭和碑文）与建立时间	题字者	场所	高度(m)	相关事项
3	空军英雄何信墓（“为国牺牲”、“空军第八队何副队长信号德璋之墓”）1938年5月		桂林市大河乡潘家村东山场		国民党空军第三大队八中队上尉副队长，1938年3月25日在山东省临枣对日空战中战死，1952年人民政府追认为革命烈士
4	空军英雄莫休墓（“为国牺牲”、“空军中尉分队长莫休之墓”两侧刻有“鹏飞未遂凌云志，蛰伏终有抗日心”）1938年5月 1986年（修复）	周至柔	阳朔县阳朔公园内玉屏山麓		1938年春参加徐州会战、3月25日在归德空战中战死，1986年人民政府追认为革命烈士后墓得到修复并被指定为文物保护单位。墓前有原中央航空委员会主任周至柔题写的《空军第八队中尉分队长莫君休墓志铭》，墓旁有中国人民政治协商会议阳朔委员会的《莫休抗日空战阵亡纪事》
5	南丹抗战阵亡将士暨死难同胞纪念碑（“大中华民国三七年七月七日六寨各界民众敬立”）1938年7月7日		南丹县六寨镇中山公园山北		中山公园附近山上有“好男儿当报国仇”碑，立碑者陈联方。此碑亦遭毁损，残剩的四块碑石保存在六寨镇政府院内
6	黄莺烈士纪念碑（“碧血忠魂”）1939(?)	蒋介石	宜州市龙江公园（现宜州市饲料公司）		墓碑已倒，现保存于市文物管理所

续表

序号	名称(碑铭和碑文)与建立时间	题字者	场所	高度(m)	相关事项
7	资源县抗战阵亡将士暨死难同胞纪念碑("精神不死"、"壮烈先声"、"为国捐躯") 1939	王潜 吴耀 蒋山	资源县中峰育才中学校旁	1.6	"文革"中被推倒,1988年修复
8	广西全边对汛督办署汛警队抗战阵亡官兵烈士墓 1940年	王逊志	宁明县爱店镇"金牛潭"界内		俗称"白马坟"、墓破损严重
9	上林大丰镇抗日忠勇阵亡将士义冢碑("万古流芳") 1941年(?)		上林县大丰镇		
10	上林巷贤镇抗日纪念碑("精神不死"、"抗日阵亡诸先烈将士之墓") 1941年		上林巷贤镇		碑旁有抗日纪念亭 大约埋葬有500余战死者
11	钟毅将军墓 1941年		桂林市大河乡莫家村(东)黄泥头山场		国民党第84军173师师长,1940年5月9日在鄂北随(县)枣(阳)保卫战中战死,人民政府追认为革命烈士
12	秦霖将军纪念墓("抗日阵亡少将追赠中将秦故旅长讳霖沛然纪念墓"、"精神不死") 年份不明		桂林市西南黑山苗圃内	3.65	衣冠冢,1937年10月23日淞沪会战中战死

续表

序号	名称(碑铭和碑文)与建立时间	题字者	场所	高度(m)	相关事项
13	陆军四十六军第一七五师镇南抗日战役阵亡将士公墓 1941年	夏威 冯璜 巢威	灵山县太平镇镇南村泗峡坳道路旁		1982年被指定为县级重点保护文物(亦称“泗峡坳抗日烈士墓”)
14	桂南战役阵亡将士纪念亭 1941年	李宗仁 白崇禧 张发奎	南宁市内植物路广西第一保育院内(旧中山公园)		旧名“第16集团军阵亡将士纪念亭”,中华人民共和国成立后改名,现为南宁市指定文物保护单位
15	陆军第一百八十八师抗战阵亡将士纪念塔 1941年	魏镇	扶绥县山圩镇长兴饭店里		由该师师长魏镇下令修建,有“陆军第一百八十八师抗战阵亡将士纪念塔记”碑文
16	昆仑关 陆军第五军昆仑关阵亡将士墓园 1940—1944年	蒋介石 李宗仁 白崇禧 杜聿明 李济深 等 15 名	南宁市邕宁区昆仑镇昆仑山东		1994年被指定为广西重点文物保护单位 有纪念碑、亭、墓、牌坊等各种形式的纪念物。其中有日军少将旅团长中村正雄之墓。2008年12月新建纪念馆落成

续表

序号	名称(碑铭和碑文)与建立时间	题字者	场所	高度(m)	相关事项
17	三将军墓和纪念塔 1945 年建， 1982(修复)		桂林七星公园普陀山博望坪		指挥桂林保卫战的国民政府陆军 131 师少将师长阚维雍、桂林防守司令部中将参谋长陈济桓、陆军第 31 军少将参谋长吕旃蒙之墓 1945 年国民政府在桂林七星山普陀峰博望坪建立三将军墓和“殉职纪念塔”。1982 年桂林市人民政府修复三将军墓，1984 年被指定为桂林市文物保护单位。1984 年 11 月 3 日，人民政府追认三人为革命烈士
18	八百壮士墓 1945 年 10 月建， 1982 年(修复)		桂林市七星公园普陀山博望坪		1944 年 10 月 29 日～11 月初，国民政府陆军第 31 军 131 师 391 团与日军激战，后撤退入普陀山七星岩内中，日军使用毒气攻击。1945 年 10 月，桂林市政府在洞中发现 823 具遗骨，后将这些遗骨与三将军一起埋葬于普陀山博望坪，并建立纪忠亭。1982 年桂林市人民政府修复八百壮士墓，1984 年认定为桂林市文物

续表

序号	名称(碑铭和碑文)与建立时间	题字者	场所	高度(m)	相关事项
19	赵志光烈士墓("勇士当年歼日寇,英灵永古捍山河") 1945年(?)		阳朔县兴坪镇狮子山东面	1.2	
20	抗日烈士纪念碑(大坡岭纪念碑、纪念亭) 1947年	蒋介石 张发奎 罗卓英 曾传仁	钦州市油路大坡岭(黄其洞村西)	碑 7.5 亭 4.5	1966年"文革"中被毁
21	义敢村抗日阵亡烈士纪念碑("壮节长昭"、"气壮河山") 1948年	黄旭初 张威遇	荔浦县大塘镇义敢村	3	当地称为"六月六抗日纪念塔"。"六月六"是塔所在地地名 1985年7月被指定为县重点文物
22	朱世祺烈士墓 1948年(?)		融县东岭乡(今属融安县潭头乡)		融县抗日挺进队一分队队长,1948年5月在罗城县三防区(今属融水县)战死
23	防城县那良抗日武装起义纪念碑 1985年		防城县那良镇		
24	桂东南抗日武装起义烈士纪念碑 1986年		兴业县葵阳乡木根圩		中国共产党兴业县葵阳乡委员会、人民政府建立
25	临阳联队敌后抗战纪念碑 1990年	黄嘉	阳朔县阳朔公园内	5	桂林市爱国主义传统教育基地

续表

序号	名称(碑铭和碑文)与建立时间	题字者	场所	高度(m)	相关事项
26	广西学生军抗日烈士纪念碑 1991年		广西南宁市青秀山公园内,	20	从桂林迁移
27	桂东南抗日武装起义烈士纪念塔 1997年		玉林市东郊朱巷口公园内	38	中国共产党玉林地区委员会、地区行署建立。广西壮族自治区爱国主义教育基地、玉林市精神文明建设教育基地、国防教育基地
28	抗日将领夏国璋烈士 2006年		容县革命烈士陵园内		1937 年 11 月战死、1987 年 4 月 17 日,人民政府追认为革命烈士
29	腾翔阵亡将士灵墓 2007年		南宁市武鸣县双桥镇腾翔村		

(表1、表2、表4均根据李建平主编《抗战遗踪——广西抗战文化遗产图集》以及参考文献中列出地方志文献做成)

表2 被害人遗址一览表

	名称	事件发生时间	关联事项
1	钦州万人坟	1940年	钦州贵台乡上那冷村,死者108名
2	南宁市千人坟	1939 — 1940年	南宁市江南区沙井镇乐贤村黄璋岭岭头坡。1996年8月被指定为南宁市重点文物
3	日军飞机轰炸罪行遗址	1940年	钦州市灵山县灵城镇、灵山中学内 1940年日军轰炸造成的大坑旁边立有"九一八国耻纪念碑"。灵山中学在弹坑边用石头围住、立有"爱国主义教育基地"的标志板

续表

	名称	事件发生时间	关联事项
4	马山县敢细岩惨案遗址	1944年	马山县城南上龙乡上龙村塘头屯。死者1840名、失踪186名。1982年被指定为"日本侵华罪证遗址"
5	融安县鸡仔岩洞惨案遗址	1944年	融安县城南上龙乡上龙村塘头屯。死者24人(含儿童13人)。1984年12月被指定为县级重点文物。有"鸡仔岩惨案"碑文,详细介绍事件经过
6	桂林柘木王家村黄泥岩(白骨洞)惨案遗址	1944年	柘木乡王家村。死者137人,发现时已经白骨化,1962年,人们将此洞改名为"白骨洞"
7	桂林庙岭乡马阜江村燕岩(白骨岩)惨案遗址	1944年	桂林市庙岭乡马阜江村被毒气毒死村民111人。1995年修复

从表1和表2我们可以看出一些广西会战相关的纪念物的特征。

纪念碑的建造年代大多为1937年到1949年之间,以及20世纪80年代以后。换言之,纪念碑建设的时期主要集中在抗战开始到中华人民共和国成立,以及"文化大革命"结束后开始的改革开放之后。而在20世纪50年代到80年代之间,不但没有纪念碑的建造,反而发生了大量毁损、破坏的行为。

其原因可以大体归纳如下,战中至战后的1930—1940年建造的纪念碑、大多如表一中№3、№4、№7"为国牺牲"、"精神不死"、"抗日阵亡"等碑文所表现的,是一种国民团结、保卫国土的抗日民族主义的表征。其目的在于通过彰显战死者,提高民众的抗战意识,强化对国家的忠诚。在这一个时期,作为中国社会的最主要课题,不是原先存在的共产党与国民党的对立,即所谓"阶级斗争",而是中国和日本之间的"民族矛盾"。

但是,1949年中华人民共和国成立以后到1978年,基于阶级斗争的政治意识形态,"民族解放"开始让位于"阶级斗争"。国民党政府时代作为"抗日英雄"受到表彰的一部分军人如表一中№2、№6、№7、№17、№18等,对他们的纪念被搁置、毁损,有的题字被铲去。由此,抗日战争的记忆的重要一部分被抹消了。

然而,很多被毁损的纪念碑在20世纪80年代后得到修复和重建。原因大概是由于改革开放路线的推进,共产党与国民党的关系日趋缓和,中国政府开始重新评价国民党在抗战时期的功绩。为了最终实现中国的统一这一政治目标,强化和台湾的历史连带意识,对国民党政府时代的纪念物进行了修复。另一方面,20世纪80年代以后,中日关系方面也出现了诸如日本首相参拜靖国神社、修订历史教科书等问题。围绕历史认识的对立开始显在化。中国政府在这样的背景下,为了对应新时代的中日关系,也开始推进抗日战争的纪念物的保存、修复和重建。

关于历史的背景,黑龙江省哈尔滨市的"侵华日军731部队罪证陈列馆"原馆长韩晓有如下回忆,[①]1982年,日本作家森村诚一访问哈尔滨日军731部队实验遗址的时候,这个遗址的大部分已经毁坏,只剩下地下实验室。当地的文化部门向上级报告了这个状况。1982年10月,中国共产党中央书记处书记、宣传部长邓力群批示,"要保护好日军侵华遗址"。中央主管意识形态的负责人胡乔木也指示"要把这些遗址作为教育人民、特别是青少年的场所保护好"。当时党的核心领导人邓小平也发表谈话指出,"岸信介要搞满洲建国之碑……我们就要到处搞日本侵略之碑。以教育广大人民、教育子孙后代"[②]。由此,中国文化部发布文物字[82]189号文件《做好保护日本侵华罪行遗址工作的通知》,抗日战争的纪念物、遗址的修复和建设正式进入了政府的工作日程。下面是重要的纪念馆建设和相关事项一览。

表3　1980年后中国抗日战争纪念物的建设过程(部分)

相关背景:1982年6月	日本修改教科书问题
1983年12月	中共中央政治局委员胡乔木视察卢沟桥,指示建设中国人民抗日战争纪念馆
相关背景:1985年8月15日	中曾根康弘首相正式参拜靖国神社
1985年8月15日	侵华日军南京大屠杀遇难同胞纪念馆开馆(南京) 侵华日军第七三一细菌部队罪证陈列馆开馆(哈尔滨)
1987年7月7日	中国人民抗日战争纪念馆开馆(北京)

① 韩晓:《关于侵华日军细菌战罪行的研究》,《常德师范学院学报(社会科学版)》2003年第28卷第3期。

② 朱成山著:《鼎力铸史》,第84页,南京:南京出版社,2008年。

续表

1991 年 9 月 18 日	九一八事件陈列馆—九一八历史博物馆开馆(沈阳)
2008 年 12 月 10 日	昆仑关战役博物馆开馆(南宁)

参照表 3 列举的 1985 年前后的中日关系中有关历史问题的重要事件和一些重要纪念馆的建设,我们不难看出,广西的战争纪念物的重建、修复工作是和中日关系的变化有密切关系的。可以说,它是作为国家对日本政策的一环,同时,也是作为地方的抗战历史表象被重新构筑的。

三、相关的死亡状况

(一)正规军的战死

从碑文来看,战死者大多是国民政府的正规军。正规军的纪念碑由其所属部队建立者居多。碑铭和碑文也大多由其长官题写。碑文的内容大体相同,主要是记述战斗经过,表彰死者。我们以表一№15 的"陆军第一百八十八师抗战阵亡将士纪念塔"为例作简单的分析。

这个纪念塔是 188 师师长魏镇命令修建的。塔基刻有魏镇题写的"陆军一八八师抗战阵亡将士纪念塔记"的碑文。碑文详述此部队 1937 年"卢沟桥事变(七七事变)"以来的抗战经历,哀悼战死将士,并说明建塔经过:

> 溯自七七事变以还,抗战军兴,举国共愤。本师奉命参加皖鄂桂南诸战役,历时三载,大小数百战,辗转数千里,我将士用命迭挫敌锋。(中略)二十八年,寇敌乘虚侵入桂南,陈兵宾武之野。师受命驰援,滞敌于昆仑关西南山岳地带,卒挫其北犯之谋。旋复转战于吴村唐报山圩崩桥棉羊驮芦弄农各地,口口一役,兵力不满七营,包围敌第五师团之精锐于守界渠透岭香汪风间,肉搏二昼夜,鲜血成渠,敌尸遍野,开桂南抗战以来之新记录。(中略)抗战迄今,阵亡官兵不下二千数百人。镇忝长师干,英灵之未妥,寝馈难安。谨于龙州公园及山圩建立纪念塔与公墓,以慰忠魂而彰功烈。

从本文中不难看出,作为国民政府的正规军,是把对国家、民族的忠诚意识和战死联系在一起的。作为战死者的记忆表象,这个纪念碑的作用在于把这些将士的"死"和我们当下的"生"连接起来。所谓"慰忠魂而彰功烈",既有传统意义的让死者入土为安的意义,也有彰显其捍卫民族国家的现代价值体现。

需要特别指出的是,当时人们专门为三位空军的战死者分别建立了纪念碑。表一№3、№4、№6 表彰追悼的何信、莫休、黄莺三人,分别战死于山东、徐州、南昌,因为出生于广西,遗骸特意运回故乡安葬。这在战争中绝非一般待遇。何信是空军上尉中队副队长、莫休为中尉分队长,虽然不是普通士兵,但是军衔职位并非很高。牺牲后能有如此待遇,大体因当时中国"空军"创立初始,人才稀少,受到特别重视。

莫休墓建于 1938 年 5 月。1986 年人民政府又加以修缮,并指定为文物保护单位。中国人民政治协商会议阳朔委员会还在旁边立《莫休抗日空战阵亡记事》碑,详述他的履历与战死状况。

莫休,阳朔县福利镇姑婆寨人。一九三四年广西航空学校飞行科卒业,历任国民党空军少尉飞行员、中尉分队长。一九三七年抗日战争爆发后,曾率所属战机在兰州、西安、襄阳、信阳等地担任空防任务,与战友们共同保卫国土,抗击日寇侵袭。一九三八年初,中日徐州会战,莫休曾与战友飞临前线,重创敌寇,受到第五战区司令长官李宗仁的赞扬。

一九三八年三月二十五日,徐州会战愈烈,莫休与战友们驾驶战斗机十四架,再次支援徐州前线,扫荡滕县、临城之敌阵地,又一次予敌以沉重打击。任务完成后,返航至归德附近上空,与敌战斗机十八架遭遇,旋即展开激烈空战。莫休与战友们奋身迎击,协力拼搏,共同击落、杀伤敌机六架后,不幸座机多处中弹,油箱着火,莫休乃跳伞降落。日军飞贼不顾国际公法,竟对我跳伞人员开枪射击,莫休伞下中弹身亡。

莫休壮烈牺牲时,年仅二十七岁,他为国捐躯,可歌可泣,特勒石纪其事略,以垂千古。

中国人民政治协商会议阳朔县委员会

一九八六年十二月十五日

碑文对他的死因,特别说明,"莫休乃跳伞降落。日军飞贼不顾国际公法,竟对我跳伞人员开枪射击,莫休伞下中弹身亡"。

关于表一№6 的黄莺之死,根据地方志的记载,他是在南昌同苏联志愿军空军协同作战时,看到苏军飞机受到日军攻击,实施救援时被敌机击中战死的。[①] 他的墓碑后来被毁损,其原因可能是有蒋介石的题字"碧血忠魂"。1949

---

① 宜州市志编纂委员会:《宜州市志》,第 809 页,南宁:广西人民出版社,1998 年。

年以后的一段时间，蒋介石被贴上了“人民公敌”的标签，和他有关的很多纪念物都成为毁损的对象。

通过碑文还可知道，在战死的正规军中，还有为避免成为俘虏而自杀和被毒气毒死的军人。

在表一№16、№17以及桂林保卫战纪念物的介绍中，有如下内容。

1944年11月上旬，日军进犯桂林，国民党第四战区组织桂林保卫战。31军131师师长阚维雍率部与敌奋战，终因寡不敌众，自杀殉国。履行了与桂林共存亡的誓言。城防司令部参谋长陈济恒和31军参谋长吕旃蒙突围途中遭遇阻击，吕旃蒙阵亡，陈济恒身负重伤，举铳(枪)殉国。131师391团官兵退守七星岩坚持抵抗，日军向洞内施放毒气，800余名官兵壮烈牺牲。

光复后，三将军及八百壮士遗体先后移葬于此。为表彰其爱国精神，人民政府追认三将军为革命烈士。殉职纪念塔于1987年重建。

桂林文物管理委员会

碑文写明，守军首长阚维雍和陈济桓在桂林城被日军攻入之际，自杀殉国。死于日军的毒气的守军将士共计800余名，1945年10月，桂林市政府在七星岩洞内发现823具遗骨。

这些碑在新中国成立后一度遭到毁损，后来又逐渐修复，体现了中国社会围绕这段历史记忆的力学关系。在崇尚“阶级斗争”的时代结束以后，和日本的“民族矛盾”在通过靖国神社、历史教科书等问题重现的时候，那些国民党军人的死的记忆又被重新建构起来。而这个建构的表象往往称之为“革命烈士”。用“革命烈士”这一个极具意识形态色彩的称谓表述，意味着国家权力将“抗战”的历史记忆纳入其“革命记忆”的国家历史叙事的努力。

(二)地方武装和民团之死

除正规军以外，地方的警察部队、民团组织的战死者也相当多。表一№8、№9、№10、№21等是为地方武装、村自卫组织建立的纪念物。从№8广西全边对汛督办署汛警队抗战阵亡官兵烈士墓的碑文，可以略知战斗状况。

前岁敌侵桂南，去秋龙区再陷。逊老侧身边务，轸念时限(艰)，夙夜焦思，时筹对策。关于两明、思乐一带边境，地当要冲，苦无防军驻守，乃与龙区李专员新俊商派李君国安任汛警第二大队长职，率队弛(驰)往扼守，以遏制敌寇，而为治安。八月初,倭寇乘欧局转变,法败降德,即集合寇兵二万余众,由两明、龙、凭四县,分道深入越南,以图掠据。是时李大队部扼守爱店一线,首当其锋。虽挥队截击,浴血苦战者凡两阅月,冲杀于长桥、峙浪、爱店等处,尤以八月九日之峙浪、九月二十一日之爱店两役最为悲壮,均能前赴后继,踊跃效命。如黄班长等全班之悉数成仁,覃大队副等之奔冲负伤,卒能牵制敌寇,使其不能安然入越,其临难不苟,亦足多矣!当兹大敌出没边防益急之际,缅怀是役殉国士兵,其忠勇抗敌精神实足振奋同侪,发扬国光,逊为发起募资,建坟场竖丰碑于爱店山阳,以宏纪念,而资观感。凡我边区军民,共睹英风凛凛而益思奋勉,同磋国仇未报,而倍增策励,是为记。

烈士芳名:(中略)

中华民国三十九年九月二十四日

王逊志　敬立

根据地方志的资料,这次战斗中,汛警队方面战死 24 人。当年 9 月,广西全边对汛警办王逊志发起募捐,爱店市民和越南华侨踊跃捐款,建设了这个墓园和石碑。

和正规军不同,地方武装和民团往往以保卫家乡为使命,但是,从上述碑文的表述可以看出,地方武装的国家认同并不亚于正规军,战斗虽然为局部守土之战,但是,"是役殉国士兵,其忠勇抗敌精神实足振奋同侪,发扬国光",守土即是爱国。因此,立碑的目的便是"同磋国仇未报,而倍增策励"。

(三)民众之死

被卷入战祸的一般民众,往往成为无辜被屠杀的对象。这个可以从被害遗址的记述和介绍中看出。表二№2 的南宁市千人坟碑文如下。

一九三九年至一九四〇年南宁沦陷时,日寇在沙井金鸡设据点,常四出扫荡,烧杀抢掠,周围群众和逃难者深受其害。其中一九四〇年三月六日一次惨遭枪杀的民众即达三十余人。南宁光复后,沙井乡村民历经半载,陆续发现多(具)遗骨。后由乡人捐资将遗骨收殓合葬于此地。并将沦陷前后死难义胞中知其姓名的八十五人刻于墓碑中。因遗骨难计其数,姓名无从查究,故称"千人坟"。

此墓因年久失修,现由人民政府拨款,重新修整。昭示后人,勿忘国耻。

南宁市文物管理委员会办公室

一九九六年二月一日

表二的№5 融安县鸡仔岩洞惨案遗址、№6 桂林柘木王家村黄泥岩(白骨洞)惨案遗址、№7 桂林庙岭乡马阜江村燕岩(白骨岩)惨案遗址等,都是毫无抵抗能力的普通村民被杀害的现场。

关于№5 纪念碑,事实如下。

1944 年冬,日军占领融县。太平村周围的 10 户人家 24 人藏身于鸡仔岩洞,被日军发现,日军把辣椒混在稻草里点燃,用风车往洞里扇风,结果洞中全员被熏死,其中包括 13 名儿童。

有关№7 桂林庙岭乡马阜江村燕岩(白骨岩)惨案遗址的情况,则是 1944 年 11 月 7 日,日军发现了燕岩中的避难者,11 日在洞外将村民放置的衣物、家具、稻米、柴火等集中起来,混入辣椒点燃,连续七天向洞内送烟。结果村民 111 人被烟熏死,其中有一户全家九人全部死亡。因洞内发现大量白骨,当地人为了纪念死者,将燕岩改称为“白骨岩”。

和战死不同,一般民众死于战祸,是作为被害的历史记忆来表象化的。最初的受害者遗址纪念物通常由死者所属地域共同体如村落等自发建造,目前大多已被纳入国家管理之下,成为国家受害记忆的地域表象的一部分。但是和彰显战死者的纪念物相比,此类纪念物的保存状况一般不够理想,“风化”的现象比较严重。究其原因,这些遗址的主体是具体的“村民”,但是,他们的后人大多已经不在世或迁移了。这些遗址作为战争受难者的“集体表象”,被纳入了国家受害记忆的序列中,而在这个序列中,记忆表象物自然被分了等级,比如南京大屠杀纪念馆,是国家级别的纪念物。相比之下,一些乡村的战争受害遗址,就逐渐被忘却、被忽视了。

四、昆仑关战役

广西的战争遗址中,规模最大的是 1939 年昆仑关战役的纪念墓园。有关昆仑关战役,前面曾有简述。1939 年 12 月中旬,中国军队为夺回被日军占领的南宁,在高峰隘和昆仑关以北集结了 12 万精锐部队,以昆仑关为主攻目标,陆军、空军、炮兵协同作战,发起全面攻击。守卫昆仑关的日军是中村正雄少将率领的第 21 旅团,日军凭借坚固的堡垒,拼死抵抗。但是在中国军队的攻击下大部被歼。中村少将战死,昆仑关被中国军队夺回。后来日军增援,昆仑关再度失守。但是,昆仑关之胜利,创造了正面战场全歼日军一个旅团之战果。这对于中国抗战具有巨大意义。因此,昆仑关的胜利,被称为“昆仑关大捷”,“中国南方战场的一大胜利,证明中国正面战场的军队,有抗战之能力,并且在不断增强”。①

战役结束后，国民政府为参与攻击的主要部队、陆军第5军的战死者，修建了规模宏大的纪念墓园。这个墓园位于南宁市东北59公里的邕宁区昆仑镇昆仑山东，入口处有三门四柱的石牌坊，山顶有抗日阵亡将士公墓、纪念塔、碑亭等。从入门牌坊到山顶有331道石台阶。墓园里有蒋介石、李宗仁、李济深、白崇禧、杜聿明等国民党要人的题字。战役指挥者杜聿明书写了纪念碑文。

陆军第五军昆仑关战役阵亡将士纪念亭碑文

昆仑关，古战场也。雄峙于邕宾路，岗峦环抱，中通隘道，为南宁东北之门户。地扼势险，易守难攻，且为古今攻守南宁所必争之地。昔宋狄武襄，虽于上元夜乘浓(侬)智高不备，一举而攻略之。然考其战绩，则鼓行而前，死亡枕藉。犹赖狄武襄神勇坚定，所部将士用命，始奏奇捷，固未若世俗所传成功之易也。中华民国二十八年冬，倭寇以第五师团由北海登陆。侵袭桂南。连陷钦防、南宁，其势甚锐。时聿明长陆军第五军。因敌犯长沙，先以增援入湘。未至而敌溃，遂戍衡岳。洎衔命驰援，兼程倍进。我前锋二〇〇师六〇〇团，得预南宁近郊战斗，血战三日，杀伤过半，团长邵一之壮烈殉职。嗣以主力尚未集中，军奉命于宾阳、迁江间，拒敌北犯，而敌则进踞昆仑关焉。迨我军转守为攻，敌已于昆仑关要隘暨外围据点扼险布防。其坚固堡垒、侧防机关，乃星罗棋布于崇山峻岭之间，宜其固若金汤。然竟为我军所破，诚非倭寇预料所及。聿明于攻克昆仑关后，巡行战场，低徊遗址，始悉敌凭藉地利，配备火力之狡悍与工巧，而叹攻坚克险之匪易。惟此残堞剩垒，仅存于荒烟蔓草之中，供人凭吊，因我忠勇将士浴血争斗之所收获。衡诸狄武襄时，其攻略之难易，何啻倍蓰？而我克复昆仑关，适值除夕令节，又若与前史后先辉映矣。总计是役我军攻略部署，初用包围歼灭，继用正面突破，最后集中各种威力，逐次攻略。自是年十二月十八日开始，初以新二十二师及军补充一、二两团迂回敌后，以荣一师、二〇〇师由昆仑关正面包围攻击，继以步、炮、战车协同攻击，曾两次突进昆仑关隘口，未获成果。嗣以步兵赖战车密切援助，炮兵掩护突击，经迭次猛攻，连克重要碉垒十余，敌犹困据昆仑关北方数据点。死守待援。最后调集一五九师、新二十二师及军补充一、二两团，于正面继续逐次攻略，讫十二月

---

① 中国人民抗日战争纪念馆解说词“桂南战役部分”。http://www.77china.org.cn/index.php?id=125

三十一日，卒于敌陆续增援中，一鼓而下难关。俾顽敌聚歼，敌酋中村正雄授首，掳获战利品无算。并乘胜进出(击)九塘以南地区，计共歼敌第五师团一旅团以上，复击溃增援敌二十师团。回溯克敌制胜，悉秉承最高统帅蒋之预定方略，及桂林行营主任白公崇禧、三十八集团军总司令徐公庭瑶之指挥若定。聿明之厕身其间，幸不辱命，实赖我忠勇将士，不屈不挠，奋励无前之士气，殚精竭力，懂而克济。当其猛烈争夺之际，敌则配合空军强行增援，负隅顽抗、无懈可击。我则万众一心，前仆后继，不辞攀跻之艰，不畏壁垒之固，炮火交织于山谷，血肉横飞于林麓。攻战之苦，牺牲之烈，殆兴军以来所罕有，而攻坚克险，实开抗战之先河。不仅足寒敌胆，抑且丕振军威。翌岁，南宁、钦防之敌，相继奔溃，未尝不以斯役为之嚆矢。

唯我报国捐躯之忠勇将士，以死勤事，迄今思之犹有余恸。而其英风浩气，震烁寰区，取义成仁，彪炳简册，不独本军与于有荣，亦中华民族之光也。呜呼！壮志往矣，丛葬山河，战绩长存，永垂不朽！爰聚忠骨，启隆冢于昆仑关西侧之阳，为建塔坊，并树碑志其姓名，计官兵阵殁者三千四百有奇，藉慰英灵，用彰忠烈。而此纪念塔、坊，创建于二十九年之春，中以本军远征缅甸，防守昆明，延三十三年五月始告落成。际兹敌寇纵横，山河未复，缅怀壮烈，悲愤曷极！凡我袍泽，尤当凛后死者之任重道远，驱寇复仇，以竟遗志。庶抗战建国大业，早观厥成。则纪念昆仑关战士者，适足以激发忠义，惕励来兹，顾不传欤！至参加斯役之将领，则为第五军副军长兼荣一师师长郑洞国，新二十二师师长邱清泉，二〇〇师师长戴安澜，一五九师师长官官祎。率领军补充一、二两团者为二〇〇师副师长彭壁生，运筹帷幄者为第五军参谋长黄翔，例得背书。若其详实战绩，将具于国史，兹不赘述焉。

中华民国三十三年　月　日

碑文首先说明昆仑关在历史上的重要性，然后说明此次战斗的战前形势，强调战斗之惨烈。关于日军的防守，强调“其坚固堡垒、侧防机关，乃星罗棋布于崇山峻岭之间，宜其固若金汤”。但是，如此防备，“然竟为我军所破，诚非倭寇预料所及”，盛赞陆军第5军的善战。关于战斗激烈程度，用诗文体“炮火交织于山谷，血肉横飞于林麓”加以表现。其“攻战之苦，牺牲之烈，殆兴军以来所罕有，而攻坚克险，实开抗战之先河”，强调昆仑关之战，在第5军的历史和全国抗战历史上都值得大书特书。最后，对战死者致以无上之敬意：“其英风浩气，震烁寰区，取义成仁，彪炳简册，不独本军与于有荣，亦中华民族之光也。

呜呼！壮志往矣，丛葬山河，战绩长存，永垂不朽！”光荣不单属于第5军，他们作为中华民族的英雄，将永垂不朽。关于陵园的建设，则作了如下说明，“爰聚忠骨，启隆冢于昆仑关西侧之阳，为建塔坊，并树碑志其姓名，计官兵阵殁者三千四百有奇，藉慰英灵，用彰忠烈。而此纪念塔、坊，创建于二十九年之春，中以本军远征缅甸，防守昆明，延三十三年五月始告落成”。亦即，为了3400名战死者，1940年开始建设墓园和纪念塔，而后，因为“远征缅甸、防守昆明”，工程一度中断，1944年5月最后完成。

在距离第5军墓园约300米处，还建有“民国二十九年昆仑关战役阵亡日本第五师团少将旅团长中村正雄墓”，墓碑下落款为“陆军第五军军长杜聿明题”。此碑建设的经过尚待探讨。日本方面的文献有如下记载：“昆仑关激战地有蒋介石总统题字的‘碧血千秋’忠魂碑和墓地，还有在此阵亡的步兵第二十一旅团长中村正雄少将的石碑，这个碑建得非常正式，来参拜过这个石碑的新田少佐曾回忆说，‘过去驻留南宁的第五师团长今村均将军曾为日支两军在南宁城外建忠魂碑，举行慰灵祭，以祭其忠魂。大概是中国方面为了表示回礼，蒋总统下令修建的’。”①

五、和外国相关的纪念物

广西作为抗战的重要基地，有很多与中国的同盟国美国、苏联以及日本反战组织的活动据点相关的遗址。

表4　和外国相关的纪念物

序号	名称	场所	关联事项
1	在华日本人民反战同盟西南支部遗址	桂林市东郊大寺村	遗址现已成菜地，没有石碑等标记
2	苏联援华陆军步兵中校巴布什金之墓	桂林市西山公园	巴布什金，苏联共产党员、陆军步兵中校。1939年9月作为援华第五军军事顾问来华，1940年9月16日在桂林病逝。1955年，桂林市人民政府将其遗骸埋葬于西山公园内。为桂林市爱国主义教育和革命传统教育基地

① 《战史丛书　一号作战〈3〉広西の会战》，第652－653页。

续表

序号	名称	场所	关联事项
3	美国飞虎队桂林秧塘航空基地遗址(飞虎队指挥所遗址)	桂林市临桂县两江镇秧塘村	1943年至1945年,美国航空援华队在桂林的活动基地
4	大韩民国临时政府驻柳州旧址("柳州·大韩民国临时政府抗日斗争活动陈列馆")	柳州市鱼峰路	1918年,大韩民国临时政府在上海成立。1937年抗日战争爆发,临时政府辗转杭州、嘉兴、镇江、长沙、广州等地,1938年10月至1939年4月在广西柳州活动
5	美国飞虎队柳州军用机场遗址	柳州旧机场	2004年被指定为柳州市文物 除了机场设施,还有指挥所、防空堡垒、弹药库等设施
6	猫儿山美军军机坠落遗址	桂林市兴安县的猫儿山	乘员十名、最年长者26岁,最小者19岁

表四№1"在华日本人民反战同盟西南支部遗址"位于桂林市东郊外大寺村南。原来有一个叫南冈庙的寺院、日本反战运动领导者鹿地亘设立的"在华日本人民反战同盟西南支部"就设在南冈庙里。庙的旁边有两棵大树,据当地人介绍,鹿地亘当时曾在这棵大树下给盟员讲课。这两棵树现仅存一棵。

表四№6 猫儿山美军飞机失事遗址位于桂林市兴安县猫儿山黑冲峰。1944年8月31日下午4时30分,美军第14空军联队375轰炸中队机号为783的B—24型轰炸机,从柳州基地起飞,完成了对停泊在台湾港口的日军军舰的轰炸任务后返回途中失踪。直到1996年,飞行员遗体才被桂林兴安县的两名瑶族农民发现。1996年11月,江泽民主席出席马尼拉的APEC会议时,向出席会议的美国总统克林顿通报了这个消息。中美联合调查队经过4次调查挖掘,找到了相关士兵的遗骸并送还美国。这件事在中国媒体上得到广泛报道,进而促进了中美关系的改善①。

和国外相关的战争记忆的重构,也和中国与这些国家的关系有关,表四

① 李建平主编:《抗战遗踪——广西抗战文化遗产图集》,第252页,南宁:广西人民出版社,2005年。

№2 的原苏联烈士墓,虽然规格很高,但是,很少出现在近年的新闻话语中。而美国飞虎队的相关遗迹,最近报道甚多,这和中美关系的和解有着密切的关系。

六、结语

在国内,“广西会战”不如“台儿庄战役”、“平型关战役”那样有很高的知名度。因此,教科书、历史著作中的介绍也比较少。本文通过对广西会战的纪念物、遗址的考察,对中日双方在广西的激战有了进一步的了解。但是,本文的主要目的,并不是揭示战场上发生的战斗本身,这些事实需要参照对比中日双方的资料加以详细的检证。本文的主旨是揭示广西会战在当时和后来,是如何被纪录和表象化的。事实上,更多的人是通过这些遗址及纪念物上书写的碑文和说明文字,来构筑自己的历史图景、认识抗日战争的。因此,这些抗日战争的表象物对中国民众的对日本印象形成的影响,甚至大过事实本身。而通过对这些纪念物、遗址的存在状况或变迁经过的调查和分析,我们还可以了解近代中国民族主义与战争表象的关系的一个侧面。在中国,近年来战争纪念物、遗址被作为“文化遗产”加以认知,对其意义和价值开始重新评价。在文章开头引用的《抗战遗踪——广西抗战文化遗产图集》一书中,主编李建平使用“抗战文化”一词,对抗日战争纪念物、遗址的保存、修复的意义作了如下阐释①:

1. 抗战文化遗产,是民族文化的外显化身。通过时间、空间上的保存与展示,民族精神得以具体化、成型化。

2. 抗战文化遗产是爱国主义的教育基地,是祖国摆脱屈辱、取得独立和自由的历史知识的结晶。

3. 抗战文化遗产是文化产业的资源宝库,作为潜在的观光资源具有重要的经济价值。

李建平提到的“民族精神的外显化身”、“爱国主义的教育基地”、“文化产业的资源宝库”这三个要点,可以说是现代中国对战争纪念物、遗址的共同认识。从这个意义上来说,我们对“广西会战”记忆的研究,也有助于我们揭示当代中国形成中的民族主义的特征以及“文化遗产”在发展经济过程中的作用。

---

① 李建平主编:《抗战遗踪——广西抗战文化遗产图集》,第1—2页,南宁:广西人民出版社,2005年。

［参考文献］

南宁市地方史编纂委员会编:《南宁市志·文化卷》,南宁:广西人民出版社,1998年。

桂林市地方志编纂委员会编:《桂林市志》,北京:中华书局,1997年。

灵山县志编纂委员会:《灵山县志》,南宁:广西人民出版社,2000年。

钦州市地方志编纂委员会:《钦州市志》,南宁:广西人民出版社,2000年。

荔浦县志编纂委员会:《荔浦县志》,北京:生活·读书·新知 三联书店,1996年。

宜州市志编纂委员会:《宜州市志》,南宁:广西人民出版社,1998年。

李建平主编:《抗战遗踪——广西抗战文化遗产图集》,南宁:广西人民出版社,2005年。

小田康德等编著:《陆军墓地がかたる日本の战争》,ミネルウ゛ァ书房,2006年。

书评与史料

一部记述桂林抗战文化的史论著作[①]

文丰义[②]

(八路军桂林办事处纪念馆,广西桂林　541001)

通读魏华龄先生的《桂林抗战文化史》一书,很难想象如此宏大篇幅、包罗全面的系统史料书籍,是出自一位年逾九十的耄耋老人,而且还是在很短的一年多时间里完成,这着实让人震撼。

20 世纪 80 年代时,魏华龄写了一本 15 万字的《桂林文化城史话》。现今的《桂林抗战文化史》不仅在《桂林文化城史话》的基础上扩大了容量,而且内容更为丰富,史料更加翔实。全书分"前言"、"概览"、"文化活动及成就"、"附录"四大部分。其中"概览"部分为全书的主要内容,包含"一、桂林文化城的形成;二、中国共产党与桂林抗战文化;三、桂林抗战文化的内涵;四、桂林抗战文化运动的特征;五、一个独特的历史现象:桂林文化城;六、桂林抗战文化与延安抗战文化的内在联系;七、桂林抗战文化的历史地位"共 7 个方面的内容。按时间顺序、纵横关系、内在联系与特性、外延影响与作用等,以宏观审视的视角全面阐述了中国共产党与桂林抗战文化的关系,透视了桂林抗战文化的特质、内涵、历史地位等重大问题,使全书更具历史的厚重感,其史料价值和可读性价值也就更高了。

"文化活动及成就"部分,作为概况性的介绍,又从"一、八路军桂林办事处成立前的文化概况;二、文化城的社会科学;三、广西建设研究会;四、文化城的出版发行事业;五、文化城的新闻事业;六、中华全国文艺界抗敌协会桂林分会;七、文化城的文学活动;八、国防艺术社;九、广西省立艺术馆;十、繁荣的抗

① 收稿日期:2011－06－16。

② 作者简介:文丰义,八路军桂林办事处纪念馆副馆长、研究员,广西抗战文化研究会副会长、桂林抗战文化研究会会长,研究方向为中国近现代史、革命史。

战戏剧；十一、西南第一届戏剧展览会；十二、文化城的音乐活动；十三、文化城的美术活动；十四、抗战教育与科学事业；十五、文化城的少年儿童工作；十六、文化城的最后一战；十七、桂林抗战文化在敌后；十八、继承和发扬桂林抗战文化的优良传统，建设中国特色社会主义文化”共 18 个方面进行了详细的阐述，并且述而有论，观点明确，定位准确，为桂林抗战文化的研究起到了一个基本定位与导向的作用。同时为了达成史料的完整性和更全面、更系统的功能，又从微观的角度增补了一些当时比较有影响的社会团体或学术领域在桂林抗战文化研究中所具备特殊贡献的方面，使全书覆盖面更宽、更广。这些新增部分有的是吸收 20 多年来桂林抗战文化研究新成果，有的则是作者自 20 世纪 80 年代中期《桂林文化城史话》出版后继续悉心研究 20 多年的成果汇集。就像本书《序》的作者苏关鑫教授所列举的：比如中国共产党与桂林抗战文化运动的关系，他吸收了 20 世纪 90 年代以来国内党史研究者的研究成果，抓住“中国共产党是整个桂林文化城的灵魂，是这场抗战文化运动的真正领导者”这一核心观点，加以阐述论证，写下了本书的相关章节。又比如，桂林文化城的时限，过去论者一般都定为 1938～1944 年的 6 年间，但此后有研究者认为 1931 年九·一八事变后，桂林就开始传播抗战文化了，1944 年底桂林陷落后，桂林抗战文化仍在敌后发挥作用，故上下时限应为 1932 年—1945 年。还有，“一个独特的历史现象”，原本是 1994 年许觉民（洁泯）先生为《桂林抗战文学史》作序时对桂林文化城作出的一个科学论断。华龄先生见到后甚为欣喜，觉得十分准确，但又感到没有展开论述，必须加以深入的阐述和诠释才行。于是，经过几年的资料积累和研究探索，他于 2001 年完成了《试析“一个独特的历史现象：桂林文化城”》一文，并寄给许觉民先生斧正。许先生在阅读后的回信中赞道：“您的文章拜读了，极好，观点鲜明，材料充实，不愧是一篇对桂林文化城研究的好文章。我以前只是觉得这个‘独特的历史现象’之存在，却不能像您那样条理清晰地说出其所以然。这‘独特’之看法是大家都有的，不只是我一个人，但真正的缕析精到的功劳却属于您。”同样地，1991 年林焕平先生在给《桂林文化城大全》作序时，提出：“在中国抗战文化史上，可以说抗战时期，北有延安，南有桂林。要研究抗战时期的中国，一要研究延安，二要研究桂林。”这也是一个科学论断。华龄先生经过数年的探讨研究，于 2000 年发表了《桂林抗战文化与延安抗战文化的内在联系——对抗战时期“北有延安，南有桂林”的初步探讨》。该文以丰富翔实的材料，阐述并诠释了林焕平先生虽然说了但还没有来得及论证的观点，为桂林抗战文化史又增添了新的色彩。所以苏教授认为:“把《桂林抗战文化史》说成当今为止桂林抗战文化的集大成也不为过。”这一结论,确实是一个十分中肯的评价。

“附录”部分作为史料的补充,尤其对桂林抗战文化城的大事记、在桂文化人的介绍,以及抗战作家的笔名介绍等也是相当地有价值,毕竟作者不是一般的纯史料研究者,他既是那个时代的亲身经历者,又是桂林抗战文化城建设的直接参与者,很自然其史料的真实性和可信度就要比一般的高得多。

从传承桂林抗战文化、深入研究桂林抗战文化的角度来看,《桂林抗战文化史》的编撰出版,具有多重的价值意义。诚如桂林抗战文化城建设的直接参与者、作家秦似先生所认为的:“桂林文化城对于在抗日大后方宣传抗日,宣传团结进步,宣传中国的历史必由之路曾经作出过巨大的贡献。桂林文化城这一段历史,同中国现代革命史、中国现代思想文化史、中国现代文学史,都是紧密相关、有着多方面的联系的,是占有一定的历史地位的。”正因为桂林抗战文化或者桂林抗战文化城具有特殊的历史文化价值和文化特性,所以对桂林抗战文化的研究以及对相关的历史遗存、遗址的保护与利用,也是历来受中央和各级地方政府、领导高度重视的一个原因。

作为桂林抗战文化城的产生、形成、发展、影响的直接领导或引导的机构,1938 年 11 月,在周恩来、叶剑英、董必武等的亲自领导下建立的八路军桂林办事处,既是党中央和八路军总部设在南方一带的公开办事机构,又是中共中央南方局的一个秘密派出机关,兼有新四军驻桂通讯处的功能。而且当时中共中央主要领导人中的周恩来、叶剑英、博古以及徐特立、李达、叶挺、越南的胡志明等重要领导人,曾先后在桂林“八办”指导工作和从事革命活动。尤其是周恩来、叶剑英等中共主要领导人,为直接领导整个南方地区的抗日斗争和桂林抗日文化运动,于 1938 年 12 月至 1939 年 5 月,在半年时间里,曾连续多次亲临桂林“八办”做具体指示和工作部署。在桂林“八办”的领导和引导下,当时桂林聚集了国内两三千名文教科技人员,其中有名的文化人就达 1000 多人,较著名的文化人、作家、戏剧家、科学家、社会活动家等又多达 200 多人,如茅盾、巴金、柳亚子、何香凝、田汉、欧阳予倩、夏衍、李四光、徐悲鸿等,因此桂林迅速成为抗战时期享誉全国、影响世界的抗战“文化城”。

由于桂林“八办”和桂林抗战文化城对中国抗战的特殊作用和重要贡献以及具有教育意义、极具开发价值等,因此历来受到党和国家的高度重视。桂林“八办”是比较早的被开辟为革命纪念馆的旧址,1983 年叶剑英为纪念馆题写了馆名,自开放以来,已接待国内外观众 1000 多万人次,社会效益十分显著。

尤其是2008年3月,“八办”实施向社会免费开放政策并设定为来桂旅游团队了解桂林抗战历史文化的参观景点以后,观众量急增。其中2008年观众量为32万人次,2009年达到36万人次,2010年达37万人次。所以,中共中央政治局委员、中央书记处书记、中宣部部长刘云山2007年5月到桂林考察工作讲话时,就明确强调“抗战文化是桂林文化中最有特点的一部分,桂林可以建一个‘抗战文化博物馆’,或者叫‘抗战文化陈列馆’,要组织专家、学者进行研究、探讨和策划,要把整理、发掘、展示抗战文化作为文化项目、文化工程来做好”。这些现象清楚地说明了桂林抗战文化的重要性,也同时证明桂林抗战文化具有相当重要的历史地位。

《桂林抗战文化史》的编撰完成与正式出版,无疑是搜集桂林抗战文化史料、研究桂林抗战文化、保存桂林抗战史料最有利的方法之一,应该说是一件功德无量的大事。另一方面,《桂林抗战文化史》的公开出版与发行,又具有相当突出的推介与宣传价值,起到广泛传播文化与建立文化纽带的作用。尽管《桂林抗战文化史》的内容应该说还有需要深化、补充和不断完善的地方,但是它必将在桂林抗战文化研究的领域里绽放出一定的光彩,起到一个标杆性的或者基本的导向作用。当我们的后代、各地的人们要想了解这段尘封的历史,或者说肇事国的后辈们要正视这段已经过去的历史时,都能从这部史书中得到一些有价值的信息,这就赋予了《桂林抗战文化史》更广泛的史料价值意义和更深远的传承意义。再一方面,《桂林抗战文化史》还具有相当的地域历史文化的品牌价值。以桂林抗战文化史命名,具有浓厚的地域文化特色。随着各地经济社会的迅猛发展,挖掘和保护地域性文化资源并塑造成一种品牌,已越来越成为一种趋势,甚至是一种时尚。尤其是在当今大力发展红色旅游、全面开发红色旅游资源的势头中,人们更能认同桂林抗战文化这种蕴含民族抗争精神、激励民族气节的文化底蕴,更能珍惜桂林抗战文化,弘扬桂林抗战文化的精髓。《桂林抗战文化史》作为桂林地方文化典籍类出版物,称得上桂林重要的历史文化品牌。同时由于《桂林抗战文化史》纲目清晰,种类齐全,将大量桂林抗战的史实编入书内,具有鲜明的特色和独有的价值,因此完全可以作为史料工具书使用。

一个已年逾九旬的老人,又不会使用电脑,写字手还是发抖的,却能够在一年左右的时间里完成这样的鸿篇巨制,不能不说是一个奇迹！这也是需要一种常人所难具备的特有精神的。正如魏老自己所说的:“老来搞学术研究,之所以选择桂林抗战文化这一领域,一是我与桂林抗战文化有一点缘分,我是受桂林抗战文化的启蒙和哺育成长起来的,因此,对桂林抗战文化有着一种特殊的感情;其次,是要填补桂林抗战文化的一段历史空白。这是一项吃力不讨好的工作,没有接受任何人交给的任务,完全是自己的选择,要说任务,这是一种历史责任。"正是这种强烈的历史责任感和浓厚的桂林情结,使得魏华龄先生不顾年迈、倾心竭力要完成《桂林抗战文化史》,这也是他决心为桂林这段特殊的历史,为中国社会科学作出毕生贡献的动因与动力所在。

尤其值得一提的是,魏华龄先生年过6旬才正式从事桂林抗战文化的研究,并从未间断地坚持了30多年。他始终虚怀若谷,密切注视并善于汲取该领域的最新成果,合理地融进自己的论著之中。他这种严谨治学、密切关注并善于汲取本领域科研成果加以充分利用和发挥的精神,也是令人十分敬佩、最值得后人学习的。

主题鲜明资料完整的《桂林抗战文化史》[①]

盘福东[②]

(桂林市博物馆,广西桂林 541001)

在纪念中国共产党成立九十周年的喜庆日子,漓江出版社隆重推出了90高龄的魏华龄先生的《桂林抗战文化史》(以下简称《文化史》)。自上世纪80年代以来,有关桂林抗战文化的专著出版了一批专题资料和研究文集,课题多达三四十项,字数多达1000多万,如,蔡定国、杨益群、李建平的《桂林抗战文学史》,李建平的《桂林抗战文艺概观》,广西社科院主编的《桂林抗战文艺辞典》,魏华龄的《桂林文化城史话》,桂林市文化研究中心、广西桂林图书馆编的《桂林文化大事记》,雷锐主编的《桂林文化城大全·文学卷·小说分卷》,王福琨、邓群主编的《中国共产党在桂林抗战文化城形成和发展中的作用》,李建平主编的《抗战遗踪》,魏华龄等主编的《桂林抗战文化研究文集》1-8集,等等。如今,在这一家族中又增添了魏华龄的《文化史》,使之更臻完美。这本50余万字的《文化史》,比较魏华龄"在上世纪80年代初,花了三四年的业余时间"[③]写的那本15万字《桂林文化城史话》,我认为新作讴歌了中国共产党领导下创造的革命文化运动,成为资料完整、系统深入并综合性地反映桂林抗战文化城的史书。

这本50余万字的《文化史》的出版,得天时、地利的人文优势。2011年是中国共产党九十周年华诞,举国上下都以多种大型活动与举措进行纪念,《文化史》赶在这一时间问世,"献给中国共产党成立九十周年,以志纪念"[④],具有特殊的意义。"抗日战争时期,在国民党统治区的桂林,由于蒋(介石)桂之间存在矛盾这一特殊政治环境,在中国共产党的正确领导下(通过统一战线),在

① 收稿日期:2011-06-17。

② 盘福东,广西抗战文化研究会副会长,研究员;研究方向为博物馆学、民族学和桂林抗战文化。

③ 魏华龄:《桂林抗战文化史·前言》,桂林:漓江出版社,2011年。

④ 魏华龄:《桂林抗战文化史·前言》,桂林:漓江出版社,2011年。

一段时间内,文化名人云集,书店、出版社林立,图书报刊琳琅满目。文化团体如雨后春笋,文化活动高潮迭起,被誉为'文化城'"。[①] 桂林有大量与"文化城"有关的资料、图片和书籍,为相关研究创造了得天独厚的便利条件。20世纪80年代以来随着对桂林文化城研究的逐步深入,产生了魏华龄、李建平、苏关鑫、文丰义、雷锐等一批以桂林抗战文化研究为已任的专家、学者,他们有关桂林抗战文化研究的成果,也在国内、国际学术界产生了较大的影响。魏华龄50余万字的《桂林抗战文化史》曾请部分专家审校、把关,对观点加以琢磨、提炼,对资料加以鉴定、核实,从而保证了该书的高质量高水平。综览全书,我谈几点感想:

一、《文化史》主题鲜明:讴歌中国共产党领导下创造的革命文化运动

《文化史》前言开宗明义写道:"桂林抗战文化是中国共产党领导下所创造的革命文化运动,是中国人民革命斗争的一个组成部分,是自五四以来人民大众反帝反封建的新民主主义文化的重要组成部分,是世界反法西斯战争和中国近现代民族解放斗争的珍贵文化遗产,继承和发扬它的责任,历史地落在了我们这一代人的肩上。现在,比较全面熟悉并研究这一段历史的人已经不多了,至于经历过桂林文化城并受过桂林抗战文化熏陶和影响的人也已垂垂老矣!我算是一个幸运儿,在抗日烽火中长大,又受到桂林抗战文化的熏陶和哺育,对抗战时期桂林文化城还多少留下一些感性的记忆。解放后,主要是党的十一届三中全会之后,又从事过一些零星的资料搜集和理性的探讨,对完成前辈们的遗愿、写出一本比较全面的桂林抗战文化史我是责无旁贷的。"[②]这种责无旁贷的历史责任,反映在《文化史》的每一章节之中。

《文化史》主题鲜明的具体表征之一:事实胜于雄辩地肯定中国共产党代表先进文化高举抗日民族统一战线的伟大旗帜,营造出独特的历史现象——桂林文化城。抗日战争时期,在国民党统治区的桂林,由于蒋(介石)桂之间存在矛盾这一特殊政治环境,在中国共产党的统一战线旗帜下,一段时间内文化名人云集,书店、出版社林立,图书报刊琳琅满目,文化团体如雨后春笋,文化活动高潮迭起,被誉为"文化城"。在国民党统治区内营造一个共产党领导的、先进的,特别有利于共产党人和进步文化人开展进步文化活动的"文化特区",

① 魏华龄:《桂林抗战文化史·前言》,桂林:漓江出版社,2011年。

② 魏华龄:《桂林抗战文化史·前言》,桂林:漓江出版社,2011年。

是规模空前，震撼历史、震撼人们的心灵的“一个独特的历史现象”，而这“一个独特的历史现象”的产生与形成，正是中国共产党代表先进文化高举抗日民族统一战线的伟大旗帜的结果。

“一个独特的历史现象”，是中国社会科学院文学研究所原所长许觉民（洁泯）于 1994 年 2 月为蔡定国、杨益群、李建平著《桂林抗战文学史》一书所写的序言中提出来的。《文化史》进行深入分析：“存在的时间短暂，还不是其‘独特’的实质。其实质是在广阔的国统区范围内营造一块‘特区’——一块特别有利于中国共产党人和进步文化人开展抗日救亡活动，有利于发展世界反法西斯力量的‘特区’。”作者说：“所谓‘特区’，主要指在政治方面和文化方面，桂林文化城与国民党统治区的其他地区不同，有许多独特之处。如当国民党顽固派掀起国共合作抗战后第一次反共高潮的时候，桂系就没有反；当第二次反共高潮到来的时候，即 1941 年初‘皖南事变’之后，桂系虽然转到了反共方面，却和蒋系仍然有矛盾，不可视同一律。就以 1941 年的‘低潮’而言，桂林在整个政治形势处于低潮的情况下文化运动并没有沉寂，而是在斗争中坚持和发展；尤为独特的是，在国民党统治区的桂林，抗战文化运动的领导权却掌握在共产党人的手里，革命和进步文化成为桂林抗战文化的主流，一些国民党经营和民营的文化阵地，竟为共产党人和进步文化人所占领。这些不同、这些奇迹就构成了抗日战争时期国统区范围内的一个‘独特的历史现象’——桂林文化城。”

《文化史》主题鲜明的具体表征之二：准确地分析了在国民党顽固派掀起的第二次反共高潮中，国统区文化（文艺）运动处于低潮，唯独桂林是在低潮中坚持和发展。1941 年“皖南事变”后，国民党当局对进步文化事业实行扼杀，暴徒捣毁生活书店，殴打、拘捕工作人员，非法查封读书生活出版社和新知书店。桂林三家书店被封，八路军桂林办事处被迫撤离，《救亡日报》（桂林版）被迫停刊，广西地方建设干部学校被迫停办。尽管桂系当时转向反共，但是蒋桂矛盾依然存在，桂系当局在执行国民党中央的“密令”时，不是采取闪击式的查封或捣毁，而是先约桂林生活书店的负责人谈话，让“生活书店采取应急措施留有余地，赢得时间发起‘退兵的一战’，举行了三天的‘大廉价’抛售存书，存书大部分被争购一空。生活书店被限期停业，自然也给新知书店和读书生活出版社传出了信号，给新知书店、读书生活出版社两家应变留有充分的余地”。“皖南事变”后南方局书记周恩来指示三家书店采取“化整为零、多种形式”，生活、新知、读书三家书店在桂林实际上还继续存在，继续占领桂林的文化阵地，传播革命和进步文化火种;党领导的职业剧团——新中国剧社在桂林成立;与延安、重庆密切配合,桂林文化界为郭沫若50寿辰及创作生活25周年举行了多种庆祝活动;在桂林市公共体育场举行了声势浩大的7000人音乐会,演唱了《黄河大合唱》的选段《保卫黄河》,以及《我们是中国人》、《我们的祖国》、《最后胜利是我们的》、《义勇军进行曲》等抗战救亡歌曲;各文化团体举办的各种时事报告会、学术报告会、讨论会、讲座等多达21次,演出进步话剧剧目14个,美术展览共10次,音乐会、诗朗诵会共11次。在整个国统区政治形势处于低潮的情况下,桂林文化工作者在中国共产党的领导下坚持和发展。《文化史》旗帜鲜明地颂扬中国共产党领导下的桂林文化城在斗争中的坚持和发展。

《文化史》主题鲜明的具体表征之三:用大量的史实说明国统区的桂林文化工作者在中国共产党的领导下、以革命和进步文化为主导占领了桂林的主要文化阵地。中国共产党及进步文化力量不仅占领了当时桂林主要的出版发行阵地和舆论阵地,而且在一段时期内掌握了国民党和一些民营的文化舆论阵地。抗日战争时期的桂林虽是在国民党统治之下,但桂林的抗战文化运动却始终是在中国共产党的领导下进行的。不仅革命和进步文化有着自己的阵地,而且连一些国民党经营的思想文化舆论阵地也为共产党人和进步文化人所占领。国民党的文化团体演唱共产党人创作的戏剧和歌曲,国民党的报刊请共产党人和进步文化人担任主笔和主编,刊登共产党人和进步文化人士的文章。《文化史》列举了大量的事实,分析和论证了桂林文化城三个方面的独特历史现象,这种独特的历史现象是其他国民党统治区所没有的,可说是国统区内的一个文化"特区"。《文化史》非常鲜明地肯定这主要是因为有中国共产党的正确领导,有一条革命的统一战线,还有一批为了抗日战争的胜利、为了一个崇高的理想和信念而艰苦奋斗的共产党人和进步文化人。他们无私无畏,英勇奋斗,坚守并夺取了每一个需要占领的思想文化阵地,这是最根本的。《文化史》尊重史实、澄清史实,理析桂系和蒋介石之间、国民党地方与中央之间存在的矛盾,而中国共产党巧妙地利用了这一矛盾,发展了进步势力,争取了中间势力,孤立了顽固势力,形成了为当时"正统"思想所不容的轰轰烈烈的独特桂林文化城。

如果说,迄今为止,国内外众多有关桂林文化城的研究论著,已经从理论上分析和论证了桂林文化城三个方面的独特历史现象的话,那么,《文化史》以一种新的角度捍卫了历史的尊严和真实,主题鲜明地讴歌了中国共产党领导下创造的革命文化运动,让后来人深刻理解中国共产党始终坚持了中国先进文化的前进方向！

二、《文化史》资料完整：系统记录特殊政治环境下的非常时代

《文化史》在前人工作的基础上，兼采各家之长，比较全面而系统地再现了当时“正统”思想所不容的一场轰轰烈烈的文化运动，以及形成一个独特桂林文化城的全过程。

有关桂林抗战文化城的档案史料、历史图片等，集中保存于桂林的图书馆、博物馆、纪念馆。经历了桂林抗战文化城时期的健在者、见证人的活动资料，绝大部分也保存于桂林。作者在 20 世纪 80 年代初花了三四年的业余时间写的《桂林文化城史话》只有 15 万字，作者说“这本小册子对于桂林文化城的研究来说，仅仅是跨出了小小的一步，还有许多课题摆在面前，还有大量的工作要做。《桂林文化城史话》的出版，只是‘抛砖引玉’而已”[①]。有感于此，《文化史》充分利用了本地有着丰富的史料资源这一优势，从桂林图书馆馆藏抗战时期的图书、报刊（不全）中，一点一滴地搜寻、挖掘和整理相关资料。几易其稿，经过优势互补后的《文化史》极具完整性与权威性。在先前那本《桂林文化城史话》的基础上，作者将内容加以充实、空缺加以填补、失误加以纠正，同时增加了“概览”部分，新写了《八路军桂林办事处成立前的文化活动》、《中国共产党与桂林抗战文化》、《文化城的社会科学》、《广西建设研究会》、《国防艺术社》、《广西省立艺术馆》、《抗战教育与科学事业》、《桂林抗战文化在敌后》、《继承和发扬桂林抗战文化的优良传统，建设中国特色社会主义文化》、《桂林抗战文化大事记》（1932～1945）等篇章，为桂林文化城留下一卷比较能反映桂林抗战文化盛况的新《文化史》。

三、《文化史》评价客观：对国民党桂系及广西地方政府的工作等做出了客观评价

以往人们对国民党桂系及广西地方政府的工作了解较少，因而，很难对国统区范围内营造的这块“特区”做出客观的评价。

《文化史》对国民党桂系及广西地方政府的工作等作了系统探讨。作者认为，在国共合作抗战后国民党的第一次反共高潮中，国民党顽固派在制造军事摩擦、挑起事端、对抗日民主根据地发动军事进攻的同时，对进步文化事业进行了严重的摧残。生活书店经 16 年艰苦经营，建立了 55 个分支书店，营业范

---

① 引自魏华龄著《桂林抗战文化史·前言》，漓江出版社，2011 年。

围有浙江、陕西、山西、甘肃、湖南、湖北、江西、安徽、广东、福建等省,遍及大半国统区。然而仅在1939年2月到1940年6月短短的一年零几个月中,生活书店除5处因战局关系而撤退外,大部分分支均遭查封、勒令停业,工作人员被捕的达44(人)处之多,最后国统区仅余下6个分店。以6与55之比,其惨遭摧残的情形可以概见。但在桂林,形势却不一样。在不少学校里不仅可以读到生活书店、读书生活出版社、新知书店出版的进步书刊,而且还可以公开阅读马列著作和毛泽东著作以及《新华日报》和《群众》杂志。《共产党宣言》、《大众哲学》、《西行漫记》和《新生代》等在知识青年中广泛传播,毛泽东著作《论持久战》和《新民主主义论》在桂林出版并广为发行。广西当局主办的以培训基层干部为主要任务的广西地方建设干部学校,还特聘中共秘密党员杨东莼为教育长,全权主持广西地方建设干部学校的人事和训练。杨东莼按照延安抗大的办学模式,利用学校讲台,公开传播马列主义和毛泽东思想,使广西地方建设干部学校成为国民党统治区内一所新型的干部学校,被人们誉为"南方抗大"。《文化史》中的描述,是非常客观的。在此基础上,作者客观地指出在国民党顽固派掀起国共合作抗战后的第一次反共高潮的时候,桂系没有反,这就为桂林抗日文化运动的高涨提供了一个良好的政治环境和文化环境,而这个环境是桂林独有的。

此外,《文化史》还附有桂林抗战文化大事记、抗战时期旅桂著名文化人简介、抗战时期旅桂文化人笔名录,这些都是极有价值的研究参考史料。

诚然,《文化史》的编撰是一项大工程,作者年事已高,精力有限,《文化史》也就存在不足之处。比较明显的,一是对国民党桂系及广西地方政府的问题叙述还不够透彻,二是对"皖南事变"后桂林的政治环境与文化特征的叙述不够深刻,三是文字资料采择及凝练方面亦有可改进之处。

前事不忘,后事之师。历史是一部教科书,供人反省总结进而展望未来。今天我们研究抗日战争史、研究桂林抗战文化城,不仅仅是作单纯的历史研究,而是为总结"前事"正反两方面的经验教训供今后借鉴。《文化史》对推动抗日战争史研究、桂林抗战文化城研究能够起到积极作用,是进行爱国主义教育,用科学世界观、革命人生观和艰苦奋斗精神深深地影响和培育年青一代,弘扬爱国主义精神的好书。

《救亡日报》大事记（中）[①]

万一知[②]

（广西日报社，广西南宁　530023）

1939 年

1月

10 日　《救亡日报》今日在桂林复刊。社址原设乐群路 63 号，后迁太平路 12 号，营业部设桂西路 26 号。报纸委托文新印刷厂代印。每日出版四开四版一张，报头上方印有“桂林版”三字。报价为零售每份 3 分，月价 0.9 元，全年 9 元。

社长仍为郭沫若，总编辑夏衍，经理（发行人）翁从六，编辑、记者有林林、周钢鸣、彭启一、蔡冷枫、华嘉、高灏、高汾等。报纸版面安排，大体上为一版要闻、社论或时论，二版国内外电讯暨省市新闻，三版特稿、通讯、参考资料，四版《文化岗位》及其他副刊。报纸形式也改变了在上海、广州出版时既不像杂志又不像报纸的模样，成了一张正规的“新闻纸”。

复刊号上，《救亡日报》同人发表了题为《为巩固华南文化的堡垒而坚持奋斗》的文章。文章指出：“《救亡日报》是应全面抗战要求而产生的，它自始至终以团结文化人，坚持拥护抗战国策，发动抗战救亡工作为任务。本报在出版地域的变迁上虽已由沪而粤而桂……但本报的出版精神始终一贯。年余以来我们为巩固华南的文化堡垒而坚持奋斗！我们要求大家起来同为巩固华南文化堡垒而坚持奋斗！”

11 日　四版《文化岗位》开始连载日本反战作家鹿地亘写的报告文学《和平村记》，这是作家访问设在湖南常德日军俘虏收容所的纪实，详细论述了日军战俘的生活及其反战觉醒。原由邢桐华翻译，至 2 月 11 日改由冯乃超

---

①　收稿日期：2010－02－02。

②　作者简介：万一知，广西日报社高级编辑，广西抗战文化研究会副会长，研究方向为中国抗战文化。

续译。

12日　夏衍自香港筹款返抵桂林,将所筹款项购五号字模一副。

14日　一版刊登八路军桂林临时通讯社消息:《八路军豫东十队告捷 亳城以东敌被击溃》。二版刊高灏的“本报特写”:《访李汉魂夫人吴菊芳女士谈革新中的广东》。

16日　四版《文化岗位》开始连载夏衍写的长篇通讯《长途》,记述作者去年11月去香港筹措经费途中经历及见闻。

20日　二版载方言:《八路军负伤战士谈游击的故事》。

由《救亡日报》社编辑出版的《十日文革》今出版第六期,发表叶厥荪写的访问记:《周恩来谈抗战的回顾与前瞻》,记述周恩来谈武汉撤退、广州失守以后的抗战形势与任务,指出由于中国地大、人多、物博等条件,坚持持久抗战,必获最后胜利。

21日　三版刊夏风的南宁通讯:《呼喊队》,记述南宁学生夜晚上街呼叫爱国口号,唱救亡爱国歌。

22日　一版本报特稿为周钢鸣的专访:《访捍卫乡邦的韦云淞将军》。

27日　一版刊新闻:《新四军活跃皖中 各线迭有胜利——新四军叶军长项副军长自前线来电报告》。

三版头条为布鲁士(英国):《新四军中的教导营与战地服务团》。

28日　今日为“一·二八抗战纪念日”,桂林市举行盛大的“一·二八”纪念会,八路军驻桂通讯处也集会纪念,同时欢迎港九新界司机总工会捐赠救护车,李克农在会上致辞。一版发表李克农写的时论《为纪念一·二八而奋斗》。

一版刊登消息:《青年记者协会主办的全国报纸展览今日在渝开幕》。展览会上展出了包括敌后报、油印报在内的1000余种报纸,为抗战以来第一次报展。

29日　一版发表郭沫若写的社论:《坚定信念与降低生活》。

30日　四版《文化岗位》载韩北屏:《北望大别山》。

31日　一版本报特稿为陶潜修的专访:《访夏威将军》。

2月

1日　一版以特稿形式刊登叶剑英对广西学生军第二团的演讲词:《现阶段的游击战与正规战》。

二版发表新闻:《实施民主政治的模范省 桂各民意机关一律成立》,指出广西是全国首推自治的模范省,为配合抵御敌人南进的部署,动员民众保卫大广西,广西省政府限令各县临时参议会于二月一日以前一律成立。四版《文化岗位》发表艾青的评论:《文学上的“左右倾”》,批判否定抗战以来文学成就的“左右倾”观点。

3 日　四版《文化岗位》发表林林的《悲哀、复仇的诗人——艾青的诗集〈北方〉读后》一文,指出在艾青的诗歌中“是隐藏着革命的反抗性的”,他“的确是深沉于现实的现实诗人”。

4 日　一版特载郭沫若在重庆作的纪念“一·二八”的广播讲话:《世界新秩序的建设》。

10 日　一版刊李克农写的时论:《对第二届国民参政会的希望》。时论强调下述问题必须切实解决:(一)拥护蒋委员长加强团结抗战的迭次指示。(二)再度请求政府废止书报原稿审查。(三)要求政府明令通缉叛徒汪兆铭。

四版　《文化岗位》发表艾芜写的旅途杂感:《非常时期莫谈国事》。文章批判了“莫谈国事”的观点,认为目前是抗战时期,大家“关心国事,议论国事,国家才有办法”。

12 日　二版刊登海蓝(即高灏)写的通讯:《在抗战中建设——记广西建设研究会》。

《救亡日报》资料室发布启事,向社会征集新旧书刊,对捐赠图书者提供两项便利:(一)询问著作之一切参考资料问题。(二)开放时可供捐赠者凭证阅读。

14 日　桂林新闻界、出版界、文化界深感《战时图书原稿审查法》有碍抗战宣传,此法虽经国民参政会议决撤销,然而并未执行。救亡日报社、记者学会南方办事处、国际新闻社、国际宣传委员会、新闻记者社、生活书店、新知书店、北新书店、上海杂志公司、黎明书局、读书生活出版社、前导书局、商务印书馆、中华书局、开明书店、十日文萃社、生活教育社、中国农村经济研究会、中国农村社、文季社、宇宙风社、广西音乐会、国际反侵略运动大会中国分会桂林支会、国民公论社、战时艺术社等 25 个单位今日集会,决议电呈第三次参政会与国民党中央党部,要求真正撤销原稿审查法,以利抗战宣传。

《救亡日报》一版社论:《送别——勉广西学生军诸君》。

15 日　周恩来第二次抵达桂林,准备前往皖南新四军军部检查工作。

16 日　白崇禧邀请周恩来到国民政府军委会桂林行营为桂林行营军训部成立周年纪念大会作关于抗战形势报告。周在报告中宣传了毛泽东的持久战思想。晚上,周恩来在出席白崇禧的招待会后,前往八路军驻桂办事处向“八办”工作人员及在桂的报刊、书店、文化、艺术新闻等团体中的党员干部作报告，宣讲中国共产党六届六中全会精神：“坚持抗战，反对投降；坚持团结，反对分裂；坚持进步，反对倒退。”会议历时两小时。

同日，《救亡日报》四版，刊登桂林新闻出版界、文化界25个单位要求撤销原稿审查法，给国民参政会和国民党中央党部的电报全文。

副刊《文化岗位》发表茅盾写的《谈“深入民间”》一文。

17日　周恩来在八路军驻桂办事处接见范长江、胡愈之、陆诒等人，谈论抗日战争形势，强调要有持久战思想，同时告诫他们说：写文章要想到大局，不要图口头痛快，否则就要坏事。

同日　《救亡日报》一版刊发新闻：《积小胜为大胜 新四军又告捷 叶项前线电称》。一版发表叶厥荪的时论：《西班牙与海南岛问题》。

18日　周恩来离桂林赴皖南新四军军部检查工作。

同日　《救亡日报》一版发表郭沫若写的社论：《巩固反侵略的战线》。社论指出“日军进窥海南岛旨在独霸太平洋”，并建议世界反法西斯力量“要趁着侵略者的阵线尚未十分稳定，准备尚未十分周到之前，及早地予以实力的教训”。

19日　二版刊载新闻：《记者友谊会今日(农历初一)举行第四次交谊会》，法国记者李蒙夫妇参加交谊活动并申请加入中国青年记者学会。

20日　一版头条发表吕正操写的文章：《冀中区是怎样建立的》。

21日　《救亡日报》出版副刊《救亡木刻》创刊号。该刊每十日出一期。此前五日，《救亡日报》刊登《读者问答》，敬告读者：在广州出版的《救亡画刊》因桂林现时无条件制版不能出版，今后当在本报力争多刊登木刻作品来弥补。

23日　二版特载化若的文章：《晋察冀边区粉碎日寇大举围攻中的教训》。

由中国青年记者学会主办的战时新闻讲习班自2月1日开学后，每晚六时至九时，由文化新闻界人士范长江、陆诒、杨东莼、夏衍等人分别讲授新闻理论知识。自今日起，学员除照常听课外，分三组到广西印刷厂、《救亡日报》编辑部、《广西日报》编辑部实习。

25日　二版头条刊田野的通讯：《生产运动在八路军——后方留守部队生活片段》。

三版发表《谨以最大热情与读者握手》，开展读者访问活动(2月26日—3月4日举行本市函约谈话，外地函访)。

27日　三版自今日起，连续三天刊载叶厥荪的通讯：《李蒙夫妇与徐特立会见记》。

四版《文化岗位》发表司马文森写的《把文艺种子传播到战壕、兵营里去》。文章说“大众是能接受抗战文艺的”，而“直到目前为止，还有大部分人把抗战文艺活动，局限在出版文艺杂志的圈子里，还只把它局限在写文章上面”。因此文章提出，抗战文艺运动应该“打破只编杂志、写文章的圈子，把种子传到村庄、工场，特别是营房和战壕去”。

下旬　周恩来从皖南新四军军部视察工作返回时路经桂林，在桂林市东江镇小学接见新安旅行团全体成员。

月底　自二月初《救亡日报》办起《读者问答》、《读者论坛》、《生活讲座》等专栏后，一月来为读者解答了不少政治、思想、学习、工作和生活等方面的疑难问题，深受读者欢迎。

《救亡日报》记者周钢鸣、蔡冷枫、司马文森经组织调往广西建设干校工作。

3月

3日　《救亡日报》今日出版增刊——重庆版，内容为举行读者访问，以函访的方式进行。

4日　四版《文化岗位》发表周扬写的《作家到前线去》一文。作者认为：“抗战以来文艺对现实的关系是消极的批评揭露多于积极的发扬。许多民族英雄的新的典型，无数可歌可泣英勇壮烈的事迹，都没有在文艺上得到应有的反映。”“因此，我们虽然非常尊重在后方的许多作家的艰苦的努力，但却期盼着更多的作家到前线去，那里有吸取不尽的丰富材料正待艺术专门家的发掘。”

一版载：中国青年记者学会南方办事处（主任夏衍）主办的新闻讲习班第一届学生毕业，为抗战以来第一个新闻讲习学校，并开文化团体自动训练干部之先例。

8日　二版头条刊登何香凝的文章：《“三八”我要说的话》。

三版为“三八”妇女节专刊，刊有李郭德洁等人撰写的纪念文章。

10日—15日　二、三版中缝刊“读者访问表”。“访问表”称：“本报读者访问原定期限已过，兹应读者要求制表如下，请愿接受本报访问者填写呈寄本报读者访问组。”“读者访问表”内容有：姓名、籍贯、性别、年龄、简历、经济状况、家庭情况，对现在工作（兴趣、感想、希望），理想的工作与职业是什么，个人生活日程，今年个人计划，对抗战前途观察，参加抗战服务否，最信仰的领袖是哪几位,最喜欢看哪一种书,从何时开始读本报,对本报(批评、帮助、要求),愿意怎样帮助本报(介绍读者、介绍代售处、写通讯、惠赠资料)。

11日　一版发表夏衍的时论:《论新阶段宣传工作》。时论认为:"抗战已进入到一个新的阶段了,但是我们抗战的宣传,却被遗留在了一个旧的阶段里。"在抗战的新阶段里,我们"应该赶快建立起一种泼辣的、崭新的、适应现阶段需要,为大多数民众所接受所爱好的新的工作方式"。

15日　一版刊载夏衍写的时论:《再论新阶段的宣传工作》。时论主张:(一)必须强调宣传与服务不可分,要学习传道士的精神,他们的教义宣传永远和服务联结在一起。(二)反对跑江湖式的流动宣传,强调建立一据点长期工作。(三)宣传与组织要结合在一起。

13日至18日　桂林市举行"二期抗战宣传周"。《救亡日报》今日出版特刊,内容有:林云《二期抗战的目标和方略》,邵宗汉《第二期抗战的三大任务》(加强团结、积极奋斗、加紧建设),启一《怎样夺取新的胜利》。

16日　二、三版中缝刊登广告:本报经理部代售书报,负责介绍有益书报,通讯解答读者疑难。凡本报长期订户、武装同志、救亡团体、政治部、政工队、图书馆、学校均得享受优待;外版书九折,本版书八折。代表书目有杂志:《国民公论》、《中国农村》、《文艺战线》、《群众》、《十日文萃》、《解放》等。书籍:《政治经济学讲话》、《大众哲学》、《辩证法唯物论入门》、《论持久战》、《论新阶段》、《抗日游击战争》等。

18日　今日、25日、26日三天连续刊登通讯:《活跃在江南的新四军》。

三版刊登由中国青年记者学会南方办事处编辑的《新闻记者》桂林专号第一期,载有胡愈之、石西民等写的文章和通讯。

22日　二版刊登加因写的本报特写:《充满着朝气的桂林出版界》。文章介绍了桂林文化城当时的出版盛况:除前此已出版代售的《解放》、《群众》等十多种刊物外,1939年3月又出版了《文艺战线》和舒群、杨朔等办的文艺杂志《一九三九》。书店如雨后春笋般蓬勃发展,共有生活、新知、时代、黎明等十几家。报纸方面:香港大小报纸14家,如《大公》、《星岛》等7天可到桂林,而重庆《大公》、《中央》等报空运当天可到。出版事业的繁荣,使桂林成为西南文化中心。但困难亦不少,主要是印刷、运输、电力等物质条件赶不上。

24日　四版《文化岗位》载何家槐:《扫清一切苦闷——献给青年同志们》。

26日　三版头条载江川(即周钢鸣):《论二期抗战中救亡日报之使命——关于通讯员的组织》。文章指出:"抗战第一期'救报'主要是民族抗战先锋队伍的活动舞台，主要由少数有声望的文化工作者负起全民族的启蒙工作，完成了使之理解抗战意义及其情势的任务。少数既成作家以其作品，完成了鼓舞民族勇气的任务。……第二期中‘救报’的任务：从少数既成文艺工作者推广到所有民族战士身上，因此交换各岗位的抗战经验，并促其活生生的教训化为全民族所有。这是今后的中心任务。‘救报’必须成为一个集体的组织者。”为此，“‘救报’必须在守在各岗位的抗战同志中，广征通讯员。我们的‘救报’就变成守着各个岗位的一切同志的报纸。”

27日　27、29、31日连续三天在三版刊登公告：《希望各岗位的读者，参加通讯员运动》，并提出通讯员规约及第一次征稿细则。

28日　三版开始连载长江《南国的生长》，至4月3日止。

29日　三版为《黄花岗二十八周年纪念特刊》，载有黄药眠、冯乃超等人写的文章。

四版《文化岗位》出《黄花岗二十八周年纪念特刊》，为特刊写作的有杨朔、林林、陈原等。

30日　中国青年记者学会桂林分会注册成立。

4月

2日　四版《文化岗位》为配合《救亡日报》广征通讯员运动，特发表林林写的《通讯的公式主义——作为初写通讯者的参考》。

晚上七时，由《救亡日报》主持的第11次时事座谈会，在李子园储才学校举行。由范长江主讲：《南昌失守原因及其影响》，胡愈之主讲：《远东殖民地的重分割》，到会者数百人。

5日　下午，中国青年记者学会桂林分会在乐群社礼堂举行成立大会，桂林市各党政机关代表也应邀参加。大会选举陈纯粹、王文彬、莫宝坚、程晓华、翁从六、李洪、张尔华等人为分会理事，姚潜修、孟秋江、许瑾为候补理事。大会聘请黄旭如、梁寒操、马君武、李任仁、邱昌渭、白鹏飞为分会名誉理事。

为配合中国青年新闻记者学会桂林分会成立，《救亡日报》三版刊出由该会主编的《中国青年记者学会成立周年纪念兼桂林分会成立大会特刊》，刊有范长江的《平凡的成就》，钟期森的《“一年”感》，翁从六的《发行是射击》，姚潜修的《作为一个会员的献词》，仰山的《希望地方新闻普遍起来》和白秋的《通讯的言语与手法》等六篇文章。

同日　《救亡日报》二版发表翁从六写的文章：《使发行工作服务化》。

四版《文化岗位》发表艾青写的《诗的祝祷——给写诗的朋友们》。文章批驳了“新诗二十年来没有什么成绩”、“抗战以来的新诗没有大鼓词小调等成绩好”等论调,并且指出这“是对于新诗的一种恶意的攻击。他们这种举动的目的,无非想把新诗的已经稳定了的基础毁坏。借以造成一种可以适合于他们的心愿的我们传统”。“至于抗战以来的新诗,它是二十年来新诗的延续,它的成绩,无论从量上和质上看,都不曾失去‘更进一步’发展的价值。”

6日　三版出《台儿庄胜利纪念专刊》,刊有长江文章:《台儿庄光荣胜利一周年》,白崇禧题词:“台儿庄的胜利是战术上运用游击战运动战配合阵地战的结果。”并重载有《救亡日报》在广州出版的台儿庄胜利号外。

7日　一版刊发社论:《彻底扑灭诱和阴谋》。

三版出《汪精卫系在香港》特辑,刊发该报驻港记者杨实之写的通讯。通讯揭露了汪精卫及其走狗最近在港沪加紧活动,和汪精卫在南北的两个傀儡正在串演组织“统一政府”的事实;特辑还刊有香港各报声讨汪精卫投日卖国罪行的文章。

9日　四版《文化岗位》载石蒙:《信——关于新四军》。

11日　下午1时,中国青年新闻记者学会桂林分会在广西日报社举行第一次理事会议,选出常务理事三人:陈纯粹、王文彬、莫宝坚;总会当选理事陈纯粹;分会总务主任翁从六,组织主任张尔华,学术组主任程晓华,分会秘书姚潜修。会址暂设“青记”南方办事处(救亡日报社内)。

12日　为援助《救亡日报》正常出版发行,重庆市文化、印刷界著名人士今起举行大公演,上演话剧《一年间》。郭沫若、田汉等为演出委员,导演有沈西苓、应云卫、凌鹤等,演员有白杨、吴茵、秦怡、阳翰笙、章泯、舒绣文、赵丹等。公演活动持续至14日。

15日　四版《文化岗位》载易今:《读朱德著:〈抗日游击战争〉》。

日本反战作家鹿地亘写的反映日本战俘生活的《和平村记》(冯乃超翻译),原在四版《文化岗位》上连载,现因作者已经离开桂林,稿件寄递不易,自今日起不再续登,拟以后直接出单行本。

18日　由诗文学社编辑、艾青主编的《诗文学》,今日在《救亡日报》四版上创刊。创刊号上有艾青写的《我们的信念》,以及林林、紫秋的诗文。

25日　四版《文化岗位》发表田汉写的文章:《新“三叶”之一叶》。文章提出了改革旧剧的三点意见:(一)为普及抗战宣传,为建设中国新戏剧文化,于话剧提倡外,同时应注意于旧剧之改革。(二)旧剧之改革目前是最好机会。(三)抗战胜利后戏剧文化必有伟大的发展。

同期《文化岗位》还发表了田汉写的新皮黄《骂汪——“二六”一段》。

27 日　二版刊《给读者信:本报代理部代前线将士负伤官兵筹募书报》。

三版预告:三版自今日起,除原有的特稿、各地救亡通讯、专论外,并增辟以下专栏:(一)生活讲座;(二)读者论坛;(三)时事座谈;(四)读书问答。

29 日　一版发表郭沫若写的时论:《争取最后五分钟——对于失败主义的批判》。时论针对汪精卫发表所谓“艳电”之后的一系列主和谬论予以批判,并指出:现在是汪精卫改变立场,“争取最后五分钟的时候了”,要汪不要倒行逆施到底。

四版《文化岗位》出《重庆影剧人援助本报公演纪盛与答谢专页》,载有郭沫若:《戏剧界的精诚团结》,翰笙:《漫画〈一年间〉》。

月间　夏衍经广州湾(湛江)、香港去上海,为《救亡日报》筹款购买印刷机,准备自行印报。

5 月

2 日　四版《文化岗位》刊登王莹:《铁军军部的联欢——中国救亡剧团出国行之二》。

3 日　《漫画与木刻》社为推进当前漫画与木刻运动,今晚举行作者座谈会,到会的有陆志庠、特伟、廖冰兄、赖少其、汪子美、黄茅、刘建庵、周令钊、沈同衡、陈闲等 20 多人,会上讨论了《救亡日报》副刊《救亡木刻》的编辑出版事宜。会上决定:为扩大漫画与木刻运动的发展,《救亡木刻》从第九期起,改名为《救亡漫木》,并于下星期出“讨汪”专号。

4 日　五四前夕,周恩来在桂林大华饭店会见了桂林文化界人士胡愈之、张铁生、千家驹等人,向他们谈论了当前的抗战形势与任务,揭露了反动派制造的一些摩擦,要大家提高警惕。在桂林期间,周恩来还前往新安旅行团住地探望了新安旅行团全体成员。

5 日　《救亡日报》二版发表了姚潜修写的访问记:《五四二十周年纪念日访问周恩来先生》,记叙了周恩来在八路军驻桂林办事处所谈的纪念五四二十周年的意义。周恩来在谈话中指出:“我们纪念五四,应该继承它的积极的优良传统,为民族解放运动,科学和民主运动,发扬它的光荣历史以有利于抗战建国。”

6 日　《救亡日报》刊发消息:“广征订户运动”获得读者热烈响应,读者踊跃订阅《救亡日报》。

11 日　一版刊登时论:《募捐救济重庆被难同胞——向全国各界的一个建

议》。

四版出版副刊《救亡漫木》(第九期)《讨汪专号》。“专号”上,刊登了汪子美写的杂文《汪精卫的“保护色”》,以及冰兄作、建庵刻的连环木刻《汪精卫的变》,特伟作、少其刻的《汪精卫自毁其前途》,周令钊作、建庵刻的《汪精卫是妓女政客》,汪子美作、少其刻的《剪断敌人与汪逆的阴谋》等木刻作品。

12日　二版刊载斐:《周恩来先生谈妇女营杀敌创举》。文章叙述了绍兴地区一支妇女营渡江深入敌后作战获捷的经过。

四版《文化岗位》头条发表毛泽东:《序〈论持久战〉的英译本——释抗战与外援》。

15日　三版头条为叶厥荪:《襄樊前线李司令长官访问记》。

16日　四版今日辟《贡献歌曲新作专页》,刊登张曙遗作《我们要报仇》,天兰词、吕骥曲《开荒》,施谊词、绿汀曲《新闻战士歌》和张寒晖的《游击乐》等四首歌曲。

18日　八路军参谋长叶剑英在桂林乐群路李子园储才学校,向各界人士作《积小胜为大胜》的抗战形势报告。

18日、19日,二版连载王坪:《铁人访问记——纵谈新四军战绩》。

20日　四版出版《诗文学》第二期,刊登艾青的短评:《诗的散步》。

21日　二版载司马文森:《叶剑英将军谈战局》,内容为叶剑英在一个座谈会上的发言。文章指出:“敌人自汪逆出走后,其进攻方式是政治重于军事,后方重于前方,扫荡重于深入。目前敌人已不能实现其过去的两个目标。即(一)以中心城市为主要目标。(二)以歼灭我主力为作战目标。只能组成一个单独突击力量,一个突击方向。对此我们必须采取新的对策,必须在战略上以静制动,战术上以动制静。同时在敌人后方应该破坏重于作战。这样敌人兵力必大受牵制。各方面的抗战工作均应该引用到大规模的到敌后进行破坏工作上去。”

四版《文化岗位》发表郭沫若的文艺漫笔《中国人的确是天才》。作者认为,中国人是很有天才的,但是由于主客观上的原因,这些天才没有很好地发挥出来。作者号召大家刻苦努力,“把各种成绩提供出来贡献于人类文化,要使全世界的人都心悦诚服地这样说:‘中国人的确是天才!’”

28日　四版《文化岗位》出刊《戏剧游击经验专页》,刊登新四军战地服务团戏剧组的《怎样做游击区的戏剧活动》讨论记录。

30日　三版全文刊登叶剑英28日在桂林储才学校举行的桂林市第18次

时事座谈会上的讲演《积小胜为大胜》。讲演指出：针对敌人作战的特点，今后要保全空间，争取时间，一切为着进攻，用大力打小仗，破坏重于战斗，用全力求小胜，积小胜为大胜，才能取得最后胜利。

31日　四版《文化岗位》发表巴金写的文艺漫笔《卢骚与罗伯斯庇尔——回忆一录》。

6月

3日　四版《文化岗位》载何家槐：《关于战地工作经验的整理》。

5日　三版头条刊《二期作战之敌我新战略——周恩来在国际宣传处向中外记者讲话》。

6日　中华全国文化界抗敌协会桂林分会诗歌组组织街头诗运动，除编辑出版大幅诗壁报外，也在全市各报副刊出版诗特辑。《救亡日报》四版《文化岗位》也发表了《六月街头诗宣言》和诗作，在桂林街头散发。

7日　《救亡日报》为重庆被炸难胞举行济难义卖，参加义卖活动共80队约2000人。当日《救亡日报》印有套红“义卖”二字。义卖至6月20日，总共获款4443.47元，分四次上缴抗敌后援会。

同日　三版自今日起，连载夏衍寄自香港的《上海谈奇录》，内容为敌国活动实录、孤岛阴秽面、百鬼夜行之行状。

10日　四版《文化岗位》刊登本报的戏剧活动特写：《〈一年间〉三演出》（渝已演，港即演，桂将演）。

11日　二版自今日起，连续刊登易庸、乔木谈英日关系的一系列文章，谈日寇反英运动的目的与意义，我们要以抗战来支援英国。

三版为《追悼尚仲衣教授特辑》。

12日　四版《文化岗位》出《留桂画家抗战画展特刊》，载有阳太阳、特伟、赖少其作品。

15日　四版《文化岗位》开始连载日本横仓刊一作品：《烧杀日记》。

16日　报头广告《桂林晚报》本月18日出版，报址在环湖路5号。

17日　桂林市文化界为《救亡日报》募集事业基金，发起联合公演夏衍名作《一年间》。联合公演筹备委员会由王文彬、方振武、白鹏飞、田汉、李任仁、李文钊、马君武、马彦祥、翁从六、夏衍、孙师毅、莫宝坚、陈纯粹、焦菊隐、钟期森等人组成。

同日　《救亡日报》三版为《台湾六·一七纪念特刊》，由台湾独立革命党总部编发。

18日　三版头条刊塔斯社社长罗果夫:《在华中的前线上》。

四版《文化岗位》出《高尔基三年祭特刊》。

24日　三版头条全文刊周恩来:《二期抗战的重心——五月三十一日在重庆中央广播电台的讲话》。《讲话》指出:"二期抗战的重心在敌后……半年来敌人的方针转向以战养战。今后敌后游击战的任务有二:一个是建立游击根据地,一个是消灭敌人的有生力量。我们如果能牵制敌人向后,又消耗敌人,则变敌后为前方,积小胜为大胜的战略方针,可完全达到成功。二期抗战一定可以有利于我们的相持阶段。"

24日至26日　四版均为《音乐歌咏运动专页》,刊登贡献歌曲新作。

26日　三版头条刊叶文津写的战地通讯:《敌人的后方我们的前线——本报记者夜过平汉线》。

27日　二版头条刊白崇禧在国民政府军委会桂林行营主持的桂林时事座谈会上的讲演:《敌人战略的演变与吾人之对策》。

28日　三版刊:《紧张的集体生活,战斗的工作作风,学生军在前进中——第一团第六中队凤翔工作报告》。

30日　四版《文化岗位》头条刊发《一年间悲欢种种——本报戏剧活动特写》,记述香港上演《一年间》意外失败与意外成功。香港话剧阵线空前团结,中华艺术剧社、中国旅行剧团携手上演总称为《黎明之前》的四个独幕剧:《贼》、《曙光》、《卖艺人》、《赎罪》,由王莹、金山、唐槐秋、唐若青等名演员演出。共获1250元港币;重庆上演《一年间》获7000余元,均已汇寄给《救亡日报》。

月底　《救亡日报》自6月7日义卖后,报纸发刊数自3月份之3000份,突增至7500份以上。其中42%为长期订户,58%为批发与零售。从地域上分,广西占26%,外埠占74%。

7月

1日　四版《文化岗位》出《电影工作介绍专页》,刊(荷)伊文思:《四万万人的生存——在中国摄影的报告》。

2日　《救亡日报》获国民政府内政部新闻登记证警字第6857号。

同日　桂林市文化戏剧界为筹募《救亡日报》事业基金,将于最近演出夏衍剧作《一年间》。为了听取各方面对《一年间》剧本及整个演出的意见,下午二时,导演团(成员有:田汉、施谊、马彦祥、夏衍、焦菊隐)邀请各戏剧团体及戏剧爱好者,在青年会储才学校举行茗谈会。孙师毅、田汉、李文钊及最近由重庆来桂林的姚蓬子、华超等,在会上发表了意见。

2 日、3 日　四版《文化岗位》出《教育电影路向专页》。

4 日、5 日　四版《文化岗位》出《电影宣传检讨专页》。

7 日　今日《救亡日报》在一版刊登重要启事：今日报纸附送小册两份，分别刊蒋介石的《抗战第二周年纪念告全国军民》和白崇禧、陈诚的纪念文章，作为《救亡日报》向读者的献礼。此外，并献报 2000 份、书 2000 册，给“七・七”纪念大会转送前方将士。

二版头条为蒋中正：《抗战二周年纪念告友邦书》，特载周恩来：《“七・七”二周年纪念总结》，宋庆龄：《抗战以后的中国——抗战二周年告美国友人》。

三版出《“七・七”抗战建国二周年纪念特刊》，载有张发奎、李汉魂等人的文章、题字和冯玉祥的诗作。

四版为《民族歌手聂耳先生逝世五周年纪念特刊》。

8 日　三版头条为毛泽东：《中美人民站在一条战线上——为美国援华运动委员会举行中国周而作》。

9 日　为纪念“七・七”抗战两周年，中华全国文艺界抗敌协会桂林分会筹备会在《救亡日报》第三版上发表宣言。宣告：“桂林文艺工作者，为求抗战文艺运动的更广泛展开，为求创作与理论的更进步，为求青年文艺工作者的培养，为求前方与后方，国内与国外文艺工作联系之密切，一致迫切地感到在这西南抗战中心的桂林，有成立文协分会的必要，现正积极筹备，期于最短时期内成立分会。”

11 日　四版《文化岗位》出《“七・七”纪念歌咏大会特刊》。

12 日　为纪念鲁迅先生逝世三周年，中华全国木刻协会桂林办事处“鲁迅木刻展览”负责人李桦、新波、刘建庵、赖少其等人，在《救亡日报》四版上发表公开信，征集中国、外国及古代民间木刻作品。信中说：中国木刻运动的发展，是“由鲁迅先生一手培植”的。“为了表现木刻青年对于先生信仰的忠诚，以及他们三年来是怎样奋斗着，所以我们拟在今年十月十九日先生逝世这一天，来一个成绩的总检阅，以工作来报答先生。”

12 日、13 日　连载乔木：《光荣啊！中条山战士》。

17 日、18 日　一版时论。易庸：《论山西的战局》。

18 日　三版头条发表《上海导报》总编辑恽逸群写的《两年来的上海》。

22 日、23 日　三版刊高汾：《广西女学生军展开了农村工作》。

25 日　二版特稿为叶剑英写的《游击战线上目前军事问题》。

27 日　四版《文化岗位》发表田汉写的《关于〈江汉渔歌〉》一文，介绍了他创作《江汉渔歌》的动机。《江汉渔歌》是田汉以南宋初年汉川渔民抗金故事为题材创作的新平(京)剧。田汉在文章中说:"今日吾人欲取得胜利,必须全国男女老幼各就其岗位报效国家。老年人有老年人的用处,妇女有妇女应尽能尽的责任。《汉江渔歌》一剧亦即阐扬此旨。"

31日　三版头条为叶厥荪:《长江南岸的主力战、运动战和游击战》。

8月

1日　今日起,《救亡日报》改用国产纸印报。四版《文化岗位》刊柯仲平:《谈中国气派》。

2日　二版刊登特稿:《对于英倭谈判的认识、估计和对策》。尔后数日内,又发表一系列文章论述、指责英国张伯伦内阁的绥靖政策。(按:5月12日日军在鼓浪屿登陆,受到英美法三国驻地海军的联合抵抗,日军改变策略,单独对英国发动进攻。6月14日起,日军封锁天津英租界。面对此形势,英国当局仍坚持以外交方式对日本妥协,7月17日开始英日两国会谈。7月26日英日两国又正式进行圆桌会议,最后导致英国与日本订结协定,甘心承认日本在华侵占利益)。

3日　三版刊乔冠华写的特稿:《妥协政策促进欧洲的新危机》。

13日　四版出《"八·一三"两周年纪念特刊》,载有胡愈之:《大上海永远是我们的》,长江:《不可忘记了胜利的经验》,田汉:《战尘忆语》。

17日　一版头条刊胡愈之:《向地方报工作同志进一言》。

三版副刊《新闻记者》出地方报问题讨论专号。

20日　因国产纸供应不足,《救亡日报》今起改用土纸印报。

21日　四版《文化岗位》刊发夏衍报告:《上海见闻别记》。

23日　三版头条刊杨慧琳:《风嘶雨吼悼平江》,报道新四军嘉义烈士遇害追悼会。

中国青年新闻记者学会桂林分会商讨筹备"九一"记者节,决定将《救亡日报》记者叶文津从华北游击区采访归来所写的报道和所摄的图片,向公众展览三天。

24日　今日是《救亡日报》创刊两周年纪念日。一版刊发纪念社论:《两周年自勉》。社论说:"我们不揣微力,让我们在这纪念的日子再向我们的读者保证:我们必将以更大的努力使我们所支持的报纸,能够在这严重关头,无亏于自己的职守,我们必当坚持本报创立时决定了的目标——巩固、强化抗日民族统一战线……我们势必与一切主和者战斗到底。"

为纪念创刊两周年，一版刊有蒋中正题词："精诚团结"，朱德题词："坚持国共两党长期亲密合作，巩固与扩大抗日民族统一战线"，徐特立题词："动员一切力量克服抗战中的困难"，以及孙科、黄琪翔、李任仁等人题词。

二版刊本报特稿：《我们如何解释苏德互不侵犯协定——记者访问胡愈之、张铁生、苏芗雨、盛成等》。

四版刊田汉：《救亡日报两岁志喜》。

晚上七时，《救亡日报》社在乐群社礼堂举行招待会，招待桂林市文化新闻界人士。出席招待会的有：田汉、王文彬、马君武、李文钊、千家驹、阳太阳、白薇、陈雪涛、程今吾、任重、卜绍周等。

25 日　一版刊李汉魂为《救亡日报》两周年题词。三版自今日起刊发本报记者叶文津写的《华北五省敌后纵走记》，连续报道华北敌后人民在国共两党领导下，把握统一战线的武器，与日寇作坚韧的斗争，连载月余。登至 10 月 3 日，共 39 期，以叶文津奉命飞港而停刊。（按：叶文津于《救亡日报》在广州出版期间，即已深入华北敌后采访，历经艰辛，写成此稿。）

四版《文化岗位》头条为艾芜：《论文艺大众化》。

26 日　国民党开除附从汪精卫叛国的梅思平、高崇武等五人党籍，为此，《救亡日报》今日在二版刊发社论：《讨汪与肃奸》。社论指出：此举已过于缓慢，今天讨汪肃奸工作，仍有急迫的需要。文末引述白崇禧的讲话说："在国内提出反共的口号……说抗战到底是为了迁就共产党，这种歪曲事实的汉奸理论，难免没有一小部分人为他所愚，我们要扩大宣传，揭破他的卖国阴谋，暴露他的无可逭的罪。"

同日　桂林文化界大集会，纪念《救亡日报》创刊二周年，田汉、马君武等人到会，日本人士中山泰德、朝鲜义勇队韩志成亦参会，并相继发言，希望《救亡日报》能更深入敌后、农村，加强教育和组织工作及理论指导，推动妇儿工作。

"我们与读者的联欢"——《救亡日报》二周年纪念读者招待会在青年会举行，有记者叶文津代表报社向读者致谢。新安旅行团的孩子们在会上表演唱歌。

27 日　三版刊发陆诒：《火线上的广西学生军》。

29 日　《救亡日报》自八月初连续刊登关于英日谈判的讨论后，引起社会各界关注，对此，《救亡日报》今日发表社论：《当心英国——对第二次慕尼黑的警戒》，指出英国首相张伯伦可能再来一次慕尼黑，俎上的羔羊依旧是波兰。

同日　桂林新闻界纪念“九一”记者节筹备会在乐群社草地举行筹备会议。会议推选陈纯粹、丘跋武、易幼涟、胡愈之、韦挚唐、王心恒、夏衍、张尔华、梁中铭、汪止豪等11人为主席团成员。30、31日连续开筹备会。

30日　二版发表胡愈之专论:《苏德互不侵犯条约的前因后果》。专论指出:德苏关系的转变是英首相张伯伦一手造成的。其后果是:(一)张伯伦外交整个失败。(二)侵略战线已开始破裂,德意日反共协定由此成为一张废纸。(三)反侵略战线日益巩固,苏美取代英法,成为反侵略的大柱。(四)苏联在欧洲及远东的地位大大增强。专论最后强调:种瓜得瓜,种豆得豆,一切企图和侵略者妥协的政策,必然自取灭亡。

月末　《救亡日报》自成立救亡通讯社以来,至8月上旬统计,共向海外各报寄发稿件500余篇,130余万字,均为抗战救亡宣传通讯稿。

本月,为支持《救亡日报》自力更生长期发展,经理部本月决定四项开源节流措施:(一)自本月起,改用土纸印报节约成本。(二)创办印刷厂,节省印刷费,增加发行量。(三)广征订户,增加报费收入。(四)建立出版部门开展多种经营,推进文化事业的发展。

9月

1日　德国进攻波兰,英法对德宣战,第二次世界大战开始。

今日是“九一”记者节。桂林记者去电上海,慰问为汪逆残杀的《大美晚报》副刊编辑朱惺公家属。

晚上七时,桂林新闻界在乐群社草坪举行“九一”记者节纪念晚会。参加晚会的有文化、新闻、党政军各界人士500余人。晚会进行至半途,《救亡日报》记者高汾登上晚会舞台,用话筒向到会各界人士报道了德军入侵波兰,第二次世界大战爆发的消息。

2日　一版头条大字标题刊登希特勒入侵波兰的消息。

4日　凌晨,《救亡日报》发行号外:《战局急变》。

一版头条为《英德已入战争状态》。二版头条刊登胡愈之写的专论:《变侵略战为反侵略战》。三版出《讨汪肃奸专辑——读者讨汪之页》。

8日　一版刊登社论:《论国际新形势——我们如何看待这次欧战》。当天下午,李克农向夏衍指出,社论对欧战的性质阐述有错误,要求日后再发社论作进一步阐述和澄清。

10日　二版刊发记者节活动结束消息:纪念会到会500余人,展览会参观者达1400余人,收到救济本市被炸难胞捐款182.34元,连同记者节活动经费余款 53 元，由王文彬、翁从六点交桂林空袭紧急联合办事处。

11 日　四版《文化岗位》自今日起，开设言论专栏“岗语”。今日“岗语”言论题目是《关于汪逆》。文章针对 7 日汪精卫向日报记者发表“当以诚意与日本合作，巩固东亚和平”的谈话，指出：“汪逆如此无耻无赖的行动，比之畜生，恐怕畜生也感到侮辱。”

14 日　一版发表社论：《希望与现实——再论二次欧战的性质》。

15 日　一版社论：《到反侵略的路——三论第二次欧战的性质》。

18 日　今日是“九·一八”周年纪念日。《救亡日报》二版发表社论：《站定脚跟纪念“九·一八”认清敌友勿信谣言》。并载国民政府军委会政治部部长陈诚写的纪念文章：《东北是我们的——“九·一八”周年感言》。

20 日　二版刊发消息：《晋察冀的村镇选举》。

25 日　诗人艾青今日在《救亡日报》上刊登广告，告示社会各界“本人已辞去广西日报南方副刊编辑职务”。《广西日报》副刊《南方》已于 21 日起改为《漓水》。

27 日　二版刊发本报特约驻渝记者姚潜修写的特稿：《访李德邻先生》。

28 日　二版刊发李济深写的文章：《扑杀希图拐卖国家民族的猪仔头汪精卫》。

四版出《征募寒衣特辑》。

29 日　二版刊本报特约记者写的特稿：《与李任潮先生谈敌后工作》。

30 日　日军 9 月 10 日向长沙发动攻势，为第一次长沙会战，至 9 月底我军共粉碎日军六路进攻计划。对此，《救亡日报》今日在一版发表社论：《论湘北战局》。

二版特载毛泽东在延安干部大会上的讲话：《第二次帝国主义战争(演讲提纲)》，10 月 1 日登完。

下旬　自下旬起，《救亡日报》在中缝刊登本报重要启事：“月来纸张油墨材料价格猛涨，维持倍感困难，爰自十月份起义务广告停登，必要者五折计费，外埠购报户酌收邮费三角。”

月底　演剧队九队队长吕复自长沙来桂林，到救亡日报社向夏衍汇报国民党强令队员加入国民党一事。经夏衍通过李克农请示周恩来，周恩来指示：演剧队当前主要任务还是隐蔽，保全实力，团结一切要求进步和爱国的人，反对国民党顽固分子，如果遇到强迫入党时，可拖则拖，拖不下去时可以集体加入，最重要的一点是不要弄假成真。

10月

1日　下午三时,中苏文化协会桂林分会在乐群社召开成立大会,选举李任仁为分会会长,白鹏飞等11人为理事,千家驹等5人为候补理事。

《救亡日报》在二版头条位置发表社论:《十月与十月——祝中苏文协桂林分会》,以示庆祝。

2日　下午三时,中华全国文艺界抗敌协会在广西建设研究会会址举行成立大会。选举夏衍、王鲁彦、林林、宋云彬、胡愈之、李文钊、欧阳凡海、焦菊隐、艾芜、黄药眠、欧阳予倩、司马文森、周钢鸣、钟期森、盛成、孟超、白薇、舒群、新波、孙陵、陈此生、孙施谊、陈迩冬、钟鼎文、刘季平25人为理事,冯培澜、向培良、秋江、梁中铭、汪止豪、陈芦荻、华嘉、陈原、金炜、杨晦、莫宝坚、陈紫秋、汪子美、任重、刘建庵15人为候补理事,敦请黄旭初、李任仁、梁寒操、白鹏飞、马君武为名誉理事。

《救亡日报》在四版《文化岗位》上,出版中华全国文艺界抗敌协会桂林分会成立特刊,刊登了鲁彦:《我的希望》、夏衍:《从切实的工作做起》、黄药眠:《文艺家的团结》、谷斯范:《动员作家们上前线去》、孙陵:《一点希望》和李文钊:《献》等六篇文章及中华全国文协总会的贺电。

二版刊登华嘉写的特稿:《活跃江南的游击军——访叶挺将军》,向桂林及全国人民报道江南新四军的抗日战绩。

6日　为《救亡日报》筹募基金并从中提成救济本市被炸难胞经费,桂林文化戏剧界自今晚起至20日,在新华戏院隆重上演夏衍剧作《一年间》。演出设导演团,由田汉、马君武、夏衍、欧阳予倩、孙师毅组成,孙师毅、焦菊隐为执行导演,舞台监督孙师毅,舞台设计张云乔,舞台管理宗维赓,演出主任翁毅夫,演出顾问欧阳予倩,语言顾问陈原、朱苹秋。分国语红、蓝两组,桂语组、粤语组演出。

为此,《救亡日报》在二版上发表社论:《感谢之辞——〈一年间〉献演之词》和本报特写:《〈一年间〉演出之前》。社论说:“本报社长郭沫若先生曾经明确地说过:‘大家所以爱护他(按:指《救亡日报》),为的是要他发挥力量,在战时文化上多作贡献’……感动于今日之盛况的我们,今后一定要再接再厉,在文化界贤达和广大读者的鞭挞下,来完成我们的历史使命。”

四版《文化岗位》出版《一年间》公演纪念特刊,登有夏衍:《惶悚与感谢》、桂林:《〈一年间〉在什么环境写成的?》、乙频:《关于〈一年间〉的旧话》三篇文章。

中缝载《一年间》上演记录：4月10日至12日在重庆国泰大戏院上演，七场客满，售票记录为11000元。4月18日，在上海由XX剧团在XX大学秘密演出。5月16至18日，香港话剧界在利舞台联合公演，临时港英当局下令禁止上演。6月18日，在江南游击区XX处新四军抗敌剧场为纪念高尔基及庆祝“江南处女战”上演。6月6日，在香港复旦中学上演，不卖票(剧名更改)。6月15日，在广西贵县抗敌后援会上演。9月9日在贵阳上演。10月6日至20日在桂林上演。

7日　德国围攻华沙，波兰人民经过22天的英勇保卫战后不敌德军，华沙终于在9月22日被德军侵占。为此，《救亡日报》在二版头条位置刊发乔冠华写的特稿：《哀华沙》。文章指出：“华沙一定会再生，它将和被解放了的柏林一道，英雄的站起来。”

四版《文化岗位》继续出版《一年间》公演纪念特刊。除续登夏衍的《惶悚与感谢》一文外，还发表了司马文森：《从〈上海屋檐下〉到〈一年间〉》、孙陵：《期待》、朱瑞钧：《〈一年间〉——一个热烈的推荐》等文章。

8日　李宗仁自五战区驻地返回桂林后，召集桂林文化、新闻界人士举行座谈会，先向与会者报告前线战局情况，然后听取胡愈之等人对当前形势的分析意见。为此，《救亡日报》今日在二版发表社论：《英雄颂——迎李司令长官》。

三版刊有黎霞煊：《最活跃的地区——陆川救运报道》。

9日　三版出《新安旅行团四周年纪念特刊》。

10日　出“双十”国庆纪念特刊，载有潘梓年：《深入反汪运动，反对破坏团结是纪念今年双十节的中心任务》等文。

19日　今日是鲁迅逝世三周年纪念日。《救亡日报》在二版上发表社论：《伟大的战士——纪念鲁迅先生》。

四版由中华全国文艺界抗敌协会桂林分会主编出版《鲁迅先生逝世三周年纪念特刊》，刊有日本反战作家鹿地亘：《忆鲁迅先生》(夏衍译)，宋云彬：《述而不作——纪念鲁迅先生逝世三周年》，芦荻的诗：《真理的明灯——纪念鲁迅先生逝世三周年》。

20日　四版为中华全国木刻界抗敌协会主编的《鲁迅先生逝世三周年木刻展览会特刊》，刊有夏衍：《需要消化》、李桦：《我们要以行动纪念鲁迅先生》、廖冰兄：《中国木刻的成长》、芦荻：《木刻展前言》四篇文章。

中缝刊“本报鸣谢《一年间》公演各方启事”：公演收入移来本报项下国币

2000 元,并抽出一部分交征募寒衣运动。

21 日　报刊编辑部派记者谢加因自曲江兼程前往湘北前线采访并慰问前方将士,然而复派记者高汾、华嘉赴桂林医院慰问伤兵。

四版出《粤版停刊周年纪念》,载有夏衍《救报屹立着》等文章。

22 日　三版出《在战地看湘北大捷专页》,载有特派劳军记者谢加因《湘北大胜纪实》、周立波《湘北胜利侧影》等文章。

23 日　二版头条刊发夏衍写的时论:《强化部队中政治工作的一些建议》。

三版出《汪逆活动的检讨与报道》专页,载有特约驻沪记者杨实之《汪逆日寇夹攻中上海新闻界的阴暗面》、林焕平《日寇新阴谋与汪逆伪"中央"》等文章。

26 日　大律师沈钧儒日前抵达桂林,二版发表俊(即高灏)写的特写:《迎沈衡山先生》。

三版头条转载蒋宋美龄:《在战火中锻炼国民——全国儿童保育院院长会议演词》。

四版出副刊《介绍与批评》创刊第一期。

27、28、29 日　四版《文化岗位》连续三天刊发:《关于运用民族文艺形式的意见与尝试——延安文艺漫谈之一》。

29 日　二版刊发消息:湖南《观察日报》正筹备复刊。(按:湖南《观察日报》为中共湖南省委领导的报纸,1939 年 4 月被迫停刊。)

三版头条载薛岳:《长沙会战概述》,文章评述赣北、鄂南、湘北抗击敌寇获捷之战斗历程。

30 日　四版《文化岗位》出版悼念作家叶紫专页:《悼作家叶紫》。发表了立波《为叶紫喜》、奚如《悼叶紫同志》、新波《一幕人间真实的戏剧——悼叶紫》等文,以及叶紫夫人的来信:《向文艺界的友人申诉》。

31 日　四版《文化岗位》刊发"岗语":《从叶紫之死想到的》。

11 月

1 日　由中华全国漫画作家抗敌协会、中华全国木刻界抗敌协会合编的《救亡日报》美术副刊《漫木旬刊》,今日在四版创刊,编者为:廖冰兄、刘元、林仰峥、新波。

4 日　一版刊登社论:《莫洛托夫谈话》。

四版《文化岗位》发表"岗语":《为读者呼吁》,提倡写文章"五句话用两句话说完"。

中缝连日刊登《为援助叶紫先生遗族募捐启事》，发起募捐者有：夏衍、艾芜、林林、立波等人。

《救亡日报》社今日成立建国印刷厂，并自今日起，连续十多天，在报头左边报眼位置上刊登《致歉启事》，对因更换印刷厂使近日出版的报纸延迟向读者致歉。右边报眼刊登："社长：郭沫若，编辑人：夏衍，发行人：翁从六，印刷所：建国印刷厂，编辑部：桂林太平路12号，营业部：桂西路26号。"

5日　三版自今日起刊登高凌云写的特稿：《晋察冀边区概观》。文章为作者对晋察冀边区行政长官宋劭文的访问记，评述边区政权工作情况，连载十期。

7日　为庆祝苏联十月社会主义革命胜利22周年，《救亡日报》今日在三版出版由中苏文化协会桂林分会主编的《苏联革命二十二周年纪念特刊》。特刊上登有毛泽东：《苏联利益与人类利益的一致》，白崇禧题写的录自孙中山的遗教："联合世界上以平等待我之民族共同奋斗！"

8日　二版发表高汾写的本报特稿：《十月与十月的握手》，记述中苏文协桂林分会举行的庆祝苏联革命胜利22周年晚会盛况。

9日　二版特写，俊：《蒋夫人怎样在慰劳伤兵——访黄郭秀仪女士谈慰劳工作团的五日间》。（按：郭秀仪为黄琪翔的夫人）。

11日　香港"南华"、"天演"、"自由"三家汉奸报纸的八十几名印刷工人拒绝为卖国贼服务，毅然离港回到内地，为此，《救亡日报》今日在一版发表社论：《援助香港反汪工友》。

14日　三版刊登陆川通讯，紫光：《南路的女游击队》。

15日　日军在广西北海附近登陆，窜至十万大山附近。中日军队在粤桂边境发生激战。当日，《救亡日报》在二版刊登特稿，苗：《访徐特立先生谈欧局》，报道了徐特立在八路军驻桂办事处对国际形势的分析。徐特立指出："综合战争的敌对双方来分析的结论是：帝国主义战争正在扩大，反战组织也同时在扩大着，这是两个基础上的对立，英法同盟与德意的对立，终于要在两个基本的对立上起变化的。"

四版《文化岗位》刊"岗语"，衍：《政治百态》。

16日　四版《文化岗位》刊登林林的《山中书怀》一文，描写了作者当时的生活情况。

17日　针对日军侵犯北海事态，《救亡日报》在一版刊发社论：《论寇犯北海》。社论指出："欧洲有一句成语：'上帝要使一个人毁灭，先要使他疯狂。'这句话恰恰适用于今日的日寇。”社论最后强调:“只恐他不来,他来了,我们可以有歼灭他的机会。”

19 日　针对日军侵犯粤桂边境事态,《救亡日报》当日在一版再次发表社论:《镇定、准备、迎敌》。社论指出:“敌寇猛犯钦廉包藏着很大的野心……阴谋胁使中国妥协,使中国成为帝国主义的附庸,转向德意反苏战线。因此我们必须坚定抗战到底的立场,不怯不骄……加强团结,整齐步伐……以两广民气之盛,广西民众组织的周密与整饬,敌寇假使不量力地要踏进抗日之圣地的广西,必然会遭到严重的打击。”

四版《文化岗位》发表美国著名女作家史沫特莱的《二年来的一个青年——特为新四军成立两周年纪念写》(黄原译)。

21 日　日前,《救亡日报》主办《南路现况座谈会》,参加者有章枚、芦荻、华嘉等人。今日《救亡日报》在一版发表座谈会记录,并载有特稿:《南路见闻实录》。

二版刊发汾写的国际新闻社总社在桂林成立一周年纪念特写:《新闻战线的生力军——国新社周年纪念会前记》。

24 日　南宁沦陷。

一版头条:《搜获日寇作战图纸——敌企图犯南宁》,并发表社论:《军事第一,胜利第一》。

二版头条:《加强动员群众,保卫大西南,粉碎敌人企图,省党部省政府电饬组织战工团,自二十五日开始为保卫大西南宣传周》。

25 日　三版特写,华嘉:《怀念烽火中的南宁》。

26 日　一版头条:《敌偷渡西江窜至凤岭 南宁城郊激战》。社论:《加强面的包围 消灭敌人的点和线》。(按:南宁已于 24 日沦陷,由于交通电讯条件所限,桂林等地尚未收到消息)。

27 日　一版头条:《敌以南进姿态威胁英美,南宁激烈争夺》,同时刊发本报贵县 25 日电,谓南宁已失守。一版社论:《加强精神上的防卫战》,指出:“即使南宁沦陷还不足以征服中国,我们在此要认清敌人的诡谋,坚定必胜信心,再接再厉,抗战到底。”

三版为保卫西南运动特辑,刊浩森《钦防沦陷的前夜》、文彦《怎样保卫大西南》等文章。

四版《文化岗位》26、27 日两日连载黄药眠的文章:《文艺上之中国化和大众化的问题》。这是作者根据 10 月 28 日在“文艺上的中国化和大众化”讨论会上所作的报告和总结写成的。

月底　在华日本反战革命同盟西南支部在桂林演出日本反战作家鹿地亘剧作《三兄弟》，为《救亡日报》筹措基金，并慰劳将士。

12月

1日　一版头条：《邕宾线渐趋稳定》。社论：《动员群众 保卫西南》，指出："此番敌犯钦防，不十日而突破省境，倖占南宁，这冒险成功的主要原因我们已经说过，与其说是我们军事上的缺点，不如说是钦防一带的政治上的弱点。"

四版《漫木旬刊》出《保卫西南专号》。

2日　一版社论：《争地之战与争民之战》，指出："在抗战中争夺人民比争夺一城一地更加重要，只要我们争得了人民，地可以复，国可以存，而敌人可以打倒，抗战可以胜利。……组织民众，加强民众的动员，是争民之战的唯一手段。我们要争取民众就要组织民众。"

4日　四版《文化岗位》发表美国女作家史沫特莱的《论鲁迅》（黄原译），评说鲁迅是当今世界上少有的几个伟人之一。

5日　四版《文化岗位》刊登林山：《到大众中去——给桂林的诗歌工作者》。文章号召桂林的诗歌工作者到人民大众中去，用诗歌去唤起民众的抗战决心和信心。

6日　三版刊彭启一写的江南通讯：《摧毁敌人的梅花桩》。

7日　一版刊发新闻：《新四军捷报频传 顾司令长官传令嘉奖》，本报皖南某地电：新四军在全偃、延陵一带作战，屡有斩获，三战区顾祝同司令长官特令嘉奖。

8日　二版刊专论，李任仁：《敌人入寇广西的企图》。

10日　三版头条刊宋庆龄：《真正实现中国之独立——孙中山先生健在时对汪精卫之失望》。

由《救亡日报》社编印的《十日文萃》一卷四期在桂林出版。本期刊登有叶剑英的文章：《广州武汉沦陷后的抗战形势》，巴金的散文：《广武道上》，艾青的诗《我爱这土地》。

11日　三版刊蒋宋美龄：《自湘北前线归来》。

12日　四版《文化岗位》"岗语"：《捐送贺年片》。

一、四版中缝广告登"本报征求读者捐献贺年片慰劳前线将士启事"。

13、14日　两日二版发本报特写，加因、高汾：《保卫西南运动热潮中》。

16日　三版为《桂林各界代制寒衣运动特刊》。

17 日　广西绥署召集桂林战地书报供应站举行会议,决定寄发大批书报给前线战士,《救亡日报》每日认捐 50 份,并决定 17 日在太平路 12 号青年记者学会举行编辑委员会会议,编辑小型刊物于 20 日交军邮局寄出。

18 日　二版消息:《战地书报供应站元旦出版〈战地周报〉》。

19 日　一版头条:《我军全面出击声望大振 昨克复昆仑关》。

二版特写,汾:《访鄂北归来的广西女学生军》。

22 日　一版头条:《我军再克昆仑关》。

三版头条,北鸥:《访李宗仁将军谈加强中苏邦交》。

24 日　二版新闻:《桂林拟自元旦设市,陈恩元任市长》。

四版旬刊《音乐阵线》创刊号今日出版,由林路主编。创刊号为张曙殉难周年纪念特刊,刊有联抗《向张曙学习》、李仲融《怀张曙先生》、因伽《纪念张曙同志》三篇文章,以及征求张曙先生遗作启事。

28 日　二版新闻:《桂林文艺界、新闻界组织桂南前线慰问团》,由《救亡日报》等 14 个单位组成,范长江任慰问团领队。

30 日　二版辟栏,高汾:《访带花归来的韩练成副师长》。

31 日　二版发表本报消息:"本报收到向外界读者所征集贺年片五千份托慰问团带赴前方。"

截至 1939 年底,《救亡日报》发行达 8000 份。

下旬　夏衍经广州湾乘船去香港,得何香凝、廖承志的支持,筹款购买了一副崭新的五号宋体铜模,并向金仲华、乔冠华等人约定一批"本报特稿"。

"中国知网"《抗战文化研究》发行与传播统计报告

统计年度:2009 年

发行地域	用户行业	机构用户总数	学术期刊总库	部分典型用户
中国大陆地区	高校	675	675	高端用户:北京大学、复旦大学、中国人民大学 中端用户:辽宁师范大学、首都师范大学、集美大学 低端用户:湖南文理学院、重庆文理学院、广西艺术学院
	高职院校	456	456	高端用户:北京电子科技职业学院、杭州广播电视大学 中端用户:商丘科技职业学院、大连教育学院 低端用户:保山师范高等专科学校
	公共图书馆	120	120	高端用户:国家图书馆、首都图书馆、天津图书馆 中端用户:贵阳市图书馆、吴江市图书馆 低端用户:北京顺义区图书馆、江苏溧水县图书馆
	党政机关	233	233	高端用户:国务院发展研究中心、北京市人大常委会 中端用户:中华人民共和国北京出入境检验检疫局 低端用户:广东省人民政府发展研究中心办公室
	企业	19	19	高端用户:云南产业投资管理有限公司 中端用户:大公国际资信评估有限公司 低端用户:神华神东电力有限责任公司
	医院	658	658	高端用户:解放军医学图书馆 中端用户:安顺市人民医院
	科研	146	146	高端用户:中国科学院、交通部公路科学研究所 中端用户:山东社会科学院文献信息中心 低端用户:四川博物院、北京市科学技术研究院科研开发处

续表

发行地域		用户行业	机构用户总数	学术期刊总库	部分典型用户
中国大陆地区		军队	55	55	高端用户:防化指挥工程学院、国防大学 中端用户:上海航天信息研究所、×××88 部队 低端用户:核动力运行研究所、×××61 部队
		小计	2362	2362	
海外	中国港、澳、台地区	高校	102	102	高端用户:香港中文大学、台湾辅仁大学 中端用户:台中教育大学、香港浸会大学 低端用户:香港演艺学院、台北市立教育大学
		高职院校	77	77	高端用户:香港中文大学－东华三院社区书院 低端用户:台湾戏曲专科学校
		公共图书馆	10	10	高端用户:台湾教育资料馆、香港公共图书馆
		政府	8	8	高端用户:澳门特别行政区立法会、香港教育署
		企业	5	5	高端用户:香港招商局集团 中端用户:台湾电力股份有限公司综合研究所
		医院	9	9	
		科研	5	5	高端用户:台湾“中央研究院”
	国际	北美	108	108	高端用户:哈佛大学、耶鲁大学、纽约大学、芝加哥大学 中端用户:罗切斯特大学、宾夕法尼亚州立大学 低端用户:俄罗斯国家人文大学
		澳洲	13	13	高端用户:澳大利亚国立大学、墨尔本大学 中端用户:惠灵顿维多利亚大学、格里菲斯大学
		西欧	131	131	高端用户:剑桥大学、牛津大学 中端用户:苏黎世大学、根特大学 低端用户:科隆大学
		韩国	47	47	高端用户:高丽大学、首尔国立大学 中端用户:韩国外国语大学、成均馆大学 低端用户:崇实大学校、淑明女子大学
		日本	30	30	高端用户:日本国会图书馆、东京大学 中端用户:立命馆大学 低端用户:亚细亚大学

续表

<table>
<tr><th colspan="2">发行地域</th><th>用户行业</th><th>机构用户总数</th><th>学术期刊总库</th><th>部分典型用户</th></tr>
<tr><td rowspan="3">海外</td><td rowspan="2">国际</td><td>东南亚</td><td>11</td><td>11</td><td>高端用户:新加坡国立大学、新加坡国家图书馆
中端用户:拉曼大学</td></tr>
<tr><td>其他</td><td>2</td><td>2</td><td>高端用户:庞比犹法布拉大学
中端用户:财团法人纺织产业综合研究所</td></tr>
<tr><td colspan="2">小计</td><td>558</td><td>558</td><td></td></tr>
<tr><td colspan="3">总计</td><td>2920</td><td>2920</td><td></td></tr>
</table>

说明:1. 该表编制单位:中国学术期刊(光盘版)电子杂志社,编号:102894,制表人:李学杰,审核人:王艳均,编制时间:2010 年 10 月。

2. 机构用户:订购本产品的机构称为机构用户;学术期刊总库即:《中国学术期刊网络出版总库》之一《中国哲学与人文科学期刊文献总库》(刊号:CN 11－9106 / C)。

广西抗战文化研究会考察芷江抗战遗址

为纪念中国人民抗日战争胜利65周年,广西抗战文化研究会于2010年11月5—7日组织考察团赴湘西芷江考察中国人民抗日战争胜利受降地遗址。

芷江在第二次世界大战和中国抗日战争中有着重要的战略意义,是中国抗日战争胜利之日接受日本侵华军投降签字的胜利地。1942年4至6月,侵华日军发动了目的在于夺取芷江机场的"芷江攻略战",史称"芷江保卫战"。在中国军民的奋起抵抗和芷江机场中美空军的强力配合下,"芷江保卫战"以日军的全面失败而告终。1945年8月21日至23日,侵华日军副总参谋长今井武夫乘冈村宁次专机飞抵芷江,在芷江县城东端的七里桥向中国政府草签降书,宣告了日本侵华战争的彻底失败,中国人民抗日战争取得伟大胜利。芷江因此一举成为举世闻名的受降名城。芷江现留存有丰富的二战遗物遗迹。芷江机场、中美空军机场指挥塔、中美空军俱乐部、竹坪铺"美国街"遗址保存完好,初建于1946年的"血"字形"受降坊",更是现存华夏大地纪念抗战胜利唯一的标志性建筑物,被称为"中国的凯旋门"。

广西抗战文化研究会抗战遗址考察团由会长李建平领队,在芷江期间参观了抗战胜利受降纪念坊、受降大院旧址(包括受降堂、中国陆军总司令部、何应钦办公室)、中美空军机场指挥塔等多处抗战遗址和两个纪念馆——中国人民抗日战争胜利受降纪念馆、飞虎队纪念馆。这一切,都使人萌发对战争历史的追忆,对抗战英雄的崇敬,激发对和平向往的情怀。(王建平)

后 记

《抗战文化研究》第五辑的选编、定稿工作完成了。本辑文章的来源区域基本如前，来自北京、江苏、湖北、四川、重庆、安徽、云南、广西 8 个省(自治区、直辖市)和中国社会科学院，还有一篇来自日本爱知县立大学。本辑的内容比较丰富，《中国共产党与抗战文化的建设》和《〈在延安文艺座谈会上的讲话〉在战时首都重庆的传播》都论述了抗日战争时期中国共产党在文化建设方面的具体内容和对抗战文化的贡献，在理论性和史料性方面均有新的论述和新的发现，既是丰富抗战文化学科建设的学理性成果，也是献给中国共产党成立 90 周年的很好的纪念文章。“人物与文本”栏目中，关于徐悲鸿、许地山、光未然、吴奔星、吴兴华等人抗战时期的文化活动和创作情况均有新的史料介绍，《臧克家抗战诗歌的艺术特征》《北京沦陷期诗坛上的吴兴华及其接受史》等文的文本分析颇具功力、细微深邃，引出的论点新颖精彩。“抗战艺术研究”提供了 5 篇有关桂林抗战艺术的文章，均为进行中的国家社科基金艺术学项目《桂林抗战艺术史》的阶段性成果。“文化遗产保护与开发”栏目中关于开发中越边境革命遗址红色旅游、建设桂林抗战文化博物馆和基于“广西会战”战场遗址和纪念碑的考察文章，均各具特色，能引发对抗战文化当代传承问题的深入思考。“研究档案库”刊载了中国学术期刊(光盘版)电子杂志社编制的《“中国知网”〈抗战文化研究〉发行与传播统计报告》，对于我们了解《抗战文化研究》在中国大陆和海外地区的发行和传播情况有所帮助。本辑中的论文均为首次公开发表，其中有国家、教育部和一些高校的哲学社会科学规划课题的子报告或其中的章节。

衷心感谢广西师范大学出版社接纳书稿并精心编排出版，尤其要感谢责任编辑李茂军在出版工作中付出的辛劳。广西社会科学院和《沿海企业与科技》杂志社慷慨资助出版，在此致以诚挚谢意。

对于我们工作中的疏漏和书中存在的一些错漏之处，敬请各位方家和广大读者谅解并提出批评，我们认真改正，以把《抗战文化研究》办得更好。

编　者

2011 年 7 月 5 日

征稿启事

《抗战文化研究》以抢救和保存中国抗战文化和世界反法西斯文化遗产，弘扬抗战精神，促进中国抗日战争史、世界反法西斯战争史学科建设和当代先进文化建设为宗旨，反映和研究中国抗日战争(1931～1945年)和二战时期中国大陆、港澳台地区和东亚各国的文化史实、文化艺术成果、文化运动和文化思想流变，汇集今人的学术成果，尤其欢迎有关中国各地和东亚各国抗战文化遗产调查、抢救、开发的调研报告。

《抗战文化研究》为“中国学术期刊网络出版总库全文收录”丛刊，每年出版一辑，当年5月31日截稿，广西师范大学出版社年内出版。主要栏目有：历史当代性研究(抗日战争与当代中国研究)；思潮与运动(爱国抗战思潮和抗战文化运动、现象的研究)；人物与文本(抗战人物思想事迹和作家作品研究)；抗战艺术研究(抗战戏剧、抗战美术、抗战音乐、抗战电影等)、区域文化研究(抗战时期各文化中心文化现象研究)；文化遗产保护与开发(抗战文化遗产的现状调查及其保护开发对策研究)；书评与史料(学术新著评介、人物访谈、历史档案和图片、作家手迹与书信等)；研究档案库(学术会议综述、研究机构与活动介绍、研究成果汇编等)。

来稿请勿一稿两投，请按学术论文规范格式行文，包括以下要素：标题、作者姓名、摘要、关键词、基金项目、作者简介、正文、注释、参考文献、联系地址和电话(书评不需摘要和关键词)。文章请用word软件排版，注释用脚注(页下注)。文稿、照片均请用E-mail发到ljp0123456@sina.com(不需另寄纸质稿件)。发表后酌付薄酬。

纸质信函请寄广西南宁市新竹路5号广西社会科学院文史研究所，邮编：530022。

《抗战文化研究》(丛刊)编辑部